菲律宾华侨移民
和华侨经济网络的构建
（1571～1942年）

Chinese Immigrants in the Philippines
and the Construction of
Overseas Chinese Economic Network (1571-1942)

龚宁 著

社会科学文献出版社
SOCIAL SCIENCES ACADEMIC PRESS (CHINA)

图书在版编目（CIP）数据

菲律宾华侨移民和华侨经济网络的构建：1571～
1942 年 / 龚宁著 . -- 北京：社会科学文献出版社，
2024.5
（中国社会科学博士后文库）
ISBN 978 - 7 - 5228 - 1302 - 8

Ⅰ.①菲… Ⅱ.①龚… Ⅲ.①华侨 - 移民 - 历史 - 菲
律宾 - 1571 - 1942②华人经济 - 经济史 - 菲律宾 - 1571 -
1942 Ⅳ.①D634.334.1②F134.178

中国版本图书馆 CIP 数据核字（2022）第 252958 号

中国社会科学博士后文库

菲律宾华侨移民和华侨经济网络的构建（1571～1942 年）

著　　者 / 龚　宁

出 版 人 / 冀祥德
组稿编辑 / 陈凤玲
责任编辑 / 宋淑洁
责任印制 / 王京美

出　　版 / 社会科学文献出版社·经济与管理分社（010）59367226
　　　　　　地址：北京市北三环中路甲 29 号院华龙大厦　邮编：100029
　　　　　　网址：www.ssap.com.cn
发　　行 / 社会科学文献出版社（010）59367028
印　　装 / 三河市龙林印务有限公司

规　　格 / 开 本：787mm × 1092mm　1/16
　　　　　　印 张：19.5　字 数：325 千字
版　　次 / 2024 年 5 月第 1 版　2024 年 5 月第 1 次印刷
书　　号 / ISBN 978 - 7 - 5228 - 1302 - 8
定　　价 / 99.00 元

读者服务电话：4008918866

第十批《中国社会科学博士后文库》编委会及编辑部成员名单

（一）编委会

主　任：赵　芮

副主任：柯文俊　胡　滨　沈水生

秘书长：王　霄

成　员（按姓氏笔画排序）：

卜宪群　丁国旗　王立胜　王利民　史　丹
冯仲平　邢广程　刘　健　刘玉宏　孙壮志
李正华　李向阳　李雪松　李新烽　杨世伟
杨伯江　杨艳秋　何德旭　辛向阳　张　翼
张永生　张宇燕　张伯江　张政文　张冠梓
张晓晶　陈光金　陈星灿　金民卿　郑筱筠
赵天晓　赵剑英　胡正荣　都　阳　莫纪宏
柴　瑜　倪　峰　程　巍　樊建新　冀祥德
魏后凯

（二）编辑部

主　任：李洪雷

副主任：赫　更　葛吉艳　王若阳

成　员（按姓氏笔画排序）：

杨　振　宋　娜　赵　悦　胡　奇　侯聪睿
姚冬梅　贾　佳　柴　颖　梅　玫　焦永明
黎　元

.

《中国社会科学博士后文库》
出版说明

为繁荣发展中国哲学社会科学博士后事业，2012 年，中国社会科学院和全国博士后管理委员会共同设立《中国社会科学博士后文库》（以下简称《文库》），旨在集中推出选题立意高、成果质量好、真正反映当前我国哲学社会科学领域博士后研究最高水准的创新成果。

《文库》坚持创新导向，每年面向全国征集和评选代表哲学社会科学领域博士后最高学术水平的学术著作。凡入选《文库》成果，由中国社会科学院和全国博士后管理委员会全额资助出版；入选者同时获得全国博士后管理委员会颁发的"优秀博士后学术成果"证书。

作为高端学术平台，《文库》将坚持发挥优秀博士后科研成果和优秀博士后人才的引领示范作用，鼓励和支持广大博士后推出更多精品力作。

《中国社会科学博士后文库》编委会

序

　　产业革命以后随之而来的技术进步和生产力提高，是人口和商品在全球范围流动的前提条件，机器大工业释放的巨大生产力，及其对市场需求的扩张助推了人口和资源的流动。因此，与人口和资源流动相关的华侨经济研究具有重要的学术价值和历史意义，华侨经济史也成为中国经济史研究的重要领域。

　　中国与东南亚的交流早在 10 世纪就有记录，由于华南沿海地区日益严峻的生存环境致使人地矛盾激化，天灾人祸频发又加重了沿海居民的生存负担，广东和福建两省居民不得不面向海洋，在海外寻找出路，与东南亚各国进行贸易往来。19 世纪以后东南亚各国逐渐受到产业革命影响，华侨经济在工商业、农业、金融业等各个方面都逐渐向现代经济产业转型。东南亚地区不仅是华侨人口比较集中的区域，也是开展华人华侨研究的重点地区。然而，与其他东南亚国家相比，菲律宾处于相对边缘的地理位置，其与中国的交往稍晚，也因此成为东南亚华侨史研究的薄弱环节。龚宁的《菲律宾华侨移民和华侨经济网络的构建（1571～1942 年）》，既是长时段趋势性研究，又抓住了这一重要的转型时期，兼具历史价值和学术意义，同时也填补了华侨经济史研究的空白。

　　龚宁的《菲律宾华侨移民和华侨经济网络的构建（1571～1942 年）》已列入第十批《中国社会科学博士后文库》（后文简称《文库》），即将由社会科学文献出版社出版，这部学术专著是作者在通过博士学位论文答辩后，不断完善和丰富博士论文内容的最终成果，她多年来一直持续对相关史料文献的挖掘，关注全球史、水下考古、城市建筑史等领域，以及台湾学者整理翻译西班牙文档案的最新成果。在即将付梓的这部书稿中，她在博士学位论文原有的研究框架基础上丰富了华侨社团、华侨学校等内容，并增添了对华侨谱牒、商铺广告和地理信息等方面的研究。作为首部专门研究菲律宾华侨经济史的著作，本书有以下几个特点。

第一，独特的研究视角。历史上在东南亚这个民族众多、信仰各异、多样性无处不在的区域中，华侨成为东南亚各国为数不多的共性之一，也是东南亚地区活力的源泉。如本书中所述，以往东南亚史的研究有两个主要特点：其一是倾向于"西方中心论"，将东南亚地区的文明开化和华侨经济发展归功于西方殖民者的入侵，而忽视东南亚各国的资源禀赋、自然环境和发展规律，以及当地人民和华侨的艰苦奋斗；其二是依赖中国史书记载，从中国的角度来看东南亚各国，将东南亚史作为中国史的延续，从而失去了东南亚史研究的客观性和独立性。本书则立足于菲律宾华侨自身，通过还原华侨移民的历史，及其在当地的经济活动，展开华侨史和菲律宾史的研究。这种视角既是对他国历史传统的尊重，也是对华侨几个世纪以来奋斗史的尊重，更能体现出经济全球化的多元性而非同质性和单一化。

第二，合理的研究框架。本书以现代经济对三大产业的划分为基本框架，从人口、贸易和经济三条主线展开论述菲律宾华侨经济网络的形成和发展。以华商之间内部交易模式"头家制度"为基础，探讨了以华侨商业销售和收购网络为核心形成的出口导向型华侨经济网络，以及华侨在菲律宾各产业部门的经营情况。通过构建博弈模型和制度经济学分析，讨论了"头家制度"的稳定性，及其与华侨经济网络之间的互动，勾勒出长时段华侨经济在菲律宾的渗透，及其与华侨移民分布之间相辅相成的关系，以及由华侨人口流动形成的中国与菲律宾之间在贸易、移民和资金上的互动往来，并最终使得华侨商人参与到跨洋贸易和东亚海域早期贸易的全球化中。最后，还探讨了西班牙和美国两任菲律宾宗主国对华侨的政策及其实施效果，由于华侨经济网络的构建和华侨在菲律宾强劲的经济活力，使得菲律宾华侨拥有可以消化和抵抗殖民当局限制性政策的力量。

第三，多学科的研究方法。与以往华侨史的研究多是从历史学或社会学的角度进行分析不同，本书在充分利用历史资料的基础上，从经济学理论出发，基于现代产业划分，借助博弈论、制度经济学以及微观经济模型等经济学方法，研究华侨经济的发展和变化。运用人口学、社会学、历史学和政治学等学科结合的分析方法，多角度呈现出菲律宾华侨移民的历史过程，及其在当地经济发展模式的变迁，是一种跨学科研究的有益尝试。经济网络的研究一直是华侨研究的一个重要内容，但是对于经济网络的具体形态，特别是基于地理历史信息的分析较为薄弱。本书通过整理从史料及商业广告中提炼的千余家华侨店铺的地址信息，绘制了20世纪30年代马尼拉商铺分布图，揭示了华侨商业网络的特点及其核心区域，以及马尼拉城市政治中心与商业中心相分离的现象，并结合逻辑演绎和案例分析的方法，还原了菲律宾华侨商业网络的大致形态。

第四，扎实的史料基础与富有启发意义的结论。本书充分挖掘了近代华侨在菲律宾的调查研究，以及20世纪20年代之后日本在菲律宾及南洋各国的调查资料，同时还关注中国和菲律宾宗主国（西班牙和美国）的官方调查，以及国内的侨乡资料和民国期刊报道。在丰富的历史档案资料基础上，作者通过严谨的逻辑分析系统研究了闽南地区与菲律宾之间的"阶段性差距"和"经济互补性"；叙述了早期以经营贩运贸易为业的暂时性华侨移民，逐渐将经济重心转向菲律宾内地，成为定居性移民，并通过与其他东南亚国家华侨的比较研究，归纳总结了菲律宾华侨移民在职业构成、人口结构和数量上的特点。19世纪中叶以后，华侨不断从马尼拉等港口城市向菲律宾内地迁移开发内陆经济，建立起一个以港口城市为中心深入菲岛内部的华侨经济网络。华侨经济网络的建立，使得华侨在菲律宾的经济势力不断增强，并具有了一定的抵抗殖民当局限制政策的能力。由此得出的研究结论：在不断的迁移和华侨经济发展过程中，华侨间接成为中国和菲律宾之间的桥梁，使得商品、人口和资金不断在侨乡和侨居地之间双向移动，不仅如此，华侨还参与到东亚海域早期贸易全球化中。华侨自发的，以谋生为目的完全和平的移民方式，不仅将中国与东南亚各国联系在一起，而且盘活了当地经济，实现了华侨的价值。揭示了菲律宾华侨商业网络以及经济网络形成和发展的内在机制，颇具新意。本书不仅丰富了华侨史的研究，同时对经济全球化条件下中国经济如何更好的走出去，有效融入当地经济网络也具有启发意义。

龚宁本科和硕士研究生阶段受到金融学和经济思想史的系统训练，2011年进入南开大学经济研究所攻读经济史专业博士学位，系统学习了经济学理论和经济史研究方法，具有多学科的知识结构。博士论文选题她选择了前人涉猎较少的菲律宾华侨经济史领域，从挖掘资料开始，她通过对资料抽丝剥茧，以"头家制度"这一菲律宾华商代理制度为核心构建起论文的逻辑框架，完成了一篇史料翔实、多学科理论定性与定量分析相结合的高质量的博士学位论文。取得博士学位以后，她又进入清华大学社会科学学院博士后工作站，在企业史研究领域继续深耕。在做博士后研究期间和出站以后，先后主持完成并参与了多项国家社会科学基金项目和省部级社会科学研究项目，2015年8月她出席了在日本京都举行的第17届世界经济史年会，在会上报告了以本书核心观点撰写的论文 Why Overseas Chinese Achieve Success in the Pilipino Economy（《试析菲律宾华侨取得经济成功的原因》），与国际经济史同行进行了广泛交流。在多项研究课题和研究实践积累的基础上，八年来她反复打磨博士论文，最终形成了这部《菲律宾华侨移民和华侨经济网络的构建（1571～1942年）》共30多万字的学术专著。作为她攻读博士学位的指导教师，看着她在学术研究的道路上认真执着、不断求索的一路走来，这需要对学术研究有执着的毅力和扎实的学术功力，也是一个优秀的青年学者必备的学术品格。我为她已经取得的成绩感到欣慰，同时更期待她未来取得更为丰硕的学术成果。

王玉茹

壬寅年冬月于天津

摘　要

　　东南亚国家与中国的交往最早可以追溯到东汉时代，但是具体到不同国家，其与中国的往来有先后顺序，一般来说是从中南半岛各国，到马来半岛，再到南洋群岛。而在这些国家之中，菲律宾处于较为边缘的位置，由于航线偏离南亚文明古国的交通要道，中国官方对菲律宾的记录始于10世纪；菲律宾与中国的朝贡贸易仅发生了20次，其中13次发生在永乐朝。16世纪之后，西班牙殖民者的东来，及其对大帆船贸易利润的追求，使得菲律宾在中国海外贸易上的地位大幅提升，从墨西哥运到菲律宾的白银成为中国白银输入的重要组成部分，马尼拉也因此成为海外华人重要的移居地之一。

　　本书从经济学的角度，结合历史学、人口学、社会学、政治学等多学科，研究了菲律宾华侨移民的历史，及其在菲律宾的经济活动。本书首先分析了华侨移民的情况，其中第一章讨论了福建和菲律宾两地的自然地理环境、两地的经济互补性，借助人口学的推拉理论，分析了华侨移民的原因，以及移民的背景和条件。而华侨移民的类型、特点、与其他东南亚国家的比较研究、长时段菲律宾华侨人数的变化，以及华侨人口分布情况则在第二章讨论。接下来的三章分析了华侨移民在菲律宾的经济活动，第三章讨论了从朝贡贸易时期到20世纪40年代中菲贸易线路、贸易情况和贸易产品的变化，并且借助国际贸易理论分析了大帆船贸易前后中菲贸易模式的转变，及其衰落的原因，第三章的最后一部分还介绍了菲律宾华侨汇款的情况。第四章和第五章则讨论了中菲贸易衰落后华侨经济的发展情况。其中，第四章通过博弈模型的构建和制度经济学分析，讨论了华侨经济重要内部交易模式——"头家制度"的运行方式，并从血缘地缘关系、华侨社会、华商社团、华资银行以及经营理念等方面，分析了其稳定性，而第五章则讨论了华侨经济的模式，结合逻辑演绎和案例分析方法大致勾勒出华侨商业销售收购网络和经济网络的形态，并通过华侨商铺地理信息和广告的整理，还原了 20 世纪 30 年代马尼拉华侨商铺分布情况，最后解释了华侨经济网络出口导向型特点。最后一章梳理了西班牙和美国两任宗主国对华侨的人口、贸易和经济政策，并运用政治学的政策评估方法对这些政策的效果进行了评估，最后简单分析了西班牙和美国采取不同政策的原因。

本书认为，那些没有政府支持、纯粹出于经济目的出国谋生的华侨，通过在菲律宾自发的经济活动，盘活了当地经济，参与到东亚海域早期贸易全球化中，并且形成了菲律宾与中国在人员、贸易和资金之间的良性互动。西班牙统治后期，华侨商人及时转变其经济发展模式，由原来的主要从事中菲贸易，转向成为菲律宾与西方国家的中介商，其经济活动不断渗透到菲律宾内地。由于"头家制度"的稳定运行，在菲律宾形成了一个从港口深入内地的出口导向型华侨经济网络，这个网络有着极强的核心，而华侨经济网络的建立又加强了华侨之间的联系，从而增强了"头家制度"的稳定性。"头家制度"与华侨经济网络的这种互动，使得华侨在当地的经济势力非常强大，甚至可以部分消化和抵抗殖民当局限制华侨的政策。

在进行东南亚史的研究时，一般有两种倾向：其一是挖掘中国史书典籍中关于东南亚各国的零散记录，以还原东南亚各国的历史；其二是从西方殖民的角度出发，着重阐述南洋各国被殖民后的社会变化、经济发展以及文化教育进步等方面内容。对于这两种研究角度，前者容易将东南亚史作为中国史的一部分来书写，由于所用的史书典籍通常是从中国的角度出发来看待东南亚地区，难免有偏颇；而后者则容易夸大西方殖民者对东南亚国家的贡献，将东南亚各国的经济成就和社会进步完全归功于西方国家的殖民，因此容易陷入"西方中心论"。本书以华侨移民，及其在菲律宾当地的经济活动为切入点，分析西班牙和美国殖民时期华侨经济的发展，及其对菲律宾的贡献，以探索区别于前两者的研究方向。

　　早在西方殖民者到来之前，中国与菲律宾之间就已经存在经贸和人员往来，殖民者占领菲律宾后，虽然在形式上控制了菲岛经济，但是华侨通过调整、适应，不断改变其经济发展模式，仍旧在菲律宾经济发展过程中发挥着实际作用。相对于西方以政府为背景，以军事为手段，以掠夺资源为目的的殖民行为，华侨在东南亚各国的移民和发展过程是缓慢的，没有获得任何政府层面的支持，然而华侨和华侨经济却渗透到东南亚各国内部，产生了比西方殖民者更加持久和深厚的影响。

　　当今，全球化已经成为一个不可逆转的趋势，但是全球化并不应该等同于单一化，在分析一个国家和一个地区的历史时，不能简单套用西方的经验，以之作为放之四海而皆准的标准。每一个国家和地区，都有自己独特的资源禀赋、自然环境和发展规律，华侨作为东南亚国家为数不多的共性，他们既是东南亚国家历史的见证人，同时也是历史的创造者，因此，本书也是从华侨移民和华侨经济活动的视角来重新审视东南亚历史的尝试。

Abstract

The connection among China and Southeast Asian countries could be traced back to the Eastern Han Dynasty, but the time sequence would differ depending on distance, usually from Indo-China Peninsula to Malay Peninsula then to the Nanyang archipelago. In the midst of these countries, Philippines had long been on the marginal position. Due to the route deviating from the main traffic artery of ancient civilization of South Asia, the Chinese official record of Philippines hadn't existed until the 10th century; and the tributary trade between China and Philippines has only happened 20 times, 13 of which occurred during the Yongle Dynasty. Nevertheless, the Spanish colonists and their crazy pursuit of profit from the Galleon Trade after the 16th century, promoted the role of Philippines on China obviously. Not only had the influx of the silver, transported from Mexico to Philippines, formed a significant part of the silver inflow in China, Manila also became one of the important resettlement of overseas Chinese.

From the perspective of economics, combining with multidisciplinary analysis, such as history, demography, sociology etc., this book interprets the history of overseas Chinese and their economic activity in Philippines. The first two chapter analyses the history of Chinese emigrants in Philippines, to be more specifically: the natural and geographical condition of Fujian and Philippines, and the resulting economic complementary will be analyzed in the first chapter, the reasonswhy Chinese choose to immigrate to Philippine will also de explained in this chapter, based on the Push and Pull Theory; while the second chapter describes the type, feature, number and the distribution of overseas Chinese in Philippines. The further three chapters elaborate the economic activity of overseas Chinese in Philippines. Since the early Chinese emigrants came to Philippines mainly for foreign trade, the chapter three will discusses the topic like trade route, trade condition, the change of trade products, from the tribute trade period to the 1940s; the change of Sino-Philippine trade pattern and the cause of its decline will also be approched on the base of the International Trade Theory, at the end of this chapter will talk about the condition of overseas remittance. The situation of overseas Chinese economy after the fading of Sino-Philippine trade is presented in chapter four and five. Upon a game-theory model and institutional economic analysis, the chapter four constructs an operational mode of the important inner business pattern, i. e. the Cabecilla-Agent System, and analyse the stability of it, from the aspects of the bloody and geographical linkages, overseas Chinese community and association, Chinese bank and their business philosophy. In chapter five, the mode of overseas Chinese economy will be described. Combining logical deduction method and case studies, we will build an overseas Chinese business network and economic network first; and then restore the destribution of Chinese shops in Manila during 1930s, by collacting the geographic information and commercial advertisements of these shops. At the end of chapter five, a micro-economic model will be applied to explain the export-oriented characteristics of overseas Chinese economic network. The last part of this book describes the population, trade and economic policies, adopted by Spanish and American colonial governments respectively, and also evaluates the effect of their policies. The reasons why different colonial governments took different policies have been briefly discussed at the end of chapter six.

Thisbook suggests that overseas Chinese, who did not receive any supports from their own country and went abroad purely out of economic purposes, develop the Philippine economy, take part in the early globalization of trade during East Asian region and contribute to the positive interaction among Philippines and China in personnel, commodity and fund, through their spontaneous economic activity. After the fade of the Galleon Trade, the Chinese merchants adjusted their economic mode in time, from mainly engaging in Sino-Philippine trade to becoming the intermediaries between Philippines and western countries, therefore, overseas Chinese economy penetrated into Philippine inland areas. The steady operation of the Cabecilla-Agent System causes an export-oriented overseas Chinese economic network, from port to inland cities, and vice versa, the formation of this network enhances the stability of the Cabecilla-Agent System. Because of the interaction between the Cabecilla-Agent System and overseas Chinese network, the economic influence of Chinese emigrants is so powerful that they could even partial offset the negative effect of restrictive policies, proclaimed by colonial authorities.

There are twoperspectives in researching Southeast Asian history: one is from scattered records of Chinese historical books; another is from western colonists in order to emphasize the positive social change, economic development or cultural progress after being colonized. The former is likely to make the history of Southeast Asian countries as a part of Chinese history, especially when these records may prejudice against Southeast Asian countries; while the latter is likely to exaggerate the impact of western colonists on Southeast Asian region, hence it may easily sink into the West-centralism, attributing the economic and social achievement of Southeast Asian countries to western colonists. While in this book, the writer tries to distinguish from the above two perspectives, by focusing on the activity of Chinese emigrants and their contributions to Philippines.

The mutual personnel and economic cooperation between China and Philippines had existed far before the coming of western colonists. Even if western colonists formally control the Philippine economy, overseas Chinese still play an important role, through adjusting, adapting and ever-changing their economic mode. Compared with their Western colonialists counterparts, with government background, by military means and for the purpose of pluder resources, the emigration of overseas Chinese and their development experiences a slow process, due to lack of any support from their nation. However, overseas Chinese economy had penetrated into the interior of Southeast Asian countries and have a more lasting and profound influence on this region.

At present, globalization has become an irreversible trend; however, globalization should not be equivalent to simplification. Hence, to simply copy the western experience and take it as a one-size-fits-all solution is not a correct way to study the national or local history. Every countries and regions have their ownresource endowments, natural environment and development path. As one of the few commonness of Southeast Asian region, Chinese emigrants is not only the witness of the history, but also the maker of the history. In this sense, this book tries to review the vision of Southeast Asian history from the perspective of overseas Chinese.

目　录

Contents

图目录

表目录

引　言

第一节　本书研究背景和相关概念界定

一　本书研究背景

东南亚作为中国的近邻，与中国的经济交往始于东汉，后逐渐建立起以中国为中心的朝贡贸易体系。相对于其他东南亚国家，菲律宾与中国交往较晚，物产相对贫乏，在中国的市场上其吸引力也不大。因此在朝贡贸易时期，菲律宾一直处于相对边缘的位置，有明一代，仅有 15 次朝贡。16 世纪中期西班牙殖民者的东来打破了原有格局，西班牙人来到亚洲的主要目的是获得胡椒、丁香、肉豆蔻等香料，并寻求与中国和印度等国的贸易往来，以获得陶瓷、丝绸等高档品。但是占领马尼拉后，西班牙人发现菲律宾本地资源缺乏，唯一有市场价值的香料——肉桂的数量也不足以维持跨洋贸易，此外，菲律宾社会发展程度很低，没有能力消费西班牙的手工制品，甚至西班牙殖民者在当地的基本生活需要也不能得到满足。同时，他们还发现菲律宾当地已经在使用中国运来的各种生活用品，因此西班牙殖民者寄望于以菲律宾为商业据点，开展与中国的贸易往来。

西班牙殖民者一方面使用中国商船运来生活用品和军需品，维持他们在当地的基本生活和殖民统治；另一方面将中国运来的奢侈品投入跨洋贸易。然而，不论是菲律宾当地，还是西班牙本土都没有什么可以与中国交换的商品，为了维持与中国的贸易，西班牙殖民者不得不将其在美洲殖民地开采的白银源源不断地运往中国，以交换丝制品、瓷制品（后文均称丝瓷制品），"大帆船贸易"由此展开。这样，原本在东南亚地区处于较边缘位置的菲律宾，由于西班牙殖民者的介入以及美洲白银的获得，成为跨洋贸易和东亚区域内贸易的重要节点，"大帆船贸易"的开展为菲律宾以及中菲贸易带来了新契机，菲律宾由此出现了早期华侨移民。

最初，华侨来到菲律宾主要是为了贩卖商品，他们或因货物一时倾销不出而误了风讯，或为组织返航货源而不得不留在当地"压冬"，暂时性地留居菲律宾，并没有形成大规模移民。西班牙占领马尼拉后，华侨或因商或因谋生前往菲律宾的情况越来越多，致使在菲律宾定居的华侨增多，这些华侨既有商人，也有工匠和农民。17 世纪中叶以后，中菲贸易和大帆船贸易逐渐衰落，华侨又拓宽了经营范围，其商业活动渗透到菲律宾经济的各个方面。凭借着华侨商人之间有效的内部交易模式，即"头家制度"，19 世纪中叶以后，逐渐形成了一个从马尼拉等港口城市深入菲律宾内部具有极强核心的华侨商业销售和收购网络，并以之为中心，构建了一个以商业贸易为中心，兼顾农业、产品加工业和金融业的出口导向型华侨经济网络。20 世纪以后，华侨在菲律宾当地的经济活动已经取得了相当高的成就。

在东南亚各国中，菲律宾是一个非常特殊的国家，一方面，菲律宾被殖民的时间最长，西化程度也最高。菲律宾前后被西班牙和美国两个国家殖民，这期间英国还曾占领马尼拉一年有余，日本更是在二战期间占据菲律宾群岛（后文均简称"菲岛"）三年多的时间，因此菲律宾的殖民历史从 16 世纪后期一直持续到 20 世纪中期，在西班牙统治时期，政教一体的殖民方式，使得大量华侨皈依天主教。另一方面，在东南亚各国中菲律宾华侨受到的迫害最深，人口规模也最小。西班牙殖民者对华侨进行了 5 次大屠杀，3 次大规模驱逐以及若干次小规模驱逐，早期华人居住区八连曾 7 次被焚毁，12 次重建和 7 次易址，即使在标榜"自由"和"民主"的美国殖民者统治时期，各种排华运动也此起彼伏，随着"菲化"运动的开展，华侨经济发展受到极大限制，殖民者甚至默许菲律宾人对华侨进行侮辱和使用暴力。不论是在西班牙统治时期，还是在美国统治时期，对华侨入境的限制，以及对华侨从事商业的限制都比较严格。通过对菲律宾这样一个典型国家的华侨经济进行长时段的分析，可以看到华侨在异乡生存和发展之不易，及其经济成就之伟大，更可以对近代东南亚地区华侨以及华侨经济发展情况有一个基本认识。

本书涉及的时间阶段大致界定如下，1571 年之前，为前殖民时期，此时期以中国民间与菲律宾不定期的商业交流和文化交流为主，朝贡贸易为辅。1571～1899 年为西班牙统治时期，其中又以 1815 年大帆船贸易的终结为界分为前后两个时期，统治前期西班牙殖民者坐享大帆船贸易的巨额利润，没有开发和利用岛上资源的动力，其对华侨的限制也较多；统治后期，殖民者为缓解财政压力，开始鼓励开发当地资源的种植和出口，特别是 19 世纪中叶马尼拉等港口城市开港后，菲律宾更多地卷入国际市场中，殖民者对华侨的限制也逐渐放松。1899～1942 年为美国统治时期，其中又以 1935 年 2 月 3 日菲律宾自治政府（Commonwealth of the Philippine）成立为界分为前后两个时期，1899 年美国篡夺了菲律宾人民推翻西班牙统治的胜利果实，成为菲律宾新一任宗主国，与西班牙不同，美国政府在殖民之初就承诺有条件自治，并大力发展菲律宾初级产品和半成品的生产，以便为美国本土提供原材料，客观上使得华侨经济得到发展；1935 年自治政府成立，但这并不意味着菲律宾的政治独立，美国以保护菲律宾安全为由，仍然驻有军队，菲律宾的财政、外交和内政也仍然受到美国支配，是美国统治时期的延续，自治时期，由于民族主义者抬头，排华事件和"菲化"运动的开展不断影响到华侨在当地的生活和正常经济活动。1942～1945 年菲律宾被日本帝国主义者占领，这期间华侨及华侨经济受到重创，之后随着华侨经济逐步成为菲律宾经济的一部分，对华侨经济和非华侨经济的区分越来越困难，因此本书的研究范围终止于 1942 年。

二 相关概念界定

1. 华侨

华侨（Overseas Chinese）的概念一直在变化，20 世纪 50 年代之前通常指的在海外定居的中国移民，不论是否持有中国国籍，这个概念更强调中国血统和在某种程度上保存中华文化的群体。50 年代之后，华侨则仅指定居国外但是持有中国国籍的中国人，而不持有中国国籍的中国人则被称为"华人"。由于本书研究的时间段在 20 世纪 40 年代之前，因此用"华侨"这一概念更为合适，本书所讨论的"华侨"强调的是一种文化概念而不是政治概念。

2. 朝贡贸易

朝贡贸易（The Tribute Trade）是中国政府与海外各国官方的进贡和回赐关系，朝贡制度最早由费正清系统阐述，被认为是古代中国对外关系的基本框架。滨下武志认为朝贡关系是亚洲，且只有亚洲才具有的唯一的历史体系。但是，也存在一些对朝贡贸易的争议，其被认为是严重高估了或是怀疑其实施的范围和有效性。本书中使用的朝贡贸易，特指中国与东南亚各国在官方层面的经济往来，而抛开对朝贡贸易政治、外交意义及其内涵的讨论。

3. 大帆船贸易

大帆船贸易（The Galleon Trade）是 1573～1815 年西班牙殖民地菲律宾马尼拉与墨西哥阿卡普尔科之间的垄断贸易，在贸易开展过程中，大帆船将中国丝瓷制品运往墨西哥阿卡普尔科，回程时则把白银运回马尼拉用以交换中国产品，由于主要是中国丝瓷制品与美洲白银的贸易，大帆船贸易也被称为"丝银贸易"。关于大帆船贸易开始的时间，学界有所争议，舒尔茨（William L. Schurz）以 1565 年第一艘帆船横渡太平洋作为起始时间，至 1815 年大帆船贸易结束，正好是 250 年，但是这艘轮船是从宿务驶出的，而且并未载中国商品，仅有宿务岛所产肉桂。因此何川芳认为，直至 1573 年 7 月 1 日两艘载有中国货物的帆船离开马尼拉，历时五个月抵达阿卡普尔特，才应该算作大帆船贸易的开端，本书沿用这种观点。

4. 华侨经济网络

网络（Network）这个概念在不同学科，不同研究方法中有不同的定义，本书所使用的网络定义，是一种相对稳定的联系。华侨经济网络是华侨因市场、商品、活动区域、共同利益关系形成的，在各个产业部门中华侨之间、华侨与西方商人之间以及华侨与菲律宾人之间相对稳定的联系网络，这种联系既可能是经济的，也可能是人与人之间的社会关系。

5. "头家制度"

"头家制度"（The Cabecilla-Agent System）最早由魏安国（Edgar Wickberg）在其《菲律宾生活中的华人，1850—1898》一书中提出，吴文焕将其翻译为"头家制度"。System 虽然可以翻译为"制度"，但一般认为这种"制度"偏向于指较宏观的、有关社会整体的或抽象意义的制度。"头家制度"其实际内涵是华商之间的商业关系，是一种非正式约束、非正式规则，是人们在长期社会交往过程中逐步形成，并得到社会认可的约定俗成、共同恪守的行为准则。本文虽沿用吴文焕一书的翻译，但就其内涵特此说明。"头家制度"并非菲律宾所特有，其他东南亚国家的华商之间，也存在类似经营机制。

6. 华菲混血儿

华菲混血儿也叫密斯蒂佐（Mestizo），是菲律宾人用以称呼华人与菲律宾土著所生混血儿的名词。由于早期华侨多是单身男性，加上西班牙殖民当局的宗教政策和居住隔离政策，华侨多改信天主教并与菲律宾妇女通婚，从而诞生了一个"西班牙化的、天主教的"华菲混血儿群体。18 世纪他们被赋予独立的社会地位，仅次于西班牙人和菲律宾人。19 世纪以后华菲混血儿与华侨在经济上展开了激烈竞争。

7. 新殖民主义和传统殖民

新殖民主义（Neocolonialism）是西方各国在第二次世界大战后，对其殖民地国家所实施的一种新的侵略政策和手段。第二次世界大战之后，由于世界民族解放运动的开展，赤裸裸的暴力行为已经为国际社会所不齿，因此西方国家改变了传统以暴力征服和资源掠夺为特点的直接殖民统治策略，采取了更隐蔽和间接的侵略手段，主要是通过经济、文化和政治的手段，使被殖民国家成为其原料产地、投资场所和商品倾销场所，从而使殖民地在经济上依赖宗主国。

第二节　文献综述和研究现状

一　以东南亚史为视角的文献

以东南亚区域整体为研究对象，以编年史方法叙述南洋各国历史的著作，早期有黄竞初的《南洋华侨》（1930），张荫桐的《南洋华侨与经济之现势》（1946），以及陈序经的《南洋与中国》（1948）和高事恒的《南洋论》（1948）。近年来的著作有王赓武的《南洋华人简史》（1988）和霍尔的《东南亚史》（上下册）（1982），霍尔在写东南亚史时将菲律宾排除在外，这点在《剑桥东南亚史》（Ⅰ、Ⅱ）（2003）的写作中得到纠正。安东尼·瑞德的《东南亚的贸易时代：1450—1680 年》（第一、二卷）（2010）则是以东南亚区域在全球贸易史中的地位为视角，详细论述了在"贸易时代"东南亚地区经济、社会、宗教的情况。在瑞德的新书《东南亚史：危险而关键的十字路口》（2022）中，他更坚定以东南亚区域为中心的叙述方式，将欧洲、印度和中国对于东南亚的影响降到最低，并把时间段延长至现代，从更长的时间审视东南亚地区的发展与变迁。

上述著作均强调将东南亚作为一个整体来研究，另有一些关于东南亚史的著作虽然也以南洋为名，但是并不是以东南亚区域作为一个整体研究，而是从国别角度分别论述南洋各国的历史，如李长傅的《南洋华侨史》（1929）、温雄飞的《南洋华侨通史》（1929）、刘继宣、束世澄的《中华民族拓殖南洋史》（1934）、冯承钧的《中国南洋交通史》（1937）、邱致中的《南洋概况》（1937）、上海自修周刊社的《南洋贸易指南》（1940）、叶文雄的《南洋各国论》（1943）、单岩基的《南洋贸易论》（1943）、布塞尔的《东南亚的中国人》（1958）、巴素的《东南亚之华侨》（1966）、李国卿的《华侨资本的形成和发展》（1985）、陈烈甫的《华侨学与华人学总论》（1987）、王赓武的《南海贸易与南洋华人》（1988）、陈碧笙的《世界华侨华人简史》（1991）、聂德宁的《近现代中国与东南亚经贸关系》（2001）、朱杰勤的《东南亚华侨史》（2008）、庄国土的《东亚华人社会的形成和发展：华裔网络、移民与一体化趋势》（2009）和梁志明的《东南亚古代史》（2013），这一系列著作从各个国家的政治、经济、文化、教育等方面研究南洋国家的发展史。

出于切断华侨华人与南京国民政府之间联系的目的，以及"南进"的需要，近代日本各机构及其研究者以南洋华侨整体为对象，进行了大量的调查和研究。长野朗的《中华民族之海外发展》（1929）是较早研究华侨的著作之一，该书详细描述了海外华人在南洋以及世界各地的生活和发展情况。20 世纪 30 年代开始，日本对东南亚各国进行了大量调查，如小林新作的《华侨之研究》（1931）、台湾总督府殖产局农务课的《南支南洋农业》（1935）、台湾总督府临时情报部青木一良的《南洋华侨调查》（1939）、东亚研究所研究员福田省三的《华侨经济论》（1939）、成田节男的《（增补）华侨史》（1942）和井出季和太的《华侨》（1942）。

　　关于日本调查资料的翻译出版，大陆和台湾都有一些成果。2011 年，广东高等教育出版社对其中一部分资料进行整理、翻译和出版，形成了三卷本的《日本对南洋华侨调查资料选编》（第一、二、三辑），内容包括台湾拓殖株式会社的《中国事变与华侨》（1939）和《南洋华侨及其对策》（1942）等。另外，台北中华学术院南洋研究所根据战后遗留在台湾当地关于 20 世纪 30 年代南洋各国的调查报告，重新编辑翻译出版了《南洋研究史料专刊》，共 26 集，其中包含了大量日本在南洋各国的调查。第三集《三十年代南洋华侨领袖调查报告书》是 1942 年台湾总督府外事部的调查，书中调查了在南洋各国有影响力的侨领情况；第七集《三十年代南洋华侨侨汇投资调查报告书》和第十五集《侨汇流通之研究》分别是 1943 年和 1914 年台湾总督府外事部以及台湾银行调查课对南洋各国侨汇情况的调查；第八集《南洋华侨团体调查报告书》是 1943 年台湾总督府外事部对南洋华侨团体的调查；第十四集《三十年代南洋华商经营策略之剖析》是 1932 年东亚经济调查局的调查，这份调查本来的名字叫《华侨阻碍我国南洋贸易的真相》，对华侨和日本商人经商策略的差异作了详细的描述和对比；另外还有对南洋各国运输路线进行调查的第十九集《三十年代南洋陆运调查报告书》和日本学者白神义夫对华侨在日本经商特点归纳总结的第二十六集《华侨经商要诀一百》。除了各种调查报告外，该专刊中还有两本战后针对华侨经济研究的专著，分别是第十三集游仲勋的《华侨政治经济论》和第十八集 1973 年冈本隆三撰写的《华侨商业集团之实力与策略剖析》。日本对华侨汇款问题特别关注，除了以上提到的台湾总督府的两本调查报告之外，1943 年满铁东亚调查局将郑林宽的《福建华侨汇款》（1940）翻译成日文，这本书详细分析了华侨汇款的原因、影响因素、途径和汇款手续，并且根据侨乡的调查估计了 1905 ~ 1938 年厦门、福建以及全国的侨汇数量，是关于侨汇研究的重要资料，此外还有三本关于侨汇的调查资料，分别是井村熏雄的《列强在华投资与华侨汇款》（1940）、波集团军司令部的《对华侨侨汇总额的评估及吸引华侨侨汇的对策》（1941）和南满洲铁道株式会社调查部的《战时中国经济与华侨汇款》（1942）。

二　专门研究菲律宾历史的文献

1. 档案资料

早期对菲律宾的研究，多是西班牙人的记载或论著，这些文献大多出自菲律宾的殖民官员和传教士之手，以王室法令，以及殖民官员和传教士的报告和书信为主，这些资料数量庞杂，内容单一，通常就事论事，不具备太强的理论和学术价值，其中比较有价值的是墨西哥莫加博士（Antonio de Morga）在 1609 年出版的 *Sucesos de las Filipinas*，这本书之后被翻译成英文。莫加曾担任过菲律宾检审庭庭长和代理总督，这使得他不但可以接触到丰富的一手资料，同时他本人也是一些事件的亲历者，如 1603 年第一次屠杀华侨事件，在这本书中他详细记录了 1493～1603 年菲律宾的政治、经济和社会等各个方面，具有非常重要的价值。另一本经常被用于研究西班牙统治时期菲律宾的资料是 1903 年 Blair 和 Robertson 根据西班牙语档案资料编辑的 *The Philippine Islands*，1493－1898，该书共 52 卷，以编年的方式，整理了西班牙统治时期殖民官员和传教士的各类报告、文书和书信，保留了一批研究西班牙统治早期的重要资料，如 Medina 对殖民官员辞去公职从事中菲贸易的描述；Abreu 对 1640 年前后菲律宾、墨西哥、西班牙三方就限制大帆船贸易问题进行的讨论，并致使西班牙王室对是否开展大帆船贸易摇摆不定；Diaz 在 1718 年撰写的 *Conquistas* 记录了 17 世纪中菲贸易和在菲华侨情况。台湾学者对西班牙各档案馆所藏西文档案的翻译和整理也收获颇丰，方真真的《华人与吕宋贸易（1657～1687）：史料分析与译注》第一册（2012）翻译整理了 1688 年两本马尼拉海关记录，其中有大量关于大帆船贸易早期所载货物和货值的记载和账簿信息，是从微观层面研究大帆船贸易的重要译著；刘毓中的《奥古斯特公爵图书馆菲律宾唐人手稿》（2021）翻译整理了 17 世纪初在菲律宾经商华侨的书信和账簿，展现了大航海时代华侨与西班牙帝国的交流过程。

对于西班牙统治早期菲律宾的情况，中国方面的史书中也有记载，比如宋代《文献通考》《诸番志校注》和《云麓漫钞》；元代《宋史》和《岛夷志略》；明代《元史》《明经世文编辑》《明实录》《明会典》《西洋朝贡典录校注》《东西洋考》和《两种海道针经》；清代《宋会要辑稿》

《明史》《瀛寰志略》和《靖海纪事》等，这些官方或非官方资料，详细记录了包括菲律宾在内的东南亚各国的风土人情和物产，及其与中国的朝贡和民间贸易情况。对这些史料的整理也形成了一批著作，如中山大学东南亚历史研究所编《中国古籍中有关菲律宾资料汇编》（1980）、中国第一历史档案馆的《清代中国与东南亚各国关系档案史料汇编》第二册菲律宾卷（2004）和黄南津的《东南亚古国资料校勘及研究》（2011）。

20世纪后，美国取代西班牙成为菲律宾新的宗主国，在美国统治菲律宾期间，对菲律宾进行了系统调查。1900年出版了共四册的 Report of the Philippine Commission to the President，详细向美国总统报告了菲律宾的政治、社会、种族、法律、货币、教育、宗教、经济、商业贸易的发展情况，对华侨也进行了详细调查，甚至就菲律宾各个阶层对华侨的态度进行了访问。除此之外，美国还在1903年、1918年和1939年三次对菲律宾进行普查，出版了每年共四册 Census of the Philippine Islands，内容涉及人口、经济、社会、政治等各个方面，是了解美国统治期间菲律宾情况的重要资料。

20世纪20~30年代之后，华侨在菲律宾当地的调查资料以及国内的报道记录也逐渐增多，较重要的有吴序道的《菲律宾华侨商业指南》（1929）、杨静桐的《菲律宾华侨年鉴》（1935）、傅泰泉的《菲律宾指南》（1935）、章进的《新菲律宾与华侨》（1936）、黄晓沧的《菲律宾马尼拉中华商会三十周年纪念刊》（1936）、傅无闷的《南洋年鉴》（1939）和黄明德的《菲律宾华侨经济》（1956）等。此外，各类考察记录不断增加，其中既有菲律宾华侨的考察，也有国内考察团在菲律宾的考察，是研究菲律宾华侨的重要一手史料，如韩振华等的《考察日本菲律宾教育团纪实》（1917）、颜文初、佘柏昭、刘春泽的《菲律宾华侨教育考察团日记》（1922）、吴承洛的《菲律宾工商业考察记》（1929）、邬翰芳的《菲律宾考察记》（1929）和黎献仁的《菲律宾糖业考察记》（1934）等。另一个重要的资料是华侨学校纪念刊，这些纪念刊不仅记录了各个学校的校史、校务和教学情况，而且有关于学生籍贯、毕业后就职情况、学生父母职业、学校资金来源等方面的信息。如菲律宾华侨中学校的《菲律宾华侨中学校五周年纪念刊》（1924）、菲律宾宿务中华学校的《菲律宾宿务中华学校落成纪念》（1926）、颜文初的《中吕宋华侨中西学校三十周年纪念刊》（1929）和吴远生的《菲律宾南甘马仁华侨公立英学校十周年纪念册》（1931）等。特别是《中吕宋华侨中西学校三十周年纪念刊》中，刊登了很多关于华侨经济、社会及华侨与菲律宾人关系的高质量文章，是了解当时菲律宾华侨社会的重要资料。华侨金融业发展也受到国内的关注，作为菲律宾最重要的华资银行中兴银行，其资产负债表被刊登在徐寄庼编《增改最近上海金融史附刊》（1929）、《银行周报》（1929 年第 13 卷第 18 期、1932 年第 16 卷第 24 期、1933 年第 17 卷第 7 期、1934 年第 18 卷第 26 期、1935 年第 19 卷第 25 期、1936 年第 20 卷第 27 期、1937 年第 21 卷第 23 期和 1938 年第 22 卷第 28 期），以及 1935 年和 1937 年的《全国银行年鉴》上。

日本方面对菲律宾也进行了专门的调查和研究，在台北中华学术院南洋研究所翻译出版的《南洋研究史料专刊》中有两本专门关于菲律宾的资料，其一是 1941 年台湾南方协会在菲律宾当地的调查，为第九集《三十年代菲律宾华侨商人》；其二是 1939 年 "满铁" 东亚经济调查局的调查，为第二十三集《菲律宾的华侨》，这两本书对菲律宾华侨在当地的商业和金融业活动有非常深入的调查和分析。除此以外，还有大谷纯一的《菲律宾年鉴昭和十三年度版》（1937）和《菲律宾年鉴昭和十六年度版》（1940），平塚武、班目文雄的《详解菲岛事情》（1942），以及法贵三朗、铃木修二、神宫司瑞郎合编《菲律宾统计书》（1942）。这些资料涉及 20 世纪 30 年代日本人对菲律宾政治制度、经济政策、华侨经济势力、中菲贸易、华侨社会等诸多问题的调查，资料可靠性较高。

中国方面从 20 世纪 80 年代开始，陆续出版了一系列与华侨有关的资料集，20 世纪 80 年代陈翰笙主编的《华工出国史料汇编》是根据清代总理各国事务衙门的招工清档、中国第一历史档案馆所藏清代军机处、外务部档案、上海海关档案，以及各类中外专著、研究报告和报刊文章等资料编撰的，全面介绍 19 世纪中叶清代华工出国历史的资料。2000～2002 年北京大学周南京教授主编的《华人华侨百科全书》共 12 卷，是全面系统反映海外华侨情况的一部工具书，全书包括总论、人物、历史、社团政党、经济、教育、科技、新闻出版、法律条例政策、社区风俗、文学艺术、著作学术和侨乡等内容，基本涵盖了华人华侨问题的各个方面。民国期刊的整理也有了一定的成果，2008 年国家图书馆出版社出版的《南洋史料》（全十八册）收入和整理了 1928 年至 1948 年出版的关于南洋问题的四种重要期刊，即《南洋研究》《南洋情报》《南洋周刊》《南洋杂志》，这些杂志从政治、经济、社会生活、国际局势、历史、华侨研究诸方面反映了民国时期南洋社会的面貌。另外，各类民国期刊，特别是《华侨月刊》《华侨半月刊》《华侨先锋》等，对于 20 世纪菲律宾华侨政策以及华侨在当地的经济活动有比较直观的报道。

20 世纪 80 年代末至 90 年代，菲律宾华裔青年联合会出版了大量关于菲律宾华侨的著作，其中很多华侨是历史事件的见证人，他们从经历者的视角记述了华侨和华侨经济的历史与发展现状，如陈守国的《华人混血儿与菲律宾民族的形成》（1988）和《菲律宾五百年的反华歧视》（1989）、《融合——菲律宾华人》共两集（1990、1997）、洪玉华编《华人移民——施振民教授纪念文集》（1992），以及著名菲律宾华侨研究者吴文焕的《关于华人经济奇迹的神话》（1996）、《卧薪集》（2001）和《宿务华人的经济——社会史》（2004）。

2. 专著论文

以编年的形式研究菲律宾历史的著作，最早可见郑民的《菲律宾》（1925），之后是李长傅的《菲律宾史》（1936）。20 世纪 70 年代之后，关于菲律宾史的著作逐渐增多，先后有中山大学历史系东南亚历史研究室的《菲律宾史稿》（1977）、格雷戈里奥·F. 赛义德的《菲律宾共和国：历史、政府与文明》（1979）和金应熙的《菲律宾史》（1990）。21 世纪之后，黄滋生的《菲律宾华侨史》（2009）和庄国土的《菲律宾华侨通史》（2012），是对菲律宾史和菲律宾华侨史研究的两部集大成者，他们总结了以往的研究成果，不论从时间长度，还是所涉及问题的广度和深度上都是非常有分量的著作。施雪琴的《菲律宾华侨华人史话》（2021）基于多年的调研成果，生动全面地描述了菲律宾华侨历史，以及重要的历史事件、组织和人物，并附有大量调查照片和历史图片，是关于菲律宾华侨史直观的调查和研究资料。

对菲律宾华侨的研究还有各类断代史著作，比如陈荆和的《十六世纪之菲律宾华侨》（1963）专门分析了西班牙统治最初 30 年对华侨的政策，及菲律宾华侨经济和社会情况。Wickberg 的 *The Chinese in the Philippines, 1850 – 1898*（1985）是少数的几本研究西班牙统治后期华侨情况的著作，他不仅对这一过渡时期华侨经济和社会转型进行了分析，还注意到在这半个世纪产生的华侨与华菲混血儿之间的经济竞争，并且最早明确提出"华侨头家"的概念。Fenner 的 *Cebu under the Spanish Flag, 1521 – 1896: An Economic-Social History*（1985）则以宿务为研究对象，叙述了西班牙统治时期当地的经济和社会情况，与 Wickberg 一样，Fenner 也非常注意华菲混血的问题，甚至专辟一章讨论华菲混血的兴起，并且介绍了宿务华侨头家的情况。Antonio 的 *The Chinese in the Philippines*，1898 – 1935（1972）、Jensen 的 *The Chinese in the Philippines during the American Regime*：1898 – 1946（1991）和任娜的《菲律宾社会生活中的华人（1935—1965）》（2004）是关于美国统治期间菲律宾华人、华人移民和华人政策方面的专著，而 Wong 的 *The Chinese in the Philippine Economy*，1898 – 1941：*A Study of Their Business Achievements and Limitations*（1999）已经开始尝试使用博弈思想和制度经济理论讨论华侨经济问题及其经济成就，是本书非常重要的参考。关于菲律宾自治期间的专著，有石楚耀、吴泽霖的《菲律宾独立问题》（1937），该书详细记录了自治期间菲律宾宪法和菲律宾国内政治、经济情况。

除此以外，还有以中菲关系为视角，研究菲律宾历史和华侨的著作，比如 Alip 的 *Ten Centuries of Philippine-Chinese Relations*：*Historical*，*Political*，*Social*，*Economic*（1959）、张其昀的《中菲文化论集》（1960）、Laufer 的 *The Relations of the Chinese to the Philippines*（1967）、陈烈甫的《菲律宾的历史与中菲关系的过去与现在》（1968）、高祖儒的《华商拓殖菲岛史略》（1969）、刘芝田的《中菲关系史》（1979）、陈台民的《中菲关系与菲律宾华侨》（1985）、刘浩然的《中菲关系史初探》（1991）以及周南京的《菲律宾与华人》（1993）等。中菲关系的一个重要内容是大帆船贸易，关于大帆船贸易的研究有三本非常重要的著作，分别是 Schurz 的 *The Manila Galleon*（1959）、Pierre Chaunu 的 *Les Philippines et le Pacifique des Iberiques*（1960）和阿图罗·吉拉尔德斯的《贸易：马尼拉大帆船与全球化经济的黎明》（2021）。后续研究，多从全球史视角展开，如 Flynn and Giráldez 的 *Born with a "Silver Spoon"*：*The Origin of World Trade in 1571*（1995）将大帆船贸易视为是全球贸易的开端，Bjork 的 *The Link That Kept the Philippines Spanish*：*Mexican Merchant Interests and the Manila Trade*，1571 – 1815（1998）甚至认为大帆船贸易是一个扩大了的亚洲贸易网络。特伦·威纳的《马尼拉的诞生：大航海时代西班牙、中国、日本的交汇》（2022）以全球史联动视角研究大帆船贸易的兴衰及马尼拉城市在多群族开放地带诞生和发展的历史过程。

国内关于大帆船贸易的研究多是涵盖在中外关系史或是明清海外贸易

史中，前者比如沙丁的《中国与拉丁美洲关系简史》（1986）、何芳川的
《崛起的太平洋》（1991）和张铠的《中国与西班牙关系史》（2003），后
者比如张礼千的《东西洋考中之针路》（1947）、林仁川的《明末清初私
人海商贸易》（1987）、李金明的《明代海外贸易史》（1990）和赵文红的
《17 世纪上半叶欧洲殖民者与东南亚的海上贸易》（2009）。另外还有一些
以大帆船贸易为主题的论文，其中比较有代表性的如全汉昇的《明季中
国与菲律宾间的贸易》（1972）、钱江的《1570—1760 年中国和吕宋贸易
的发展及贸易额的估算》（1986）和李金明的《十六世纪后期至十七世纪
初期中国与马尼拉的海上贸易》（1989）等，他们根据档案整理，归纳和
总结了大帆船贸易的帆船数量、贸易开展和贸易产品情况。海洋贸易也是
台湾学者关注的主题，如方真真的《明末清初台湾与马尼拉的帆船贸易
（1664—1684）》（2006），此外，"中央研究院"从 1984 到 2008 年出版了
十辑《中国海洋发展史论文集》，发表了一批海内外知名学者的高质量文
章。关于西班牙统治后期，菲律宾对外贸易的研究专著较少，多是散见在
各种通史性著作中，比较有参考性的专著有 Legarda 的 *After the Galleon:
Foreign Trade, Economic Change and Entrepreneurship in the Nineteenth Century
Philippines*（1999）。

此外，还有很多关于菲律宾天主教、华侨社团、华侨政策、华侨投
资、侨汇的研究，以及比较研究和口述研究等，如施雪琴的《菲律宾天主
教研究：天主教在菲律宾的殖民扩张与文化调适（1565—1898）》（2007）、
朱东芹的《菲律宾华侨华人社团现状》（2010）、夏诚华的《菲化政策对
华侨经济之影响》（2003）、林金枝的《近代华侨投资国内企业史研究》
（1983）、滨下武志的《资本的旅行：华侨、侨汇与中华网》（2021）、曾
少聪的《东洋航路移民：明清海洋移民台湾与菲律宾的比较研究》（1998）
和张存武、朱浤源、潘露莉访问，林淑慧记录的《菲律宾华侨华人访问
记录》（1996）等。

关于华侨经济网络的构建，之前一般来说有两个角度。一个是追溯海
外华商网络的历史，特别是以闽南海商集团为中心形成的海外华商网络。
庄国土教授在《当代华商网络与华人移民：起源、兴起与发展》（2005）
和《当代华商经贸网络——台商暨东南亚华商》（2005）两部著作中，对
于闽南海商的崛起、海上帝国的建立和衰落史做了非常详细的描绘，特别
是他关于华商网络与移民之间互动关系的论述是研究华侨移民问题和华侨

经济的一个重要视角。除此之外，李东华的《泉州与我国中古的海上交通》（1986）、Clark 的 *Community，Trade and Network：Southern Fujian Province from the Third to the Thirteenth Century*（1991）和苏基朗的《刺桐梦华录——近世前期闽南的市场经济（946—1368）》（2012）三本著作对中古时期闽南海商集团的兴起和对外经济文化交流有很深的剖析，特别是苏基朗教授用制度经济学，特别是非正规制度约束讨论了交易成本问题，为本书的研究提供了重要分析方法。滨下武志更是长期关注东亚海域网络，他在《中国、东亚与全球经济》（2009）一书中对由华侨连接起来的东亚各国在人口、贸易和资金之间的互动有非常精彩的描述，这种"三位一体"的关系也能在菲律宾华侨身上得到印证，这反映出华侨对侨居国和母国，甚至是对于整个东亚海域经济和文化交流的重要贡献。

另一个角度是深入华商内部关系网的研究，陈衍德的《现代中的传统：菲律宾华人社会研究》（1998）通过田野调查分析了华商由个人信任到企业信用，再到企业网络的经济互动模式。这种网络，是基于中国传统社会的一种"差序格局"，是个人依据亲疏远近，以儒家所说的"人伦"构架与他人的社会关系，首先是基于血缘的亲属，其次是基于地缘的同乡，以此外推，形成了华侨企业网络。滨下武志的《资本的旅行：华侨、侨汇与中国网》（2021）认为在全球化的世界中，关系网比组织和制度更有利于关系的形成和维系，在某些场合甚至可以发挥强制作用，他在研究华人移民、迁徙以及社会联系等议题时，广泛使用了基于交通概念之上，非制度和非组织的关系网概念。在网络的构成上，中外大多数学者都强调"五缘文化"的作用，特别是宗亲、同乡与商业网络之间复杂的互动关系，如 Omohundro John 的 *Chinese Merchant Families in Iloilo：Commerce and Kin in a Central Philippine City*（1981）。龙登高的《商脉与商道——国际华商论文研究集》（2019）特别强调信用机制在华商网络内部的重要作用，他认为"华商网络的运作有赖于其内的信用机制，它源于人格化，是一种非正式制度，在国家制度之外存在，是多元信用构造中的一种有益形式"。在华商网络的形态上，戴一峰的《"网络"话语与环中国海华商网络的文化解读》（2010）认为华商网络是一个"包括人际关系网络、社会组织网络与跨国（地区）经济网络等三类不同网络形态的经济——社会复合网络"。而关于华人社团对华商经济和华商网络建构之间的联系，刘宏、李明欢、朱东芹、曾玲等学者都做了个案分析。

第三节　本书结构和基本结论

一　基本结构

作为本书核心的华侨网络是海商华商网络在时间和空间上的延长和扩展。海外华商网络是华侨网络发展的起点，19世纪中叶以后，当海商网络盛极而衰后，那些原来从事贩运贸易的华商并没有坐以待毙，他们通过调整策略将重心由海洋转向内地，成为西方商人在东南亚各国的中介商，并开始在东南亚各国发展华侨经济网络。由此，华商网络从海洋向东南亚各国内陆移动。在移动过程中，华侨也逐渐分散到东南亚各国内部，因此华侨移民在东南亚各国的分散分布与华侨经济在各国的渗透是互为表里的，并通过一套非正式的内部交易模式，构建起华侨经济网络，而在这套交易模式的背后，则涉及华商内部关系网和社会关系网对华商经济行为的制约。虽然商业网络是研究海外华商的一个重要课题，但是华侨网络并不仅仅存在于商业中，而是一个以商业为中心涵盖农业、加工工业和金融业的跨产业多层次的网络。同时，因为华侨的经济活动，在侨居地与侨乡之间，形成了商品、人员和资金的互动，加强了中国与东南亚各国的交往。

本书结构安排如下。第一章分析了闽南地区与菲律宾的自然、经济和地理情况，闽南地区与菲律宾的经济互补性，影响华侨移民的诸因素，以及移民的中介和精神条件。第二章分析了菲律宾华侨人口的变化、华侨移民的类型和特点，及其在菲律宾分布的动态变化。第三章分析了中菲贸易线路，在各个时期中菲贸易的发展情况和双边贸易商品的变化，以及中菲贸易模式的转变，最后还简单介绍了菲律宾侨汇的基本情况。第四章和第五章是本书的核心章节，讨论菲律宾华侨经济的情况，其中第四章分析了华侨经济的重要内部交易模式，即"头家制度"的运行，并通过博弈模型构建了华侨"头家"和华侨代理商之间的博弈关系，然后借助制度经济学分析华商是如何通过一系列非正式制度约束其经济行为，以规避博弈过程中的道德风险问题，最终使得"头家制度"能够稳定运行；第五章则讨论了华侨在菲律宾的经济模式、华侨在菲律宾各个产业的发展情况、华侨商业销售和收购网络的形成，以及以此为中心形成的华侨经济网络及其出口导向型特点，此外通过对华侨商铺地理信息的研究，还原了20世纪30年代马尼拉华商店铺分布情况；最后一章对华侨面对的政策环境进行了分析，归纳了与华侨及华侨经济相关的人口政策、贸易政策和经济政策，并通过政策评估，阐述华侨对殖民政策的规避。

二　基本结论

第一，在10世纪以前，闽南地区和菲律宾分别处于中国和东南亚地区的边缘位置，只有零星的互动往来。10世纪之后，由于海外贸易的开展，闽南地区在中国的经济地位逐渐提升，同时菲律宾开始与中国进行朝贡贸易往来，加入到朝贡贸易体系中，中菲民间贸易发展更加迅速，然而相对于其他东南亚国家，菲律宾仍然处于较为边缘的位置。16世纪西班牙殖民者的东来，特别是以马尼拉为节点的大帆船贸易的开展，加强了两地的经济贸易联系。闽南地区与菲律宾的经济互补性，加上工资差异、劳动需求、移民累积效应等因素，以及一系列物质和精神条件，构成了华侨移民菲律宾的背景和条件。

第二，菲律宾华侨移民大多是自由或大众移民，从性质上来看，菲律宾华侨早期大多是生存型移民，后来则多为发展型移民的集体行为。华侨移民纯粹属于民间自发性质的迁移行为，不仅没有任何政府支持，相反明清政府还一直阻扰迁移活动，这与西方殖民者以政府为背景，以军事为手段，以掠夺资源为目的的移殖行为有着本质的区别。华侨最初集中居住在马尼拉并开展商业活动，之后逐渐扩散到全菲各地，在美国统治时期除了菲律宾最北的巴坦，其余各地均有华侨分布。就区域来看，华侨主要分布在菲律宾港口城市或是重要出口产品产区，华侨人口的这种分布模式与华侨经济在菲律宾的渗透是互为表里的。

第三，菲律宾在朝贡贸易时期处于较为边缘的位置，大帆船贸易时期，由于西班牙殖民者的介入和美洲白银的获得，大量华商来到菲律宾从事对外贸易，华商因此参与到跨洋贸易和东亚海域早期贸易全球化中。大帆船贸易的开展，虽然使得双边贸易额不断扩大，但并没能改变互通有无、物物交换的贸易模式，仅因为白银的加入，使得中菲贸易规模较朝贡贸易时期有所扩大。西班牙统治后期开始，由于菲律宾当地经济作物种植和出口业不断发展，中菲贸易开始具有基于资源禀赋和比较优势分工交易的特点，但是在与其他西方国家的竞争中，中国商品失去了比较优势，中菲贸易不断衰落。进入美国统治时期，中菲贸易进一步衰落，但是出现了一些新的形式，如初级产品和制成品的交易模式，甚至还出现了产业内贸易模式。西班牙统治后期开始，特别是美国统治时期，菲律宾的侨汇数量较为可观。华侨在菲岛的经济活动，使得中国与菲律宾之间形成了人员、商品和资金的双向流动。人口流动带动了商品和资金的流动，而商品和资金的流动又加速了人口迁徙的速度。

第四，中菲贸易衰落后，那些原本主导菲律宾对外贸易的华侨转变其经济职能，一部分仍在马尼拉等港口城市作为菲律宾与欧美国家的中介商（头家），而另一部分则深入菲律宾内地，成为沟通菲律宾内地与港口城市的中介商（代理商）。这两类中介商之间形成了华商之间重要的内部交易模式——"头家制度"，并由此构建了华侨商业销售和收购网络，以及以之为核心形成的出口导向型的华侨经济网络。而华侨经济网络的形成又增强了"头家制度"的稳定性，"头家制度"与华侨经济网络的互动，最终使得华侨经济在菲律宾取得了成功。华侨商业网络有着极强的核心，基本是以马尼拉的商业中心，岷都洛区和仙里龟呐区为核心向全菲扩散，并造成了马尼拉城市政治中心和商业中心相分离的现象。菲律宾华侨经济虽然以商业为主，但是也包含农业、产品加工业以及金融业等产业，然而华侨工业和金融业不是独立存在的，而是为华侨商业服务的。

第五，华侨社会的形成依赖于血缘和业缘关系，这使得华商的人际关系网与商业关系网最大程度地重合，并形成了一种基于社会关系网的信用关系，华商社团和华资银行的建立又通过完善和加强商业流通领域和经济制裁迫使华商在开展经济活动时更加注意自己的行为，避免因为失信而影响业务开展。此外，华商在经营过程中通常以长期和发展的眼光来看待华商与华商、华商与顾客、华商与菲律宾社会以及华商与雇员之间的关系，不计较一时得失。华商之间的这种重视信用以及长期关系的经营方式，有效控制了"头家制度"的道德风险，使得"头家制度"可以稳定运行。头家和华侨代理商的这种稳定的商业联系，使得他们在经营过程中允许口头形式的赊卖和借款，因此华侨新客得以在不需要很多资本金的情况下开展经营活动，从而使得华商群体可以迅速扩大，并形成稳定的联系。

第六，从政策环境来看，不同于传统殖民国家西班牙的暴力掠夺和敲诈勒索，新殖民主义国家美国对华侨的政策相对宽松，并且给予华侨申述的权利，中华商会和中国领事在领导华侨争取合法权利上发挥了重要作用。从人口、贸易和经济政策来看，西班牙统治时期，各类政策法令经常性反复，政策的一贯性较弱，并且一再重申，西班牙本土、菲律宾乃至墨西哥的西班牙各利益集团之间互相掣肘，致使政策的执行力和执行效果大打折扣。相对而言，美国殖民者采取的政策则更为成功，其通过关税优惠政策达到垄断菲律宾对外贸易的目的，使菲律宾成为其原料产地和商品销售市场；在人口政策方面，虽然没有抑制华侨人口的增长，但是排华法案的严格实施，确实影响了华侨人口的增长率；在经济政策方面，虽然华侨在菲律宾零售业上的地位未被撼动，但是随着"菲化"运动的开展，华侨商业活动遭到限制。排华和"菲化"运动在菲律宾独立后愈演愈烈，对华侨的生存以及华侨经济的发展造成了很大冲击。

第一章　菲律宾华侨移民的
背景和原因

第一节　移民的背景——菲律宾方面

一　东南亚的菲律宾

从地理上看，东南亚地区镶嵌在中国和南半球澳大利亚之间，东濒太平洋，西临印度洋，亚洲和大洋洲的不同人种、物种和文化在这里交会，中国、印度与阿拉伯世界，乃至与美洲的海上交通都需要经过东南亚地区，因此有的学者将东南亚称为"亚澳地中海文化"区域①。东南亚从地理上来看，大致可以分为两个部分，第一部分是中国西南部向南延伸的部分，即中南半岛。中南半岛上的国家，比如越南、老挝、柬埔寨、泰国和缅甸等国与中国接触较早，在朝贡体系中一直处于比较重要的位置。东南亚的另一个部分是马来群岛，即中南半岛以南及以东群岛屿，包括中南半岛向南延伸出的马来半岛，及其以东的苏门答腊岛、爪哇岛、加里曼丹岛和菲律宾群岛所涵盖的吕宋岛、米沙鄢群岛和棉兰老岛等。

东南亚国家是在中国和印度文化影响之下产生的，是典型的次生国家②

---

① 〔新加坡〕邱新民：《风帆时代亚澳地中海文化》，新加坡青年书局，1993。

② 一般认为，国家的形成有两个层次，即原始国家（pristine state）和次生国家，前者是那些纯粹依本地条件独立形成的国家，公认的有六处起源中心，分别是黄河中游、美索不达米亚、尼罗河下游、印度河谷、中美洲和秘鲁－玻利维亚地区，而后者则是在已形成的国家外力推动下向更高级社会结构发展而形成的国家，见陈淳《国家起源之研究》，《文物季刊》1996 年第 2 期，第 85 页。

（Secondary State）。东南亚各国与中国有着漫长的经济文化交流史，秦设置的象郡就包括越南境内部分地方，《后汉书》中记载了公元132年印度尼西亚古国叶调国和缅甸古国掸国①遣使团来中国的历史，之后中南半岛和马来群岛各古国纷纷跟进，与中国往来密切，由此形成了一个"亚洲地中海贸易圈"②。然而，东南亚各国与中国交往的密切程度，以及受中华文化影响的时间又有所差异。陈台民认为，中华文化在东南亚的传播路径是沿着中南半岛向南，再自泰国湾由海道传至南洋诸岛，先是苏门答腊岛和爪哇岛，向北经过婆罗洲传入苏禄，再向北扩展至米沙鄢群岛和吕宋岛③。

与中南半岛和其他马来群岛国家相比，菲律宾与中国的交往时间较晚，菲律宾最早出现在中国史书中始于宋。据《宋史》记载"（开宝）四年（971），置市舶司于广州。后又于杭、明州置司。凡大食、古逻、阇婆、占城、勃泥、麻逸、三佛齐诸蕃并通货易"④，其中的"麻逸"即现今菲律宾民都洛岛。10世纪以前，菲律宾群岛与周边国家交流甚少，整体上处于较为封闭的状态，其社会内部出现了类似部落联盟的小型自治社区组织，即巴朗盖（Barangay）⑤，没有形成民族国家。菲律宾的巴朗盖规模有大有小，一般是由30～100户人组成的小村社，最少的村社只有20～30人，即便在贸易最发达的马尼拉也仅有约2000人。各个社区之间彼此独立，社区内部已有明确的等级制度。每个巴朗盖由一名酋长统治，其掌管着行政、司法、立法和军事权力，被统治居民大多从事农业生产活动，缴纳贡赋，提供劳役。

总体上看，10世纪之前，菲律宾大致处在原始社会末期。10世纪以后，菲律宾出现了一些古代小国，如中国典籍中记载的蒲端、麻逸、三屿、蒲里噜等，并且开始与中国进行朝贡贸易往来，详见第三章。然而，

---

① 叶调国大致在爪哇岛或苏门答腊岛，掸国在缅甸东北部，（南朝宋）范晔撰，（唐）李贤等注《后汉书》卷6《孝顺孝冲孝质帝记第六》，中华书局，1965，第258页。

② Deng Gang, *Chinese Maritime Activities and Socio-economic Development*，c. 2100 B. C. － 1900 A. D. （West Port，CT：Greenwood Press，1997）.

③ 陈台民：《中菲关系与菲律宾华侨》，香港朝阳出版社，1985，第1页。

④ （元）脱脱等撰《宋史》卷186《食货志下八》，中华书局，1977，第4558页。

⑤ "巴朗盖"一词源于菲律宾土著居民往来各个岛屿之间所使用的船只名称。关于巴朗盖的社会性质，有三种不同的意见，奴隶社会说、早期封建社会说和原始社会末期说，见施雪琴：《菲律宾天主教研究：天主教在菲律宾的殖民扩张与文化调适（1565—1898）》，厦门大学出版社，2007，第47页。

菲律宾群岛并没有形成统一的政权组织，也没有形成有影响力的国家，相对于其他东南亚国家，菲律宾与中国的交往开始较晚，受影响程度也较弱，在东南亚和东亚区域内处在较为边缘的位置。15 世纪中叶，随着东南亚"商业时代"（The Age of Commerce）① 的到来，菲岛各个社区酋长之间相互竞争，合并领地，逐渐形成了有凝聚力的政治实体，但是这个过程还未完成，就受到西班牙殖民者的强行介入。1571 年到 1945 年，菲律宾先后受到西班牙、英国、美国、日本等国的殖民统治或军事控制，经历了漫长的殖民时代。

二　菲律宾的地理自然环境

菲律宾在地理上可以分为三个区域：北部的吕宋岛、中部的米沙鄢群岛和南部的棉兰老岛，其中，吕宋岛又由北向南分为北吕宋区、中吕宋区、南吕宋区和美骨区，见表 1 – 1。

表 1 – 1　菲律宾各省

地理区域		名称
吕宋岛	北吕宋	卡加延、伊莎贝拉、新比斯开、高山、北伊罗戈、南伊罗戈、拉乌尼翁
	中吕宋	邦阿西楠、新怡诗夏、打拉、邦板牙、布拉干、巴丹、三描礼士
	南吕宋	奎松、黎刹、内湖、甲米地、八打雁、民都洛、马林杜克
	美骨区	北甘马粦、南甘马粦、阿尔拜、索索贡、马斯巴特
米沙鄢群岛		安蒂克、保和、卡皮斯、宿务、怡朗、莱特、西内格罗斯、东内格罗斯、巴拉望、朗布隆、萨马
棉兰老岛		阿古桑、哥打巴托、纳卯、拉瑙、西米萨米斯、东米萨米斯、苏禄、苏里高、三宝颜

说明：菲律宾区域划分参照黄明德：《菲律宾华侨经济》，（台北）海外出版社，1956，第 20 ~ 21 页。菲律宾各省所辖范围于现今有所区别，为方便下文于对于物产产地讨论，此处参考黄晓沧编《菲律宾马尼拉中华商会三十周年纪念刊》乙编，中华商会委员会出版部，1936，第 107 页。菲律宾各省名字用 2008 年中国地图出版社出版《世界分国地图——菲律宾》上的翻译。

———————————

① 15 ~ 17 世纪，由于欧洲和中国对香料需求的增加，东南亚国家的海上贸易迎来大发展，这一时期被里德称为"商业时代"，见 Anthony Reid, *Southeast Asia in the Age of Commerce* 1450 – 1680, *vol.* 1, *The Lands below the Winds*（New Haven：Yale University Press, 1988）。

从气候上看，菲岛地属热带，终年炎热，仅旱季较温和，比较适合大米、甘蔗、烟草等作物的生长。菲律宾气候湿润，年降雨量平均在247毫米。按照降雨量和季风类型，大致可以把菲律宾由西至东划分成三个部分。吕宋岛和棉兰老岛东部靠近太平洋，全年都有降水，每年11月至次年1月降雨量特别多，6月至10月雨水相对较少，每年的旱季有0至1.5个月，为"过湿气候"[①]（Perhumid）。《南洋年鉴》中记录了1937年菲律宾各气象站的降雨量情况，属于菲律宾东部的北甘马粦省达特（Daet）、奎松省亚迪摩南（Atimonan）、阿尔拜省黎牙实比（Legazpi）和萨马省甲描育（Calbayog）四地，在1～8月平均降雨量[②]为130～200毫米，方差均小于80毫米，全年降雨多且比较平均。

菲律宾西部为"季节性气候"（Seasonal），每年有3～6个月的旱季，冬春干燥，夏秋湿润，一般来说11月至次年4月为旱季，5～10月为雨季，每年的1月、2月和12月天气较凉爽，最低温度可达16.7～20.7℃，最高温度在33～39℃，全年平均气温在25～28℃。季节性气候主要包括吕宋岛除美骨区以外的大部分地区以及棉兰老岛西部地区，如三宝颜、拉瑙、米萨米斯、纳卯、哥打巴托等地。根据1937年降雨量记录，吕宋岛西部的北伊罗戈省拉瓦戈（Laoag）、南伊罗戈省维甘（Vigan）、拉乌尼翁省圣费尔南多（San Fernando）、邦阿西楠省达古潘（Dagupan）和三描礼士省伊巴（Iba）五地的年均降雨量数值和方差都很大，年均降雨量为288～586毫米，而方差为372～792毫米。

处于上述两种气候之间的是"轻微季节性气候"（Slightly Seasonal），主要在菲律宾中部平原，每年有1.5至3个月的旱季。在《南洋年鉴》中，又将中部平原的气候细化为"中间A型"和"中间B型"[③]。前者"无最大之雨期，而有一个月至三个月之短期干季"，一般11月至次年4月降雨较少，其余时间比较湿润。这种气候类型包括卡加延、伊莎贝拉、

---

① 〔新西兰〕尼古拉斯·塔林主编《剑桥东南亚史》I，贺圣达等译，云南人民出版社，2003，第46～47页。

② 降雨量数据来自《第三篇菲律宾、越南、缅甸、暹罗》，傅无闷主编《南洋年鉴》，新加坡南洋报社有限公司，1939，第寅5～6页，此四地的降雨量平均值分别为：127.74、134.59、201.06和161.39毫米，降雨量方差分别为：41、70、55和79毫米，平均值可衡量全年降雨量的平均情况，而方差衡量的则是各月降雨量波动情况。

③ 《第三篇菲律宾、越南、缅甸、暹罗》，傅无闷主编《南洋年鉴》，新加坡南洋报社有限公司，1939，第寅3页。

新怡诗夏西部、高山东部、奎松南部、马斯巴特、朗布隆、班乃岛（Panay，安蒂克、卡皮斯及怡朗所在岛屿）东北部、内格罗斯岛（Negros，东内格罗斯和西内格罗斯所在岛屿）东部、宿务中部、东米萨米斯南部及三宝颜南半岛等地，如 1937 年卡加延省士格加劳（Tuguegarao）1～4 月的平均降雨量为 48 毫米，而 5～8 月平均降雨量则上升至 233 毫米。"中间 B 型"则"既无显著之雨季亦无干季"，包括八打雁、卡加延、奎松省的三分之一地区，甘马粦、阿尔拜、萨马、莱特四省西部地区，民都洛和三宝颜东部，宿务大部分地方，以及保和、苏禄、哥打巴托、拉瑙、米萨米斯西北部等地，如 1937 年三宝颜全年降雨量大致在 63 毫米左右。

菲律宾以东处于太平洋西部，是台风的发源地，每年 6～11 月，西太平洋加罗林群岛和马绍尔群岛一带的台风横贯菲律宾中北部，仅菲律宾南部的棉兰老岛免受台风影响。有关台风影响的度量，有两条重要的线，一条是台风频发南线，大致在北纬 16°附近，即现在邦阿西楠省西南部苏阿尔市（Sual）与新怡诗夏省东部丁阿兰（Dingalan）连线，此线以北是台风频发地区。另一条是台风南线，大致在北纬 10°附近，从现在米沙鄢群岛巴拉望岛北部横穿内格罗斯岛中部希尼加兰市（Hinigaran）和宿务岛中部卡尔卡尔市（Carcar），经过保和岛北部的特立尼达市（Trinidad），到棉兰老岛西北部苏里高省北部一线，此线以南基本不受台风影响。在台风频发地区，为规避风暴带来的破坏，人类一般将定居点选在山脉西坡的河口或是沿海地区，马尼拉就是这种定居点。

三　菲律宾的物产及其分布

东南亚地区地跨赤道，北至北纬 28°，南到南纬 11°，属于热带地区，南洋各国都是常夏之国，气温高，降雨量充足，土壤肥沃，非常适合农作物的生长。东南亚地区的农作物的生长速度是温带地区的 2～3 倍，树木生长速度更是达到温带地区的 5～6 倍，因此南洋地区农业资源和林业资源较为丰富。根据《国际农业统计书》和《国际统计年鉴》统计，1931～1936 年，南洋各国橡胶、木棉、木薯淀粉、椰子制品、硬质纤维等农业资源产量占世界总产量的 50% 以上，米和茶叶产量占世界总量的 20% 左右。

就菲律宾来说，菲岛土壤多是富含有机物和钾的冲积土，属于黏土或黏质土壤，土层深厚，水分保持好，平均含石灰 1% 以上，磷酸和钾灰约 0.3%，氮素 0.1%，非常益于农作物的生长。明《东西洋考》[①] 中记录了菲律宾各地的重要物产，如吕宋的子花、苏木、油麻、椰，苏禄的珍珠、玳瑁、片脑、降香、黄蜡、豆蔻等。西班牙统治后期，特别是美国统治时期，殖民当局越来越重视菲岛经济作物的种植和开发，其中最重要的几种物产耕地面积及产量占东南亚地区的比重如表 1-2 所示。

表 1-2　1931～1935 年菲律宾物产耕种面积及产量占东南亚地区的比重

单位：%

		1931 年		1932 年		1933 年		1934 年		1935 年	
		耕地面积占比	产量占比	耕地面积占比	产量占比	耕地面积占比	产量占比	耕地面积占比	产量占比	耕地面积占比	产量占比
原料品	硬质纤维	89	84	89	82	90	84	90	83	90	83
	油椰子	63	47	64	33	63	46	69	50	67	43
	烟草	23	29	27	37	28	19	19	46	23	28
食品	糖	—	28	—	46	—	69	—	59	—	63
	米	13	12	13	11	14	12	13	11	14	7

资料来源：根据孙承译《日本对南洋华侨调查资料选编（1925—1945）》第二辑，广东高等教育出版社，2011，第 219～227 页整理得到。

硬质纤维，主要是指马尼拉麻[②]（Abaca）和龙舌兰（Maguey），这两种纤维制品主要产自菲律宾。1931～1935 年，菲律宾硬质纤维的种植面积占东南亚地区的 90% 左右，产量占东南亚地区的 83% 左右。油椰子也是菲律宾的重要物产，其产量占世界椰子产量的 1/3[③]。菲律宾椰子的耕种面积是东南亚地区中最大的，1934 年菲律宾的椰子产量占东南亚地区的一半。菲律宾烟草产量占东南亚地区的 19%～46%，居世界第八位。在蔗糖生产方面，美国统治时期由于新式机器的使用，菲律宾在蔗糖生产上得到长足进步，1933 年菲律宾糖产量占东南亚地区的近 70%，居世界

---

① （明）张燮：《东西洋考》卷 5《东洋列国考》，谢方点校，中华书局，1981，第 94～97 页。

② 菲律宾所产的麻 abaca，被华侨称为"苎麻"，但是实际上就性质来说是蕉麻，不是苎麻，因此菲岛所产麻不可用来制作麻布，只能制作绳索，特别是用于船舶缆绳的制作，质量非常好，也是大帆船的主要材料之一。

③ 《第三篇菲岛之物产与富力》，第 3 页，吴承洛：《菲律宾工商业考察记》，中华书局，1929。

第六位。南洋地区整体上矿产不是很丰富，菲律宾仅金矿较丰富，黄金产量占东南亚地区的 57% ~ 77%。美国统治时期加快了对菲岛矿山的开采，菲律宾金矿产量增长迅速，从 1927 年的 2537 吨增至 1937 年的 20760 吨。据菲律宾农商部商务局调查，1935 年全菲共有 113 家矿业公司，而到 1937 年 3 月登记的公司数增至 405 家，其中金矿公司最多，为 332 家，其投资额占菲律宾全部矿业投资额的 86% 以上。

表 1 - 3　1926 年菲律宾土地分配情况

土地	面积（万平方公里）	比例（%）
商业森林	15.91	53.7
非商业森林	2.91	9.8
耕种土地	3.71	12.5
露天草地	5.6	18.9
种植灌木之沼泽林	0.27	0.9
未开垦土地	1.23	4.2
合计	29.63	100

资料来源：单岩基：《南洋贸易论》，申报馆，1943，第 92 页。

1926 年菲律宾土地分配情况如表 1 - 3 所示，根据当年林业局的调查，菲律宾的森林覆盖面积达 18.82 万平方公里，占国土面积的 63.5%。其中商业森林覆盖面积 15.91 万平方公里，仅此一项就占菲律宾国土面积的一半以上，非商业森林覆盖面积 2.91 万平方公里，1935 年菲律宾商业森林覆盖面积增至 22.22 万平方公里[1]。木材是菲律宾的重要物产，全菲除了怡朗、苏禄和宿务三省外，其余各省均有商业森林覆盖。菲岛木材质地优良，品种多样，"菲律宾的森林盛产各类木材，它们的颜色、纹理、质地、易加工程度、硬度、重量和强度等特性各不相同，任何一种树木都有适合它的用途"[2]。菲律宾所产各类木材不仅是菲律宾的重要出口产品，也是建造跨洋贸易大帆船的主要材料。1679 年西班牙王室颁布命令，所有大帆船只能在菲律宾本土建造。用于建造大帆船船体的木材多

---

[1]　原文为 2000 亿平方尺，按 1000 平方尺 = 0.00011 平方公里换算。〔日〕成田节男：《华侨史》，东京萤雪书院，1942，第 326 页。

[2]　Frederick L. Wernstedt and J. E. Spencer, *The Philippine Island World: A Physical, Cultural, and Regional Geography* (Berkeley: University of California Press, 1967), p. 87.

为"玛丽亚"（Maria）硬木和"阿吉霍"（Arguijo）木材，而莫拉菲树（Molave）则多被用于建造大帆船的肋材和肘板。

1910～1935年菲律宾木材产量情况如图1-1所示，从1910年的18万立方米增至1930年的146万立方米，并在1934年达到高峰，当年的木材产量达165万立方米。根据日本方面调查①，菲律宾最主要的木材产地有吕宋美骨区的南甘马粦，米沙鄢群岛的西内格罗斯，以及棉兰老岛的三宝颜，这三个地方的木材年产量超过2.55万立方米；棉兰老岛的米萨米斯和纳卯次之，木材年产量超过1万立方米。

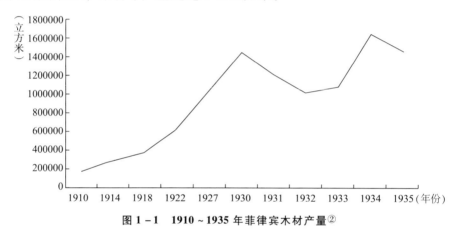

图1-1　1910～1935年菲律宾木材产量②

菲律宾是一个农业国，清《瀛寰志略》记载"土肥湿宜稻，产米最多，又产白糖、棉花、麻、烟草、加非、可可子"。③在菲律宾出口贸易中，90%的产品是农产品，如糖、椰子制品、纤维制品和烟草等，详见第三章。菲律宾农作物种植面积约为3.71万平方公里，占菲律宾土地面积的12.5%，这一比例至1936年上升为13%，近4万平方公里的土地用于农产品的耕种④。图1-2和图1-3显示出1903～1935年菲律宾米、椰子、烟草、麻和糖等农产品的耕种面积和产量情况。

---

① 〔日〕平塚武、班目文雄：《详解比岛事情》，东京非凡阁，1942，第198页。
② 原资料中1930年至1935年数据单位为板寸，按照1板寸=0.00236立方米换算。
③ （清）徐继畬：《瀛寰志略》卷2《南洋各岛》，上海书店出版社，2001，第29页。
④ 《第一篇总说》，第6页，傅泰泉：《菲律宾指南》第二版，菲律宾指南发行部，1935。

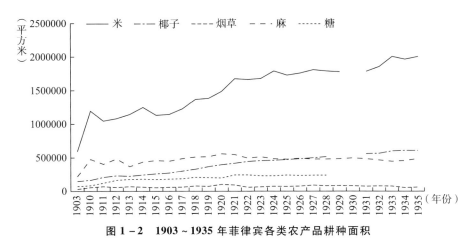

图 1-2　1903～1935 年菲律宾各类农产品耕种面积

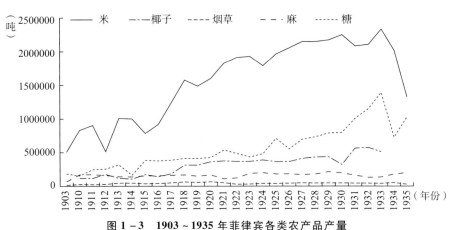

图 1-3　1903～1935 年菲律宾各类农产品产量

　　大米是菲律宾重要的农产品，也是菲律宾人重要的粮食作物，明《东西洋考》提到北吕宋卡加延北部的阿帕里（Aparri，即大港）"米谷繁盛，他产不过皮角之属"①。在大帆船贸易时代，菲律宾所产大米也曾随着帆船运往西属墨西哥。吕宋岛中部，林加延湾（Lingayan Gulf）至马尼拉湾的平原区域是菲律宾最重要的大米产区。中吕宋的新怡诗夏省大米耕种面积甚至超过 200 万平方米；中吕宋的邦阿西楠和米沙鄢群岛的怡朗大米耕种面积也都超过 100 万平方米；北吕宋的伊罗戈、中吕宋的打拉、南吕宋的八打雁、美骨区的甘马粦等地，则有超过 50 万平方米的土地用于耕种

---

①　（明）张燮：《东西洋考》卷 5《东洋列国考》，谢方点校，中华书局，1981，第 95 页。

稻谷①。全菲各省，除棉兰老岛中部不产大米外，均生产大米。在"美西战争"前，大米一直是菲律宾重要的出口产品，但是由于片面发展经济作物种植业，菲律宾的大米产量逐渐无法自给自足，开始从周边国家如越南、荷属东印度和暹罗等国进口大米。此后由于殖民政府奖励耕种，菲岛的大米产量恢复上涨，进口量逐渐减少，1926～1927 年菲律宾大米的进口量减少了近 20%②。菲律宾大米主要产区如表 1－4 所示，表中所列各省大米产量总和占全菲大米产量的 46%～47%，其中中吕宋的新怡诗夏和邦阿西楠两省位居前列，1903 年此两省所产大米占全菲大米产量的 27%，1928 年菲律宾所产大米的超 1/3 是由这个两省提供的。

表 1－4　菲律宾大米主要产区产量及其占全菲大米产量的比例

1903 年			1928 年		
省	产量（万升）	占比（%）	省	产量（吨）	占比（%）
邦阿西楠	14546	17	新怡诗夏	529288	18
新怡诗夏	8559	10	邦阿西楠	454538	16
西内格罗斯	6381	7	打拉	149213	5
打拉	5993	7	怡朗	126385	4
北伊罗戈	4835	6	邦板牙	109652	4
合计	40314	47	合计	1369076	47
全菲	85992	100	全菲	2871895	100

说明：1928 年档案中给出的大米计量单位是 cavans，此处按照 1cavan = 57.5kilos 换算。

资料来源：Gen. J. P. Sanger, *Census of the Philippine Islands*：1903（*Volume IV*）（Washington：United States Bureau of the Census, 1905），p. 219；吴序道：《菲律宾华侨商业指南》，1929，第 1 页。

马尼拉麻为菲岛特产，也是制作大帆船绳索和索具的主要材料，明《东西洋考》中记载磨荖央（即南吕宋八打雁）产麻③。菲律宾所产麻质量好，同样粗细的绳索用马尼拉麻制作产量为 2122 公斤，而用英国出产

---

① 〔日〕平塚武、班目文雄：《详解比岛事情》，东京非凡阁，1942，第 174 页。

② 《南支南洋农业》中记载，1926 年菲律宾从法属印度支那、暹罗等国进口大米百万袋，1927 年进口大米二十万袋，〔日〕台湾总督府殖产局农务课：《南支南洋农业》，小塚本店印刷工场，1935，第 1 页。

③ "磨荖央，在吕宋之后，产子花、油麻、椰子。"（明）张燮：《东西洋考》卷 5《东洋列国考》，谢方点校，中华书局，1981，第 95 页。

麻制作产量则只有 1765 公斤[①]。菲岛的气候特别适合麻的生长，特别是在冲击形成的河口和火山灰堆积的斜坡处肥料丰富，对麻的生产非常有益。麻的生长喜湿润气候，寒暑气温相差不能太大，因此多雨的菲律宾东部比较适合麻的生长；此外麻的生长非常怕台风，遭遇强风容易出现"倒壞"现象，而菲律宾东部洋面又是台风的发源地，因此台风频发南线和台风南线以南的菲律宾东部沿海是菲律宾麻的主要产地。具体来说，美骨区的南甘马粦、阿尔拜和索索贡，米沙鄢群岛的莱特和萨马，以及台风南线以南，没有台风危险的棉兰老岛纳卯省等地都是菲律宾的主要麻产区。根据菲工商部调查，全菲麻产量的 69% ~ 79% 集中在以下各省，见表 1 - 5。1903 年和 1928 年麻产量最多的省份为米沙鄢群岛的莱特，年产出麻分别为 11709 吨和 39738 吨，占全菲麻产量的 18% 和 23%，1938 年将近一半的麻由纳卯省提供。除此之外，美骨区的阿尔拜和索索贡产出的麻占菲律宾麻产量的 10% 左右。

表 1 - 5 菲律宾麻主要产区产量及其占全菲麻产量的比例

单位：吨，%

1903 年			1928 年			1938 年		
省	产量	占比	省	产量	占比	省	产量	占比
莱特	11709	18	莱特	39738	23	纳卯	68150	47
阿尔拜	11081	17	阿尔拜	24878	14	阿尔拜	14367	10
索索贡	10262	15	纳卯	22120	13	索索贡	12675	9
南甘马粦	8003	12	索索贡	19540	11	莱特	11648	8
萨马	6486	10	萨马	13743	8	萨马	7329	5
合计	47541	72	合计	120019	69	合计	114169	79
全菲	66756	100	全菲	172776	100	全菲	144130	100

资料来源：Gen. J. P. Sanger, *Census of the Philippine Islands*：1903（*Volume IV*）（Washington：United States Bureau of the Census，1905），p. 210；Gen. J. P. Sanger, *Census of the Philippine Islands*：1939（*Volume IV part II*）（Manila：Bureau of Printing，1940），p. 1466；吴序道：《菲律宾华侨商业指南》，1929，第 1 页。

明《东西洋考》中记录的磨荖央的另一项重要物产是椰子。菲岛是世界椰子的重要产地，20 世纪 30 年代菲律宾所产椰子占全世界的 1/3 左

---

① 《第三篇菲岛之物产与富力》，第 3 页，吴承洛：《菲律宾工商业考察记》，中华书局，1929。

右。椰子的副产品颇多，椰肉晒干后能制成椰干，还可以榨油、制酒等，椰子树多在河流附近，运输方便。菲岛海岸线长，土壤富有石灰质，即使不用人工，椰子也能自然生长。椰子的生长对雨水和风要求较高，所谓的"椰子树不见海波，不闻涛声，不能生长"，因此雨水丰沛又有风的菲律宾东部就成为菲岛椰子的主要产区。菲律宾椰子最主要的产区是南吕宋的奎松和内湖，另外米沙鄢群岛的萨马、莱特、宿务和棉兰老岛的米萨米斯、三宝颜等地所产椰子也较多。根据菲工商部的调查，1903年、1928年和1938年菲律宾椰子主要产区及其占全菲椰子产量的比例如表1-6所示。南吕宋的奎松是菲律宾最重要的椰子产地，1903年奎松所产的椰子占全菲椰子产量的一半以上。

表1-6　菲律宾椰子主要产区产量及其占全菲椰子产量的比例

1903 年			1928 年			1938 年		
省	产量（吨）	占比（%）	省	产量（个）	占比（%）	省	产量（株）	占比（%）
奎松	21629	51	奎松	407215	23	奎松	25272	18
内湖	9193	21	内湖	291614	16	萨马	10200	7
莱特	1676	4	米萨米斯	144010	8	莱特	8024	6
米萨米斯	1600	4	宿务	141957	8	内湖	7171	5
萨马	1414	3	三宝颜	85503	5	三宝颜	5825	4
合计	35512	83	合计	1070299	60	合计	56492	40
全菲	42835	100	全菲	1800027	100	全菲	139209	100

资料来源：Gen. J. P. Sanger, *Census of the Philippine Islands*：1903（*Volume IV*）（Washington：United States Bureau of the Census, 1905），p. 214；Gen. J. P. Sanger, *Census of the Philippine Islands*：1939（*Volume IV part II*）（Manila：Bureau of Printing, 1940），p. 1302；吴序道：《菲律宾华侨商业指南》，1929，第3～4页。

元《岛夷志略》中记载了三岛、麻逸、麻里噜[①]和苏禄几个菲岛小国"酿蔗浆为酒"的情况；明《西洋朝贡典录校注》[②]中也记载了苏禄产蔗酒。但是直到19世纪初期，甘蔗才开始在菲律宾大规模种植。西班牙统

---

① 三岛，即三屿，在今卡拉棉、巴拉望、布桑加诸岛，麻里噜即马尼拉，详见《中国古籍中有关菲律宾资料汇编》（中华书局，1980）的相关注释。

② （明）黄省曾：《西洋朝贡典录校注》卷上《苏禄国第七》，谢方点校，中华书局，1981，第46页。

治时期，菲律宾的糖厂基本是旧式糖厂，20世纪后新式糖厂逐渐增多，1927年菲律宾糖产量居世界第六位。甘蔗生长期和成熟期对自然环境有不同的要求，生长期喜高温多雨，而成熟期又喜低温少雨。因此有明显干湿两季的菲律宾西部非常适合甘蔗的生长，也是菲律宾蔗糖的主要产地。如中吕宋的邦板牙和邦阿西楠，南吕宋的八打雁和内湖，米沙鄢群岛的西内格罗斯等地，特别是内格罗斯岛，其岛上土质多是益于甘蔗种植的沙质土或黏质土。根据菲律宾糖业联合会推算，1926年内格罗斯岛糖产量为337927吨，占全菲糖产量的71.1%[1]。另据菲律宾工商部的调查，内格罗斯岛的甘蔗耕种面积近8.6万平方米，占全菲甘蔗种植面积的36%，仅西内格罗斯一省的蔗糖产量就从1903年的约8.8万吨增至1928年的约38万吨，占全菲糖产量的一半以上，是菲律宾名副其实的产糖中心。

表1-7 菲律宾蔗糖主要产区产量及其占全菲蔗糖产量的比例

单位：吨，%

1903年			1928年		
省	产量	占比	省	产量	占比
西内格罗斯	87524	49	西内格罗斯	379871	55
邦板牙	14318	8	邦板牙	81982	12
邦阿西楠	9374	5	八打雁	30389	4
宿务	8326	5	内湖	27463	4
南伊罗戈	8060	4	怡朗	26285	4
合计	127602	71	合计	545990	79
全菲	180217	100	全菲	695729	100

资料来源：Gen. J. P. Sanger, *Census of the Philippine Islands*：1903（*Volume IV*）（Washington：United States Bureau of the Census, 1905），p. 220；吴序道：《菲律宾华侨商业指南》，1929，第2页。

马尼拉烟叶是品质仅次于西印度和苏门答腊的世界第三烟叶，菲律宾很早就开始了烟草的种植，中国最早认识并引进烟草就是通过菲律宾。1611年成书的《露书》中记载，"吕宋国出一草曰淡巴菰（Tabaco 音译），一名曰醺，以火烧一头，以一头向口，烟气从管中入喉，能令人醉，且可

---

① 陈驹声：《世界各国之糖产》，商务印书馆，1935，第70页。

避瘴气。有人携漳州种之，今反多于吕宋，载入其国售之"[1]。菲律宾烟草以北吕宋卡加延河流域的卡加延和伊莎贝拉所产最为出名，两省均处在吕宋岛东岸，常年雨水充沛，土壤肥沃，气候适宜，非常适合烟草的种植，是菲律宾最重要的烟草产区。除此之外，中吕宋的邦阿西楠和拉乌尼翁，米沙鄢群岛的宿务和怡朗等地也是菲律宾较重要的烟草产地。根据菲律宾工商部的调查，表1-8中所列出的各省烟草产量总和占全菲烟草产量的72%～85%，其中仅北吕宋伊莎贝拉一省的烟草产量就占全菲烟草产量的1/3左右。

表1-8　菲律宾烟草主要产区产量及其占全菲烟草产量的比例

单位：吨，%

1903 年			1928 年			1938 年		
省	产量	占比	省	产量	占比	省	产量	占比
伊莎贝拉	5691	33	伊莎贝拉	14763	29	伊萨贝拉	11943	37
拉乌尼翁	3753	22	卡加延	8425	17	卡加延	5010	16
卡加延	2663	16	邦阿西楠	8225	16	邦阿西楠	2116	7
宿务	1717	10	拉乌尼翁	4193	8	宿务	1969	6
邦阿西楠	686	4	宿务	3505	7	拉乌尼翁	1784	6
合计	14510	85	合计	39111	77	合计	22822	72
全菲	17009	100	全菲	50216	100	全菲	32115	100

资料来源：Gen. J. P. Sanger, *Census of the Philippine Islands*：1903（*Volume IV*）（Washington：United States Bureau of the Census, 1905），p. 209；Gen. J. P. Sanger, *Census of the Philippine Islands*：1939（*Volume IV part II*）（Manila：Bureau of Printing, 1940），p. 1510；吴序道：《菲律宾华侨商业指南》，1929，第2页。

表1-9　菲律宾重要产区产品情况

省	产品	纪念刊所记载	省	产品	纪念刊所记载
卡加延	烟、木	烟、米	阿尔拜	麻	麻、椰
伊莎贝拉	烟		索索贡	麻	麻、椰
拉乌尼翁	烟	烟	怡朗	米、糖	米、烟、糖
新怡诗夏	米	米、烟	宿务	椰、烟、糖	麻、椰

[1] （明）姚旅：《露书》卷10《错篇下》，刘彦捷点校，福建人民出版社，2008，第261页。

续表

省	产品	纪念刊所记载	省	产品	纪念刊所记载
邦板牙	米、糖		莱特	麻、椰	麻、椰、烟
邦阿西楠	米、烟、糖	米、烟	内格罗斯	糖、米、木	糖、椰
打拉	米	米、糖	萨马	椰、麻、木	麻、椰
八打雁	糖、木		哥打巴托	木、麻	米、椰
内湖	椰、糖		纳卯	木、麻	麻、椰
奎松	椰、木	椰、米、木	米萨米斯	椰、木	椰
南甘马辚	麻、木	麻、椰	三宝颜	椰、木	椰、麻

资料来源：根据上文整理得到；"纪念刊所记载"根据《菲律宾各埠华侨状况调查表》整理得到。参见黄晓沧编《菲律宾马尼拉中华商会三十周年纪念刊》丁编，中华商会委员会出版部，1936，第5~9页。

综上所述，菲岛重要产品及其产区情况总结见表1-9，共涉及菲律宾22个省份，其与《菲律宾马尼拉中华商会三十年纪念刊》中所载各埠所产产品情况基本一致。从其分布来看，卡加延流域是菲律宾重要的烟草产区；蔗糖的主要产区在台风频发南线以南，有明显干湿两季区分的菲岛西部；椰、麻的主要产区在台风频发南线以南，全年多雨的菲岛东部地区；米的主要产区集中在中吕宋地区；木材则主要产自棉兰老岛。这些地区也是华侨在菲律宾开展经济活动的重要场所，关于这点将在第五章展开讨论。

第二节　移民的背景——闽南方面

一　中国的福建

福建省地处东南，僻在海隅，与中原相距甚远，福建西北部有高山阻隔，境内又多丘陵，与邻近的江西和浙江两省交通不便，直到春秋战国时期，福建地区才开始接触中原文化，且发展极为缓慢。相对于陆路交通，海上交通反而更容易，因此闽人自古就以善于航海著称。为了躲避战乱，中原人分别在东晋、唐和北宋三次大规模迁往福建，作为菲律宾华侨主体的闽南人即是晋汉人的一个支系族群。虽然闽人信奉中原文化，并以儒家学说作为其行事的基本准则，但是"中原文化延伸至边缘地区产生了变异"①。这种变异一方面是在迁徙途中产生的，另一方面则是为了适应新环境而对传统观念的调整和扬弃。宋之前，广州是中国海外贸易的主要港口，泉州仅为辅助港，自北宋在泉州设立市舶司后，泉州对外贸易逐渐繁荣，南宋以后，泉州和广州在中国海外贸易上的地位发生了逆转。在此过程中，闽南地区不断孕育出一套与内陆地区不同的发展逻辑，即面向海洋开展航海贸易。

随着商品化农业和民营手工业的发展，私人海上贸易规模和海商资本积累逐渐加快，东南沿海出现了许多海商集团，其中就包括"闽广海商集团"②。13 世纪开始，由于对外贸易的繁荣，在东南亚海域形成了一支由福建商人，特别是闽南商人组成的"闽南海商集团"，这一集团主导中国海外华商网络一直到 19 世纪中期，闽南人也被称为是中国的"海上马车夫"③。明朝在经历了早期开放和郑和下西洋之后，开始实施海禁，但是海禁并不意味着严格意义的锁国。从主观目的来看，海禁政策并不是割裂中国与外界的贸易往来，而是通过铲除海商，实现政府对海外贸易的垄断；从客观结果来看，政府的镇压不仅没有抑制海商势力，反而使得走私商人转变成更为强大的武装集团。为了规避海禁政策，走私商人互相集结形成了闽南海商集团，并在南洋形成很强的垄断力量④，维持着在东南亚海域长期的竞争优势，他们通过主导中国与南洋各国的贸易往来，推动了早期华侨移民。

二　福建的地理自然环境

依据《钦定大清一统志》，福建有九府，两直隶州，按照其地理位置大

---

① 庄国土、陈华岳等：《菲律宾华人通史》，厦门大学出版社，2012，第 124 页。
② 林仁川：《明末清初私人海上贸易》，华东师范大学出版社，1987，第 85 页。
③ 〔荷〕包乐史：《巴达维亚华人与中荷贸易》，庄国土译，广西人民出版社，1997。
④ 张彬村：《十六至十八世纪华人在东亚水域的贸易优势》，载张炎宪主编《中国海洋发展史论文集》第三辑，"中央研究院"中山人文社会科学研究所，1988，第 345～368 页；张彬村：《明清两朝的海外贸易政策：闭关自守?》，载吴剑雄主编《中国海洋发展史论文集》第四辑，"中央研究院"中山人文社会科学研究所，1991，第 45～49 页。

致可以分为闽北沿海、闽西山区、闽中地区和闽南沿海地区，见表 1 – 10。

表 1 – 10   福建省府（州）县

地理区域	府（州）	县
闽北沿海	福宁府	霞浦、福鼎、寿宁、宁德、福安
	福州府	闽县、侯官、长乐、福清、连江、罗源、古田、屏南、闽清、永福
闽西山区	建宁府	建安、欧宁、建阳、崇安、浦城、松溪、政和
	邵武府	邵武、光泽、泰宁、建宁
	汀州府	长汀、宁化、上杭、武平、清流、连城、归化、永定
闽中地区	延平府	南平、将乐、沙县、顺昌、永安、尤溪
	龙岩州	漳平、宁洋
	永春州	德化、大田
闽南地区	兴化府	莆田、仙游
	泉州府	晋江、同安、南安、惠安、安溪
	漳州府	龙溪、漳浦、长泰、南靖、平和、诏安、海澄

福建、广东、广西等华南沿海省份，多为高山和丘陵地形，平原很少。福建境内山地和丘陵面积占 90% 以上，耕地面积不足 9%，被称为"八山一水一分田"。福建地区地势西北高，东南低，西北山区有武夷山、杉岭山、玳瑁山，闽中有鹫峰山、戴云山、博平岭山。由于山地多，福建地形破碎，河流短促，仅局部有冲积平原，耕地严重不足。唐安史之乱后，人口南迁使得福建地区的人口压力日益加剧[①]，北宋初期已经出现了"地狭人稠"的情况。南宋时期，闽南地区农业朝着商品化方向发展，经济作物种植开始增加，如甘蔗、棉花等，而粮食则开始依赖外省供应。农业商品化的现象，加上闽南人的经商传统，进一步加剧了人地矛盾。明清之际，福建的人地矛盾已经非常严重，1393 年福建耕地面积为 9799 平方公里，1578 年减少到 8993 平方公里，1661 年进一步减少到 6932 平方公里。光绪二十八年（1902）十一月初四，福州发行的《闽报》第 493 号在卷首刊登了题为"福州米价升贵绿白"的文章，其中写到"闽省西北

---

① 唐天宝年间（742~756）福建户数为 83538，人口为 537472，而到了宋元丰三年（1080），户数已增至 992087，人口为 2043032，户数增长了近 11 倍，人口增长了近 3 倍，李东华：《泉州与我国中古的海上交通》，台湾学生书局，1986，第 93~94 页。

背山，东南面海，足为耕种田地者约仅三分之一"[1]。闽南各府的情况更加严重，"闽省负山环海，地狭人稠。延、建、邵、汀四府，地据上游，山多田少。福、兴、宁、泉、漳五府，地当海滨，土瘠民贫，漳泉尤盛"[2]。不仅如此，福建省内土质贫乏，耕种条件不佳，闽南的漳州平原地区"近海半沙卤""称平野可田者，十之二三而已"。明代闽南和闽北的四府大米主要靠广州和浙江两省供应，每年少则几十艘船，多则二三百艘不等，交易的米价是浙、粤两省的 3 倍，且多通过海上运输（陆运是海运费用的 20 倍）[3]。明清时期福建、广东两省的大米输入总数占全国的50%～80%[4]。

与耕地不足相伴的是福建人口骤增带来的压力，福建自古就有"僻在海隅，人满财乏，惟恃贩洋"[5] 的记载。1578 年福建人口约为 173.8万，1876 年剧增至 1280.9 万，1851 年突破 2000 万，1897 年达到 2683.3万人，福建地区在全国人口总数的排名从 1786 年的第 13 位增至 1897 年的第 5 位。从人口分布来看，福建地区的人口分布不均衡，具有从西北山区向东南沿海递增的特点，西北山区人口较少，东南沿海则人口稠密。1829 年，福建沿海各府州人口占全省人口总数的 60% 以上。明清时期，福建各府州人口分布情况如图 1 - 4 所示，其中人口增幅最大的四个府分别为福州府、建宁府、泉州府和漳州府，其中除建宁府外，其余三府均属沿海，为"省内移出最多最盛之地"[6]。日益激化的人地矛盾，导致了乡村间为抢夺资源而发生械斗，一些械斗失败或为避免争斗的福建人逃往海外避祸。如在福建南安县丰山陈氏族谱中就记录"乡之四邻，东李西林，南苏北黄，摄处二大姓巨乡之间，介距环窈，虎视莫攫，咄咄逼人，如困荆棘……乡之族人，变更计划，纷赴小吕宋各埠，亲属介绍接踵而行，甚

① 〔日〕松浦章：《明清时代东亚海域的文化交流》，郑洁西等译，江苏人民出版社，2009，第 318 页。
② 汪志伊：《议海口情形疏》，（清）贺长龄：《皇朝经世文编》卷 85《兵政十六海防下》，《魏源全集》第十七册，岳麓书社，2004，第 655 页。
③ 李金明：《明代海外贸易史》，中国社会科学出版社，1990，第 35～36 页。
④ 叶绍纯：《我国移民背景之探讨》，《南洋研究》第 6 卷第 5 期，1936 年，第 21 页。
⑤ 同治《福建通志》卷 87，〔日〕松浦章：《明清时代东亚海域的文化交流》，郑洁西等译，江苏人民出版社，2009，第 318 页。
⑥ "1907～1916 年东亚同文会对福建省的调查"，〔日〕松浦章：《明清时代东亚海域的文化交流》，郑洁西等译，江苏人民出版社，2009，第 322 页。

有举家而往者，为劳动者多，为富商者少"①。

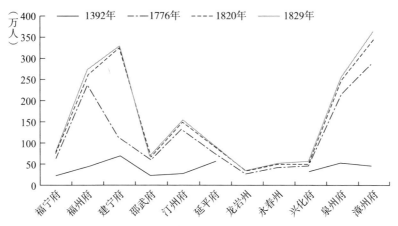

图 1-4 明清时期福建各府州人口

除人地矛盾之外，频繁的自然灾害也加重了福建地区人民的生存负担。表 1-11 列出了明清时期福建各州、府自然灾害的发生情况。福建地区最严重的自然灾害是水灾，明清时期共发生水灾 1064 次，其次是旱灾（551 次）、地震（431 次）和风灾（375 次）。如果进一步按地区划分，福建沿海地区遭受的灾难更为严重。明代近一半的水灾发生在沿海地区，旱灾、风灾、地震和瘟疫在沿海地区的发生比例分别是 75%、89%、86% 和 59%，潮灾则全部发生在沿海地区。再具体到闽南沿海，明代福建地区 1/3 的水灾，以及 50% 左右的旱灾、风灾、潮灾、地震和瘟疫发生在兴化、漳州和泉州三府。有清一代，闽南地区发生重涝的次数占福建地区的32%，仅次于闽西山区；发生重旱的次数占全省的43%，是全省最严重的旱灾区域②。频繁的自然灾害致使饥荒蔓延，1068~1911 年，福建共发生 880 次饥荒，其中兴化、漳州和泉州三府共爆发 321 次饥荒③，占福建地区饥荒发生总数的 36.5%，居首位。

① 南安丰山《陈氏族谱》，曾少聪：《东洋航路移民——明清海洋移民台湾与菲律宾的比较研究》，江西高校出版社，1998，第 8 页。
② 根据"附录二 500 年来福建主要气象灾害"整理得到，福建省地方志编纂委员会编《福建省志·气象志》，方志出版社，1996，第 205~245 页。
③ 徐天胎：《福建历代之饥馑——对于饥馑之时地原因结果救济及米价之初步的研究》，《福建文化》第 1 卷第 3 期，1941 年，第 4 页。

表 1-11   明清时期福建各州、府自然灾害发生次数

州、府	水灾		旱灾		风灾		潮灾		地震		瘟疫	
	明	清	明	清	明	清	明	清	明	清	明	清
福州	59	80	48	45	46	—	12	21	54	17	21	—
福宁	20	22	25	12	24	—	7	5	7	20	8	—
泉州	64	55	55	28	29	—	4	7	32	87	6	—
兴化	20	27	32	44	18	—	9	5	20	22	2	—
漳州	73	47	32	37	42	—	8	19	25	25	3	—
沿海合计	**236**	**231**	**192**	**166**	**159**	**153**	**40**	**57**	**138**	**171**	**40**	**48**
汀州	74	70	18	21	6	—	—	—	12	26	4	—
延平	69	73	17	31	4	—			5	36	11	—
邵武	67	108	19	26	1	—			4	18	12	—
建宁	28	71	10	38	8	—			1	6	1	—
永春	—	20	—	7	—	—				5	—	—
龙岩	—	17	—	6	—	—				9	—	—
内陆合计	**238**	**359**	**64**	**129**	**19**	**44**	**0**	**0**	**22**	**100**	**28**	**43**

资料来源：简思敏：《明代福建自然灾害研究》，福建师范大学硕士学位论文，2006；蒋莉莉：《清代福建地区自然灾害研究》，福建师范大学硕士学位论文，2008。

三　菲律宾与闽南地区的经济互补性

通过上述分析可以看到，菲律宾在 10 世纪之后才出现在中国的史书典籍中，开始与中国有朝贡贸易往来，而闽南地区则是在北宋年间泉州设市舶司后才逐步代替广州，成为中国重要的外贸口岸。宋以后，在南洋处于相对边缘位置的菲律宾，与在中国处于相对边缘位置的闽南地区，互动和联系开始增加。

明朝中期开放海禁后，闽南海商网络逐步走向巅峰，几乎同时，以马尼拉为重要节点的大帆船贸易兴起。大帆船贸易的黄金时代，也是闽南海商网络的黄金时代，贸易的开展不仅使福建在明政府税收中占据重要地位，同时也成为菲律宾经济发展的一个重大契机。由于大帆船贸易的开展，马尼拉成为中国与美洲甚至欧洲之间跨区域贸易的重要节点，而从菲律宾运往中国的美洲白银成为当时中国白银的主要来源之一。闽南海商不

仅主导了福建与包括菲律宾在内南洋各国的商品贸易往来，还刺激了早期华侨移民。明朝后期，菲律宾马尼拉和日本长崎，以及印度尼西亚巴达维亚（今雅加达）成为海外华侨的三大集中居住地，这些移民多为商贩，其主要任务是服务于海商网络。清廷也逐渐注意到闽南华商在菲律宾的经营情况，清朝农工商部右侍郎杨士琦在光绪三十四年（1908）的奏折"考察南洋华侨商业情形"中写道："飞猎滨群岛，大小千余，以小吕宋为最巨。其地西连闽粤，北枕台澎，距香港、厦门均不过二千余里。土产以烟、糖、麻、米为大宗，转售行销，皆操自华人之手。贸易则闽商最盛，粤商次之。"[①]

从经济互补性来看，闽南地区与菲律宾经济存在"阶段性的差距"[②]。首先，经济发展程度不同。福建虽然在中国处于较边缘的位置，但是经过长期的发展，宋之后，福建地区经济，特别是商品经济已经发展到较高水平，商品化程度很高；而菲律宾则还处在以氏族部落为主的奴隶制度时期，经济发展水平相对较低。其次，都市化程度不同。福建在宋元时代已经都市化，闽南人多从事与商业贸易有关的职业，闽商不仅是中国重要的商帮之一，活跃在南洋各国的闽商海商集团还是沟通中国与南洋各国商品贸易往来的重要媒介；而菲律宾人在18世纪中叶以前基本以简单的农业生产为主，没有有效开发当地资源，更谈不上商业发展，菲律宾的农业多采取"毁林轮垦"方式，即通过砍伐烧毁树林，清理出田地种植谷物，因此每隔三年就要迁徙到新的林区，致使菲岛人口分散。地理学家瑞德（Robert R. Reed）认为，普遍存在的砍伐和焚烧现象，以及中央集权的缺失阻碍了吕宋和米沙鄢群岛城市文明的形成[③]。再次，往来贸易商品的属性不同。中国输出的瓷器、铁器、锦缎、货银等一系列商品是菲律宾人无法制造的产品；而菲律宾与中国交易的产品，则是通过采集、狩猎所获得的珍珠、玳瑁、宝石、苏木、黄蜡等产品，这些产品在菲律宾当地没有太多价值，只能通过与华侨交易换取中国产品才能实现其价值，且它们并非菲律宾特有，在其他东南亚国家可以找到替代品。最后，两地的人口规模

---

① 中国第一历史档案馆编《清代中国与东南亚各国关系档案史料汇编》（第一册），国际文化出版社，1998，第151页。
② 陈碧笙：《世界华侨华人简史》，厦门大学出版社，1991，第33页。
③ Robert R. Reed, "Hispanic Urbanism in the Phillipines: A Study of the Impact of Church and State", *University of Manila Journal of East Asiatic Studies*. 11, 1967.

差距较大。西班牙人抵达菲律宾群岛时，当地人口密度每平方公里不到10人，即便是马尼拉人口密度也仅有20人/平方公里，这样小规模的人口根本无法从事本地资源开发；而宋元时期，福建特别是闽南地区已经出现了严重的人地矛盾，为了谋生闽南人不断通过海商网络向东南亚各国迁徙，出现了早期华侨移民。

10世纪之后，闽南地区和菲律宾之间由于经济发展程度和人口规模差距，形成的经济互补性，是华侨移民的重要前提条件。

第三节　华侨移民菲律宾的原因

移民是指一定数量的人口，在一定距离的空间上进行带有定居性质的迁移活动。研究人口迁移最重要的理论是推拉理论（Push and Pull Theory），该理论认为迁移活动是迁出地推力和迁入地拉力共同作用的结果，比如更高的收入，更好的生活条件，更好的职业和社会环境等。除此之外，庄国土教授还特别强调了移民的主观动机对迁移活动的影响，即愿意移民和敢于移民的意愿和胆气[1]。

一　移民影响因素分析

经济原因是华侨决定迁徙的最大推动因素，早在雍正十一年十二月二十六日（1733）福建总督郝玉麟和福建巡抚赵国麟就在奏折中写道："窃照闽省依山滨海，地少人稠，沿海居民多有贩洋为业，往来外域，经营趁息，以赡家口。"[2] 据20世纪20年代初厦门和福州的日本领事报告记载，"土地贫瘠，百姓在当地难以生存"是华侨移民的根本原因，"生活困难，只得向外谋求生路"是首要原因[3]。20世纪30年代，陈达对汕头侨乡的

① 庄国土、陈华岳等：《菲律宾华人通史》，厦门大学出版社，2012，第8页。
② 《宫中档雍正朝奏折》（第22辑），台北故宫博物院，1979，第473～474页。
③ 〔日〕松浦章：《明清时代东亚海域的文化交流》，郑洁西等译，江苏人民出版社，2009，第325、337页。

905 户华侨家庭进行了访问调查，调查结果如表 1 – 12，近七成被访问者认为经济压迫是迫使他们出国的主要原因，其中因无业或失业冒险出国的有 353 户，因收入无法养活家庭人口而选择出国的有 280 户。20 世纪 70年代，黄连枝对马来亚的 198 户华侨做了调查，近一半的华侨家庭表示选择出洋谋生的原因是经济困难。这种"经济压迫"和"经济困难"，最直观地体现在侨居地与侨乡的收入差距上，下面将首先对此进行分析。

表 1 – 12　华侨出国原因调查

陈达调查			黄连枝调查		
原因	户数	占比（%）	原因	户数	占比（%）
经济压迫	633	69.95	经济困难	98	49.49
南洋亲戚	176	19.45	亲戚关系	29	14.65
自然灾害	31	3.43	地方不安	23	11.62
事业发展	26	2.87	寻求发展	21	10.6
脱逃法律	17	1.88	逃壮丁	4	2.02
地方骚乱	7	0.77	家庭不和	2	1.01
家庭冲突	7	0.77	行为不好	2	1.01
其他	8	0.88	其他	19	9.6
总计	905	100	合计	198	100

资料来源：陈达：《南洋华侨与闽粤社会》，商务印书馆，1939，第 48 页；南洋大学历史系东南亚华人史调查小组：《星马开发与华族移民》，新加坡南洋大学历史系，1970，第 732 页。

（一）工资差距

对移民最大的一个拉力是在侨居地可以获得更高的收入。1911 ~ 1940年中国工人工资水平与 1895 ~ 1936 年菲律宾工人工资水平的对比情况，整理如表 1 – 13，需要说明的是，在选取工资数据时，中国工人工资水平以男性工人的最高日工资和月工资为主，如 1933 年，1936 ~ 1940 年都选取的是上海工人的工资数据。

表 1 – 13　中国与菲律宾工人工资水平比较

单位：美元

中国各省			菲律宾		
年份	月工资	日工资	年份	月工资	日工资
1911	—	0.4	1895	4.5	—

续表

中国各省			菲律宾		
年份	月工资	日工资	年份	月工资	日工资
1911～1915	0.5	0.25	1900	6.7	—
1916～1931	5	0.3	1900*	8.945	0.315
1933	4.2	0.42	1903	8.59	—
1934	3	1.5	1918	19.89	—
1936	4	0.06	1927	—	0.8
1937	3.65	—	1931	—	0.43
1938	3.69	—	1935～1936	—	0.2
1939	5.13	—	—	—	—
1940	10.44	—	—	—	—

说明：中国方面，1911 年数据为江苏句容男性农业工人在忙日的工资水平，且选取的是工资最高的第九区工资；1911～1915 年数据为山东临朐男性农业工人工资；1916～1931 年数据为山东临朐丝厂男性工人工资；1933 年日工资为广东开平男性工人工资；1934 年数据为广西男性农业工人工资；1933 年月工资及 1936～1940 年工资数据为上海各业工人最高工资水平，全部按美元换算。菲律宾方面，1895 年数据为华侨工人月工资水平；1900 年和 1903 年数据是制箱工人和香烟制造工人工资水平；1900* 年数据是马尼拉工人工资水平；1918 年数据是菲律宾一般工业工人工资水平；1927 年数据为菲律宾成年男性农业工人日工资水平；1931 年数据为菲律宾各省日工资平均水平；1935～1936 年数据为菲律宾普通工人每日最低工资水平。

资料来源：黄冕堂编著《中国历代物价问题考述》，齐鲁书社，2008，第 193、194、206～208 页；胡安·缅卡林尼：《菲律宾的中国劳工问题》，陈翰笙编《华工出国史料汇编》（第五辑关于东南亚华工的私人著作），中华书局，1984，第 350 页；Gen. J. P. Sanger, *Census of the Philippine Islands*: 1918 (*Volume IV*)（Manila: Bureau of Printing, 1920), p. 226；《第三篇菲岛之物产与富力》，第 111 页，吴承洛：《菲律宾工商业考察记》，中华书局，1929；《第三篇菲律宾、越南、缅甸、暹罗》，傅无闷主编《南洋年鉴》，新加坡南洋报社有限公司，1939，第寅 110 页；《第一篇总说》，第 11 页，傅泰泉：《菲律宾指南》第二版，菲律宾指南发行部，1935。

由表 1－13 可知，在西班牙统治后期，菲律宾工人的月工资水平达到 4.5 美元，而中国工人直到 1915 年之后，才达到相似的工资水平。在美国统治菲律宾初期，菲岛工人的月工资增至 6 美元以上，马尼拉工人的工资水平甚至接近 9 美元，而即便是在中国经济最发达的上海，达到这一工资水平也是 20 世纪 40 年代之后的事情。对中国工人来说，1916～1931 年，一天 0.3 美元已经是一个较高的工资水平，而马尼拉工人则早在 1900 年就达到了这一工资水平。1918 年菲律宾的平均月工资已接近 20 美元，1927 年菲律宾农业工人的日工资水平甚至达到 0.8 美元。1935 年之后，不论是菲律宾还是中国各地的工资水平都有所下降，菲律宾工人的日工资降至 0.2 美元，而上海仅 0.06 美元/天。此外，以上所选取的菲律宾工人工资数据是全菲平均水平或最低水平，实际上，华侨大多数选择在华侨工厂工作，他们的工资水平较全菲平均水平更高。据 Murray 对美国殖民政府普查数据的分析，44% 的马尼拉华侨工人在"全部是华侨的工厂"中工作，他们的平均月工资高达 21.21 美元，高于菲律宾工人的平均水平[1]。工资水平的差异对华侨产生了很强的吸引力。

（二）劳动力需求

随着菲律宾经济开发和贸易发展进程的加快，其对劳动力的需求也相应地增加了，而当地人和西班牙殖民者又无法满足这种需要。菲岛地处热带，资源丰富，但是菲律宾却没有足够的人口开发资源。1521 年麦哲伦发现菲律宾群岛时，全岛人口仅 50 万，过了 70 年到 1591 年时全菲人口也仅 67.7 万人[2]。陈列甫在分析菲律宾人民族性时说"充足的阳光，足量的雨水，长年如夏，四时常青，生活环境比之温带或热带，容易的多。这样的生活环境，就造成热带民族优游过日的安闲态度"[3]。由于岛上资源丰富，每天劳作一两个小时就能满足其生活需要，不需要过多从事生产活动。在日本领事馆报告整理的《福建省事情》中，第一卷题为"在厦门帝国领事馆辖区域内事情"的报告中提到，"南洋各地，天惠良多，土著民积蓄财产观念单薄，华人仅需稍有经济主义理念，即可达到劳少功多，因之其事业成功的概率较大"[4]。而对于东来的欧洲人来说，他们对当地炎热潮湿的气候极不适应，1895 年西班牙驻守菲岛的骑兵团有 1000 名外国人和 180 名本地人，就在这一年中，739 名西班牙人和 24 名本地人被送往医院，其中 16 人死亡，106 人被送回本国。此外，欧洲人的工资较高，在菲律宾一个月的薪水不足以满足白种人一家一周的生活所需[5]，

[1] John E. Murray, "Chinese-Filipino Wage Differentials in Early-Twentieth-Century Manila", *The Journal of Economic History*, 62（3），2002, p.784.

[2] 李长傅编译《菲律宾史》，商务印书馆，1936，第 31 页。

[3] 陈列甫：《菲律宾的民族文化与华侨同化问题》，（台北）正中书局，1968，第 43 页。

[4] 《福建省事情》是日本外务省通商局根据 1920 年 4 月 27 日厦门日本领事馆报告和同年 6 月福州日本领事馆报告整理而成，〔日〕松浦章：《明清时代东亚海域的文化交流》，郑洁西等译，江苏人民出版社，2009，第 325 页。

[5] 胡安·缅卡林尼：《菲律宾的中国劳工问题》，陈翰笙编《华工出国史料汇编》（第五辑关于东南亚华工的私人著作），中华书局，1984，第 344~345 页。

1900 年马尼拉白人的日工资和小时工资分别是华侨的 3. 29 倍和 4 倍。因此，从成本来看，华侨是最适合开发菲岛的人选。陈绍馨认为，在西班牙占领菲律宾之前，菲岛还处在部落社会（Tribal Society），由于社会封闭，生产力低下，无法吸收大量移民，华侨男性多单枪匹马前往菲岛，将家庭留在侨乡，因此移民自行增殖能力不强。当西班牙殖民者占领菲岛后，对外贸易的繁荣使得菲律宾社会生产力得到一定程度的发展，菲律宾因此进入到民间社会（Folk Society），吸收移民的能力逐渐增强，这也使得华侨大量移民成为可能①。

（三）移民累积效应

对移民另一种拉力来自在南洋的亲属，如表 1 - 12 所示，亲戚是推动华侨出国的第二大原因。毫无疑问，移民并不是没有成本的，帆船的造价通常极高，且其投资收益积攒缓慢，出洋后还会遇到各类无法预见的自然灾害和人为风险，因此旅费较高。雍正年间（1723 ~ 1735），偷渡者通常需要支付 5 ~ 6 两白银的乘船费用②。1870 年，厦门、香港和马尼拉定期汽船航线开通，前往菲律宾的最低旅费为 50 比索（25 美元），"移民所需船费、食物和入境费加在一起仅五十比索，费用低廉，中国移民多搭乘外国汽轮来菲，而不再搭乘中国帆船"③。另据小林新作记录，去往南洋各港口的汽船票价也大致在 25 美元④。因此，虽然出洋谋生可以改善生活水平，但是首先要做的事情是解决旅费。

解决办法之一是所谓的契约华工，即猪仔贸易，华侨劳工通过中介借垫或赊欠旅费出国，并与中介签订劳动合同，劳工受雇主约束，在偿还路费和入境费之前，苦力失去人身自由。1870 年前后，随着西方轮船公司介入中菲航运业，菲律宾的苦力贸易开始出现。1869 年总理衙门致闽浙总督的公文中就提到，"洋人贩卖人口出洋，俗谓之卖猪仔。唯吕宋此风

① "一个社会若有较高之生产力，又与外界贸易交通，始能抚养较多之人口，而移入人民也得繁殖发展，从类型学观点考察，吾人可称此种社会为民间社会"，陈绍馨：《台湾的人口变迁与社会变迁》，（台北）联经出版事业公司，1979，第 26 页。
② "船户揽载商货上船，遂暗招无照偷渡客民，每人索银五六两不等。"《宫中档雍正朝奏折》第 21 辑，台北故宫博物院，1979，第 353 页。
③ Edgar Wickberg, *The Chinese in Philippine Life*, 1850 - 1898 (London：Yale University Press, 1985), p. 170.
④ 〔日〕小林新作：《华侨之研究》，东京海外社，1931，第 40 页。

为甚"①。还有一些苦力被骗到菲律宾后，又被转卖到西班牙的另一个殖民地，古巴。"（光绪十五年，1889）七月，古巴领事禀称：西班牙轮船到埠，船有中国人十名相向哭。问其情由，据称皆闽人，向在小吕宋谋生，此次被人骗称'雇工'，到此方知立约做工，与卖身同。"② 苦力贸易极其残酷，"华工到达马尼拉，就同他选定的某一生产事业的雇主签订劳动一定年限的契约。他辛苦劳动，从不抱怨，每天劳动 10 小时至 12 小时，耗尽精力。吃饭只花几分钟时间，像机器一样又继续劳动"③。

　　但是，与其他东南亚国家以及美洲国家相比，菲律宾的契约华工规模较小，大多数菲律宾移民自备旅费或由亲友牵引出洋，是完全自由的华工。究其原因，菲律宾华侨的构成比较简单，绝大多数来自福建，特别是闽南漳泉地方，具有很强的"移民的积累效应"④。所谓"移民的积累效应"，是指早期移民在当地开创经济后，会把其在侨乡的子女接去继承财产，并召集亲戚、朋友和同乡去南洋谋生，共同经营。根据对泉州谱牒的分析，相当多的氏族世世代代迁移菲律宾，持续时间最长的如石狮容卿蔡氏，八世蔡正晓（1563～1603）于 16 世纪后半叶旅菲并卒于菲律宾，其后代世代在菲岛生存，传到第十八世蔡培豹于 1971 年去世时，已经过了近四个世纪。⑤ 雍正十一年十二月二十六日（1733），福建总督郝玉麟根据其在漳州、泉州等地的访问，在奏折中写道："因亲属向在番邦贸易，遂只身私渡往觅生理，以致逗留者。前经臣玉麟访问漳泉等处民人在葛喇吧、吕宋者更多。"⑥ 20 世纪初，厦门的日本领事在报告中也提到"亲朋好友多在海外，彼此能多相提携""有父兄、亲戚、朋友在南洋经营商业，有所依靠而赴南洋营生""拜托亲朋好友代为寻找工作"等⑦。

---

① 陈翰笙编《华工出国史料汇编》第一辑，中华书局，1985，第 531 页。

② （清）崔国因：《出使美日秘国日记》上册，李缅燕校点，岳麓书社，2016，第 52 页。

③ 胡安·缅卡林尼：《菲律宾的中国劳工问题》，陈翰笙编《华工出国史料汇编》（第五辑关于东南亚华工的私人著作），中华书局，1984，第 348 页。

④ Douglas S. Massey, Luin Goldring and Jorge Durand, "Continuities in Transnational migration: An Analysis of Nineteen Mexican Communties", *American Journal of Sociology*, 99（6），1994，陈衍德称这种效应为"连锁式移民"。

⑤ 庄为玑、郑山玉主编《泉州谱牒华侨史料与研究》下册，中国华侨出版社，1998，第 507～516 页。

⑥ 《宫中档雍正朝奏折》（第 22 辑），台北故宫博物院，1979，第 473～474 页。

⑦ 〔日〕松浦章：《明清时代东亚海域的文化交流》，郑洁西等译，江苏人民出版社，2009，第 325、326、329 页。

"移民的积累效应"之所以能够形成，主要源于华侨以亲缘和血缘形成的社会网络。"以前的迁移者可能提供有关的资讯，以鼓励以后的迁移而产生迁移过程的连锁反应。结构网络的范围很广，它与迁移过程的关系是双方面的：第一，经济与社会网络大大的限制迁移的类型。第二，迁移本身可改变或增强此网络。"[1] 在菲律宾华侨黄开物的批信中，他曾三次提到请妻子为其在家族、同乡，甚至邻乡物色一名 10～12 岁的青少年来菲助其生意[2]。由于交通不发达，当时的华侨移民就是借助于这种社会网络进行信息传递，降低移民风险和成本，社会网络由此起到了将祖籍地和移居地连接在一起的媒介作用。对于菲律宾华侨社会来说，"进入菲律宾最早的一批（华侨），在菲岛建有一定的商业基础……由于同乡同宗的关系，入菲谋生日益增多"[3]。旅菲华侨大多由亲属接济，并直接在华侨亲属开设的店铺中工作，"一旦成为一名商人，即远自中国本土邀约亲友同乡前来共同营运，因此在南洋不但商业如此，所有行业所雇员工几全为中国人"[4]。此外，大多数时期，不论是西班牙殖民者还是美国殖民者，都采取限制华侨人口的政策（详见第六章），这也影响了契约华工的规模。

二　移民的中介条件

从地理上来看，闽粤沿海地区与南洋各国距离较近。根据地质学家推断，在史前，从马来半岛到苏门答腊，再到爪哇甚至是婆罗洲和菲律宾与台湾，以及福建沿岸均有陆地连接，东南亚整体与亚洲大陆是在一起的，早期人类通过陆桥从亚洲大陆来到菲律宾，及其他东南亚国家。大约在 7000 年前，由于冰块融化，海平面升高，陆桥被海水淹没，形成了现在

---

① 廖正宏：《人口迁移》，（台北）三民书局，1985，第 150 页。
② 在 1910 年 2 月 26 日的批信中黄开物写道："至前书愚曾备陈欲在螺一十岁或十一岁童子来家，俟愚旋日即便携来习学生理"；在 1914 年 11 月 22 日的批信中又写道："故愚每欲贤内在家恳汝母舅代螺一清秀童子，年在十一二，俾他时仗人导来岷坡学习生意"；1915 年 2 月 27 日，他写道："或邻乡本乡有十一二岁童子欲出螺蛉，面貌清秀，举止端正，可即收买，自当做字导来岷中学习生理"，见黄清海编著《菲华黄开物侨批：世界记忆财富（1907—1922 年）》，福建人民出版社，2016，第 17、33、36 页。
③ 赵松乔、吴关琦、王士鹤：《菲律宾地理》，科学出版社，1964，第 64 页。
④ 杨建成：《三十年代南洋华侨侨汇投资调查报告书》，（台北）文史哲出版社，1983，第 32 页。

东南亚岛屿的分布格局。陈序经[1]认为东亚种族的迁移方向总体上是自北向南的，虽然在局部上有自南向北的现象，但是种族迁移的主流方向是自北向南。汉族的迁移路径是从黄河流域到长江流域，再从长江流域到珠江流域，而珠江流域的中国人，又迁移到更南的中南半岛、马来半岛甚至南洋群岛。因此，华侨向南洋的移民过程也可以看成是漫长的人口自北向南迁徙趋势的延续。

　　从航海条件来看，在轮船未通航之前，华侨抵达菲律宾基本是使用帆船。东南亚每年有两种季风吹过，一个是从北回归线向赤道移动的东北季风，通常发生在每年的 11 月到次年的 5 月；另一个是从南回归线向赤道移动的西南季风，通常在每年的 6～10 月。每年 11～12 月，帆船从中国东南沿海顺着东北季风来到南洋诸岛，次年 6 月份，由于整个季风带北移，南洋诸岛受西南季风的控制，于是帆船又可顺风回到中国东南沿海。由于华侨需要在南洋国家度过一个冬天，才能乘西南季风回国，因此这种暂时性的寄居行为被称为"压冬"。闽粤浙沿海都制造帆船，航海人员也多是当地有经验的航海家。蒸汽机发明后，汽船开始用于运输和航运事业。由于乘坐汽船需要时间更短，而且费用更低，因此逐渐取代中国帆船，成为最主要的海上交通工具。1870 年，厦门、香港和马尼拉定期三角航线开通，每月两班，三日即可到达菲律宾，这些汽船大多由外国经营。菲律宾华侨黄开物在寄给妻子的批信中就写道，"愚自去月廿三晚在厦起程，至廿四早到汕，廿五早到香（港），在香本月初二日搭大名船前往，至初五日二点钟抵岷（马尼拉），水途平安"[2]。美国统治时期，最快的轮船 36 个小时即可到达马尼拉，大大缩短了行程。

　　在华侨的迁徙过程中，相对成熟的移民中介机构也逐渐形成。根据厦门日本领事馆记录，华侨移民方式有四种，即汽船公司、船头行、客栈以及客头[3]。船头行是各汽船公司在客货运输上的经纪人，他们高价将船票卖给个人或客头；客栈是移民的宿泊处，多以地域划分，其中以泉州府治下的南安帮、同安帮、安西帮、晋江帮、惠安帮、金门帮经营的客栈最

① 陈序经：《东南亚古史研究合集》上卷，海天出版社，1992，第 30 页。
② 黄海清编著《菲华黄开物侨批：世界记忆财富（1907—1922 年）》，福建人民出版社，2016，第 4 页。
③ 〔日〕松浦章：《明清时代东亚海域的文化交流》，郑洁西等译，江苏人民出版社，2009，第 327～328 页。

多；客头是有远渡经验，通晓地方事情的中间人，他们在协助移民出外谋生、就业以及融资上都起到了非常重要的作用，不仅替谋生者筹集旅费，而且承担着移民抵达目的地之前的一切保护和监督职能，同时他们还给海外打工者介绍住处（通常是华人经营的客栈）和工作。根据日本领事馆调查，1917年厦门籍客头大约有1100人。由于菲律宾华侨构成的特殊性，客头和出洋谋生者多是同乡，即便"非其同乡，也必定是与其乡里关系密切的友村人士"，这就使得客头在为其垫付费用时，没有太多后顾之忧，因为一旦"出外人在客头的保护、代垫渡航等一切费用的情况下半路潜逃，客头即向逃走者留在家乡的父母亲戚追索损害赔偿"①。

三　移民的精神条件

在研究华侨移民时，如果仅考虑物质条件，则很容易忽视移民群体的个性，菲律宾华侨绝大多数来自闽南，闽南人文精神特点构成了华侨迁移行为的精神条件。所谓人文精神是指"人类为求生存与发展设计的价值体系及追求价值的行为方式"②，也即一种群体价值观和行为方式。总体来看，中国人"强有乡土观念，被家族制度拘束，富于崇拜先祖之念之中国人，竟远离家国，渡洋向外，初见似不可思议"③，但是对于闽南人来说，出海谋生是一件正常不过的事。到清中期，闽南地区，特别是漳泉地方的百姓就已经有"上等者以贩洋为事业，下等者以出海、探捕、驾船、挑脚为生计，惟中等者力农度日"④ 的思想。20世纪初，日本驻厦门领事表示"依靠海外谋生"不仅是华侨振兴家业的办法，而且是一种"传统思想"；驻福州日本领事在报告中也写道"出海谋生风气盛行，民众富于冒险精神"⑤。

---

① 《通商汇纂》明治43年第55号，〔日〕松浦章：《明清时代东亚海域的文化交流》，郑洁西等译，江苏人民出版社，2009，第329~330页。
② 庄国土、刘文正：《东亚华人社会的形成和发展华裔网络、移民与一体化趋势》，厦门大学出版社，2009，第23页。
③ 〔日〕长野朗：《中华民族之海外发展》，黄朝琴译，暨南大学南洋文化事业部，1929，第2页。
④ 同治《福建通志》卷52"国朝蠲赈·道光十三年"条，〔日〕松浦章：《明清时代东亚海域的文化交流》，郑洁西等译，江苏人民出版社，2009，第326页。
⑤ 〔日〕松浦章：《明清时代东亚海域的文化交流》，郑洁西等译，江苏人民出版社，2009，第325、337页。

闽南地区介于海陆之间，其与中国其他地理区域相比有两个显著的特征，其一是"闽南历史文化的内向化"，即强烈的脱蛮意识和心向中原的文化认同心理；其二是"闽南经济的外向化"，即为了生存，以海为田，依托国际市场，通过进出口贸易发展经济[①]。庄国土教授将闽南文化，归纳为一种"边缘形态"[②]，虽然闽南文化的主体仍然是中原文化，但是中原文化延伸至边缘地区后产生了变异，原有的观念、伦理、习俗随着新环境的挑战需要调整和扬弃，同时新环境原有的部分习俗也被中原移民所接受，并融合成为闽南文化的一部分。具体来说，闽南人的人文精神表现为具有冒险精神、重商和开放性。首先，由于对中心与权威的游离，闽南人很少循规蹈矩，具有敢为天下先的勇气和独立自主精神。其次，闽南人的价值体系中，更加注重物质利益和生存条件的改善，在宋元时期就已经形成了崇尚工商的习俗，与西方重商主义几乎同步。最后，为求生存和发展，闽南人有主动适应异地环境的心态和能力，具有开放性和向外开拓的意识。在这三个特点中，重商是核心，为了发展，商业闽南人敢于冒险，敢于走出国门，这是闽南人与内陆地区的中国人在行为方式上的差异。

　　由于福建耕地不足，所产粮食不足以维持生存，因此他们必须与外界交换，而闽南靠海的地理格局又方便了这种交换，因此闽南人的经商传统一直延续下来。虽然经商是闽南人的基本生存方式，但是他们又对儒家思想有一种天然的向往，他们在经营作风、道德规范以及价值观念方面，均以儒家为榜样，自律、重视信义、勤俭节约。虽然逐利是商人的本性，但闽南商人在逐利的同时又兼顾信义，这为其长期经营和发展奠定了良好的基础。相对于农业文明保守和求稳的心态，闽南的地理环境使当地的中国人不得不迎接海洋的挑战，拓展外部条件，这造就了闽南人冒险、积极进取的精神条件。

　　闽南地区和菲律宾在经济发展程度和人口规模上的互补性，构成了华侨移民菲律宾的一个重要前提。对于华侨移民来说，侨乡的推力和侨居国的拉力分别是刺激人口迁徙活动的内因和外因。在研究人口迁移时，如果只强调迁出地的情况，就容易把移民史作为迁出地国家史的一部分去研

---

① 李智君：《风下之海：明清中国闽南海洋地理研究》，商务印书馆，2021，第20~21页。
② 庄国土、陈华岳等：《菲律宾华人通史》，厦门大学出版社，2012，第124页。

究，而过于强调迁入地的情况，特别是考虑东南亚各国的被殖民历史，则容易陷入"欧洲中心论"，夸大西方的影响。对于菲律宾华侨来说，工资收入的差距、菲律宾经济发展对劳动力的需求，以及早期移民对侨乡亲属的吸引力等都是影响移民活动的重要因素。除此之外，菲律宾与闽南地区地理接近、气候环境相似，加上航海知识和技术的积累、近代交通条件的改善，以及移民中介机构的不断完善，构成了人口迁移的物质条件；而闽南人本身因"边缘文化"形成的经商传统，以及闽南侨民开放、重商、冒险的人文精神，则构成了迁移活动的精神条件。

第二章　菲律宾华侨移民
及其分布情况

　　早在西班牙统治之前，就有华侨往来菲律宾开展贸易活动，宋赵汝适在《诸番志》中记载"番商每抵一聚落，未敢登岸，先驻舟中流，鸣鼓以招之……停舟不过三四日，又转而之他"①。华侨乘着运载中国货物的帆船而来，一旦错过季风或贸易延迟就不得不在菲岛"压冬"，暂居几个月后返回中国。随着双边贸易的开展，往来菲律宾贸易的中国商船数量不断增加，因货物一时倾销不出而错过风讯，或为组织返航货源而滞留在当地"压冬"的情况越来越多。另一方面，华商与菲岛土著通过长期交往，建立了良好的关系，因此华侨商人逐渐不再在船上交易，而是登岸贸易，甚至出现了一些长期留居菲岛打理生意的中国商人，形成了早期菲律宾华侨移民。《明史》中记载："吕宋居南海中，去漳州甚近……先是，闽人以其地近且饶富，商贩者至数万人，往往久居不返，至长子孙。"②但是长期居留菲律宾的华侨数量毕竟有限，没有形成大规模移民。

　　明朝开放海禁之后，中国帆船蜂拥出洋，借贸易之名出海的华侨越来越多，但是他们大多在完成交易后迅速回国，并不久留。1598年菲律宾总督在《菲岛情势报告书》中描写了华侨来菲情况，"每年五月间到菲后，须于一个月短期间内起卸华货，装置土货，尽量运载华人离菲。……华船到菲，每利用长久之时间，求善价而后估货。若限以时日，则时间迫促，欲脱货求财，及时返国，不得不廉价而脱售"③。17世纪后菲律宾的

---

① （宋）赵汝适《诸番志校释》卷上"三屿条"，杨博文校释，中华书局，1996，第144页。
② （清）张廷玉撰《明史》卷323《列传第二百十一外国四》，岳麓书社，1996，第4793页。
③ 《论著 华侨开发菲岛之功绩与史乘》，第6页，杨静桐：《菲律宾华侨年鉴》，菲律宾华侨年鉴出版社，1935。

华侨移民开始增加。1571 年西班牙人抵达马尼拉时，菲岛仅有 150 名华人；1587 年，菲律宾检审庭庭长在致西班牙国王的信中称，有 30 艘帆船停靠在马尼拉，带来了 3000 多名明朝商人①；到 1606 年，据负责管理华侨移民登记的西班牙殖民官员记录②，全年共有 25 艘船运载 2011 名华侨抵达菲律宾。早期菲律宾的华侨移民属于贸易性移民，这种移民形式在西班牙统治前期一直处于主流地位。本章将讨论 16 世纪末至 20 世纪 40 年代菲律宾华侨数量的变化，以及菲律宾华侨的类型及特点，最后将呈现华侨在菲律宾分布的动态变化情况。

第一节　菲律宾华侨人数

一　八连华侨人数

西班牙统治初期，八连市场是华侨集中居住和开展商业活动的区域，因此八连的华侨数量占菲律宾华侨数量的绝大多数。在讨论华侨人口时，先了解八连市场的情况是有必要的。西班牙人初到马尼拉时，发现巴石河（Pasig River）对岸的顿多③（Tondo）居住着许多中国人，马尼拉王城（Intramuros）所在区域也有华侨店铺，但是华侨并没有特定的居住区域，散居于西班牙人和菲律宾人之间④。为了方便管理华侨，同时也是为了方便征税和对华侨敲诈，1582 年西班牙殖民当局在马尼拉王城东北巴石河沿岸的荒地围以栅栏，设立了正式的"八连"（parian），当时这个八连市

---

① 〔美〕阿图罗·吉拉尔德斯：《贸易：马尼拉大帆船与全球化经济的黎明》，李文远译，中国工人出版社，2021，第 85 页。
② 《论著 华侨开发菲岛之功绩与史乘》，第 7 页，杨静桐：《菲律宾华侨年鉴》，菲律宾华侨年鉴出版社，1935。
③ 此时的顿多包括现在马尼拉市的很大一部分和黎刹省的相当部分。本书中如果指的是省则将 Tondo 译为"顿多"，如果作为马尼拉市的区名则译为"中路区"，下同。
④ 西班牙主教都明哥神父在《华人与岷里拉八连市场》中记载："顿多有华人甚多，有教徒，有非教徒，岷里拉城内有华侨商店数家，其始西华杂处，原无确定华侨居处区域。"《论著 华侨开发菲岛之功德与史乘》，第 10 页，杨静桐：《菲律宾华侨年鉴》，菲律宾华侨年鉴出版社，1935。

场在王城以外。八连不仅是华侨集中居住的区域，同时也是华侨开展商业活动的场所，许多华侨经营的店铺开设其中。1583 年马尼拉大主教萨拉查（Bishop Salazar）在写给西班牙国王菲利普二世（Felipe Ⅱ）的信中称"（八连）浓缩了中国的整个商业形态，那里出售各种各样的商品"[①]；1638 年，西班牙海军上将卡里略（Don Hieronimo Carrillo）在描述八连时说："每天早上，我们都能看到西班牙人的房子周围会出现 9 到 10 名华商，他们把商品带到那里售卖。所有商品都由他们经手，甚至连西班牙人维持生计的所有日常物品也包括在内。"[②]

　　八连建立后，经历了 12 次废立，共有 7 个地址[③]。除了上述两个地址外，在王城东北以及巴石河对岸还先后有 5 个选址。八连房屋建筑的主要材料是竹、木和茅草等易燃品，非常容易着火，1583 年，八连大部分房屋被烧毁，龙基略（Diego Ronquillo）总督在马尼拉王城以东的沼泽地指定了一个新的八连市场，然而这个八连在 1588 年再次遭受火灾，因此 1589 年重建时，使用了砖瓦和泥墙，以防止火灾。1593 年，西班牙总督达斯马里尼亚斯（Luis Perez Dasmarines）被潘和五刺杀，殖民者为了惩戒华侨拆毁了第三个八连，在远离王城的"岷都洛小岛"（Island of Binondo）再建八连，据考证其地址应该是在王城西北方向巴石河口的工程岛（Engineer Island），然而这个八连市场只存在了一年有余，再次被焚毁。1595 年，达斯马里尼亚斯总督在马尼拉王城以东的亚罗西罗示地方（Arroceros）开设了第五个八连，但两年后再次被焚，复建后又因西班牙殖民者第一次屠杀华侨，1603 年，整个市场被烧毁，后又再建八连。1639 年，西班牙殖民者对华侨进行了第二次屠杀，并再次纵火烧毁八连，同年，华侨在巴石河对岸的"拜拜村"（Baybay）建造了第六个八连，后因华侨在祭祖时不慎发生火灾，"拜拜村"的八连市场不幸被毁。1754 年，总督何塞（Jose Francisco）在巴石河北岸设立"圣费尔南多"生丝市场（Alcaiceria of San Fernando），企图以之取代八连，与中国交易丝绸，并于 1758 年建成。1783 年，部分华侨表示八连市场在王城外不方便与外商交易，

① William Lytle Schurz, *The Manila Gallon* (New York: E. P. Dutton & Co., 1959), p. 71.
② H. Blair & J. H. Robertson, *The Philippines Islands*, 1493 - 1898 (vol. 29) (Cleveland: The Arthur H. Clark Co., 1903), pp. 69~70.
③ 刘芝田：《华侨来菲的发祥地——涧内与八连》，《菲律宾民族的渊源》，香港东南亚研究所，1970，第 221~253 页。

因此向总督建议由华侨自行筹集资金在王城内建八连市场，随后在马尼拉王城以东的圣何塞（San Jose，现在菲律宾高等学校）建立了最后一个八连市场，这个市场在建设过程中还获得了西班牙人的投资。1860 年，总督拉蒙（Ramon Maria Solano）下令拆毁圣何塞的八连市场，存在 278 年的八连画上了句号。从地址上看，除了第一个八连外，其余八连市场均在王城边缘或王城以外，受到殖民者直接的军事威胁。王城东北部荒地的八连市场，控制在圣加夫列尔堡（Fort S. Gabrid）射程内，而工程岛以及"拜拜村"的八连市场则在圣地亚哥堡（Fort Santiago）的射程之内，华侨所受威胁可见一斑。

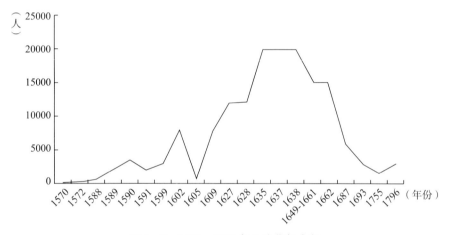

图 2 - 1 1570～1796 年八连华侨人数

在八连居住的华侨人口数量如图 2 - 1 所示，17 世纪初是八连最繁盛的时期，之后八连的华侨人数不断下降，华侨分布更加分散。总体上看，在 1603 年第一次屠杀华侨之前，居住在八连的华侨数量呈现出上升趋势，由 1570 年的 40 人增至 1602 年的 8000 人。第一次屠杀华侨后，八连的华侨数量迅速减少至 1605 年的 700 人，之后又开始大幅增加。17 世纪 20 年代，八连市场的华侨人数已经达到 1.2 万人，到 1639 年第二次屠杀华侨之前，八连的华侨人数已达 2 万人。17 世纪 40 年代之后，居住在八连的华侨数量不断下降。17 世纪 60 年代第三次屠杀华侨时，在八连市场居住的华侨数量降至 1.5 万人，而到 1686 年华侨遭到第四次屠杀之后，八连华侨人数降到 6000 人，17 世纪末仅有 3000 名华侨居住在八连。17 世纪末至 18 世纪 70 年代，进入菲律宾的"驱逐时代"，菲律宾的华侨数量维持在较低的水平上，华侨分布也越来越分散，盛极一时的八连逐渐衰落，终于在 19 世纪 60 年代被废止。

八连是华侨居住和从事商业活动的场所，同时也是西班牙殖民者对华侨进行隔离管理的一个措施。西班牙殖民者规定，华侨不能在八连之外的地方居住，也不能前往马尼拉 6 公里以外的地区活动，每晚城门关闭之前，华侨必须回到八连，违者将判死刑。如上所述，八连多次易址，但是每个地址都在西班牙殖民者的炮火射程范围内，一旦殖民者大开杀戒，华侨无处可逃；此外由于八连市场的建筑材料多为易燃的草、木，非常容易发生火灾，这给予了西班牙殖民者纵火的机会。八连市场的兴废历史，是菲律宾华侨在异乡艰难生存的见证。

二 菲律宾华侨人数

1570～1939 年菲律宾华侨人口数量如图 2 - 2 所示，总体上看，菲律宾华侨的数量呈现上升趋势，从西班牙殖民之初的 40 人，增至 1939 年的 13 万人。在西班牙统治时期，华侨人口数量波动较大，这与西班牙殖民当局采取的屠杀和驱逐政策有关。在西班牙统治时期，殖民者对华侨进行了五次屠杀，特别是前两次屠杀，几乎把当地华侨屠杀殆尽，但是每次屠杀之后，又吸引华侨来菲，致使华侨数量呈现较大的波动。17 世纪初叶，菲律宾华侨数量达 3 万人，是当时海外规模最大的华侨社会。1603 年西班牙殖民当局第一次屠杀华侨，次年华侨人口剧减至 457 人；1639 年第二次屠杀华侨时，华侨人数则由 3 万人降至 8000 人，"大量尸体浸泡在河里，导致河水被严重污染，连续半年都无法饮用"。前两次屠杀华侨对菲律宾经济、社会造成了很大的破坏，"日用的衣服饮食，仰赖华商的运售，今也因惨案而交通告断，贸易停顿，他们虽出高价，以求生活上日用品，亦不可得。……这样，吕宋无形中已成为死地"[①]。这让殖民者意识到华侨的重要性，之后的几次屠杀规模都不大，第三次屠杀大约杀害了近 3000 名华侨，而 1686 年和 1763 年最后两次屠杀则大约杀害了几百名华侨。

面对快速增加的华侨人口，数量较少的西班牙人产生了恐惧心理，因

---

① 〔美〕菲律·乔治著，薛澄清译《西班牙与漳州之初期通商》，《南洋问题资料译丛》1957 年第 4 期，第 48 页。

此寄希望于通过屠杀控制华侨数量；但是殖民者又相当依赖华侨，没有华侨商人，不仅大帆船贸易无法维系，甚至对殖民者在当地的生活都造成了影响。西班牙殖民者在发现野蛮屠杀无法解决问题后，采取了两个措施，其一是挑起菲律宾土著以及华菲混血儿与华侨之间的矛盾（见第五章）；其二是执行驱逐华侨政策。17世纪末至18世纪70年代，是菲律宾的"驱逐时代"，这期间西班牙殖民当局对华侨实施了若干次驱逐，致使菲律宾华侨数量始终处在较低的水平上，基本维持在6000人左右。

西班牙统治后期，为了发展当地经济，殖民当局放宽了对华侨移民的限制，特别是1864年西班牙政府与清廷签订的《天津条约》中规定，"中国商船不论多寡，均准许前往小吕宋地方贸易"（第四十七款），此后中国商船可以自由驶入菲律宾，同年，华侨被准许拥有土地，1870年进一步允许华侨拥有船只和其他动产。19世纪中叶开始，菲律宾华侨人口迅速增加，从1849年的8757人，增至1896年的10万人。19世纪末受"美西战争"影响，华侨为避战祸纷纷回国，因此1899年菲律宾仅有4万华侨。美国统治时期，虽然一直采取排华政策，但是华侨数量持续上升，特别是20世纪30年代之后，华侨人口再次超过10万人，恢复到美国统治之前的水平，1936年菲律宾自治之初华侨人口达11.7万人，1939年增至13万人。

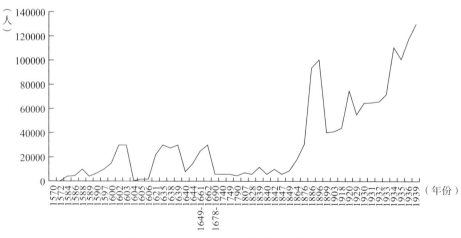

图2-2　1570～1939年菲律宾华侨人数

戴一峰教授在研究近代福建华侨出入境情况时，认为大致可以分为三个时期①：迅速发展期（1841～1890 年）、高潮期（1891～1930 年）和低潮期（1931～1949 年），华侨迁移菲律宾的情况，与福建华侨出入境情况大致相同，见图 2－3。具体来看，1858～1890 年，华侨出国人数呈现上涨趋势，但同时期回国人数也在上涨，1886 年之前净出境人数增长不多；1886～1890 年净出境人数开始上涨，年均净出境人数达 3200 人；1891～1907 年，受"美西战争"和美国排华法案的影响，华侨出国人数有所下降，但是归国人数降幅更大，平均来说，这一时期华侨净出境人数增至每年 3560 人；1908～1930 年，华侨出国人数迅速增加，但是回国人数也增加，这一时期净出境人数降至每年 2230 人；1931～1937 年，华侨出境人数开始大幅下降，净出境人数降至平均每年 1872 人。

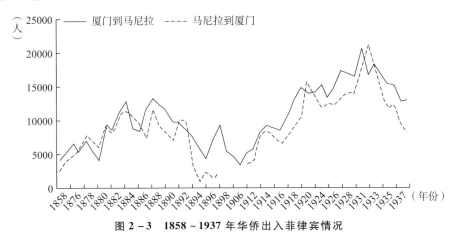

图 2－3　1858～1937 年华侨出入菲律宾情况

第二节　菲律宾华侨移民类型

移民类型根据不同的标准可以做不同的划分。比如根据移居地的不同，可分为国内移民和海外移民；根据移民的意愿程度，可分为自愿移民、强制移民和暴力移民；根据移民的合法性，可分为合法移民和非法移

---

① 戴一峰：《近代福建华侨出入国规模及其发展变化》，《华侨华人历史研究》1988 年第 2 期，第 33～39 页。

民；根据移民人数的多少，可分为个别移民和规模移民；根据移民性质的不同，可分为政府性移民和经济性移民等。人口学家皮特生（William Petersen）综合以上各种标准，将移民类型整理如表 2-1 所示。

表 2-1　移民类型

关系	迁移的力量	迁移的类型	迁移的分类
自然和人	区位推力	原始的	保守的，创新的
			逃离原住地，采集游牧
国家和人	迁移政策	强制的 被迫的	移置，奴隶买卖
			逃难，苦力买卖
人和规范	改善生活的愿望	自由的	团体，开路先锋
集体行为	社会动力	大众的	垦殖，都市化

资料来源：William Petersen, "A General Typology of Migration", *American Sociological Review*, 23 (3), 1958, p. 266.

　　在东南亚各国的华侨移民中这几种移民类型均有存在。东南亚各国与华南距离较近，气候相似，早期移民多为原始迁移，华侨在当地开展农业活动或是从事与中国贸易。被迫移民在朝代交替或社会动荡时较多，但是并不是一种稳定的迁移形态。华侨迁移以自由迁移和大众迁移两种类型居多，特别是在明中期开放海禁之后，一些人先前往南洋谋生，之后再把家属、亲戚、朋友甚至同乡接引到当地，致使迁移活动成为一种集体行为。因此华侨移民虽然是分散地、无组织地进行，但在移民指向这一至关重要的问题上，却不能不沿着一条追寻血亲的既定线索进行[1]，血缘、地缘关系在华侨移民过程中扮演着非常重要的角色。万历年间（1573～1619），因福州大灾，很多家族迁徙到菲律宾，"安海颜氏家族有颜嘉色等十七人去吕宋，黄氏家族有黄中和十六人去吕宋，陈氏家族有陈永泽等十四人去吕宋，柯氏家族有柯占民等五人去吕宋"[2]。另据海沧石塘《谢氏家乘》和《马巷厅志》所载，万历年间（1573～1619）前往吕宋谋生殁于当地的族人共 17 人[3]。

---

[1]　陈衍德：《菲律宾华人的祖籍及相关问题》，《现代中的传统：菲律宾华人社会研究》，厦门大学出版社，1998，第 27 页。
[2]　林仁川：《福建对外贸易与海关史》，鹭江出版社，1991，第 113 页。
[3]　陈衍德主编《闽南海外移民与华侨华人》，福建人民出版社，2007，第 38 页。

在东南亚各国的华侨中，有些依旧务农，维持原有的生活方式；有些则集中居住在城镇，从事商业活动，改变了原有生活方式（见表 2-2）。英属马来亚和荷属东印度的华侨以务农居多，其余各国特别是菲律宾华侨多是从事商业贸易活动的创新型移民。华侨先驱者多是为了维持自身生存而迁徙到菲律宾定居的"生存型移民"，菲律宾的华侨先驱者在得到一定程度的发展后，便将国内亲朋好友接引到菲律宾共创事业，因此后续的集体性迁徙行为则更多的是为了改善物质生活的"发展型移民"[1]。华侨的迁移行为绝大多数是自发行为，并非政府主导，在迁徙过程中，清政府不仅没有起到推动的作用，甚至颁布各种法令阻止华侨迁徙，在文书中将移民称为"贱民"，禁止这些移民返回祖国，甚至在给西班牙人的正式文书中称华侨"无赖之徒""我民狼毒"[2]。1603 年在菲律宾第一次屠杀华侨时，明廷虽然向西班牙殖民当局发布了《谕吕宋檄》[3]，谴责殖民者的屠杀行为，"无故贼杀我漳、泉商贾者至万余人"，但是并没有追究其罪行，反而认为"中国四民，商贾最贱，岂以贱民，兴动兵戈，又商贾中弃家游海，压冬不回，父兄亲戚，共所不齿，弃之无所可惜，兵之反以劳师"，官方的这种态度使得西班牙人在屠杀华侨时更加肆无忌惮。

因此，相当部分的菲律宾华侨采取偷渡方式出国。1685 年福州官府查获了一艘领关票驶往吕宋的商船，其上偷渡者达 133 人，"据中军参将张旺报称：船户刘仕明赶缯船一只，给关票出口往吕宋经纪，其船甚小，所载货无多，附搭人数共一百三十三名"[4]。康熙五十六年（1717），清廷实施了严格海禁，并特别提到中国商船禁止前往吕宋，但是偷渡仍屡禁不止。雍正九年（1731）在一艘前往吕宋贸易的商船上，没有渡航证明的乘客有 127 名；雍正十一年（1733）在一艘被扣留的商船上，无证偷渡者达 157 名[5]。

---

[1]　相关论述见葛剑雄、吴松弟、曹树基《中国移民史》第一卷，福建人民出版社，1997，第 49～50 页。

[2]　见潘和五事件后闽抚许孚远上疏，（明）张燮《东西洋考》卷 5《东洋列国考》，谢方点校，中华书局，1981，第 91 页。

[3]　（明）陈子龙编《明经世文编》卷 433《报取回吕宋囚商疏》，中华书局，1962，第 4728 页。

[4]　（清）施琅：《靖海纪事》卷下《海疆底定疏》，王铎全校注，福建人民出版社，1983，第 133 页。

[5]　"查石祥瑞壹船……欲往吕宋贸易……查其船中，除原验舵梢货客之外，尚揽载无照客人壹百贰拾柒名……"《宫中档雍正朝奏折》第 17 辑，台北故宫博物院，1979，第 789 页；"有商船户姚锦春一船，前往吕宋贸易，配舵水二十四名，又配货客二十名，另有无照偷渡客民一百五十七名……"《宫中档雍正朝奏折》第 21 辑，台北故宫博物院，1979，第 353 页。

表 2 - 2　1921 年东南亚各国华侨职业构成情况

单位：万人，%

	泰国		马来亚		东印度		印度支那		菲律宾	
	人数	比重	人数	比重	人数	比重	人数	比重	人数	比重
农业	10	12	80	56	40	50	6	16	0	
工业	20	25	31	22	15	19	10	28	1	25
商业	50	63	31	22	26	31	20	56	3	75

说明：马来亚包括海峡殖民地（包括槟城、马六甲和新加坡）、马来亚联邦州（包括接受英国保护的四个马来王朝雪兰莪、森美兰、霹雳和彭亨）和马来属邦（包括柔佛、吉兰丹、登嘉楼、吉大和玻璃市），东印度即现在的印度尼西亚，印度支那包括现在越南、老挝和柬埔寨三国。

资料来源：〔日〕小林新作：《华侨之研究》，东京海外社，1931，第 86～87 页。

　　总而言之，华侨的迁移行为是不附带任何政治目的的，他们来到菲律宾只是为了谋生。虽然也有过被动的抵抗行为，但是本质上他们对于移居地的政治活动并不关心，然而他们所遭受的苦难，比其他任何一个民族都要大。因此，华侨移民与有政府背景，以军事为手段，掠夺资源为目的的西方殖民者有着根本的区别。

第三节　菲律宾华侨移民特点

　　与其他南洋国家相比，菲律宾华侨有几个特点：其一是从事商业活动的华侨占绝对多数（75%），从事农业的华侨移民非常少，见表 2 - 2；其二是菲律宾华侨不论在绝对数量上，还是在占当地人口比例上都是南洋各国中最低的，见表 2 - 3。从华侨数量来看，菲律宾华侨低于同期南洋诸国。以 20 世纪 30 年代为例，菲律宾华侨人数虽然从 4.4 万（1918 年）增至 25 万人，但仅为印度支那华侨数量的一半，泰国华侨数量的 1/10。当考虑华侨人口占当地总人口的比重时，菲律宾华侨与其他南洋国家的差距就更大了。1918 年菲律宾华侨仅占菲律宾人口总数的 0.4%，而马来亚华侨在 1921 年却占当地人口总数的 35%，即便是华侨人口占比同样较低的东印度在 1920 年也达到 1.7%。到 20 世纪 30 年代，菲律宾华侨占比有所上升，占菲律宾人口总数的 1.5%，但是仍然低于同期其他南洋国家。

表 2 - 3　东南亚各国华侨人口及占总人口比例

单位：万人，%

	泰国	马来亚	东印度	印度支那	菲律宾
	1920 年	1921 年	1920 年	1925 年	1918 年
人口	80	117.3	79.5	35.6	4.4
比例	9	35	1.7	2	0.4
	1926 年	1935 年	1930 年	1936 年	1935 年
人口	44.5	173.5	123.4	33.6	5
比例	4	38	2	1	0.38
	1924 年				
人口	150	90.3	182.5	25	4.1
	1930 ~ 1940 年				
人口	250	239	150	50	25
比例	15.5	43.4	2.2	2	1.5

　　说明：马来亚包括海峡殖民地（包括槟城、马六甲和新加坡）、马来亚联邦州（包括接受英国保护的四个马来王朝雪兰莪、森美兰、霹雳和彭亨）和马来属邦（包括柔佛、吉兰丹、登嘉楼、吉大和玻璃市），东印度即现在的印度尼西亚，印度支那包括现在越南、老挝和柬埔寨三国。

　　资料来源：1918 ~ 1925 年数据，〔日〕小林新作：《华侨之研究》，东京海外社，1931，第 57 ~ 58、61 ~ 62 页；其余数据为台湾拓殖株式会社调查报告《南洋华侨及其对策》，转引自崔丕、姚玉民译《日本对南洋华侨调查资料选编（1925—1945）》第一辑，广东高等教育出版社，2011，第 137 ~ 138 页。

　　菲律宾华侨的第三个特点在人口结构上。菲律宾华侨多来自福建省，特别是漳州和泉州的华侨占绝对多数。一般来说，南洋各国的华侨移民多来自福建和广东两省，如果按籍贯和方言可再划分为：福建人、潮州人、客家人、广东人和海南人等，见表 2 - 4。福建人多为闽中、闽南地方出生的华侨，其以厦门为口岸前往南洋各地；潮州人出生在广东省东南沿海，通常从汕头出海；客家人居住在广东省东北部与福建、江西交界的偏僻山区，以广东兴梅地区为中心，多从汕头出海；广东人即从广州湾沿岸到广西省的移民的总称，由于邻近珠江三角洲地区，多从澳门和香港出海；海南人即海南岛人。

表 2 - 4　东南亚各国华侨移民籍贯情况

单位：%

来源地	泰国	马来亚	东印度	印度支那	菲律宾
福建人	10	34	55	20	80

续表

来源地	泰国	马来亚	东印度	印度支那	菲律宾
潮州人	60	12	10	0	
客家人	8	18	20	0	
广东人	10	24	10	50	20
海南人	10	6	5	30	
其他	2	6	0	0	

资料来源：崔丕、姚玉民译《日本对南洋华侨调查资料选编（1925—1945）》第一辑，广东高等教育出版社，2011，第138页。

从东南亚各国的情况来看，泰国、马来亚和印度支那的华侨一半以上来自广东省，东印度的福建华侨占一半以上，为55%，而菲律宾华侨则八成来自福建省，特别是闽南地区，具体来说集中在漳、泉两地。根据对泉州谱牒的分析，1465～1644年，有明确迁徙地点的华侨共96人，其中73人选择前往菲律宾，占76%，在这些前往菲律宾的华侨中，晋江华侨占比更是达到56%[1]。19世纪末，魏安国教授曾对菲律宾马尼拉、宿务、怡朗和卡加延四个城市的华侨籍贯进行了抽样调查，其中晋江、南安、同安和龙溪籍华侨占80%以上，除龙溪属漳州外，其余三地均属于泉州；在上述四个菲律宾城市中，华侨七大姓氏（陈、施、蔡、王、李、许、吴）有一半祖籍地在晋江[2]。到20世纪50年代，从厦门、泉州、龙溪和南安四地出国的华侨，有1/5～2/5的人去往菲律宾，从晋江县出国的华侨75%流向菲律宾，见表2-5。福建南安县蓬华乡华美村，因其村民主要去往菲律宾，当地甚至被称为"小吕宋"[3]。

表2-5　20世纪50年代福建部分市县华侨在国外分布情况

单位：%

市县	泰国	马来亚	东印度	印度支那	菲律宾	其他
厦门市	0.8	31.9	19.1	5.1	35.4	7.7
泉州市	0.4	16	30	3	44	6.6

---

[1] 庄为玑、郑山玉主编《泉州谱牒华侨史料与研究》下册，中国华侨出版社，1998，第1098～1099页。

[2] Edgar Wickberg, *The Chinese in Philippine Life*, 1850–1898 (London: Yale University Press, 1985), p. 173.

[3] 林金枝：《华侨华人与中国革命和建设》，福建人民出版社，1993，第244页。

市县	泰国	马来亚	东印度	印度支那	菲律宾	其他
同安县	—	50	10	30	—	10
晋江县	—	10	12	—	75	3
南安县	0.7	43.8	22.5	5.5	20.4	7.1
惠安县	—	80	—	5	—	15
安溪县	—	60	25	—	—	15
漳州市	0.3	27.4	60	3.5	3.4	5.4
龙溪县	—	15.9	49.7	—	28.6	5.8
海澄县	1.6	30.2	36.2	6.3	2.9	22.8
漳浦县	3.2	18.9	68.1	1.9	1.1	6.8
东山县	0.14	93.1	5.8	0.8	0.1	0.06
莆田县	—	50	40	—	—	10
仙游县	—	—	60	—	—	40
永春县	0.25	76.3	14.9	3	2	3.55
德化县	—	80	15	—	—	5
福清县	—	23.2	73.2	0.6	—	3
屏南县	—	51.6	—	—	—	48.4
平潭县	—	45	50	—	—	5

资料来源：林金枝，庄为玑编《近代华侨投资国内企业史资料选辑》（福建卷），福建人民出版社，1985，第30~31页。

　　按方言集团的区分方式，在一定程度上也划分了华侨的行业结构。颜清湟教授在研究新马华人时发现，1848年新加坡的潮州人主要是槟儿茶和胡椒经纪商、店主或是种植园主；而福建人则主要以商人为职业，也有部分种植园主，以及苦力、船工、渔民和搬运工等；广东人和客家人则以工匠和工人为主要职业；海南人多是伙计和店员[1]。相对于南洋其他国家，菲律宾情况比较特殊，从表2-4来看，闽侨占绝对多数，且闽籍华侨旅菲历史较粤籍华侨久远得多，早在西班牙统治菲律宾之前就已经有不少闽籍华侨前往菲律宾从事贸易。而粤籍华侨直至西班牙统治后期才逐渐增多，这主要得益于1870年厦门、香港直达马尼拉定期三角航线的开通，

[1]　〔澳〕颜清湟：《新马华人社会史》，粟明鲜等译，中国华侨出版公司，1991，第109页。

粤籍华侨由 500 人增至 19 世纪末的 3000 人，占菲律宾华侨人口的 3.3%。因此，福建人在菲律宾从事的经济领域较宽，农业、工业、商业无所不包，而粤籍华侨则主要从事餐饮业。

华侨移民远赴他乡，需要寻求同乡的帮助，并以同乡为纽带结成各种"帮"，从而保护自己。这种保护一方面在很大程度上对移民社会起到了积极作用，但是另一方面又导致不同族群和帮派之间的争斗。这种争斗从大的方面看有闽、粤籍华侨的争斗，另外在方言集团内部还分成许多小"帮"，如福建帮内部的漳州集团和泉州集团，这些小集团之间也会发生争斗。《福建通志》中说："泉、漳俗好斗，其来久矣，初皆愚民争细故，至聚族千万人相仇杀掠，相当而止。"① 这种争斗既源于经济方面的竞争，也有文化方面的差异。黎献仁在《菲律宾糖业考察记》中②，提到闽、粤籍华侨"虽同在外地，亦不能团结，两省华侨各不融洽，土人每以两国人相视，分别待遇"。19 世纪末，菲律宾粤商与闽商围绕着驻马尼拉领事的任命问题产生了激烈冲突。粤商希望通过与英国领事建立良好关系，从香港吸引更多的广东籍商人来菲，以打破闽商在当地的垄断地位。粤籍领事黎荣耀一上任，闽商的"十二商董"和"十途商董"就联名致函总理衙门，请求集体辞职；新领事上任不到一年，闽商再次联名致函总理衙门，指控其利用职权收受贿赂，并最终迫使清廷做出妥协，承认闽籍华侨在菲律宾华侨社会的主导地位③。

关于菲律宾闽侨内部的争斗没有太多记录，这可能与当地闽侨人口构成集中有关。菲律宾华侨大多来自漳州和泉州，早年菲岛华侨多是漳州籍，据《东西洋考》记载："（吕宋）其地去漳为近，故贾舶多往……华人既多诣吕宋，往往久居不归，名曰压冬。聚居涧内为生活，渐至数万，间有削发长子孙者。"④ 1603 年菲律宾第一次屠杀华侨时，"历时 40 天，被害华侨 24000 人，占其时当地华侨的 98%，其中晋江籍华侨有据可查者 17 人"⑤，《海澄县志》记载"万历三十一年（1603）吕宋杀华人在其国

① 王日根：《明清民间社会的秩序》，岳麓书社，2003，第 51 页。
② 黎献仁：《菲律宾糖业考察记》，国立中山大学农学院推广部，1934，第 26 页。
③ 黄滋生、何思兵：《菲律宾华侨史》，广东高等教育出版社，2009，第 331～332 页。
④ （明）张燮：《东西洋考》卷 5《东洋列国考》，谢方点校，中华书局，1981，第 89 页。
⑤ 吴泰：《晋江华侨志》，上海人民出版社，1994，第 6 页。

者二万五千，（海）澄人十之八九"[1]。可见，直至 17 世纪初，漳州籍华侨在菲律宾华侨中仍然占据主要地位。1603 年之后，特别是经过 1639 年和 1662 年的两次屠杀后，漳州华侨大多对菲律宾望而却步，转向其他南洋国家迁移，泉州华侨开始在菲律宾占据主要地位。在泉州谱牒中，晋江安海金墩黄氏族谱记载有三人"卒万历三十一年癸卯（1603）于吕宋兵变"，另有三人"卒崇祯十二年己卯（1639）于吕宋兵变"；安海飞钱陈氏族谱记载有七人"卒万历三十一年癸卯（1603）吕宋夷变被害"，另有两人"崇祯十二年己卯（1639）卒于夷变"[2]。

此外，曾少聪教授认为，生态环境以及历史文化背景也造成了漳、泉籍华侨在人数上的此消彼长。漳州多平原，土地较肥沃，漳州人来菲多是为了挣一笔钱回乡置地，而泉州土地则更加贫瘠，他们来菲后多寄居当地，不断繁衍子嗣，"父挈其子，兄率其弟，接踵而至，居斯食斯，以生以养。迨逊清末时，族人旅菲者数以万计，工商学贾，各从其业"[3]。因此，残酷的自然环境使得泉州人比漳州人更有移民动机，更愿意在海外经商。从表 2-5 可以看到，泉州籍华侨大多选择移民菲律宾。菲律宾的历任华侨"甲必丹"均为闽南人，因此可以说菲律宾华人社会就是闽南人社会。

第四节 菲律宾华侨人口分布情况

Daniel[4] 分析了西班牙统治期间菲律宾城市兴衰情况，他认为在西班牙统治菲律宾之前，菲律宾本身不具备足够支持城市发展的力量。西班牙殖民者东来后，将菲律宾置于天主教的控制之下，由此形成了城市。城市成为殖民者征收税金，以及开展对华贸易的场所，这种城市体系有四个层

---

[1] 乾隆《海澄县志》卷18，曾少聪：《东洋航路移民——明清海洋移民台湾与菲律宾的比较研究》，江西高教出版社，1998，第 65 页。

[2] 庄为玑、郑山玉主编《泉州谱牒华侨史料与研究》下册，中国华侨出版社，1998，第 678~679、696~397 页。

[3] 吴泰：《晋江华侨志》，上海人民出版社，1994，第 29 页。

[4] Daniel F. Doeppers, "The Development of Philippine Cities before 1900", *The Journal of Asian Studies*, 31 (4), 1972, pp. 769~792.

次，从首都（Capital）马尼拉，到城市（Ciudades）、城镇（Villas），再到其他。17世纪上半叶，菲律宾形成的城市有卡加延省的新塞戈维亚（Nueva Segovia）、甘马蟒省的那牙（Naga）、米沙鄢群岛的宿务[①]；城镇有南伊罗戈的维甘和怡朗附近的阿雷法罗（Arevalo）；其他则包括甲米地、罗哈斯（Roxas）、怡朗和棉兰老岛的三宝颜等地。在这种城市体系下，西班牙殖民者的控制力由中心向边缘越来越弱。1764年英国从马尼拉撤退后，西班牙殖民者的统治方式开始改变，由于菲岛内部经济往来日益密切，加上马尼拉等港口城市陆续开放，包括怡朗所在的班乃岛、菲律宾烟草工厂所在地甲米地、马尼拉麻主要产区吕宋岛美骨区、糖产地内格罗斯岛在内的菲律宾各地都得到很大程度的发展。1903年美国殖民者在人口普查时，对菲律宾城市进行了排名，除了第一位的马尼拉和同处于第二位的怡朗和宿务外，其他包括黎牙实比在内的菲律宾21个城市[②]排名第三位。与西班牙统治之初相比，20世纪之后更多菲律宾城市得到发展。与菲律宾城市发展趋势互为表里的，是华侨在菲岛分布越来越分散。

一　西班牙统治时期华侨分布情况

早期华侨集中居住在八连，几乎所有华侨都聚集在马尼拉。进入17世纪后，华侨的居住地开始向马尼拉以外扩展，17世纪的前30年，2/3的华侨居住在马尼拉王城及附近社区，如顿多、岷都洛区（Binondo）、"拜拜村"和仙沓戈律（Sta. Cruz）等华侨天主教居住区；在马尼拉以外，如北吕宋的伊罗戈，中吕宋的布拉干、邦板牙、邦阿西楠、三描礼士，南吕宋的内湖和甲米地，以及美骨区的甘马蟒等地也有华侨活动的身影。据1630年西班牙神父在《菲律宾奥古斯丁会史》中的记载，在班乃岛怡朗镇有100名华侨与当地妇女结婚，可知此时华侨的分布已经不再局限于吕宋岛。表2-6列出了1639年西班牙殖民当局第二次大规模屠杀华侨时，

[①]　此三处也是天主教的三个主教区，见施雪琴《菲律宾天主教研究：天主教在菲律宾的殖民扩张与文化调试（1565—1898）》，厦门大学出版社，2007，第81～82页。

[②]　包括，阿尔拜省黎牙实比、马拉班、甲米地、那牙，邦阿西楠省达古潘，八打雁省利巴、八打雁，北伊罗戈省拉瓦格，内湖省圣巴勃罗、阿帕里、三宝颜，南伊罗戈省维甘、邦板牙，内湖省圣克鲁斯、卡皮斯，布拉干省巴利瓦格、马洛洛斯，东内格罗斯省杜马格特，北甘马蟒省达特和莱特省塔克洛班等。

菲律宾各省华侨死亡情况，死亡人数为 3500 ~ 4500 人，占全部死亡华侨数量的 16% ~ 20%，华侨分散程度由此可见一斑。

表 2 - 6 菲律宾第二次大屠杀时各省华侨死亡情况

单位：人

省	迪亚斯《征服记》数字	《华人起义纪实》数字
甲米地	1100	1300
邦板牙	1800	600
布拉干	500	300
顿多	300	
内湖	200	
邦阿西楠	500	500
伊罗戈	100	200
三描礼士		600
总计	4500	3500

资料来源：H. Blair & J. H. Robertson, *The Philippines Islands*, 1493 - 1898（vol. 29）（Cleveland：The Arthur H. Clark Co. , 1903）, pp. 226 - 227.

17 世纪末到 18 世纪 70 年代，菲律宾进入史学家所说的"驱逐时代"。为解决西班牙殖民者的粮食问题，相当数量的华侨被驱散到马尼拉邻近各省特别是中吕宋地区发展农业生产；同时，那些接受洗礼的华侨天主教徒也获得了向马尼拉以外迁移的权利；而那些被驱逐的华侨纷纷离开马尼拉，躲到更边远的地区，特别是西班牙殖民势力较弱的南方岛屿。因此，除吕宋岛和米沙鄢群岛外，菲律宾最南部的棉兰老岛也开始有华侨居住，华侨的活动范围已经遍布全菲。具体来说，18 世纪中叶，马尼拉附近南吕宋的甲米地、内湖，中吕宋的邦阿西楠、邦板牙、黎刹、巴丹和布拉干等地成为马尼拉以外的华侨聚集地；米沙鄢群岛的班乃岛和宿务，以及棉兰老岛的三宝颜也都出现了一些小规模的华人聚集区。华侨在马尼拉以外的一些地方也建造了八连或小八连（pariancillos），比如中吕宋邦板牙的八连、美骨区萨马岛的小八连、米沙鄢群岛宿务的八连和卡皮斯的小八连等。1768 年菲岛华侨人口分布情况如表 2 - 7 所示，可以看到华侨居住区已经遍布吕宋岛，并且扩展到中部的米沙鄢群岛。值得说明的是，这张表没有统计南部棉兰老岛的华侨人口情况，实际上棉兰老岛的华侨增长最为迅速，哥打巴托和苏禄都居住着很多华侨，1773 年仅苏禄一地就已经有 4000 名华侨[1]。

表 2－7　1768 年菲律宾华侨人口分布

单位：人

省份	华侨人数	驱逐数	残疾	亡故
北吕宋				
伊罗戈	34	30	4	0
中吕宋				
邦阿西楠	23	19	4	0
邦板牙	41	38	3	0
布拉干	43	39	4	0
巴丹	26	24	2	0
三描礼士	4	4	0	0
南吕宋				
顿多	1706	1656	45	5
奎松	1	1	0	0
内湖	41	36	4	1
甲米地	154	147	5	2
八打雁	25	23	2	0
美骨区				
甘马粦	13	11	2	0
阿尔拜	2	0	2	0
米沙鄢岛				
卡皮斯	9	8	1	0
宿务	56	55	0	1
怡朗	89	70	15	4
内格罗斯	3	2	1	0
萨马	24	17	5	2

资料来源：曾少聪：《东洋航路移民——明清海洋移民台湾与菲律宾的比较研究》，江西高教出版社，1998，第 59 页。

---

[1] H. Blair & J. H. Robertson, *The Philippines Islands*, 1493 - 1898 (vol. 50) (Cleveland: The Arthur H. Clark Co., 1903), p. 44.

19 世纪末期，进入西班牙统治后期，由于大帆船贸易走向终点和其他西方殖民者的竞争，西班牙殖民当局意识到开发菲岛经济的重要性，并逐步放松了对华侨的限制，不仅不再限制华侨入菲，而且在居住方面也不再设限，华侨分布更加分散，并且呈现新的特点。根据 1881 年官方税收记录，有 4% 华侨住在西内格罗斯和怡朗等蔗糖产区，其余像邦板牙、邦阿西楠、甲米地、八打雁和内湖等地也有华侨分布。1888 年菲律宾重要烟草产区卡加延有超过 700 名华侨，到 1891 年卡加延的华侨人数增至1000 人，1893 年达到 1107 人。19 世纪末，菲律宾烟草的另一个重要产区伊莎贝拉也有 600 名华侨居住。1891 年，12%~15% 的华侨分布在阿尔拜、莱特、萨马、宿务和南甘马粦等马尼拉麻的重要产区。可见，在西班牙统治后期，华侨的分布不再追随西班牙殖民当局，而是分散到菲岛重要作物的产区。魏安国教授在研究华菲混血时，列出了一份 19 世纪初混血儿的人口统计表（表 2 - 8）。由于混血儿在地理分布上大体与华侨一致，因此此表也可以作为同时期华侨分布的一个参考。

表 2 - 8　1810 年华菲混血分布

单位：人

省份	人数	省份	人数	省份	人数
北吕宋		南吕宋		米沙鄢群岛	
卡加延	162.5	顿多	35077.5	卡皮斯	396.5
伊罗戈	4797	奎松	162.5	宿务	4797
中吕宋		内湖	3198	怡朗	1599
邦阿西楠	3997.5	甲米地	7195.5	莱特	306.5
邦板牙	20937.5	八打雁	3997.5	内格罗斯	799.5
布拉干	20037.5	美骨区		萨马	791.5
巴丹	5596.5	甘马粦	2398.5	棉兰老岛	
三描礼士	474.5	阿尔拜	2398.5	三宝颜	500

资料来源：Edgar Wickberg, "The Chinese Mestizo in Philippine History", *Journal of Southeast Asian History*, 5 (1), 1964, p. 72.

综上，西班牙统治时期，华侨从马尼拉及其周边省份逐渐扩展至中部的米沙鄢群岛和南部的棉兰老岛。华侨移民分布的这种扩散与华侨经济在菲律宾的渗透是互为表里的，这点将在第五章讨论。

二　美国统治时期华侨分布情况

美国殖民者在统治之初将美国本土的排华法案使用在菲律宾，以限制华侨数量，但是对于华侨的居住范围并没有任何限制，20 世纪后菲律宾华侨的分布更加分散。美国统治时期，除了菲律宾最北的巴坦外，其余各省均有华侨居住。根据 1918 年、1933 年和 1939 年的人口普查情况，华侨人数除在卡加延、安蒂克和怡朗三省略有下降外，其余各省华侨人数均有增加，如 1939 年北吕宋新比斯开省和南吕宋黎刹省的华侨人数分别是1933 年的 3 倍和 1918 年的 8 倍。就华侨分布情况来看，20 世纪后马尼拉华侨集中度持续下降，1828 年和 1849 年 93% 和 92% 的华侨居住在马尼拉，但是到 1873 年，马尼拉华侨只占全菲华侨总数的一半，此后逐渐下降，到1939 年马尼拉华侨占菲律宾华侨总数的比例降至 39%，详见表 2 - 9。

表 2 - 9　马尼拉华侨集中度

单位：%

年份	比例	年份	比例	年份	比例	年份	比例
1828	93	1891	61	1899	58	1933	40
1849	92	1894	48	1903	53	1939	39
1873	50	1896	40	1918	41		

资料来源：黄滋生、何思兵：《菲律宾华侨史》，广东高等教育出版社，2009，第 269，360 页；金应熙主编《菲律宾史》，河南大学出版社，1990，第 308 页；〔英〕巴素：《东南亚之华侨》（下册），郭湘章译，台北"国立"编译馆，1974，第 863～869 页。

即使排除马尼拉，吕宋岛依然是华侨的主要居住区域，见图 2 - 4。1918～1939 年，47%～49% 的华侨居住在吕宋岛（马尼拉以外的地区，下同）。1918 年吕宋岛华侨人数是棉兰老岛的 2.86 倍，米沙鄢群岛的 1.32 倍，到 1939 年这一比率分别为 2.26 倍和 1.69 倍。具体来说，南吕宋的华侨最多，占吕宋岛华侨总数的 32%～41%；南吕宋东南方向的美骨区次之，居住在该区的华侨数量占吕宋岛的 21% 以上；而北吕宋和中吕宋的华侨占比则在 20% 以下，见图 2 - 5。

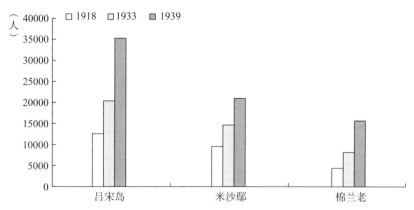

图 2 - 4　1918、1933 和 1939 年菲律宾华侨分布情况（除马尼拉）

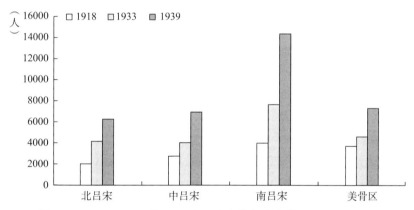

图 2 - 5　1918、1933 和 1939 年吕宋岛华侨分布情况（除马尼拉）

　　中部米沙鄢群岛集中了 29% ~ 36% 的华侨人口；但是除宿务外，其他各省华侨人口增长率并不高。相对而言，南部棉兰老岛各省的华侨人口增长更快。棉兰老岛的华侨人口总数从 1918 年的 4324 人增至 1939 年的 15516 人，增长了近 2.6 倍，而吕宋岛和米沙鄢群岛则分别是 1.8 倍和 1.2 倍。1918 年棉兰老岛的华侨人数占菲律宾华侨总数的 17%，到 1939 年这一比例增至 22%。1933 ~ 1939 年，棉兰老岛的三宝颜、拉瑙和哥打巴托三省的华侨人数翻了一倍，棉兰老岛北部的布基农省华侨人口增长了近 3 倍。

　　从时间先后顺序来说，华侨居住范围是从中吕宋逐渐扩散到吕宋岛，再到米沙鄢群岛，进而遍布棉兰老岛，但是华侨的人口分布并没有这种关系。如 1939 年米沙鄢群岛的宿务住有 6117 名华侨，人口排名全菲第二，仅次于马尼拉；棉兰老岛的三宝颜住有 4167 名华侨，人口排名全菲第四（见表 2-10）；1939 年在菲律宾排名前十的省中，吕宋岛包括马尼拉在内仅有四席，米沙鄢群岛和棉兰老岛分布有四席和两席。究其原因，华侨分布与菲律宾出口产品的产区密切相关。如第一章所述，宿务是菲律宾椰子、烟草和蔗糖的主要产地，三宝颜是菲律宾椰子和木材的主要产地。实际上，第一章所列的 22 个菲律宾主要产品产区与华侨集中分布区域高度重合，其背后又与华侨在菲律宾的经济活动密切相关，关于这点将在第五章展开分析。

表 2-10　1918、1933 和 1939 年华侨人数前十的省

1918			1933			1939		
省	人数	比例（%）	省	人数	比例（%）	省	人数	比例（%）
马尼拉	17760	40.55	马尼拉	28859	40.28	马尼拉	46233	39.3
莱特	2246	5.13	怡朗	3899	5.44	宿务	6117	5.2
怡朗	1693	3.87	奎松	2744	3.83	黎刹	5431	4.62
宿务	1662	3.79	宿务	2697	3.76	三宝颜	4167	3.54
萨马	1508	3.44	莱特	2557	3.57	奎松	4069	3.46
三宝颜	1340	3.06	三宝颜	1923	2.68	纳卯	3595	3.06
南甘马鄢	1306	2.98	纳卯	1919	2.68	怡朗	3511	2.98
奎松	1274	2.91	黎刹	1755	2.45	莱特	3076	2.61
阿尔拜	1235	2.82	西内格罗斯	1610	2.25	西内格罗斯	2679	2.28
内湖	967	2.21	卡加延	1523	2.13	南甘马鄢	2087	1.77
合计	30991	70.76	合计	49486	69.07	合计	80965	68.82

资料来源：〔英〕巴素：《东南亚之华侨》（下册），郭湘章译，台北"国立"编译馆，1974，第 863~869 页。

菲律宾的华侨移民最初以生存型移民的自由迁徙为主，之后发展成为发展型移民的集体行动；但不论是移民的先驱者，还是新客，华侨的迁徙活动都是自发的。他们出国的目的只是谋生，不附带任何政治目的，也从来没有得到过官方的支持，反而受到明清政府的一再干扰和限制。因此华侨的迁移活动，是一种完全和平的移民方式，与南洋地区的欧洲殖民者有

着鲜明的区别。从西班牙统治时期一直到美国统治时期，菲律宾华侨人口数量不断增加，其在菲岛的分布经历了从北向南，从中心城市马尼拉向外扩散的趋势。18世纪末开始，华侨开始向菲律宾重要出口产品的产地以及港口城市扩散。华侨人口分布趋势的这一特点，与华侨经济由马尼拉向菲岛内地渗透是相吻合的，这点将在第五章介绍。

第三章　中菲贸易

近年来学者们越来越强调从"全球史"的视角研究区域间的经贸联系。李伯重教授认为"全球史"摒弃了以往"世界史"研究中以国家为单位的传统思维模式，主张基本叙事单位应该是相互具有依存关系的若干社会所形成的网络①。滨下武志教授认为，在传统"国民经济"体系的研究中，"人"被看成一个不会大规模移动的量，而华侨群体的存在恰恰是以"人"的移动为前提的，因此对于华侨及其经济活动的研究也就自然需要从超越国家的广域地区视角展开②。从"全球史"视角来看，华南沿海地区与东南亚各国之间的联系更加密切，长期的经济和文化交往形成了"亚洲地中海贸易圈"③，中国南方沿海省份逐渐形成了与北方完全不同的面向海洋的经济发展模式。在工业革命之前，跨区域贸易联系基本是以各个贸易节点串联起来形成的，在亚洲的欧洲人依靠这些"位于中国人的主要航线上"的贸易节点（如马六甲、马尼拉、巴达维亚、新加坡等），组成跨区域贸易网络④。以马尼拉为节点的大帆船贸易形成了亚洲、欧洲和美洲之间的跨区域贸易网络，也可以看成全球贸易的

---

① 李伯重：《多种类型，多重身份：15 至 17 世纪前半期东亚世界国籍贸易中的商人》，载李伯重、董经胜主编《海上丝绸之路——全球史视野下的考察》，社会科学文献出版社，2021，第 88 页。

② 〔日〕滨下武志：《资本的旅行：华侨、侨汇与中华网》，王珍珍译，社会科学文献出版社，2021，第 9 页。

③ Deng Gang, *Chinese Maritime Activities and Socio-Economic Development*，*c.* 2100 *B. C.* – 1900 *A. D.* (West Port, CT: Greenwood Press, 1997).

④ 〔法〕弗朗索瓦·吉普鲁：《亚洲的地中海：13—21 世纪中国、日本、东南亚商埠与贸易圈》，龚华燕、龙雪飞译，新世纪出版社，2014，第 110 页。

开端①。大帆船贸易的核心是中国丝瓷与美洲白银的交换，而中菲贸易则是这一交换得以形成的主要推动力量。

第一节 贸易线路

宋元时期从中国到菲律宾可走两条线路：一条是从泉州，经广州、占城（即越南中部）、渤泥（即加里曼丹岛北部）到麻逸；另一条是从泉州，经澎湖、琉球（即台湾）到麻逸。由于后一条航线需要横跨台湾海峡，风险较大，加上沿途各地商业价值不大，因此第一条线路是宋元时期从中国到菲律宾的主要线路。明朝中期开放海禁之后，随着中菲贸易的繁荣，航路发生了变化。经占城、渤泥到菲律宾的传统航线不仅线路迂回，而且首尾路程方向相反，无法利用季风在一年内往返，因此华商越来越倾向于直接从台湾到菲律宾，这条航线逐渐"取代了隋、唐以来从泉州经占城、渤泥至菲律宾的航路"②，成为中菲贸易的主要航线。

成书于1617年的《东西洋考》，客观反映了16世纪末到17世纪初中国与东南亚国家的交往情况，其中第九卷《舟师考》中介绍了中菲贸易线路：中国帆船从泉州或厦门起航，经对岸金门岛太武山，绕过台湾最南端的猫鼻头继续向南航行，可达菲律宾吕宋岛北端阿帕里，再沿吕宋岛西

---

① 马尼拉被认为全球商业最成功的地方之一，Anotonio M. Regidor, D. C. L. Jurado, and J. Warren T. Mason. *Commercial Progress in the Philippine Islands* (Manila: American Chamber of Commerce of the Philippine Islands, 1925)；Boxer 认为在葡萄牙和西班牙分别占领香料群岛和菲律宾后，四大洲之间才建立了定期持久的海上联系，Boxer, C. R, *The Portuguese Seaborne Empire*, 1415 – 1825 (London: Hutchinson & Co., 1969)；Curtin 认为全球贸易的开展是基于跨文化边界的贸易侨民，马尼拉作为一个中转市场，将来自中国的贸易侨民与来自墨西哥大帆船联系在一起，Curtin, Philip D, *Cross-Cultural Trade in World History* (Cambridge: Cambridge University Press, 1984)；Flynn 和 Giraldez 将西班牙占领马尼拉的1571年定义为全球贸易诞生的时间，Flynn, Dennis O., and A. Giráldez, "Born with a 'Silver Spoon': The Origin of World Trade in 1571", *Journal of World History*, 6 (2), 1995, pp. 201~221；Tremml 认为大帆船贸易的开展将商人吸引到第一次真正的全球贸易中，并以美洲白银换取中国丝绸，Tremml, Birgit M, "The Global and the Local: Problematic Dynamics of the Triangular Trade in Early Modern Manila", *Journal of World History*, 23 (3), 2012, pp. 555 – 586；"马尼拉这座城市的建立意味着人类首次通过不间断的互动把地球大陆连接起来。"〔美〕阿图罗·吉拉尔德斯：《贸易：马尼拉大帆船与全球化经济的黎明》，李文远译，中国工人出版社，2021，第3页。

② 中山大学东南亚历史研究所编《中国古籍中有关菲律宾资料汇编》，中华书局，1980，第2页。

部到达美岸港，南下沿林加延湾，经博利瑙（Bolinao）和马辛洛克
（Masinlok），在三描礼士南端进入马尼拉湾抵达马尼拉港。该航线顺季风
只需 10～15 天就能抵达马尼拉，商船到达马尼拉后，又以马尼拉为中心，
在菲岛内部展开五条航线。黄重言在《〈东西洋考〉中的中菲航路考》[1]
一文中详细介绍这五条线路，分别是：从马尼拉到吕宋岛南部的布里亚斯
岛（Burias Island）；从马尼拉经民都洛岛西北部曼布劳（Mamburao）和
南部伊林岛（Ilin Island），经班乃岛西部安蒂克到达棉兰老岛北部的达皮
丹（Dapitan）；从马尼拉经班乃岛西部安蒂克和棉兰老岛三宝颜到棉兰老
岛西部的哥打巴托（这条航线还可延伸至印度尼西亚）；从马尼拉到三宝
颜后向西经巴西兰岛（Basilan Island）进入苏禄；从马尼拉西行经八打雁
以西的卢邦岛（Lubang Island）至巴拉望（这条航线还可延伸至文莱）。

此外，明《两种海道针经》[2] 中还记录了从泉州到邦阿西楠、苏禄，以
及经卢邦岛到文莱的航线。清政府实施海禁后，经澳门到马尼拉的航线成
为中菲贸易的又一主要线路，也是对泉州——马尼拉航线的补充。1870 年
马尼拉—香港—厦门三地定期汽船航线开通，从厦门到马尼拉只需 3 天。
美国统治时期，美商大来轮船公司在美国和菲律宾之间开展了两条航线[3]，
其一是 American Mail Line，从马尼拉经香港、上海、神户、横滨至加拿大
域多利和美国西北部的西雅图；其二是 Dollar Steamship Line，从马尼拉经
香港、上海、神户、横滨至美国檀香山和旧金山，这两条线路在亚洲境内
是重合的，从香港至马尼拉仅数百海里，向东南航行 36 个小时即可到达。

第二节　贸易情况

一　朝贡贸易时期的中菲贸易

朝贡是中国对外政策的核心概念，也是中国与周边国家政治关系的主

---

① 黄重言：《〈东西洋考〉中的中菲航路考》，《学术研究》1978 年第 4 期，第 98～103 页。
② 此书为郑和下西洋时由舟师所校订的航线，之后成为民间商船的导航指南，见（明）向达校注《两种海道针经》，中华书局，2000，第 88～95 页。
③ 黎献仁：《菲律宾糖业考察记》，国立中山大学农学院推广部，1934，第 9 页。

要表现形式。费正清认为朝贡制度是中国对外关系的基本框架，并称之为"中国传统的世界秩序"①；黄连枝和高明士都认为在西方殖民者东来之前，在东亚已经存在一个区域秩序，这个秩序以中国为中心，以礼仪为运作形式，稳定和维系中国与周边国家之间的多边关系，他们分别称之为"天朝礼治体系"② 和"中国的天下秩序"③；滨下武志进一步将朝贡制度演绎为东亚国际关系的主要模式④；彭慕兰等认为"朝贡制度"为遍及东亚、东南亚的长程贸易，协助提供了一套可资依循的准则，虽然其主要目的是政治，但"使大片地区的人有共同的奢侈品品味，为许多商品立下品质标准，对何谓得体行为至少促成某些共同认知"⑤。虽然也有学者对于使用朝贡制度构建东亚国家的国际关系表示质疑，但是本章并不打算从政治的和外交的角度探讨朝贡制度，而仅从贸易角度来看待涵盖在"朝贡贸易"这一概念之下的中菲贸易往来。

菲律宾史学家通常把 10 世纪到 16 世纪初这段时期称为"贸易与联系的时代"⑥，在此阶段菲律宾与周边各国，特别是中国的经济联系明显加强，其重要表现就是自宋以后中国方面关于菲律宾的文献记录开始增多。最早关于中菲贸易的记录来自《宋史》，"（开宝）四年（971），置市舶司于广州，后又于杭、明州置司。凡大食、古逻、阇婆、占城、勃泥、麻逸、三佛齐诸蕃并通货易"⑦，其中所载"麻逸"即民都洛岛；宋《文献通考》中也对其有记载"又有摩逸国（即麻逸），太平兴国七年（982）载宝货，至广州海岸"⑧。有宋一代，菲律宾群岛各国开始加入与中国的朝贡贸易，包括麻逸国的 1 次和蒲端国（棉兰老岛东北部的武端地区）的 4 次。中文文献中最早在《明史·吕宋传》提到"吕宋"名称，其中

---

① 〔美〕费正清：《中国的世界秩序》，陶文钊编选《费正清集》，林海、符致兴等译，天津人民出版社，1992。

② 黄连枝：《亚洲的华夏秩序——中国与亚洲国家关系形态论》，中国人民大学出版社，1992。

③ 高明士：《天下秩序与文化圈的探索——以亚洲古代的政治与教育为中心》，上海古籍出版社，2008。

④ 〔日〕滨下武志：《近代中国的国际契机——朝贡贸易体系与近代亚洲贸易圈》，朱荫贵、欧阳菲译，中国社会科学出版社，1999。

⑤ 〔美〕彭慕兰、史蒂文·托皮克：《贸易打造的世界——1400 年至今的社会、文化与世界经济》，黄中宪、吴莉苇译，上海人民出版社，2021，第 23 页。

⑥ 李涛、陈丙先编著《菲律宾概论》，世界图书出版公司，2012，第 91 页。

⑦ （元）脱脱等撰《宋史》卷 186《食货志下八》，中华书局，1977，第 4558 页。

⑧ （宋）马端临：《文献通考》卷 322《四裔考九》"阇婆"条，中华书局，1986，第 2606 页。

记载"吕宋居南海中，去漳州甚近。洪武五年正月，遣使偕琐里诸国来贡"①。明朝菲律宾总共进行了 15 次朝贡贸易，其中除洪武五年（1372）和万历四年（1576）吕宋的两次朝贡外，其余 13 次均发生在永乐年间，见表 3-1，包括吕宋 4 次、冯嘉施兰（即班阿西楠）3 次、古麻剌朗（在棉兰老岛西南部）3 次、合猫里（即甘马粦）1 次和苏禄 4 次。郑和七次下西洋期间，先后访问了棉兰老岛、林加延湾、马尼拉湾、民都洛岛和苏禄群岛等地。总的来说，菲律宾在朝贡贸易中处于较边缘的位置，其他在西洋针路②的国家，因处在南亚文明古国的交通要道上，加上物产丰富，与中国的官方贸易可追溯至汉代。如早在公元 132 年，印度尼西亚和缅甸古国叶调国和掸国③就曾遣使团来到中国，之后中南半岛和马来群岛各古国纷纷跟进，与中国往来密切，而菲律宾所处的东洋针路开展缓慢，直至宋才加入朝贡贸易体系中，且朝贡次数不多。

表 3-1　中菲朝贡贸易情况

国名	时间	国名	时间
蒲端	咸平六年（1003）	吕宋	洪武五年（1372）
	景德元年（1004）		永乐三年（1405）
	景德四年（1007）		永乐八年（1410）
	大中祥符四年（1011）		万历四年（1576）
麻逸	大中祥符四年（1011）	古麻剌朗	永乐十八年（1420）
合猫里	永乐三年（1405）		永乐十九年（1421）
冯嘉施兰	永乐四年（1406）		永乐二十二年（1424）
	永乐六年（1408）	苏禄	永乐十五年（1417）
	永乐八年（1410）		永乐十八年（1420）

---

① （清）张廷玉撰《明史》卷 323《列传第二百十一外国四》，岳麓书社，1996，第 4793 页。

② 东亚、西洋的范围在不同时代所指不同，宋元时代西洋仅指印度南部之极为狭小的区域，东亚则包括爪哇及其北方相当广阔的地域；至明，西洋所涵盖的区域有所扩大，张燮《东西洋考》中说"文莱，即婆罗国，东洋尽处，西洋所自起也"，具体来说，越南、柬埔寨、泰国以西今马来半岛、苏门答腊岛、爪哇岛、小巽他群岛，甚至印度都属于西洋范围，而东亚则指的日本、菲律宾、加里曼丹、摩鹿加群岛等地。

③ "（永建六年）十二月，日南徼外叶调国、掸国遣使贡献。"（南朝宋）范晔撰，（唐）李贤等注《后汉书》卷 6《孝顺孝冲孝质帝记第六》，中华书局，1965，第 258 页。

续表

国名	时间	国名	时间
			永乐十九年（1421）
			永乐二十二年（1424）

资料来源：根据《宋史》《宋会要辑稿》《元史》《文献通考》《明史》《明实录》《明会典》等史料编制。

然而，中菲之间的民间贸易在朝贡贸易之前很早就开始了，并且具有比朝贡贸易更旺盛的生命力，更加关注市场需求。日本学者长野朗[①]认为，早在周秦时期中国与菲律宾之间就开始了贸易往来，考古挖掘在中吕宋邦阿西楠发现了唐代货币、宿务岛发现了唐式陶瓷，从菲律宾出土的中国瓷器最早可追溯到晚唐，考古实物多分布在靠近西部海岸或邻近河岸的地方，如伊罗戈、邦阿西楠、邦板牙、马尼拉、黎刹、内湖、宿务等地；菲岛各地出土的宋瓷规模更大；出土的 14～15 世纪中国产瓷器总类最多，遍布马尼拉、八打雁、棉兰老岛和苏禄群岛等地[②]。20 世纪 80 年代，随着菲律宾沿海水下考古的兴起，从马尼拉附近到巴拉望岛陆续打捞出一定数量载有中国货物的宋明沉船。1985 年 "环球第一"（World Wide First）探险队在巴拉望海域打捞出明代沉船；1988 年英国考古学者吉米·格林（Jeremy Green）在吕宋岛西部林加延湾博利瑙海域和吕宋岛西南部圣安东尼奥（San Antonio）海域发现宋元沉船；1997 年菲律宾国家博物馆联合 "远东考古基金会"（Far Eastern Foundation for Nautical Archaeology）在巴拉望岛最北的卡拉威特岛（Calauit Island）发现了明代沉船[③]。

从贸易形式来看，中菲贸易最初多是采取以物易物的形式，没有特定的交易场所，华商并不登岸，而是在船上交易；即便登岸贸易，也不会久居，货物一旦卖完就乘船归去，且登岸贸易通常需要留一两名土著在船上作为人质，确保交易正常进行。宋《诸番志》记载："番商每抵一聚落，

---

① 〔日〕长野朗：《中华民族之海外发展》，黄朝琴译，暨南大学南洋文化事业部，1929，第 161 页。

② 陈台民：《菲律宾出土的中国陶瓷及其他》；〔英〕J. M. 艾迪斯：《在菲律宾出土的中国陶瓷》；富斯：《菲律宾发掘的中国陶瓷》，中国古陶瓷研究会编《中国古外销陶瓷研究资料》第一辑，中国古陶瓷研究会，1981，第 31～57 页；〔日〕三杉隆敏：《探索海上丝绸之路的中国瓷器》，中国古陶瓷研究会编《中国古外销陶瓷研究资料》第三辑，中国古陶瓷研究会，1983，第 92～93 页。

③ Eusebio Z. Dizon, "Underwater and Maritime Archaeology in the Philippines", *Philippine Quarterly of Cuture and Society*, 31（1），2003, pp. 11 – 12.

未敢登岸，先驻舟中流，鸣鼓以招之，蛮贾争棹小舟，持吉贝、黄蜡、番布、椰心簟等至与贸易。如议之价未决，必贾豪自至说谕，馈以娟、伞、瓷器、藤笼，仍留一二辈为质，然后登岸互市。交易毕，则返其质。停舟不过三四日，又转而之他。""贩三屿者，率四五月间即理归棹。"① 至明，由于利润可观，中菲贸易量增加，华商多登陆开展贸易，把货物沿街摆放销售。明朝张燮《东西洋考》中记载："舟至彼中，将货尽数取去，夷人携入彼国深处售之，或别贩旁国，归乃以夷货偿我。彼国值岁多珠时，商人得一巨珠携归，可享利数十倍"②；《明史》中也记载："猫里务，近吕宋，商舶往来，渐成富壤。华人入其国，不敢欺凌，市法最平，故华人为之语曰：'若要富，须往猫里务。'"③

然而，相对于其他东南亚国家，菲律宾不论是在官方朝贡贸易上，还是在民间私人贸易上，都处于相对边缘的位置，中菲贸易的繁荣主要与大帆船贸易开展息息相关。

二　西班牙统治时期的中菲贸易

西班牙殖民者东来后，开始以马尼拉为中转站，开展大帆船贸易，马尼拉因此成为远东第一个开放的港口④。西班牙殖民者东来的目的是获得东南亚各国的胡椒、丁香、肉豆蔻等香料，以及中国、印度等国的陶瓷、丝绸等高档品。但是占领马尼拉后，西班牙人非常失望，首任总督黎牙实比（Miguel Lopez Legazpi）对国王说"这块土地不能以贸易来维持……菲律宾应该说是相当不重要，因为至今我们仅发现一种可盈利的物品——肉桂"⑤，其数量也不足以维持贸易，每年出口额不足 3 万比索。菲律宾这块殖民地不仅不能满足西班牙对香料和金矿的需求，当地土著也没有能力消费西班牙的手工制品，他们甚至无法满足西班牙殖民者在菲律宾的基本生活和统治需要。因此，历史学家费伦（Phelan）认为："从经济角度来

---

① （宋）赵汝适《诸番志校释》卷上 "三屿条"，杨博文校释，中华书局，1996，第 144 页。
② （明）张燮《东西洋考》卷 5《东洋列国考》，谢方点校，中华书局，1981，第 98 页。
③ （清）张廷玉撰《明史》卷 323《列传第二百一十一外国四》，岳麓书社，1996，第 4795 页。
④ A. V. H. Hartendorp, *History of Industry and Trade of the Philippines* (Manila: McCullough Printing Company, 1958), p. 4.
⑤ William Lytle Schurz, *The Manila Gallon* (New York: E. P. Dutton & Co. , 1959), p. 23.

看，西班牙王国在菲律宾根本无利可图，若非宗教原因和出于传教目的，西班牙没有任何理由继续留在菲律宾群岛。"①

然而，往来马尼拉的华侨商人让西班牙人看到了希望，1567 年，黎牙实比在给西班牙国王的报告中说"中国人和日本人每年都到这些地方贸易。他们运来丝绸、毛织品、钟、瓷器、香水、铁器、锡器、彩色棉布和其他小商品"②。1570 年，黎牙实比提出，如果未来西班牙要参与香料群岛贸易，宿务是最佳切入点；但如果未来西班牙以与中国贸易为目标，那么马尼拉则是最好的切入点。黎牙实比手下的军官也表示"在与中国和印度群岛其他地区建立贸易关系之前，我们不能指望从这些岛屿获利"。菲律宾第二任总督拉韦萨里斯（Guido de Lavezaris）更是将马尼拉定义为"是通往许多伟大国家的门户"。最终，西班牙殖民者选择马尼拉作为贸易中转站，寄希望于中国商人带来的商品，"群岛没有什么利益可想，除非有可能打开与中国或其他东印度国家的贸易联系"③。

1571 年，殖民者在从宿务移动到马尼拉的过程中，在民都洛岛附近遇到了一艘沉没的福建商船，次年一些中国商人尝试性地带来一些丝瓷以及食物，调查市场需求，并惊喜地发现"新到来的这个客户群（西班牙人）比当地土著民更有购买力"④。此后，中国商船定期前往马尼拉贸易，1576 年，大帆船贸易稳固地建立起来⑤。通过大帆船贸易，中国的产品被贩运到西班牙在南美的殖民地，进而销售到北美甚至欧洲各地，由此将亚洲与美洲甚至欧洲连接起来，因此一些学者将大帆船贸易看作全球贸易的开端。舒尔茨在其著名的《大帆船贸易》中，将马尼拉描绘成全球最优良的港口，他写道："在远东的所有城市里，马尼拉在自然和经济地理方

---

① John L. Phelan, *The Hispanization of the Philippines*：*Spanish Aims and Filipino Responses* 1565 – 1700（Madison：The University of Wisconsin Press, 1959）, p. 33.

② H. Blair & J. H. Robertson, *The Philippines Islands*, 1493 – 1898（vol. 2）（Cleveland：The Arthur H. Clark Co., 1903）, p. 238.

③ William Lytle Schurz, *The Manila Gallon*（New York：E. P. Dutton & Co., 1959）, p. 45.

④ Dolors Folch, El Galeon de Manila, *Los Origens de la Globalizacion*：*El Galeon de Manila*（Shanghai：Biblioteca Miguel de Cervantes de Shanghai, 2013）, p. 158.

⑤ 关于大帆船贸易开始的时间，学界有所争议，舒尔茨以 1565 年第一艘帆船横渡太平洋作为起始时间，至 1815 年大帆船贸易结束，正好是 250 年，但是这艘轮船是从宿务驶出的，而且并未载中国商品，仅有宿务岛所产肉桂。因此何芳川教授认为，直至 1573 年 7 月 1 日两艘载有中国货物的帆船离开马尼拉，历时五个月抵达阿卡普尔特，才应该算作大帆船贸易的开端。何芳川：《崛起的太平洋》，北京大学出版社，1991，第 88 页。

面是东方贸易最好的中心点，两种最主要的商品——从北方来的丝绸和从南方来的香料，都能较其他城市更轻易地汇集到马尼拉，然后从这里运往欧洲或美洲。日本、中国、东印度王国和从马来半岛东南到享有声誉的马鲁古（Maluku）群岛，以马尼拉为中心形成一个巨大的半圆。就主要产地的距离而论，马六甲、澳门或巴达维亚都没有如此优越的地位。"① 随着大帆船贸易的开展，马尼拉也成为"世界上第一个国际化都市"②。

不仅如此，大帆船贸易还使马尼拉成为东亚、东南亚区域内贸易的一个关键节点③。16世纪初，欧洲殖民者纷纷来到东亚，葡萄牙盘踞澳门并以之为据点，开展以里斯本—印度果阿—马六甲—澳门—长崎—马尼拉为主航线的贸易，这条线路与大帆船贸易航线在马尼拉交会，构成了当时"太平洋贸易网"④，不论是印度的纺织品、东南亚的香料和土产、中国的纺织品和瓷器，还是日本和拉美的白银都汇聚在马尼拉，马尼拉因此成为东亚、东南亚区域内贸易的重要节点。在这个贸易网中，中国的丝织品和

① William Lytle Schurz, *The Manila Gallon* (New York: E. P. Dutton & Co., 1959), p. 27.

② Fernando Zialcita, El Galeon de Manila: cuna de una cultura, *Los Origens de la Globalizacion: El Galeon de Manila* (Shanghai: Biblioteca Miguel de Cervantes de Shanghai, 2013), p. 183.

③ Tremml 分析了西班牙、中国和日本在马尼拉的贸易情况，他认为由于直接贸易受限，不论是中国商人还是日本商人都愿意选择在马尼拉进行贸易，Tremml, Birgit M, "The Global and the Local: Problematic Dynamics of the Triangular Trade in Early Modern Manila", *Journal of World History*, 23 (3), 2012, pp. 555～586; Iaccarino 将马尼拉称为中日贸易唯一的公开市场，Iaccarino Ubaldo, "Manila as an International Entrepot: Chinese and Japanese Trade with the Spanish Philippines at the Close of the 16th Century", *Bulletin of Portuguese-Japanese Studies*, 16, 2008, pp. 71－81; Benjamin 分析了大帆船贸易中，马尼拉与澳门的贸易情况，Benjamin Videira Pires, S. J, *A Viagem de Comércio Macau-Manila nos Séculos XVi a Xix* (Macau: Centro de Estudos Maritime de Macau, 1987); 方真真基于 AGI 的海关档案详细分析了马尼拉与台湾的贸易往来，见方真真《明末清初台湾与马尼拉的帆船贸易（1664—1684）》，（台北）稻乡出版社，2006; 方真真主译《华人与吕宋贸易（1657—1687）: 史料分析与译注》第一册，（台北）"国立清华大学"出版社，2012; Morga 在书中详细记载了16世纪东南亚国家与马尼拉的贸易情况，Morga, A. D., *The Philippine islands, Moluccas, Siam, Cambodia, Japan, and China, at the Close of the Sixteenth Century* (Ashgate Publishing Group, 2010), pp. 342–343。另外，水下考古和沉船打捞结果也显示出菲律宾与东亚各国有频繁的贸易往来，特别是对 Pandana Wreck、San Isidro 和 Lena Shoal 三处沉船的调查结果，见 Eusebio Z. Dizon, "Underwater and Maritime Archaeology in the Philippines", *Philippine Quarterly of Cuture and Society*, 31 (1), 2003, pp. 6－8; Fahy Brian, "Cricket Run or Home Run? Can a Correlation between Emporia and Non-Emporia based Trade be Made Using the Wreck of the Lena Shoal?", *The 2011 Asia-Pacific Regional Conference on Underwater Cultural Heritage Proceedings*, 2011.

④ 纪宗安:《十六世纪以来澳门在太平洋大帆船贸易网中的作用与地位》，《暨南学报》（哲学社会科学版）1999年第6期，第50～61页。

瓷器构成了区域内和跨区域贸易的主要产品，为获得丝绸瓷器，各地白银向中国流动，因此中国在这个贸易网中"完全居于支配地位"①。根据邓刚教授估计，有明一代，高品质丝绸出口的利润虽然从 200% 降至 140%，但是海上贸易的高收益仍然是一个不争的事实，中国丝绸制品在菲律宾的售价是中国国内的两倍。在大帆船贸易开展过程中，华侨商人广泛参与到东亚、东南亚海域的商品交换中，中国与马尼拉段的贸易也主要控制在华商手中，由此可见，华商在东亚、东南亚海域早期贸易全球化中的重要作用。

1565 年至 1645 年，大帆船贸易走向鼎盛，在此期间中国在菲律宾对外贸易上处于绝对的垄断地位（见图 3 - 1），几乎所有抵达菲律宾的帆船都来自中国，1586～1645 年，中菲贸易额平均在 61 万比索左右，特别是1601～1605 年和 1611～1615 年均超过 100 万比索。中国船所缴纳的关税在菲律宾关税收入中占 74% 左右，1641 年和 1642 年华商缴纳的关税甚至占菲律宾关税收入的 92.78%②。

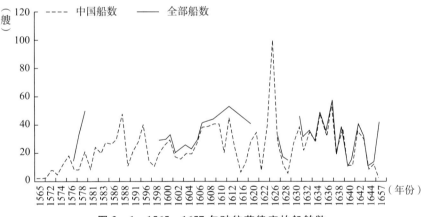

图 3 - 1　1565～1657 年驶往菲律宾的船舶数

① 李金明：《海外交通与文化交流》，云南美术出版社，2006，第 205 页。
② Pierre Chaunu, *Les Philippines et le Pacifique des Iberiques*（Paris：SEVPEN, 1960），pp. 210 - 217；全汉昇：《明季中国与菲律宾间的贸易》，《中国经济史论丛》第一册，香港中文大学新亚书院，1972，第 431 页。

表 3-2　1586～1645 年中菲贸易额

单位：比索

年份	税率*	华商船每年所交关税	中菲贸易额
1586～1590	3%	4909	163633.3
1591～1595	3%	22065	735500
1596～1600	3%	24155.5	805183.3
1601～1605	3%	30304.2	1010140
1606～1610	6%	46391.2	773186.7
1611～1615	6%	64482	1074700
1616～1620	6%	37843	630716.7
1626～1630	6%	18623.5	310391.7
1631～1635	6%	34278.8	571313.3
1636～1640	6%	27483.8	458063.3
1641～1642	6%	28932	482200
1641～1645	6%	18599.4	309990

*1581 年西班牙殖民政府按货值征收 3% 的关税，1606 年税率增至 6%。

资料来源：全汉昇：《明季中国与菲律宾间的贸易》，《中国经济史论丛》第一册，香港中文大学新亚书院，1972，第 431 页。

1645 年之后，中菲贸易开始衰弱。从船舶数量来看，17 世纪 30 年代末开始，中国驶往菲律宾的船舶数量急剧下降，到 17 世纪 70 年代达到一个低点，此后的 30 年虽然有所恢复，但是 1709 年之后，中菲贸易再次衰弱，18 世纪中叶以后，中菲贸易的衰落已经无法逆转。1813 年 10 月西班牙国王正式宣布废止马尼拉帆船贸易，1815 年，最后一艘大帆船"麦哲伦号"从墨西哥驶回马尼拉，标志着大帆船贸易结束。1839～1849 年的十年间，平均每年只有 4 艘帆船从中国驶往菲律宾（见图 3-2）。

1809 年，英国在马尼拉建立了第一个商行，1834 年马尼拉开港，此后怡朗、宿务等港口陆续开港。19 世纪 50～60 年代开始，中菲之间的航运主要由英国轮船公司经营，"中国人充分感觉到把他们的货物交由外国轮船运输能有迅速和安全的优点，他们知道外国轮船可以在任何季节和季候风里航行"[1]，比帆船安全而且时间更短。1852 年，英国的轮船公司不

---

[1]　姚贤镐编《中国近代对外贸易史资料 1840～1895》第三册，中华书局，1962，第 1408 页。

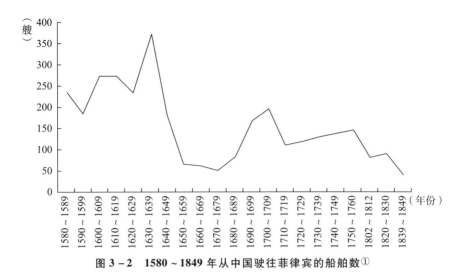

图 3 - 2　1580～1849 年从中国驶往菲律宾的船舶数①

仅拥有 18 艘轮船，还租用了 61 艘挂着不同国家国旗的船舶往来于中菲之间。1870 年之后，中国帆船被英国和西班牙的轮船公司所取代。英国在菲律宾对外贸易上的地位也逐渐超过中国。1855～1867 年，中国与菲律宾的贸易额平均每年 580 万比索，而到了 1874～1898 年降至每年 440 万比索，相反，英国与菲律宾的贸易额则从 814 万比索增至 1160 万比索②。

　　具体来说，菲律宾从中国进口额由 1810 年的 115 万比索降至 1818 年的 71.5 万比索，进而降至 1825 年的 62.5 万比索③，但是直到 19 世纪 40 年代，中国仍然在菲律宾进口贸易中占首位。之后，由于英国产品大量输往菲律宾，中国在菲进口贸易上的地位开始让位于英国。1841 年菲律宾从英国的进口额首次超过中国。1865 年，英国替代中国成为菲律宾最重要的进口国，而中国占菲律宾进口贸易的比例则由 1865 年的 42.6% 降至 1883 年的 2.3%。出口方面，1841 年，中国已经被英国超过，1866 年之后，衰弱之势已无法逆转，1867 年，菲律宾出口到中国产品占其出口总额的 16.98%，

---

① 图中数据对来自中国大陆、澳门和台湾的船数进行了加总，由于从澳门和台湾驶往马尼拉的船数相对较少，且主要经营的也是中国大陆的出口货物，为了呈现中国商品与白银的交易情况，进行加总是合理的。

② 《菲律宾贸易统计年报统计》，黄晓沧编《菲律宾马尼拉中华商会三十周年纪念刊》乙编，中华商会委员会出版部，1936，第 70～71 页。

③ Benito J. Legarda, *After the Galleon*: *Foreign Trade*, *Economic Change and Entrepreneurship in the Nineteenth Century Philippines* (Quezon City: Ateneo de Manila University Press, 1999), p. 102.

而在 1873～1887 年，这一比例骤减至 0.33%（见图 3-3，图 3-4）。

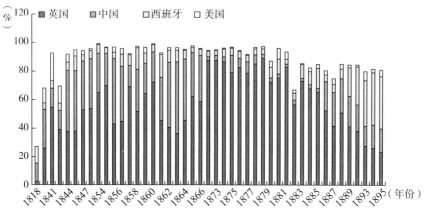

图 3-3 19 世纪各国在菲律宾进口贸易中所占比例①

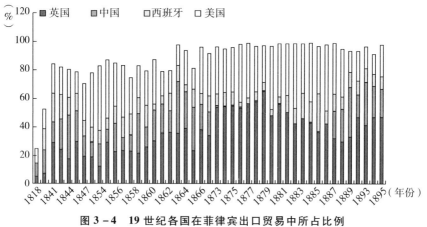

图 3-4 19 世纪各国在菲律宾出口贸易中所占比例

三 美国统治时期的中菲贸易

在西班牙统治菲律宾的最后 50 年间，美国在菲律宾进口贸易中所占比例非常低，1844～1894 年平均占 3% 左右。但是美国统治菲律宾后，通过一系列政策垄断了菲律宾的对外贸易。首先是 1898 年《巴黎条约》

---

① 英国数据包括了东印度公司和 1873 年至 1887 年香港的数据，1818 年至 1873 年以及 1887 年至 1895 年香港的数据则被涵盖在中国的数据中，图 3-4 同。

（Treaty of Paris，1898）第四条规定，美国和西班牙出口到菲律宾的产品享受同样的关税待遇。1902 年通过了《关税调整法》，对商品分类课税，对生活必需品课轻税，奢侈品课重税。由于西班牙出口到菲律宾的商品主要是奢侈品，这条法令实际上等于对西班牙商品征收比美国商品更高的关税，进而打击西班牙对菲律宾的出口贸易。1909 年颁布的《佩恩—阿尔德里奇法》（Payne-Aldric Tariff Act）规定美国出口到菲律宾的商品免税，但是对菲律宾出口到美国的商品则区别对待，部分商品免税，部分商品则在一定限额内免税。1913 年的《安德伍德—西蒙斯法》（Underwood-Simmons Tariff Bill）取消了菲律宾商品出口到美国的关税；1934 年颁布的《泰丁斯—麦克杜菲法》（Tydings-McDuffie Act），复又对菲律宾出口到美国的商品征税，以控制菲律宾对美国的出口贸易，而美国商品则仍然可以无限制地免税输入菲律宾。通过这些政策，美国转变为菲律宾最主要的贸易伙伴，进而使菲律宾在经济上完全依附于美国，成为其原料供给地、商品消费市场和投资场所。虽然美国殖民者标榜"自由贸易"，但是这种贸易模式实际是以美国垄断菲律宾对外贸易为前提的。在这种模式下美国工业品可以免税向菲律宾倾销，而菲律宾的初级产品和加工品也在一定程度上可以"自由"运往美国，为其提供原材料，由此形成了美国和菲律宾之间制成品与初级产品、半成品交换的分工贸易模式。

　　伴随着美国在菲律宾对外贸易地位的大幅提升，中国及英国的贸易份额被大幅挤压。1854～1867 年，美国与菲律宾的贸易额低于英国和中国，平均每年只有 720 万比索；而到 1873～1888 年，美国与菲律宾的贸易额上升至 1480 万比索，超过中国，但是仍低于英国。美国统治菲律宾后，美菲双边贸易额从 1898 年的 440 万比索骤增至 1902 年的 3130 万比索，美国超过中国和英国成为菲律宾最重要的贸易伙伴。之后美国在菲律宾对外贸易中一直处于首位，并且远超中国和英国（见图 3－5）。

　　图 3－6 和图 3－7 刻画了 1923～1939 年各国在菲律宾进出口贸易中所占份额。可以看到，不论在菲律宾的进口贸易还是出口贸易中，美国的垄断地位都是不容置疑的。具体来说，在菲律宾进口贸易方面，美国所占份额在 55% 至 68% 之间；其次为日本，占 6% 至 13%；中国所占份额则在 2% 到 9% 之间。而在菲律宾出口贸易中，美国所占份额更高，在 70% 至 87% 之间；日本则占 2% 至 6.6%；中国在菲律宾出口贸易中仅占 0.5% 到 2.3% 之间。中美两国在菲律宾对外贸易地位上的变化可见一斑。

图 3－5　1854～1939 年菲律宾与各国对外贸易额

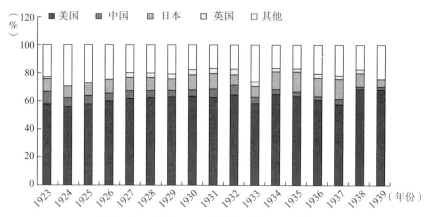

图 3－6　1923～1939 年菲律宾进口国别情况

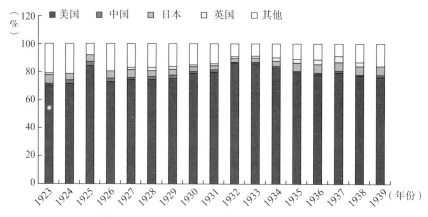

图 3－7　1923～1939 年菲律宾出口国别情况

总之，相对于其他东南亚国家，中菲贸易发展较晚，其虽然因大帆船贸易的开展达到高峰，但是在大帆船贸易衰弱后，英、美、日等国先后超过中国成为菲律宾重要的贸易伙伴。特别是 20 世纪之后，美国利用其宗主国地位，基本垄断了菲律宾的对外贸易，致使中菲贸易又回到了边缘位置。整体来看，中菲贸易呈现倒"U"形特征①。

第三节　贸易商品

一　朝贡贸易时期的中菲贸易商品

　　在朝贡贸易时期，中菲官方贸易产品如表 3－3 所示。中菲之间的朝贡贸易是以菲律宾进贡当地香料、土产以及珠宝，而中国官方象征性敕封和回赐织物、瓷器和金属货币为主要特征的。然而如前文所述，这种贸易形式并非中菲贸易的主要形式，在西班牙统治之前，中国与菲律宾民间以丝瓷交换土产的贸易活动已经得到一定程度的发展（表 3－4）。1881 年，法国学者阿尔弗雷德·马歇在菲律宾的考古调查结果显示，早在西班牙征服菲律宾之前，马林杜克岛和卡坦端内斯岛（Catanduanes Island）的洞穴和露天遗址中就藏有中国瓷器②。此后在菲律宾各处遗址、坟墓的调查中，以及水下考古对菲律宾沿海沉船打捞结果，均显示出瓷器在中菲贸易交往中占有重要位置，见表 3－5。菲律宾土著藏有中国瓷器，并以所藏瓷器数量的多少作为富裕标准。

表 3－3　中菲朝贡贸易产品

朝代	国名	时间	贡品	回赐品
宋	蒲端	咸平六年（1003）	方物及鹦鹉	

---

① 龚宁：《试析 1571～1940 年间中菲贸易之兴衰》，《海洋史研究》第 11 辑，社会科学文献出版社，2017。

② Hutter & Karl L., "Philippine Archaeology: Status and Prospects", *Journal of Southeast Aisan Studies*, 18（2），1987, p. 236.

续表

朝代	国名	时间	贡品	回赐品
	麻逸	景德元年（1004）	方物	缗钱
		景德四年（1007）	玳瑁、龙脑、带枝、丁香、丁香母及方物	冠带、衣服、器币、缗钱、鞍辔马、杂彩小旗
		大中祥符四年（1011）	金版镌表、丁香、白龙脑、玳瑁、红鹦鹉、昆仑奴	旗帜、铠甲
		大中祥符四年		
明	吕宋	洪武五年（1372）	方物	金彩缎、纱罗
		永乐三年（1405）	方物	文绮
		永乐八年（1410）	金	赐宴
		万历四年（1576）		
	冯嘉施兰	永乐四年（1406）	方物	钞币
		永乐六年（1408）		钞、文绮
		永乐八年（1410）		赐宴
	苏禄	永乐十五年（1417）	珍珠、宝石、玳瑁、梅花脑、米脑、竹布、棉布、玳瑁、降香、苏木、胡椒、荜芨、黄蜡、番锡	赐宴、袭衣、官服、印章、鞍马、仪仗、冠带、金织文绮、金镶玉带、黄金、白金、娟、钞、钱、金绣蟒龙、麒麟衣
		永乐十八年（1420）	方物	钞币
		永乐十九年（1421）	方物	冠带、袭衣、钞、纻丝文锦纱、彩罗娟
		永乐二十二年（1424）	方物	袭衣、钞
	古麻刺朗	永乐十八年（1420）	方物	印诰、冠带、仪仗、鞍马、文绮、纱罗、金织袭衣、官服、彩钞币、金银钱、麒麟衣
		永乐十九年（1421）		
		永乐二十二年（1424）	金叶表笺、方物	钞币
	合猫里	永乐三年（1405）	方物	锦绮袭衣

资料来源：根据《宋史》《宋会要辑稿》《元史》《文献通考》《明史》《明实录》《明会典》等史料编制。

表 3-4　中菲民间贸易产品

中国出口菲律宾	菲律宾出口中国
瓷器、货金、铁鼎、乌铅、五色琉璃珠、铁针	吉贝布、贝纱

续表

中国出口菲律宾	菲律宾出口中国
瓷器、皂绫、缅绢、五色烧珠、铅网坠、白锡	黄蜡、吉贝、珍珠、玳瑁、药槟榔、于达布
铜珠、青白花瓷、小印花布、铁块	吉贝、黄蜡、番布、椰心簟
铜鼎、铁块、五彩红布、红娟、牙锭	黄蜡、木棉、花布
漆器、铜鼎、阇婆布、红娟、青布、斗锡、酒	木棉、黄蜡、玳瑁、槟榔、花布
足锭、青布、瓷器盘、处州盘、水坛、大瓮、铁鼎	乌梨木、麝檀、木棉花、牛麂皮
赤金、花银、八都刺布、青珠、处器、铁条	玳瑁、黄蜡、降香、竹布、木棉花
金银、瓷器、铁块	中等降真条、黄蜡、玳瑁、珍珠
铜鼎、铁块、五彩布绢	黄蜡、木棉布
瓷器、锅釜、布	木棉、黄蜡、玳瑁、槟榔、花布
瓷器、铜铃、丝绸、毛织品、钟、铁器、锡器、彩色棉布	珍珠、玳瑁、珠壳、片脑、番锡、降香、竹布、棉布、苹芨、黄蜡、苏木、豆蔻、鹦鹉

资料来源：根据《云麓漫钞》《诸蕃志》《岛夷志略》《星槎胜览》《东西洋考》等史料编制。

表 3-5　水下考古显示中国输往菲律宾的产品

考古地点	位置	年代断定	产品
Breaker 暗礁	巴拉望黎刹		瓷器和陶器
Espanola 沉船	巴拉望南部	15 世纪末	陶瓷壶、瓷器、陶瓷碎片
Guay 沉船	巴丹岛	17 世纪	瓷器
Investigator 浅滩	卡拉延群岛	11～12 世纪	瓷器、念珠、黄铜戒指、生铁、花岗岩、木片
Lena 浅滩	卡拉威岛	明成化弘治年间（1470～1505 年）	青花盘、碟、碗、壶、箱、茶杯、水注、花瓶、瓶子、青瓷盘、钱币、铜锣、铜锅、大炮
Pandanan 沉船	巴拉望南部	14～15 世纪	青花瓷、青瓷盘碗、杯、壶、砂锅、陶罐、元青花、金属、永乐通宝
Royal Captain 浅滩	巴拉望奎松西岸		瓷器
San Diego 沉船	八打雁好运岛	1600 年	青花瓷盘、碟、壶、箱、陶瓷罐
San Isidro 沉船	三宝颜	16 世纪	青花瓷
Sta. Cruz 沉船	三宝颜	15 世纪末	瓷器、陶瓷罐

资料来源：Eusebio Z. Dizon，"Underwater and Maritime Archaeology in the Philippines"，*Philippine Quarterly of Cuture and Society*，31（1），2003，pp. 6-8。

二　西班牙统治时期的中菲贸易商品

西班牙人来到亚洲的主要目的是获得胡椒、丁香、肉豆蔻等香料，并寻求与中国和印度等国的贸易往来，以获得陶瓷、丝绸等高档品。但是在占领马尼拉后，西班牙人非常失望，"吕宋岛上只住着魔鬼和蛇"[1]，"菲律宾的重要性非常低，至今为止我们所能获得的有价值的产品只有肉桂……肉桂的数量也非常有限"[2]。同时西班牙人发现，菲律宾社会发展程度很低，没有能力消费西班牙的产品，"这些产品并不适合菲律宾群岛居民的需求……十年都卖不完"[3]。不仅如此，西班牙殖民者在当地的基本生活需要也不能得到满足。但是不久，西班牙人兴奋地发现，菲律宾当地使用从中国运来的生活用品，"中国人来到菲律宾与西班牙人贸易，这使得吕宋岛繁荣起来"[4]。因此，西班牙殖民者寄望于以菲律宾为据点，开展与中国的贸易往来。

在西班牙统治前期，为开展以马尼拉为转口的大帆船贸易，中国丝织品和瓷器被运往马尼拉，然后再由大帆船运到西班牙的美洲殖民地；返航时，西属美洲的白银又被运到马尼拉，购买中国商品，因此大帆船贸易也被称为"丝银贸易"。虽然丝织品和瓷器是中国出口菲律宾的最重要产品，但是不限于此。

中国运来的产品种类繁多，无所不包。全汉昇教授按出口商品的性质分为生活用品、奢侈品和军需品三大类：第一类是维持西班牙殖民者和菲律宾人生活所需的各类生活用品。西班牙殖民者到菲律宾时，菲岛经济处在非常落后的状态，仅能自给自足，不足以满足西班牙殖民者在当地的基本生活需要；而西属美洲又与菲律宾相隔甚远，无法供应在菲律宾的西班牙人所需的日用品，因此此类产品依赖华商供应。第二类是奢侈品，这类

[1] Alfonso Felix Jr. , *The Chinese in the Philippines* 1570 – 1770 (Manila: Solidariday Publishing House, 1966) , p. 41.

[2] Garcia, Mauro, Carlos Quirino and Luis Ma. Araneta, *The Colonization and Conquest of the Philippines by Spain* (Manila: Filipiniana Book Guild, 1965) , pp. 141, 146, 255.

[3] Benito J. Legarda, *After the Galleon: Foreign Trade, Economic Change and Entrepreneurship in the Nineteenth Century Philippines* (Quezon City: Ateneo de Manila University Press, 1999) , p. 27.

[4] Alfonso Felix Jr. , *The Chinese in the Philippines* 1570 – 1770 (Manila: Solidariday Publishing House, 1966) , p. 41.

商品主要是用于维系大帆船贸易所需的商品。这些商品运抵马尼拉后，由大帆船运往墨西哥的阿卡普尔特：一部分直接在墨西哥销售，一部分继续远销到西班牙本土和其他欧洲国家，还有一部分南下运往南美洲；第三类是军需品。为了维持殖民统治，西班牙需要防御外敌侵袭，也需要镇压土著叛乱，因此需要各种军需品以维持其在菲律宾的殖民统治。钱江教授根据散见于西班牙官吏、主教历年的书信、报告、回忆录，马尼拉海关档案，荷兰东印度公司的原始报告，荷、英海员的航海游记等材料，整理出1570年到1760年中国输往菲律宾的各种贸易产品，见表3-6。

随着西班牙人的到来，中国出口到菲律宾的商品结构发生了变化。朝贡贸易时期，中国出口到菲律宾的商品主要是适应菲律宾土著需要的普通生活用品。西班牙占领菲律宾之后，中国的出口品转变为适应西班牙人需要的商品，特别供应大帆船贸易的奢侈品。方真真①通过整理两本17世纪马尼拉的海关文件，分析了1657~1687年中国东南沿海与菲律宾的陶瓷贸易情况。研究发现，1686年首次出现了巧克力碗的出口，当年中国东南沿海出口巧克力碗的数量为24500件，次年（1687年）出口数量增至56400件，翻了一番，而茶碗则从1686年的22400件降至1687年的0件，完全停止销售。由此可以看到，华侨商人运来的商品逐渐从满足菲律宾土著的日常需要转向更多关注西班牙人的需求，或者是应对美洲市场对中国商品的需求。

相对而言，菲律宾出口到中国的产品则要贫乏得多，"没有其他的东西能够用来购买或者交换中国的丝绸"②。对中国来说，不论是菲律宾还是其他南洋诸国，其产品在中国的需求价格弹性都较高，"由于中原经济水平远远高于其相邻的各区域，中国对外经济不过是中原经济的一种补充，而非必须"③。菲律宾出口到中国的产品只有少量的当地土产，如肉桂、珍珠、玳瑁之类。为了获得中国商品，西班牙殖民者不得不用美洲白银交换中国产品。1565年，西班牙远征队财务官在给墨西哥最高法院院长

---

① 方真真主译《华人与吕宋贸易（1657—1687）：史料分析与译注》第一册，（台北）"国立清华大学"出版社，2012，第126页。

② H. Blair & J. H. Robertson, *The Philippines Islands*, 1493 - 1898（vol. 22）（Cleveland：The Arthur H. Clark Co., 1903），p. 279.

③ 王晓明：《世界贸易史》，中国人民大学出版社，2009，第496页。

表 3－6　1570～1760 年中国输往菲律宾的贸易品

| 生活用品 | | | | 家禽畜类 | 奢侈品 | 军需品 |
纺织品	食品	日用品	农产品等			
细丝、粗丝、面纱、丝缕、花缎、锦缎、线绢、印花丝绢、素色白绢、刺绣品、花绢、天鹅绒、浮花锦缎、男女丝袜、花线绫、彩纹绸、金银边、嵌金银线的丝料、波纹绢、双丝线绢、丝麻混纺品、绣花天鹅绒披单和线绢、丝织床帏、花挂毯、丝织台布、边、绫、各色棉布、和椅垫、头巾、长袍、夏肩、手绢、白色披肩、青色与黑色的亚麻布衣料、地毯、毛毯、薄毛呢、毛毯、布、长袜等	面粉、饼干、糖、冰糖、牛油、咸猪肉、火腿、米粉、其他咸肉、甜橙、梨子、花生、荔枝、桂圆干、枣、葡萄干、栗子、桔子、胡桃、石榴、梨、无花果、茶叶、蜜饯、小麦、生姜、桃子、柿子、丙瓜、香蕉、普通米酒等	瓷杯、瓷盘等各色瓷器、陶缸、瓦器、写字桌、锡壶、釉陶、雨伞、墨水、脸盆、铁锅、平底锅、铜壶、渔网、各种针线、纸伞、绳索、明矾、屏风、报料、小箱子、椅子、各床、武油漆好的凳子、石磨、铜盆、铁盘、石盘等套	雄黄、桂皮、青面石器、石条、白蜡仔、方砖、花砖、台阶石料、大石板、麝香、安息香等	马、母牛、水牛、骡、驴、鸡、鹅、猪、鸭子等	镶有玻璃珠和珍珠的马饰、珍珠、宝石（红蓝宝石）、青玉、水晶、关在笼内能言善唱的小鸟、精美的陶瓷、珠子串、宝石串、各色石髓串、各色玩具饰品、极为精美的木雕漆器、象牙等	生铁、铜、锡、银、水、火药、钢、铅、炮、铜、硝石、铁钉等

资料来源：钱江：《1570—1760年中国和吕宋贸易的发展及贸易额的估算》，《中国社会经济史研究》1986年第3期，第71页。

的信中，要求补给"用于同中国进行贸易的纯银硬币和小金条"①。张燮
《东西洋考》中也记载，"东洋吕宋，地无他产，夷人悉用银钱易货，故
归船自银钱外，无他携来，即有货亦无几。故商人回澳，征水陆二饷外，
属吕宋船者，每船更追银百五十两，谓之加征。后诸商苦难，万历十八年
（1590）量减至百二十两"②。

　　白银回流的情况，可以从明代"督饷馆"对往来菲律宾的中国商船所
征收的"加增饷"上得到反映。"督饷馆"是明后期官方为实行饷税制而在
海澄月港建立起来的征税机构，相当于海关，而"加增饷"则是一种关税
附加税，仅对往来菲律宾贸易的中国商船征收。究其原因，前往菲律宾贸
易的中国商船在返航时，除了银元外别无他载，即使携带土产，其数量也
极少③。据钱江教授推算，一般情况下，每艘回航的中国商船所载的美洲白
银占整船货物价值的95%④。针对这种情况，明政府规定凡往吕宋贸易的商
船，返航时除征水、陆二饷外，每船需再加征150两白银，称为"加增饷"。

　　图3-8显示了1581~1670年从欧洲各国流入亚洲的白银量，可见从
西属美洲运来的白银占有非常重要的地位。直至17世纪40年代，从西属
美洲运来的白银远超其他国家。这些从美洲运往菲律宾的白银，大部分甚
至全部被运往中国。1586年马尼拉检审庭庭长在给西班牙国王的信中提
到"每年都有30万比索以上的银币从这里流入中国，今年则有50万比索
以上"⑤。到1604年，经由菲律宾流入中国的白银已经达到200万比索，
1729年更是增至300万~400万比索⑥。据估计，在整个大帆船贸易时期，
经菲律宾输往中国的美洲白银总数估计达到两亿比索⑦。表3-7反映了美
洲白银经菲律宾流入中国的情况。在大帆船贸易时期，西属美洲白银产量

①　H. Blair & J. H. Robertson, *The Philippines Islands*, 1493-1898（vol. 2）（Cleveland：The Arthur H. Clark Co., 1903），p. 191.
②　（明）张燮：《东西洋考》第7卷《饷税考》，谢方点校，中华书局，1981，第132页。
③　李金明：《明代海外贸易史》，中国社会科学出版社，1990，第160页。
④　钱江：《1570—1760年中国和吕宋贸易的发展及贸易额的估算》，《中国社会经济史研究》1986年第3期，第77页。
⑤　H. Blair & J. H. Robertson, *The Philippines Islands*, 1493-1898（vol. 6）（Cleveland：The Arthur H. Clark Co., 1903），p. 269.
⑥　H. Blair & J. H. Robertson, *The Philippines Islands*, 1493-1898（Cleveland：The Arthur H. Clark Co., 1903），Vol. 13, pp. 257-258, Vol. 45, p. 29.
⑦　沙丁：《中国和拉丁美洲关系简史》，人民出版社，1986，第71页。

的 5.2%～15.1% 被运往中国换取商品。

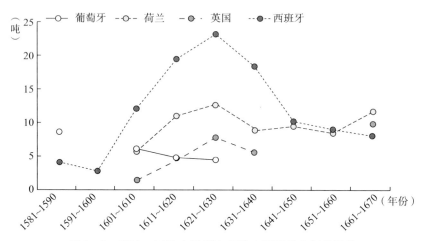

图 3-8　1581～1670 年欧洲各国流入亚洲的白银数量①

表 3-7　西属美洲白银经由菲律宾运往中国情况

单位：万比索

年份	经菲律宾运往中国的白银	西属美洲白银产量	比例（%）
1570～1579	31.5	607.2	5.2
1580～1589	98.2	1016.6	9.7
1590～1599	77.6	1020	7.6
1600～1609	114.9	760.1	15.1
1610～1619	114.5	1147.7	10
1620～1629	99.5	1166.1	8.5
1630～1639	154.4	1129.3	13.7
1640～1649	76	989	7.7
1815*	1.55	11.98	13
平均	85.35	872	10

说明：中国方面数据按 1 两 = 1.104167 比索换算，白银产量根据原文注释剔除了 10% 的黄金产量。

资料来源：经由菲律宾运往中国的白银，引自吴承明《市场·近代化·经济史论》，云南大学出版社，1996，第 271～272 页；西属美洲白银产量数据，引自 D. A. Brading & Harry E. Cross，"Colonial Silver Mining：Mexico and Peru"，*The Hispanic American Historical Review*，52（4），1972，p. 579。

*1815 年经菲律宾输往中国的白银数据，引自全汉昇《明清间美洲白银的输入中国》，《中国经济史论丛》第一册，香港中文大学新亚书院，1972，第 444 页；白银产量引自庄国土：《茶叶、白银和鸦片：1750—1840 年中西贸易结构》，《中国经济史研究》1995 年第 3 期，第 72 页。

---

①　此数据为十年平均值。

　　大帆船贸易衰落后，为弥补财政，西班牙殖民者开始发展当地经济作物生产和出口贸易，受此影响中菲贸易模式也开始转变。进口贸易方面，欧洲工业品开始大量涌入菲律宾市场，菲律宾与中国的进口贸易开始衰落。到19世纪后半期，欧洲纺织品占菲律宾全部进口商品的33%～60%，仅英国的棉纺织品就占菲进口商品的30%～40%。而中国在菲律宾进口贸易的地位则大幅下降。进口商品的结构也发生了变化，菲律宾从中国进口的商品主要是丝绸、生丝、硬币、纸张、油蜡、纸伞、瓷器、食品、家具、铁、玻璃制品、珠宝首饰和茶叶等，其中日常用品所占比例增加，而军需品和奢侈品所占比则逐渐下降。从消费结构来看，进口的中国商品大部分是满足菲律宾人的消费需求，而不再是主要供西班牙殖民者消费，小部分商品在华侨社会内部消化。

　　出口贸易方面，19世纪20年代之前，菲律宾出口产品仍以当地土产为主，其中输往中国的产品占菲律宾出口产品的一半以上，如燕窝、海参、黄蜡、龟甲、贝壳、虾米和鱼翅等。19世纪20年代之后，菲律宾经济作物的种植和出口得到了一定程度的发展，菲律宾主要出口对象从中国转向英国。在出口到中国的产品中，大米开始占据重要地位，甚至"菲大米的出口主要取决于中国大米的短缺"①。早在1717年海禁之前，经常有船舶从吕宋岛运输大米到厦门出售。1847年，菲律宾出口大米的38.95%②是输往中国的。一直到19世纪50年代，大米都是菲律宾出口到中国的最重要产品。1850年之后，由于经济作物如糖、麻的大量生产和出口，大米的产量和出口量均下降了③。1846年，菲律宾大米出口量为10016吨，1862年降为1787吨④。1870年，菲律宾停止了大米出口。同样的情况也发生在海参和燕窝的出口上，这两种产品的出口额分别由1818年的5.4万比索和30.2万比索降至1892年的4.8万比索和1864年的300

①　Benito J. Legarda, *After the Galleon: Foreign Trade, Economic Change and Entrepreneurship in the Nineteenth Century Philippines* (Quezon City: Ateneo de Manila University Press, 1999), p. 158.

②　Benito J. Legarda, *After the Galleon: Foreign Trade, Economic Change and Entrepreneurship in the Nineteenth Century Philippines* (Quezon City: Ateneo de Manila University Press, 1999), p. 129.

③　Max L. Tornow, *A Sketch of the Economic Condition of the Philippines* (Washington D. C.: Government Printing Office, 1899), pp. 608 – 609.

④　Benito J. Legarda, *After the Galleon: Foreign Trade, Economic Change and Entrepreneurship in the Nineteenth Century Philippines* (Quezon City: Ateneo de Manila University Press, 1999), p. 161.

比索[①]。19 世纪后半叶，菲律宾主要的出口产品已经转变为初级产品，其占菲律宾出口总额的 70% ～98%[②]，主要是糖、麻、烟草和咖啡四种产品，这四种产品占菲律宾出口比重由 1844 年的 56.73% 增至 1882 年的 95.37%[③]，详见图 3 - 9。

三　美国统治时期的中菲贸易商品

美国统治菲律宾后，由于世界市场对糖、麻、椰、烟等初级产品的需求日益增加，加上美国资本主义发展对初级原材料需求的增加，菲律宾经济发展迎来了一个新的契机，同时也造成了菲律宾单一种植结构和单一出口结构的形成。在此时期，美国通过其殖民政策基本垄断了菲律宾的对外贸易，菲律宾对美国的经济依赖日盛，形成菲律宾从美国进口制成品，出口初级产品和半成品的贸易模式。伴随着美菲贸易的迅速开展，中国在菲律宾对外贸易的地位日益下降。下文将从两个角度就美国统治时期菲律宾对外贸易进行分析：一是对外贸易的整体情况，二是菲律宾与中国的贸易情况。

（一）进口贸易

菲律宾进口产品情况如图 3 - 10 所示，相对于出口产品，菲律宾进口产品种类较多。总的来说，进口产品中棉、丝织品和食品占比较高。1929 年至 1939 年，在菲律宾进口产品中棉布和棉织品占 15% ～21%，是最大宗的进口产品，丝织品则占 3% ～5%。食品也是菲律宾主要的进口产品之一，1929 年至 1936 年，菲岛进口的食品占比在 12% ～15%。菲岛进口的食品种类较多，其中最大宗为蛋奶类产品和肉类产品，占全部进口产品的 5% ～6%；其次为面粉产品，占 3% ～5%；此外还有鱼产品、蔬菜、水果和大米等产品，平均占进口产品总数的 1.5% 、1.8% 、1.4% 和 1% 左右。矿油也是菲律宾进口的重要产品之一，占全菲进口产品的 6% ～9%，这类产品包

---

① Benito J. Legarda, *After the Galleon: Foreign Trade, Economic Change and Entrepreneurship in the Nineteenth Century Philippines* (Quezon City: Ateneo de Manila University Press, 1999), pp. 139 - 140.

② Gen. J. P. Sanger, *Census of the Philippine Islands, Taken Under the Direction of the Philippine Commission in the Year 1903 (Volum IV)* (Washington: United States Bureau of the Census, 1905), p. 13.

③ Benito J. Legarda, *After the Galleon: Foreign Trade, Economic Change and Entrepreneurship in the Nineteenth Century Philippines* (Quezon City: Ateneo de Manila University Press, 1999), pp. 124 - 125.

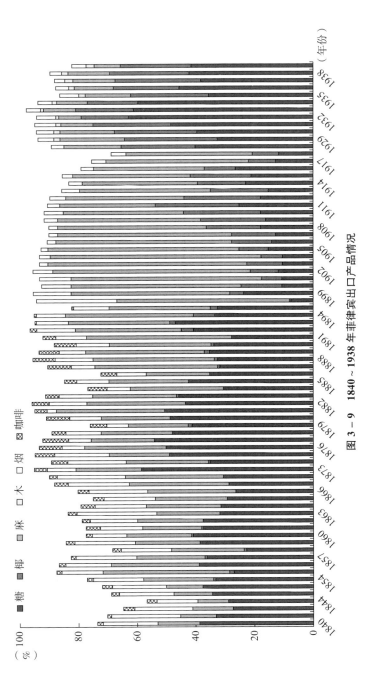

图 3 - 9　1840～1938 年菲律宾出口产品情况

括燃料油、汽油、石油、灯用油、煤油和机油等，特别是汽油和石油在1929年至1936年占比最高。车辆及其相关零件也是菲律宾重要的进口产品，占比为4%至近7%。除此之外，还有纸张、电器、烟、肥料等产品。

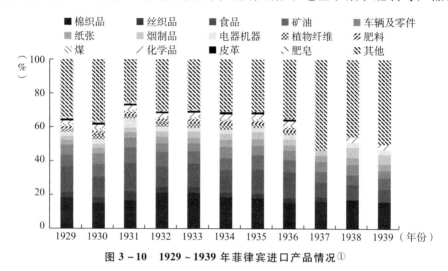

图3-10　1929～1939年菲律宾进口产品情况①

1926～1939年，菲律宾从中国进口的产品以棉丝纺织品和食品居多，棉丝纺织品大约占1/4到一半，特别是1938年，这类产品占菲律宾从中国进口产品的51.32%。1926年至1932年菲律宾从中国进口的食品占所有从中国进口产品的一半以上，1929年甚至达到65.05%，1932年之后，食物所占的比例逐渐下降，到1939年降至26.67%。在所有食品中，蛋及蛋制品所占比例最高，1926年至1931年基本在16%左右，1931年之后逐渐下降，1938年降至最低，仅为2.55%。菲律宾本地蛋类产品产量只能满足其居民1/3的需求，不足部分大多是从中国进口的，1928年至1932年菲律宾从中国进口的蛋类产品占全菲蛋类产品进口额的98%。花生油和火腿的进口占菲律宾从中国进口产品的5%左右，而豆和猪油的进口则平均在3%左右，茶叶占比约为1.25%。除此之外，金属及金属制品在

---

① 在原数据基础上做了些合并，棉布和棉织品合并为棉织品；燃料油、汽油、石油精、灯油、煤油和机油合并为矿油；车辆及零件和汽车轮胎合并为车辆及零件；书籍及印制品和非印刷纸张合并为纸张；酪农品、肉类产品、面粉、米、鱼类产品、蔬菜和水果硬件合并为食物。另外，米、植物纤维、肥料、煤、鱼类产品、蔬菜、皮革、水果、硬件以及肥皂只有1929年至1936年的数据。

1930 年之前仅占 0.1% 左右，之后逐渐上升，从 1931 年的 0.33% 增至 1938 年的 6.05%。总的来看，菲律宾从中国进口的产品结构与菲律宾进口产品结构基本一致（见图 3 - 11）。

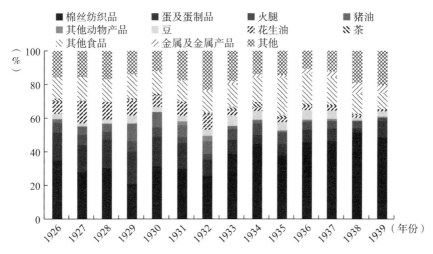

图 3 - 11　1926 ~ 1939 年菲律宾从中国进口的产品情况①

（二）出口贸易

1925 ~ 1939 年，菲律宾出口商品情况如图 3 - 12 所示。菲律宾主要的出口贸易品有糖、椰子产品、纤维类产品、木材和烟草，这几项基本占菲律宾出口贸易的 80% 以上。其中最大宗的出口产品为糖：20 世纪 20 年代，菲律宾糖的出口占菲律宾出口产品的 1/3 以上；进入 30 年代之后，这一比例持续上升，在 1933 年达到最高峰，占出口产品的近 61%；之后有所回落，到 30 年代末，基本在 40% 以上。菲律宾出口的第二大产品为椰子产品，除 1932 年至 1934 年三年占比不足 20% 以外，其余各年占比均

---

① 1926 ~ 1932 年数据来源于中国历史第二档案馆《民国十五年至二十三年我关内各省输往菲律宾主要货物价值及百分数表》，而 1933 ~ 1939 年数据来自《南洋贸易论》。为了使得两套数据可以衔接，在整理时对一些项目进行了合并：前者提及的棉纱及棉织品、匹头、汗衫衣裤和丝织品合并为棉丝纺织品，后者的纱、线、匹头、纺织和其他纺织品合并为棉丝纺织品；前者的鲜肉标记为其他动物食品，后者动物产品类扣除火腿、蛋及蛋产品和猪油，并与鱼及海产品合并成动物食品；前者调味品、坚果及果干、面粉及面制品、蔬菜及罐头、瓜果合并成其他食品，后者蔬菜及植物产品、鲜果、杂粮及其制品和子仁合并为其他食品；前者的土石制品和电器材料合并到其他项中，后者的纸张、燃料、煤、玻璃及玻璃器、瓦及陶器、化学品、化妆品、印刷品和杂货合并到其他项中。

在 20% 以上，1929 年占菲律宾全部出口产品的 32% 左右。椰子产品大致分为四类，即椰子肉、椰肉饼、椰子油和干椰子，其中椰肉和椰油占比最高，此两项产品占椰子产品出口总数的 82%～94%。菲律宾出口第三位的产品是纤维类产品，除 1932 年和 1939 年分别占 7.5% 和 9% 之外，其余各年均在 10% 至 20% 之间，1929 年达到近 22%。菲律宾出口的纤维类产品包括马尼拉麻、龙舌兰、绳索、草帽和金丝草等，其中马尼拉麻是出口纤维类产品中最大宗的产品，1925 年至 1937 年占全部纤维制品的 75%～86%；1938 年和 1939 年菲律宾出口的纤维产品全部为马尼拉麻，而金丝草则占比最小。

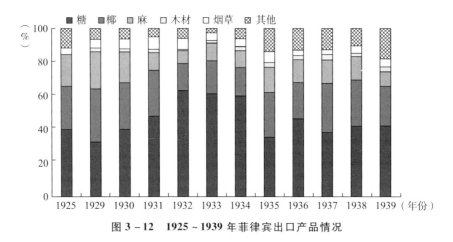

图 3－12　1925～1939 年菲律宾出口产品情况

　　菲律宾出口到中国的产品可见图 3－13 和图 3－14①。1926 年至 1928 年糖和糖浆是最主要的出口产品，1927 年占菲律宾出口到中国产品的近一半，1929 年下降为第二位，为 22% 左右，1930 年开始出口到中国的糖忽然大幅下降，1932 年甚至接近为 0，之后逐渐恢复，1935 年至 1937 年为 12%～13%，复又下降，1939 年仅占 1.5%。菲律宾出口到中国的另一个重要产品为金丝草，1926 年金丝草占菲律宾出口到中国产品的比重仅为 1.43%，两年后突然增至近 13%，此后除 1932 年降至 9.25% 以外其余各年占比均在 20% 以上，1936 年金丝草甚至占菲律宾出口到中国产品的 1/3 左右。木材和烟草也是出口到中国的主要产品，中国进口的菲律宾木

----

①　由于两份资料给出的商品种类数有差别，故分开两张图讨论。

材大多以硬木为主。菲律宾出口到中国的木材除了在 1927 年占比 6.23%
外，其余各年均在 10% 以上，1938 年和 1939 年甚至达到 25.37% 和
45.12%。菲律宾出口的烟草包括卷烟、雪茄、烟叶等，其中烟叶主要输
往美国；出口到中国的烟草大多为雪茄烟，占菲律宾出口雪茄烟的 70%
左右。菲律宾出口到中国的烟草占比除了在 1935 年、1938 年和 1939 年三
年低于 10% 外，其余各年均超过 11%，1928 年达到顶峰为 17.06%。

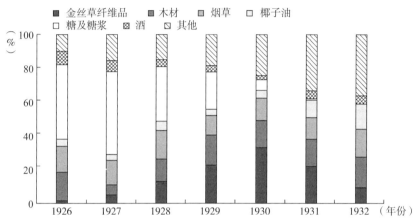

图 3-13　1926~1932 年菲律宾出口到中国的产品情况

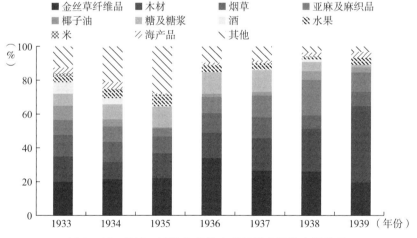

图 3-14　1933~1939 年菲律宾出口到中国的产品情况

总的来说，菲律宾的出口产品结构与其出口到中国的产品结构相差甚
远。菲律宾出口最大宗产品糖和椰子产品，在出口到中国的产品中占比并

不高。而在菲律宾出口量第三的纤维类产品中，最大宗的马尼拉麻在出口到中国的产品中占比仅 11% 左右，而较不重要的金丝草反而占比较高。因此，菲律宾主要的出口产品，并不是出口到中国的主要产品；相对地，那些在菲律宾出口贸易中相对不那么重要的木材、烟草以及纤维类产品中的金丝草，反而是菲律宾出口到中国的主要产品，这也从一个侧面反映出中国在菲律宾出口贸易地位的下降。从图 3－15 可以看到，菲律宾出口的糖和椰子产品绝大多数被运往美国，而麻则在菲律宾与日本的贸易中占据重要地位，几乎在各类出口产品上中国都不是菲律宾的主要出口对象。

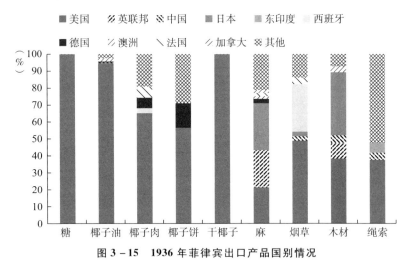

图 3－15　1936 年菲律宾出口产品国别情况

第四节　中菲贸易模式的转变与衰落原因的探究

一　互通有无的中菲贸易与重商主义的影响

在工业革命之前，国际贸易的一个重要特征，是贸易商品种类主要集中于那些非竞争性的商品，特别是那些只有某些特定地区才能生产的地方特产①。西班牙占领马尼拉之前，中国与菲律宾的贸易形式基本也是以互通有无为特征的简单商品交换。从中国方面来看，出口到菲律宾的中国产品大多是菲律宾无力生产的丝瓷制品，而菲律宾出口到中国的产品则为当地香料。但是双方在各自对外贸易中的地位是截然不同的，由于菲律宾还处在较为封闭的氏族部落阶段，其与外界交流相对较少，因此与中国的贸易基本就是菲律宾全部的对外贸易；相对而言，菲律宾的香料基本可以在其他东南亚国家找到相似品和替代品，因此中国对菲律宾的土产并不是那么热衷。这种贸易需求的不平衡性影响了中菲贸易的进一步扩大，也使得菲律宾在朝贡贸易体系中一直处于较为边缘的位置。

进入西班牙统治时期，白银的获得，在一定程度上缓解了中菲贸易的不平衡性。当时运往菲律宾的白银有两个渠道。其一是西班牙控制的美洲白银，特别是秘鲁总督辖区内的波托西银矿（Cerro de Potosi），它是人类历史上储存量最丰富的银矿。加上墨西哥萨卡特卡斯银矿（Zacatecas），以及金属熔合技术的应用，1572～1592年，西属美洲的白银开采量增长了七倍，仅波托西银矿在16～17世纪的白银产量就占全球白银产量的六成。据估计，16～19世纪，世界上八成白银产自西属美洲②。其二是从日本运抵菲律宾的白银，日本秋田县、伊豆和佐渡岛的银矿产量排名世界第二。从跨区域贸易的角度看，不论是菲律宾、墨西哥还是西班牙都没有多少可与中国交易的商品，为了完成贸易循环，西班牙殖民者只能源源不断地将美洲白银投入对中国的贸易中。从区域内贸易的角度看，拘于日本与中国直接贸易的阻碍，选择马尼拉这个自由港开展贸易逐渐成为日本商人对中国贸易的一个渠道。为获得中国商品，日本商人不断将日本产白银运到马尼拉，以加入东亚、东南亚区域内的贸易。从中国方面来看，"一条鞭法"实行后，白银成为主要流通手段，但是中国国内开采的银矿远不能满足日益扩大的商品经济发展需要，白银不足日趋严重。万历年间给事中郝敬说："银非雨之自天，非涌之自地，非造之自人，奈何不竭？竭而

① Michael D. Bordo, Alan M. Taylor & Jeffrey G. Williamson eds, *Globalization in Historical Perspectire* (Chicago：The University of Chicago Press, 2003).
② Flynn, Dennis O. and A. Giráldez, "Born with a 'Silver Spoon'：The Origin of World Trade in 1571", *Journal of World History*, 6（2）, 1995, p.202.

强取则民病，取之不得则国病，必然之势也。"① 与此同时，中国商人又注意到前往菲律宾贸易可以换回白银，"闽、粤银多从番舶而来。番有吕宋者，在闽海南，产银，其行银如中国行钱。西洋诸番，银多转输其中，以通商故"②，"我贩吕宋，直以有佛朗机银钱之故"③。万历二十七年（1599）官方规定出洋的商船数额，东西洋各44只，其中吕宋就占16只，每艘船舶可获利40万两，利润率高达100%④。最终，由于各方的需求，16世纪之后中菲贸易走向繁荣。

大帆船贸易是一种转口贸易。从中国进口的产品虽然有部分留在菲律宾消费，如生活品和军需品，但是大部分的产品，特别是奢侈品在菲律宾当地并没有太大的市场，而是被运往西属美洲殖民地，进而运往欧洲。菲律宾所产产品并不是菲律宾运往中国的主要产品，用于交换中国丝瓷的主要产品是从美洲运来的白银。因此，历时两个半世纪的大帆船贸易，虽然从表面上看非常辉煌灿烂，但是究其本质，与西班牙统治之前的情况无甚区别。首先，中国出口到菲律宾的产品与西班牙统治之前几乎没有区别；其次，菲律宾出口中国的土产也没有变化，唯一的不同是白银的加入。如果将白银的加入看成"土产"范围的扩大的话，其所产生的结果有二：一方面使得西班牙殖民者加入旧有的东亚经济圈，并使之边缘得到扩展；另一方面扩大了东亚、东南亚区域内贸易的边界。然而，中菲两国互通有无的交易模式并没有发生变化，仅是由于白银的获得，双边贸易额有所扩大。正如《白银资本》的作者弗兰克所说："欧洲用美洲白银货币和他们所获得的利润买到了进入亚洲财富的资格……如果没有这些白银，以及如果没有这些白银在欧洲造成的劳动分工和利润，欧洲人就根本不能在亚洲市场的竞争中插入一脚，甚至连一个脚趾也插不进来。"⑤ 大帆船贸易的开展并没有改变基于资源禀赋的物物交易模式，但是白银的获得确实活跃了跨区域以及区域内贸易，亚当·斯密在《国富论》中说，"新大陆的白

① （清）孙承泽：《春明梦余录》（下册）卷47《工部二》，王剑英点校，北京古籍出版社，1992，第1010页。
② （清）屈大均：《广东新语》卷15《货语》"银"条，中华书局，1985，第406页。
③ （明）陈子龙编《明经世文编》卷433《徐中丞奏疏》，中华书局，1962，第4726页。
④ 林仁川：《明末清初私人海上贸易》，华东师范大学出版社，1987，第270～271页。
⑤ 〔德〕安德烈·贡德·弗兰克：《白银资本：重视经济全球化中的东方》，刘北成译，中央编译出版社，2000，第377、379页。

银似乎成为旧大陆两端进行贸易的主要商品之一。从很大程度上讲，白银把世界上相隔千山万水的地方相互联系了起来"；弗兰克也说，"出于对白银的渴望，中国人为世界经济开创了一个商业时代"。可见，白银的获得增加了菲律宾在中国对外贸易市场上的吸引力，贸易不平衡性问题得到一定程度的缓解，中菲贸易因此得以发展。

但是，大帆船贸易本身存在的一些隐患，使得这种贸易的扩大是极其不稳定的。首先，当时西班牙所信奉的是重商主义，其理论核心就是追求贸易顺差。重商主义者认为财富的唯一形式是金银，金银的多少是衡量一国富裕程度的唯一尺度，而获得金银的最主要渠道就是国际贸易，因此通过追求贸易顺差就能够使得金银流入，国家就会富裕。不论是早期重商主义还是晚期重商主义都将贸易顺差和金银的流入作为信条，而大帆船贸易的开展本身与这一观点是背道而驰的。如前所述，为了维持大帆船贸易，西班牙殖民政府不得不将其在美洲获得的白银运往中国。1591 年至 1600年，美洲输往西班牙的白银平均每年约 27 万公斤。西班牙官员抱怨"看来中国商人正在运走菲律宾境内所有墨西哥银元"[1]。

其次，价廉物美[2]的中国产品源源不断输入美洲市场，直接损害了西班牙本土卡迪斯（Cadiz）和塞维利亚（Seville）商人在美洲的经济利益。中国生丝在很短时间内，就使得米斯特卡阿尔塔（Mixteca Alta）的生丝产业破产。1592 年，中国输入拉丁美洲的货物总值已经超过了西班牙本土[3]；1594 年西班牙官员致信国王表示，"一个男人宁愿花 200 雷亚尔给

[1] 金应熙主编《菲律宾史》，河南大学出版社，1990，第 155 页。

[2] 一名西班牙官员在 1575 年给国王的信中描述中国货物"低廉到几乎等于不用货币购买"，见 H. Blair & J. H. Robertson, *The Philippines Islands*, 1493 – 1898（vol. 3）（Cleveland：The Arthur H. Clark Co.，1903），p. 229。在 1586 年新西班牙总督的报告中说，中国的织物质量优于西班牙产品，但是售价却仅为西班牙产品的一半，1640 年在秘鲁市场上与西班牙同样质量的中国织物价格仅是前者的1/3。此外，白银在中国有更高的购买力。以金银比价来说，1560 年欧洲为 1:11，墨西哥为 1:13，而在中国则为 1:4，见 Benito J. Legarda, *After the Galleon: Foreign Trade, Economic Change and Entrepreneurship in the Nineteenth Century Philippines*（Quezon City：Ateneo de Manila University Press，1999），p. 31。这也就意味着墨西哥白银在中国市场上的价值增长了三倍，因此可以购买相当于西班牙或墨西哥三倍的物品，见 Alfonso Felix Jr., *The Chinese in the Philippines* 1570 – 1770（Manila：Solidariday Publishing House，1966），p. 46。中国出口到菲律宾的产品质量也不断提高，并且模仿流行图案以适应墨西哥对丝织品的需求，很快中国的丝织品就变成"在欧洲没有任何丝织品可比得上它"，见 William Lytle Schurz, *The Manila Galleon*（New York：E. P. Dutton & Co.，1959），pp. 72 – 73。

[3] William Lytle Schurz, *The Manila Galleon*（New York：E. P. Dutton & Co.，1959），pp. 72 – 73.

他的妻子买中国丝绸，也不愿意花 200 比索购买西班牙产的丝绸衣服"[①]。17 世纪 30 年代，每艘大帆船运抵阿卡普尔特的丝绸已经达到 31.3～52.2 吨[②]，侵蚀了塞维利亚商人在美洲市场的份额。1723 年塞维利亚的 12000 架织机中只有不足 200 架开工生产[③]，织布业严重衰退。因此，这些商人纷纷游说西班牙王室对大帆船贸易进行控制[④]，他们表示如果情况继续下去，美洲殖民地将在经济上脱离西班牙的控制，塞维利亚也会失去税收来源。本土商人频繁游说国王限制大帆船贸易，影响了中菲贸易的扩大。

再次，恶劣的自然环境危及了大帆船贸易的安全。大帆船贸易被认为是"全世界最长最可怕的旅行，我们要跨越几乎全球一半的陆地和海洋，恐怖的暴风雨一个接着一个，病魔折磨着船上的人，并且食物非常单调"[⑤]。大帆船的航行轨迹基本与西太平洋台风带一致。除了台风外，不规则的岸线、暗礁以及其他水下障碍物也加剧了航行风险。17 世纪末，为了避开寒冷和风暴，大帆船航线移动到北纬 32°～37°航线，由于风向不定，船舶航行时间延长。在大帆船贸易开展的 250 年间，有记录的大帆船数量为 400 艘，59 艘大帆船沉没在大海中（见表 3-8），其中 41 艘船是在菲律宾群岛沉没的[⑥]，此外还有数千余人失踪，超过 6000 万比索的财产损失[⑦]。

---

① Woodrow Borah, *Early Colonial Trade and Navigation between Mexico and Peru* (Berkeley: University of California Press, 1954), p. 122.

② Deng Gang, *Chinese Maritime Activities and Socio-Economic Development*, c. 2100 B. C. – 1900 A. D. (West Port, CT: Greenwood Press, 1997), p. 131.

③ H. Blair & J. H. Robertson, *The Philippines Islands*, 1493 – 1898 (vol. 44) (Cleveland: The Arthur H. Clark Co., 1903), pp. 294 – 295.

④ 如 1582 年禁止秘鲁与马尼拉通航；1589 年实施"整批交易制度"，中国货物必须通过整批交易合同出售，不得进行私人交易；1593 年采取"许可证制度"，对大帆船贸易做出限制，每年限两艘船，且每艘船的重量不得超过 300 吨，在金额上马尼拉向墨西哥出口的货物总值不得超过 25 万比索，回程从墨西哥进口的货值则以 50 万比索为限。

⑤ William Lytle Schurz, *The Manila Galleon* (New York: E. P. Dutton & Co., 1959), p. 253.

⑥ Efren B. Isorena, "Martime Disasters in Spanish Philippines: The Manila-Acapulco Galleon, 1565 – 1815", *International Journal of Asia-Pacific Studies*, 11 (1), 2015, pp. 53 – 83.

⑦ Benito J. Legarda, *After the Galleon: Foreign Trade, Economic Change and Entrepreneurship in the Nineteenth Century Philippines* (Quezon City: Ateneo de Manila University Press, 1999), p. 44.

表3-8 大帆船贸易时期船难名单

船名	年份	原因	船名	年份	原因
San Pablo	1568	台风、搁浅	San Luis Rey de Francia	1646	延迟航行、强逆风、风暴、搁浅
Espiritu Santo	1575	台风、操作失误、搁浅	Buen Jesus	1648	荷兰威胁、搁浅、故意烧毁
Santiago	1576	未知	Nsra Sra de la Encarnacion	1649	延迟航行、强逆风、搁浅
San Felipe	1576	未知	San Diego	1654	风暴、搁浅
San Juanillo	1578	未知	Nra Sra del Rosario	1654	台风、搁浅
San Juna	1586	未知	San Francisco Javier	1655	风暴、指挥者判断失误、操作失误、搁浅
Santa Ana	1587	英国劫持、故意烧毁	Rosario	1690	指挥者判断失误、风暴
Two Galleons*	1589	风暴、超载、船舶设计和建造失误	San Felipe	1690	超载、风暴、搁浅、操作失误
Almiranta	1590	风暴、搁浅	Santo Cristo de Burgos	1693	失火
San Agustin	1595	风暴	San Jose	1694	超载、飓风、搁浅、操作失误
San Felipe	1596	台风、搁浅	San Francisco Javier	1705	未知
A Galleon	1597	未知	Santo Cristo de Burgos	1726	风暴、指挥者操作失误、搁浅
San Geronimo	1601	台风、操作失误、搁浅	Nsra Sra de los Dolores	1729	指挥者判断失误、风暴
Santa Margarita	1601	台风、搁浅	Sacra Familia	1729	操作失误、搁浅
Santo Tomas	1601	台风、操作失误、搁浅	Santa Maria de Magdalena	1734	超载、技术缺陷
San Antonio de Padua	1603	超载、维护不佳船体腐烂	A Patache	1735	操作失误、搁浅
Jesus Maria	1606	技术缺陷、操作失误	San Cristobal	1735	荷兰威胁、操作失误、搁浅
Santiago	1608	未知	La Sacra Familia	1739	操作失误、搁浅、风暴
San Francisco	1609	台风、技术缺陷、装备简陋、搁浅	Nsra Sra de la Guia	1740	未知

续表

船名	年份	原因	船名	年份	原因
Santisima Trinidad	1616	台风、搁浅	Nsra Sra del Pilar de	1750	维护不佳、指挥者操作失误、搁浅
San Marcos	1617	风暴、无指挥、无法抛锚	The Capitana	1756	未知
Six large Galleons*	1617	风暴、指挥不当、无法抛锚	Nsra Sra de la Concepcion	1775	未知
San Nicolas de Tolentino	1620	延迟航行、强逆风、搁浅	San Pedro	1782	风暴、指挥者操作失误
Santa Ana	1620	延迟航行、强逆风、搁浅	Nsra Sra de la Santisima Trinidad	1795	超载、风暴、搁浅
Nsra sra de la Vida	1620	指挥不当、延迟航行、暗流、搁浅、操作失误	San Andres	1797	操作失误、搁浅
Santa Maria de Magdalena	1631	船舶设计和建造失误、技术缺陷、超载	Santa Maria	1797	风暴、搁浅
Nsra Sra de la Concepcion	1638	台风、搁浅、超载、无能指挥官、船员和官员意见不合	San Cristobal	1798	未知
San Ambrosio	1639	延迟航行、风暴、指挥失误、抛锚失误	Esperanza	1806	操作失误、风暴
San Raimundo	1639	延迟航行、风暴、指挥失误、抛锚失误			

* 代表船名与其他年份重合。

资料来源：Efren B. Isorena，"Martime Disasters in Spainish Philippines：The Manila-Acapulco Galleon，1565－1815"，*International Journal of Asia-Pacific Studies*，11（1），2015，pp. 71－73。

　　最后，17世纪开始，东亚海域复杂的格局也影响了大帆船贸易的开展。从中国方面来看，1656年清政府颁布禁海令，严禁对外贸易，1661年实施了迁界令，将沿海20～30华里的居民全部内迁，严禁出界耕种和贸易，致使中国商品无法输出。1685年清政府全面开海，但1717年清政府复又禁海，颁布南洋禁航令，直至1727年禁航令解除，华商出海才缓慢回升。

　　从西班牙方面来看，他们一方面在日常生活以及经济上依赖华侨，另一方面又害怕华侨势力不断积累会带来威胁，菲律宾殖民当局不惜采取屠杀的方式限制华侨。从16世纪末开始，殖民当局陷入了"屠杀华侨—渴望华侨—屠杀华侨"的循环,西班牙殖民当局对菲律宾华侨进行了 5 次大屠杀,前两次屠杀华侨近 5 万人,几乎把当地华侨杀尽。17 世纪之后,随着唐斯海战失利、安达卢西亚独立、葡萄牙和荷兰先后独立,特别是《威斯特伐利亚和约》(The Peace of Westphalia)的签订,西班牙丧失了欧洲强国地位,其对美洲的控制力也越来越弱。西班牙统治后期,为了弥补财政危机,殖民当局颁布了一系列政策发展菲律宾当地经济,开展菲律宾与西班牙的直接贸易,逐渐摆脱了对大帆船贸易的依赖。

东亚海域的竞争也是大帆船贸易由盛转衰的原因之一。1568 年和 1570 年,葡萄牙驻香料群岛总督率军攻击宿务;1574 年,中国海盗林凤攻击并试图占领马尼拉;1617 年摩洛人袭击棉兰老岛,烧毁了在甲米地造船厂建造的三艘船舶,直到西班牙殖民统治结束,西班牙人一直持续与南方穆斯林的战争,即"摩洛战争"。西班牙人在海上最大的威胁来自荷兰和英国。荷兰在 1609 年获得对日贸易权后,利用其海军力量封锁西班牙帆船航道,掠夺驶往马尼拉的中国船舶,将货物劫往日本;1619 年荷兰东印度公司与英国东印度公司组织"防御委员会",组织船队在菲律宾群岛劫持中国商船;1624 年荷兰占领台湾南部,建立热兰遮堡(Fort Zeelandia),以此来切断中国与马尼拉的贸易往来,迫使闽商与荷兰贸易;1600 ~ 1647 年,西荷之间经常开展海战,荷兰东印度公司 9 次组建军队进攻马尼拉,企图扰乱马尼拉与中国的贸易往来,垄断中国丝绸出口市场,直至 1648 年双方签订《芒斯特条约》(Treaty of Munster)荷兰的威胁才逐渐消除。英国在 1587 年、1709 年、1743 年和 1762 年四次劫持大帆船,包括"圣安娜号"(Santa Ana)、"恩卡纳西翁号"(Encarnacion)、"科瓦东加号"(Covadonga),特别是 1762 年被劫持的"至圣三位一体号"(Santisima Trinidad)吨位高达 2000 吨,造价 19.1 万比索,是当时菲律宾建造的最大的帆船。《巴黎条约》(Treaty of Paris,1763)签订前,英国还曾短暂占领马尼拉。

此外,菲律宾本土也是天灾人祸不断。在 1620 ~ 1640 年的约 20 年间,全球出现极寒天气,加上降雨减少,导致作物收成受到影响。17 世纪 40 年代前后,菲律宾的经济活动出现了"灾难性和指数式的下降",而"麦哲伦大交换"(Magellon Exchange)[①] 带来的致命疾病,如天花、

---

① 即美洲的动植物随马尼拉帆船抵达菲律宾群岛,同时殖民者又把当地植物送回美洲的一个物种交换过程。

瘟疫、梅毒等更是席卷菲律宾，致使土著居民人口大幅减少。1645 年，卡加延发生灾难性地震，城市几乎被夷为平地，马尼拉也受到了地震的洗礼，600 人丧生，包括总督官邸和高等法院在内的绝大多数建筑被摧毁。此外，繁重的造船任务、微薄的薪水和经常性的工资拖欠，使得菲律宾人强烈不满，各省连续发生起义。1621 年薄荷岛（Bohol Island）和卡加延先后起义，此后卡加延还在 1625 年、1629 年和 1639 年发生三次起义，1649 年萨马出现了起义并蔓延到莱特、阿尔拜和甘马磷等地，1660 年邦板牙、邦阿西楠、三描礼示和伊罗戈等多地均起义。1636 年和 1637 年没有任何帆船从菲律宾驶出，1647 年、1648 年和 1652 年三年没有任何船只从墨西哥驶来菲律宾。1810 年墨西哥独立，随着白银链条断裂，大帆船贸易走向终点。

二　中菲贸易模式的转变与逐渐失去比较优势的中国产品

大帆船贸易结束后，中菲贸易模式发生了转变。18 世纪中叶兴起的自由放任主义对重商主义造成了巨大冲击，西班牙殖民者陆续开放港口，并鼓励开发自然资源，发展当地经济作物的种植和出口。随着菲律宾出口贸易的发展，中菲贸易转变为基于比较优势进行分工和交换，中国出口到菲律宾的产品变化不大，而菲律宾出口到中国的产品则有较大变化。贸易模式的转变与菲律宾的资源禀赋相关[①]。从气候上看，菲岛地属热带，终年炎热，仅旱季较温和，比较适合大米、甘蔗、烟草等农作物的生长。而且菲岛土壤多是富有有机物和钾的冲积土，属于黏土或黏质土壤，土层深厚，水分保持好，非常有利于经济作物的种植。菲律宾硬质纤维产量在整个东南亚地区产量中占 83% 左右，油椰子产量占东南亚总产量的 1/3～1/2，占世界椰子产量的 1/3。西班牙统治后期开始，菲律宾开始集中生产和出口这些经济作物。

然而在菲律宾的对外贸易市场上，中国受到了西方国家的挑战，逐渐失去了比较优势，最终导致中菲贸易衰落。具体来说，在菲律宾进口市场

---

① 要素禀赋理论认为，由于各国要素充裕度不同，各国应该集中生产和出口充分利用本国充裕要素的产品，以换取那些密集使用其稀缺要素的产品，这种贸易模式可以使两国福利都得到改善。

上，中国产品先后受到英、美的挑战。最初的竞争者是英国，早在大帆船贸易时期英国东印度公司的货物就已经占有菲律宾部分外贸市场。17 世纪 70 年代开始，来自印度的商船由原来的每年约 2 艘增加至每年 27 艘，顶峰时期达到 38 艘[1]。其所缴纳的关税占菲律宾关税收入的比重也逐年上升：1645 年之前平均为 3.57%；1645 年之后上升至 12.38%；并在 1686 ~ 1690 年达到顶峰，占菲律宾关税收入的 29.33%[2]。19 世纪后半期，欧洲纺织品开始涌入菲律宾市场，占菲律宾进口总额的 33% ~ 60%，仅从英国进口的纺织品就占菲律宾进口贸易的 30% ~ 40%。

美国统治时期，中国棉纺织品不仅受到英国的竞争，而且还受到美国和日本的挑战。1915 ~ 1932 年，菲律宾从中国进口的棉织品平均每年 220 万比索，英国则达到了 420 万比索，美国和日本分别为 2570 万和 1010 万比索[3]。此外，美国统治菲律宾后，通过一系列政策垄断了菲律宾对外贸易。1915 ~ 1918 年，菲律宾从美国进口的产品超过半数免税[4]，这使得菲律宾人在消费习惯上开始发生转变。1936 年在菲律宾的进口产品中，99.5% 的车辆及零件、98.6% 的烟草、86.5% 的电气机器以及 85.3% 的矿油来自美国[5]。另外，日本大多数产品的进口关税也较其他国家更低[6]，由于"美日协定"，美国殖民者允许日本供应菲律宾一半的纺织品[7]，因此日货也开始充斥菲律宾市场。

不仅如此，美国还垄断了菲律宾出口贸易。20 世纪 20 ~ 30 年代菲律宾对外贸易基本呈现顺差，很大一部分原因是对美国贸易出超（见图 3 -

---

[1] Pierre Chaunu, *Les Philippines et le Pacifique des Iberiques* (Paris: SEVPEN, 1960), pp. 149 – 192.

[2] Pierre Chaunu, *Les Philippines et le Pacifique des Iberiques* (Paris: SEVPEN, 1960), pp. 210 – 217.

[3] 1915 ~ 1918 年数据见 Gen. J. P. Sanger, *Census of the Philippine Islands*, *Taken Under the Direction of the Philippine Commission in the Year* 1918（Volum Ⅳ）（Manila: Bureau of Printing, 1920），p. 699；1928 ~ 1932 年数据见黄晓沧编《菲律宾马尼拉中华商会三十周年纪念刊》乙编，中华商会委员会出版部，1936，第 7 页。

[4] 这四年免税进口的美国产品所占比例分别为 56%、53%、58% 和 61%。见 Gen. J. P. Sanger, *Census of the Philippine Islands*, *Taken Under the Direction of the Philippine Commission in the Year* 1918（Volum Ⅳ）（Manila: Bureau of Printing, 1920），p. 690。

[5] 单岩基：《南洋贸易论》，申报馆，1943，第 123 页。

[6] 日本棉布的进口税率为 7%，煤为 5%，海产品为 7% ~ 8%，见单岩基《南洋贸易论》，申报馆，1943，第 125 页。

[7] 这些协定被称为是"a gentlemen's agreement"，见 A. V. H. Hartendorp, *History of Industry and Trade of the Philippines*（Manila: McCullough Printing Company, 1958），p. 60。

16）。美国还根据其对菲律宾农产品的需求，改变了菲律宾出口产品的结构。以麻为例，麻在 1820 年第一次出口时为 41 吨，之后逐年上升，1825 年和 1850 年分别达到 276 吨和 8561 吨。[①] 1855 年，麻首次成为菲律宾最重要的出口产品，占总出口额的 43.62%。特别是在 1887～1895 年，菲律宾麻的出口占总出口的比重保持在 35%～50%。[②] 但是由于美国急需蔗糖和椰干，美国统治时期，菲律宾麻的出口占比逐渐下降，让位于蔗糖和椰子制品的出口（见图 3 - 12）。1889～1933 年菲律宾出口到美国的蔗糖占出口总额的比重从 19.28% 增长至 99.9%，椰子制品则由 0.21% 增至 80.82%。[③] 相对而言，在菲律宾出口贸易中较次要的木材、烟草，以及纤维类产品中的金丝草产品，则在中菲贸易中占据重要地位。

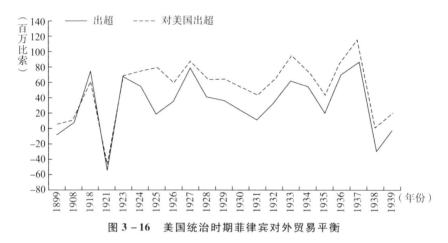

图 3 - 16　美国统治时期菲律宾对外贸易平衡

另一方面，菲律宾产品在中国对外贸易市场上几乎没有任何竞争力。中国与菲律宾的贸易额占中国对外贸易额的比重不足 1%，在"美西战争"期间甚至仅占 0.02%～0.03%（见图 3 - 17）。20 世纪 20 年代中国重要出口品如表 3 - 9 所示，其中除煤和花生外，其余产品出口到菲律宾的比例均不到 1%；而在中国重要进口品中，从菲律宾进口的产品，除蔗糖外，其余占比不足 1%，见表 3 - 10。由于双方比较优势的丧失，欧洲

① 赵松乔、吴关琦、王士鹤：《菲律宾地理》，科学出版社，1964，第 115 页。

② Gen. J. P. Sanger, *Census of the Philippine Islands*, *Taken Under the Direction of the Philippine Commission in the Year* 1903（Volum IV）（Washington：United States Bureau of the Census, 1905），p. 15.

③ 《经济 菲岛逐年对外贸易统计表》，第 118～120 页，杨静桐：《菲律宾华侨年鉴》，菲律宾华侨年鉴出版社，1935。

国家和日本，特别是美国取代了中国在菲律宾对外贸易市场上的地位①。

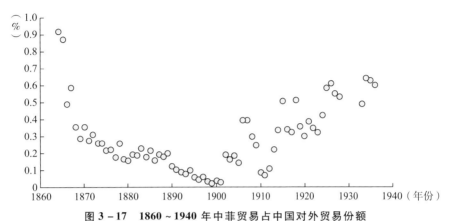

图 3 - 17 1860~1940 年中菲贸易占中国对外贸易份额

表 3 - 9 20 世纪 20 年代中国重要出口产品

单位：%

产品	出口到菲律宾的比例			主要出口地	产品	出口到菲律宾的比例			主要出口地
	1926 年	1927 年	1928 年			1926 年	1927 年	1928 年	
豆类	0.1804	0.0692	0.0747	俄国	桐油	0	0.0001	0.0009	美国
蛋类	0.0014	0.0336	0.0018	英国	豆饼	0.0082	0.0089	0.0187	日本
花生	0.7735	1.0119	1.5853	德、法、美	煤	6.4927	5.0966	5.0402	日本
茶	0.1989	0.0805	0.0392	俄国	铁砂矿	0	0	0	日本
棉花	0	0	0	日本	生丝	0.3471	0.0737	0.0477	美、法
牛皮	0	0.0028	0	日、德	棉纱	0.6050	0.2741	0.1990	香港
芝麻	0.2537	0.0087	0.0983	日本	生铁	0.4622	0.6083	0.3497	日本
豆油	0	0	0.0304	英、俄					

说明：其中日本的数据包含了日据台湾。

资料来源：杨端六、侯厚培等：《六十五年来中国国际贸易统计》，国立中央研究院社会科学研究所，1931，第 57~64 页。

---

① 殖民者对中国进口品的关税政策也是促成这一局面的原因之一。以食品为例，从 1932 年开始，菲律宾为了鼓励本地养鸡业的发展，提高了蛋的进口关税，从每 2000 只 2 比索增加到每 100 只 2 比索，同年菲律宾把猪油的进口税从每百公斤 5 比索增加至 20 比索。这使得菲律宾从中国进口蛋及猪油剧减，其占比分别从 1931 年和 1932 年的 15.22% 和 7.04% 降至 1932 年和 1933 年的 9.76% 和 1.53%，1938 年和 1939 年降至 2.55% 和 0.03%。除了进口税外，菲律宾对食品进口的检验也更加严格，甚至故意刁难，这也造成了中国蛋和猪油进口的下降。

表 3 - 10　20 世纪 20 年代中国重要进口产品

单位：%

产品	从菲律宾进口的比例			主要进口地	产品	从菲律宾进口的比例			主要进口地
	1926 年	1927 年	1928 年			1926 年	1927 年	1928 年	
米	0.0040	0	0	安南、香港	煤	0	0	0.0002	日本
面粉	0.0373	0.0274	0.0060	美、日	煤油	0	0	0	美国
糖	4.6008	3.5058	2.4695	爪哇、香港	棉纱	0	0	0	日本、香港
棉花	0	0.0076	0.0008	美、印、日	水泥	0.0662	0.0004	0.0020	日本、香港

说明：其中日本的数据包含了日据台湾。

资料来源：杨端六、侯厚培等：《六十五年来中国国际贸易统计》，国立中央研究院社会科学研究所，1931，第 65～68 页。

　　基于中国海关统计数据的分析[1]，还可以发现在美国统治时期中菲贸易的一些特点。首先，菲律宾的大米出口没有完全停止。1926 年至 1932 年菲律宾的出口贸易数据没有单列出菲律宾大米出口中国的情况。但是根据中国海关统计，1926 年菲律宾出口 752 担米到中国，1933 年和 1934 年菲律宾大米对中国的出口占所有出口到中国产品的 1.6%～0.26%。由此可见，虽然在美国统治时期，菲岛大米的生产和出口贸易被大幅挤压，但是在个别年份仍具有出口实力，并没有完全停止出口，大米贩运也是菲律宾华商的主要事业之一，详见第五章。其次，中菲贸易中出现了产业内贸易的现象。从中国海关统计中发现，菲律宾出口到中国的产品中有面粉，1926～1928 年，分别出口 1604 担、1050 担和 358 担，面粉也是菲律宾从中国进口的主要产品之一，同样情况还出现在煤的出口上，1928 年菲律宾向中国出口了 5 担煤。最后，中菲之间也存在初级产品和制成品之间的贸易模式，虽然其规模远不及美菲贸易。菲律宾在 1927 年和 1928 年分别向中国出口了 190 担和 15 担棉花，而如上所述棉制品是中国出口到菲律宾的最重要产品。可见，美国统治时期，中菲贸易既有延续传统贸易模式，也有一些新的贸易模式。

　　总的来说，中菲贸易的兴衰基本以大帆船贸易为界：在大帆船贸易之前，中菲贸易基本以互通有无的物物交换形式为主，贸易的不平衡性使得

---

[1]　杨端六、侯厚培等：《六十五年来中国国际贸易统计》，国立中央研究院社会科学研究所，1931，第 65～67 页。

菲律宾市场对于中国来说没有太大的吸引力，处于较边缘的位置；而大帆船贸易带来的美洲白银，在一定程度上缓解了这种不平衡性，促使中菲贸易迅速发展。然而大帆船贸易的开展与西班牙殖民者所持的重商主义信条是相矛盾的，加上西班牙本土商人的游说、海上安全问题和东亚海域的激烈竞争，1645 年后中菲贸易开始衰落。大帆船贸易衰落后，菲律宾的经济作物生产业开始发展，从西班牙统治后期开始，中菲贸易模式开始转变为基于资源禀赋和比较优势的分工和交换。然而，一方面，工业革命之后，相对于欧美国家的产品，中国产品失去了在菲律宾市场上的比较优势；另一方面，菲律宾产品在中国对外贸易市场上又没有太大的吸引力，中菲贸易进一步萎缩。因此，中菲贸易在经历了大帆船贸易的巅峰之后逐渐走向衰落。伴随着中菲贸易的衰落，那些原本主导菲律宾对外贸易的华商不断调整其职业结构，最终成为沟通菲岛内部以及菲律宾与欧美国家的中介商，并由此形成了一个以马尼拉为中心辐射全菲的商业网络。关于网络的构成及其分析将在下面两章中展开。

第五节　菲律宾华侨汇款

如前文所述，伴随着大帆船贸易的开展，美洲白银被运往菲律宾以弥补贸易逆差，由此产生了白银回流中国的现象。白银的回流既可以看成商品的交换，在白银本位制下又是一种资金的流动。白银链条断裂后，中菲之间又产生了新的资金流，即侨汇。华侨在移民过程中，通常是只身一人来到南洋，将其父母妻子子女等家眷留在侨乡，因此产生了从南洋向中国方向的资金回流现象。侨汇是东南亚华侨研究中一个非常重要的对象，其不仅扩大并活跃了东南亚各国与华南的金融市场，而且成为双方信息交流的重要窗口，同时还是连接侨乡与南洋各国的重要纽带①。资金流动、商品流动以及人口流动三者是互为表里的，人口流动伴随着商品和资金的流动，而商品和资金流动的扩大又带来了新的人口流动。因此，在完成了对

---

① 〔日〕滨下武志：《资本的旅行：华侨、侨汇与中华网》，王珍珍译，社会科学文献出版社，2021，第 146 页。

华侨移民和中菲贸易的论述后，把视线转向资金流动是有必要的。作为白银链条断裂后的一条重要资金链，侨汇的产生和发展不仅加强了侨乡和侨居地的联系，而且也丰富了华侨的金融活动。这一节将介绍侨汇产生的背景及大致发展情况，关于侨汇机构的讨论则放在第五章华侨金融业中。

一　华侨移民的人口结构及家庭结构

侨汇产生最直接的原因是贴补家用，这与华侨性别、年龄结构以及随之形成的家庭结构有关。早期华侨基本都是男性。具体到菲律宾，在西班牙统治之初，"（1580 年）华侨携有家眷来菲的百人中不过一二人"[1]。到雍正年间（1723～1735），始见华侨妇女去往菲律宾，但是占比很低，19世纪 80 年代华侨女性仅占 0.3%，即便在美国统治之初，女性占比也只有1.3%。此后随着华侨在菲律宾定居，华侨女性占比不断提高，1939 年增至 23%。相对于其他东南亚国家，菲律宾华侨中女性所占比例是最低的，同时期泰国、英属海峡殖民地、荷属东印度和法属印度支那的华侨女性占比分别是 25%、28%、46% 和 37%[2]。在年龄结构上，菲律宾华侨以青壮年劳动力为主，1939 年 15～44 岁的华侨人数为 76496 人，占当年华侨人口总数的 65%，其中 25～34 岁的华侨最多，占全部华侨人口的 26.4%[3]。

表 3-11　1870～1939 年菲律宾华侨女性占比

单位：%

年份	1870	1886	1903	1918	1933	1935	1939
女性占比	0.8	0.3	1.3	7	17	19	23

资料来源：1918、1933 和 1939 年根据〔英〕巴素：《东南亚之华侨》（下册），郭湘章译，台北"国立"编译馆，1974，第 864～869 页数据计算；1935 年数据来自 1935 年菲律宾卫生局调查，转引自章进编著《新菲律宾与华侨》，马尼拉中华印书馆，1936，第 3 页；其余年份转引自黄滋生、何思兵《菲律宾华侨史》，广东高等教育出版社，2009，第 228 页。

菲律宾华侨这种以青壮年男性为主的人口结构，导致华侨家庭结构产生了变异。华侨家庭结构通常有两种类型：一种是单边家庭，即华侨在祖

---

[1]　石楚耀、吴泽霖：《菲律宾独立问题》，商务印书馆，1937，第 177 页。
[2]　〔日〕小林新作：《华侨之研究》，东京海外社，1931，第 80～81 页。
[3]　〔英〕巴素：《东南亚之华侨》（下册），郭湘章译，台北"国立"编译馆，1974，第 855～856 页。

籍地或侨居地建立家庭；另一种是双边家庭，即华侨在两地分别建立家庭。1731 年福建厦门水师提督对驶往吕宋途中遭遇海难的"石祥瑞"商船进行了调查，经询问，船上的偷渡商人"有于彼处婚娶成家者"①。曾少聪教授对菲律宾侨社和闽南侨乡进行了调查：在菲律宾华人社会中，双边家庭是一个较普遍的现象，华侨男性虽然与菲律宾妇女通婚，但是在祖籍侍奉公婆、养育子女的妻子才是其正室，而在菲律宾的妻子仅是妾，帮助华侨料理海外事业。对于在家的妻子和父母，华侨男性有赡养义务，因此将积蓄汇回侨乡是理所当然的，也是其职责所在。著名学者孔飞力说："中国人'家'的基本原则是共同奉献，共同分享。这一体制的要点是，无论家庭成员离家多远，都负有对家庭的道义责任，必须将收入的一部分汇寄回家，以保证当事人在家产中的份额不会因为时间或空间距离的分隔而削减。如此家庭财产贡献体制对于外出劳力具有极为重要的意义，移民他乡者亦然。"②

据林金枝教授对近代华侨投资的研究，菲律宾华侨对福建侨乡的投资排首位，占总投资额的 1/4 以上③。早在明万历年间（1573～1619），侨居菲律宾华侨就汇款回乡"买田盖屋"，或"借贷亲人经营商业"④；19 世纪欧洲人对华侨的印象是"华人每两三年就带点积蓄回乡探亲"⑤。除了补贴家用外，侨汇还被用于支付移民中介费用，支持祖国革命事业。此外随着华侨不断融入侨乡社会，用于投资目的的侨汇也越来越多。

二　华侨汇款情况

菲律宾华侨汇款数额非常可观。据 Waldt 估算，1903 年檀香山华侨每人每年汇回 125 两，印度支那华侨汇款为 100 两，而菲律宾华侨汇款则至少为 50 两；另据《资本和贸易周报》对 1925 年南洋各地汇款比例的估计，海峡殖民地平均每人每年汇回 26 元，荷属东印度华侨为 23 元，而菲律宾华侨则高达 73 元。高事恒在《南洋论》中认为，1932 年南洋侨汇数

① 《宫中档雍正朝奏折》（第 18 辑），台北故宫博物院，1979，第 360 页。
② 〔美〕孔飞力：《他者中的华人》，李明欢译，江苏人民出版社，2016，第 9 页。
③ 林金枝：《近代华侨投资国内企业史研究》，福建人民出版社，1983，第 29 页。
④ 晋江县大仓公社《蔡氏族谱》，创修于 1565 年，重修于 1731 年。
⑤ 《十九世纪欧洲人对本地华商的印象》，〔菲律宾〕《马尼拉世界日报》1996 年 6 月 2 日，第 16 页。

额最多的是马来亚，泰国次之，菲律宾和东印度再次之，居第三位，但是考虑到菲律宾华人数远低于上述各国，菲律宾华侨的人均汇款额在东南亚各国中居首位。

对侨汇的统计非常难，因为侨汇的渠道较多，如通过水客、信局和银行汇回等方式。银行汇款的业务开展较迟，而信局又多出于营业机密考虑不愿意提供相关信息，"华侨的汇款在账簿上无正确的分类，新式银行不知华侨汇款总汇全额数，旧式批馆往往不发表营业的实际内容"[1]。因此早期侨汇数额主要是通过估计人均汇款额，再按各国人口数汇总得到。这种估计非常粗糙，得到的数据也不是很准确。20世纪20年代之后，对侨汇的估算基本有三个角度，既可以从款项汇出地来统计，也可以从中转地或是侨乡来统计。就菲律宾而言，从汇出地统计是对中兴银行汇款业务以及菲岛华侨信局记录的侨汇额进行加总；从中转地统计则是对侨汇中转站厦门、香港和汕头等地接收的菲律宾方面侨汇数额进行加总；从侨乡统计则是深入福建各侨乡调查侨眷实际接收到的菲律宾方面的汇款。在对侨汇数额进行统计时，中转地的统计是最方便的，究其原因，一方面是中转地的侨汇记录比较完整和系统，厦门等侨汇中转站经过了一个从分散收汇到分发到闽、粤各侨乡的中间整理过程；另一方面则是菲律宾华侨构成的特殊性，其绝大多数是来自闽南泉州和漳州两地的华侨，经吴承禧和郑林宽分析，泉、漳两地的侨汇主要经由厦门分散到各县，厦门经营侨汇的金融机构也相对完善，可以直接通汇，不需要像汕头一样通过香港转汇，因此可以将目光锁定在厦门接收的菲律宾华侨汇款上。

20世纪30年代后，菲律宾华侨汇款持续增加，从1932年的1165万比索增至1938年的1900万比索。对菲律宾侨汇的一个补充来自中兴银行的资产负债表[2]，由此可以得到1928～1938年经由中兴银行汇回的菲律宾侨汇情况。1928年经由中兴银行汇回中国的款项为232万比索，之后一直增加至1932年的524万比索；1933年经由中兴银行汇回的款项持续下降，最低时为1936年的268万比索；1937和1938年复又恢复到530万比索左右的水平（见图3-18）。

---

① 杨建成：《菲律宾的华侨》，（台北）文史哲出版社，1986，第116页。

② 中兴银行数据来自负债表中的"已承诺代收票据"和"其他代收票据项目"加总。

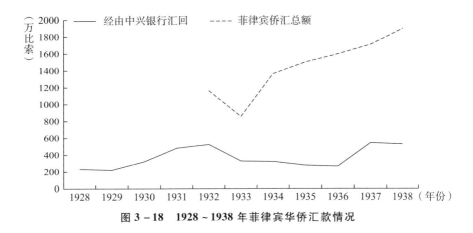

图 3－18　1928～1938 年菲律宾华侨汇款情况

　　1938 年 5 月厦门沦陷后，侨汇改由泉州中转。当年泉州收到的由中兴银行汇回的款项大致在每月 100 万元，到 1939 年末，每月汇款数量仍能维持在 50 万元左右①。另据 1939 年 3 月 26 日《福建民报》记载"厦岛沦陷后，民信局均内迁泉州城，于是侨汇亦集于此。据晋江县银信业公会报告云：1938 年下半年，菲律宾方面建南信局 300 万元、谒记 200 万元、顺记 160 万元，该三号营业较佳，合计约 700 万元。去年下半年，仅菲岛各地侨汇约达 1400 万元，居南洋各属第一位"；同年 10 月 10 日《银行周报》也记载"自抗战发动以来，闽省在南洋谋生之侨胞汇款回国极为踊跃，平均每月达 450 余元，而七八两个月，尤破两年来记录，竟各达 1000 万元。其中以菲律宾、新加坡两地为巨，各约 300 万元"②。

　　菲律宾华侨汇款在福建接收的侨汇中也占有重要地位，早在 1898～1935 年，晋江开设的 35 家信局中，有一半以上通汇菲律宾③。20 世纪 30 年代之前，仅菲律宾华侨向厦门的汇款额就达每年 800 万元④。吴承禧说："最近几年厦门侨汇的来源，以英美属的南洋最多，各约占 40%，荷属次之，约占 20%，台湾的华侨，以苦力居多，每年汇回的款项，据厦门台湾银行的统计，不过三四万元，所以在总额中毫无地位。"⑤ 虽然菲律宾

---

① 杨建成：《华侨之研究》，（台北）文史哲出版社，1984，第 202～203 页。
② 李良溪主编《泉州侨批业史料 1871—1976》，厦门大学出版社，1994，第 42～43 页。
③ 吴泰：《晋江华侨志》，上海人民出版社，1994，第 122～124 页。
④ 何汉文：《华侨概况》，上海神州国光社，1931，第 131 页。
⑤ 吴承禧：《厦门的华侨汇款与金融组织》，《社会科学杂志》第 8 卷第 2 期，1937 年，第 205 页。

与英属马来亚侨汇数额占比相同，但是考虑到英属马来亚的华侨人口是菲律宾华侨人口的近 10 倍，菲律宾华侨的人均汇款额可见一斑。表 3－12 列出了 20 世纪 30 年代菲律宾侨汇数额与厦门所收到的侨汇数额的对比，其占比从 1932 年不到 7% 增至 1935 年将近 25%，1936～1938 年厦门所接收的侨汇中 32% 以上来自菲律宾华侨。虽然菲律宾人数在南洋各国中是最少的，其侨汇款项却占到相当比重，这与菲律宾华侨的职业结构和经济实力密切相关，第四章和第五章将对此展开分析。

表 3－12　菲律宾华侨汇款与厦门接收汇款比较

单位：国币元，%

年份	厦门收到汇款	菲律宾对厦门汇款	比例
1932	49700000	3368420	6.78
1933	47900000	2682540	5.60
1934	43300000	4330000	10.00
1935	51230760	12500000	24.40
1936	58355000	19000000	32.56
1937	57116510	18628421	32.61
1938	52929211	17131047	32.37

资料来源：郑林宽：《福建华侨汇款》，福建省政府秘书处统计室，1940，第 97、106 页。

　　滨下武志教授认为"印度裔和华裔移民的网络，各自都在有中心和无中心的循环中运转，同时在无中心的网络化形势下，脱离了个别的中心性并在金融市场实现了交叉和融合。这样，'交叉'将移民国与故乡连接起来，两地间的网络以交叉为基点，再辅以网络多角度作用的功能，从而构成了移民、汇款、贸易三位一体的关系"[①]。第一、第二章分析了菲律宾华侨移民情况，这一章又分析了中国与菲律宾之间的商品和资金往来，由此可以看到，这种"三位一体"关系具体在菲律宾这个国家上的体现。从 16 世纪中期到 20 世纪 40 年代，华侨的经济活动，造就了中国和菲律宾之间的商品贸易往来、人员往来以及资金流动；这种资金流动最初体现

---

① 〔日〕滨下武志：《中国、东亚与全球经济》，王玉茹、赵劲松、张玮译，社会科学文献出版社，2009，第 210 页。

为白银流动，之后则表现为华侨汇款。在这组关系中，移民是根本动力，而商品与资金的流动则是互为表里的；随着商品和资金流动的加快，人口迁徙的速度也不断加快。随着华侨移民从暂居性的迁移行为变为长居性迁移行为，资金回流的目的也从赡养家庭和支付中介费用，逐渐转变为具有投资性质的资金流。最终，华侨完全出于经济目的，不附带任何政治背景和军事目的的自发性移民，造就了中国与包括菲律宾在内的南洋国家在商品贸易、资金流动以及人员之间的往来。

第四章　菲律宾华侨经济运行："头家制度"

西班牙殖民者依赖同中国的贸易，没有开拓菲律宾的决心和意志，只限于建设马尼拉市、建教堂、整理街道、设立法院等，对于利用劳动力和土地开展生产事业没有任何考虑①。在大帆船贸易时代，"岛上所有人的生计都依赖于两艘帆船，一艘前往阿卡普尔特，另一艘返回马尼拉"。除马尼拉外，两百多年间，菲岛其他地方的经济几乎没有太大发展。棉兰老岛和苏禄群岛的大部分地区以及山区甚至在西班牙殖民者的控制之外，这种局面一直持续到19世纪末。菲律宾殖民当局的运转一直依赖新西班牙总督区的财政补贴，处在高额赤字中：1584年的财政赤字8万比索，1628年的财政赤字40万比索，1637年更是高达61万比索。1778年，巴斯科（Jose Bascoy Vargas）总督到任后，推行了一系列经济政策，着手发展菲岛当地经济，逐步摆脱了对大帆船贸易和王室补贴的依赖，大帆船贸易终结后这一进程加快，菲律宾逐渐实现了经济独立。1820年，殖民政府允许马尼拉与亚洲港口自由开展贸易。1834年，菲律宾王家公司（Royal Company of the Philippines）②宣告破产，西班牙王室和殖民政府彻底放弃了垄断贸易政策，马尼拉港正式对外开放。开港后，菲律宾对外贸易规模迅速发展，当地的农产品开始大量出口。到19世纪下半叶，菲律宾的经济作物如糖、麻、烟草和咖啡占菲律宾出口产品的90%。菲岛农产品出口贸易的发展，客观上需要一个从马尼拉向全岛扩散的商业网络。

随着经济环境的变化，那些原本在大帆船贸易盛行时专门从事中菲贸

---

① 〔日〕成田节男：《华侨史》，东京萤雪书院，1942，第317页。
② 1785年西班牙国王卡洛斯三世（Carlos Ⅲ）特许设立菲律宾王家公司，专营西班牙本土卡迪斯与马尼拉之间的贸易。

易的华侨商人，在菲律宾的经济职能及职业结构也发生了变化。西班牙统治后期，从事中菲贸易的华侨商人，一部分成为欧美商人在菲律宾的贸易中介商，承担着沟通菲律宾当地经济与西方经济的职能，另一部分人则开始渗透到菲律宾内地，开展种植、加工、贩卖、收购等经济活动，成为沟通菲律宾港口城市和内陆城市的中介商。华侨经济开始从菲律宾口岸城市扩散到菲律宾内陆，所覆盖的行业从商业到农产品加工业再到金融业和农业，形成了完整的华侨经济网络。

对菲律宾华侨经济的论述将分为两章进行，本章将介绍对华侨经济发展有重要作用的内部交易机制，即"头家制度"。基于博弈模型和制度经济学分析，本章将华商之间的商业联系抽象为一个模型，并借此分析其基本运行方式，以及影响其稳定性的一系列社会性和经济性制约因素，而下一章则将介绍菲律宾华侨经济网络的具体构成。

第一节　"头家制度"

西班牙统治后期，由于中菲贸易衰落，原本从事中菲贸易的华商开始寻找新的生存方式；另外，菲律宾经济发展模式逐渐转型。特别是1834年马尼拉开港后，菲律宾与西方的直接贸易迅速发展，不论是菲律宾人还是欧美商人都迫切需要一个沟通菲律宾本土经济和外国经济的中介商阶层；对于华商来说，由于在马尼拉被敌视，他们不断迁徙到周边甚至更远的地方，并且让自己成为"当地经济不可或缺的一部分"。1844年，西班牙王室发布法令，取消各省省长参与岛间贸易的特权，这一政策的原意是为新来的西班牙移民创造更多参与菲岛内地贸易的机会，但客观上为华商提供了有利条件。华侨商人抓住这一契机，迅速发展中介商业，成为菲岛进口商品销售商和土产收购商。

由此，华商的职业结构和分布情况不断发生变化：一部分仍留在港口城市作为菲律宾对外贸易的中间人，承担着沟通菲律宾当地经济与西方经济的职能；另一部分则渗透到菲岛内陆从事一般性商业销售活动，成为沟通菲律宾港口城市和内陆城市的中介商。在此过程中，华商分布逐渐从港口扩散到菲律宾内陆，形成了一个以马尼拉等港口为中心向全菲律宾辐射的商业销售网络，这两部分华侨之间的商业联系成为这一网络的基础。马尼拉的进出口商被西班牙人称为"卡倍西拉"（Cabecilla），即闽南语的"头家"或"头客"，因此这种商业联系关系也被称为"头家制度"（the Cabecilla System），这一概念最早由著名的菲律宾华人研究专家魏安国在其《菲律宾生活中的华人，1850—1898》中提出①。

华侨头家和代理商之间的交易大致分为两个阶段。具体来说，第一阶段头家从外国商行获得进口品，如纺织品和食物，再将这些产品交给各地的华侨代理商，供其在菲律宾内地开展日常商业活动。由于缺乏资金，不论是菲律宾人还是华侨代理商都无法及时清偿货款，由此便产生了延迟支付的问题。第二阶段待当地农产品成熟后，菲律宾人将农产品交给华侨代理商以偿还上一期债务，各地华侨代理商再将收购的产品集中到华侨头家手中供其出口，详见图4-1。

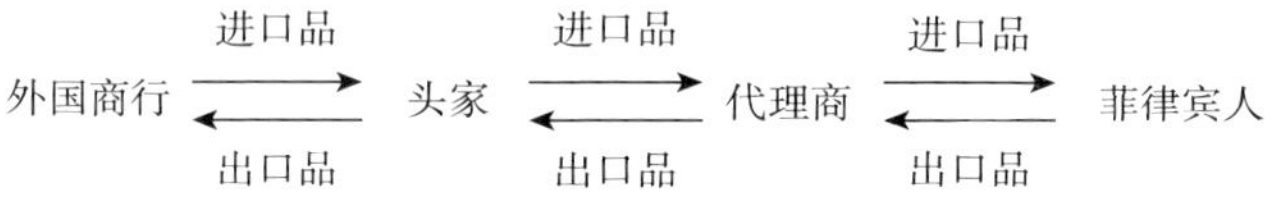

```
          进口品              进口品              进口品
外国商行  ⇄          头家   ⇄          代理商  ⇄          菲律宾人
          出口品              出口品              出口品
```

图4-1　"头家制度"运行

"头家制度"形成的具体时间并不是特别明确，大致是在1834年马尼拉开港之后，早期主要是以马尼拉为中心，外国商行通过加入以马尼拉为中心的头家网络开展贸易活动。1850年之后，随着宿务、怡朗等港口陆续开港，这些港口也出现了新兴的华侨头家，他们直接与外国商行打交道，在当地形成了独立的商业销售网络。如在1860年后，少数宿务华商不再通过马尼拉头家，而是直接同外国商行交易。1884年，著名的华侨头家 Lucio Uy Chijon 在宿务组织了一个头家体系，并雇用45名华侨代理人为其工作②。因此，宿务和怡朗的头家在出口贸易上具有一定的独立性。如《糖业考察记中》中记录，"（宿务）每年平均出入口轮船达一万

---

① 在魏安国著、吴文焕译的《菲律宾生活中的华人，1850—1898》书中，"the Cabecilla System"翻译成"头家制度"。"System"虽然可以翻译为"制度"，但一般认为这种"制度"偏向于指较宏观的、有关社会整体或抽象意义的制度。"头家制度"其实际内涵是华商之间的商业关系，是一种非正式约束、非正式规则，是指人们在长期社会交往过程中逐步形成，并得到社会认可的约定俗成、共同恪守的行为准则。本书虽沿用吴文焕译著中的翻译，但就其内涵特此说明。

② Bruce Leonard Fenner, *Cebu under the Spanish Flag*, 1521-1896: *A Economic-Social History* (Cebu City: San Carlos Publications, University of San Carlos, 1985), p. 114.

艘，其中货船多不经马尼拉直通菲岛以外之远地"[1]。但是，菲律宾的进口业务主要还是集中在马尼拉头家手中。随着华侨商业活动的开展，头家在各省的代理人逐渐形成了一定规模，有的省甚至高达 300 多人，1859年仅在怡朗的莫洛镇（Molo）就发现 30 名与马尼拉头家有关系的商业代理人[2]。

"头家制度"形成了华商之间良好的商业关系，对华侨开展商业活动有着非常重要的作用。一方面，华侨头家只需将业务委托给各地的华侨代理商，而不需要深入内地在他们不熟悉的地方经营，而后者长期在当地居住，更熟悉所处的经济环境，因此可以以更低廉的价格收购货物。另一方面，华侨代理商通过与头家保持良好的商业联系，确保了一个稳定的供货渠道，"杂货店和各大岛里的大公司、大商店都是很有联络。他们以交情的关系，有时没有资本，也可以开店，只要找到房子，不妨批来货物，卖后再说"[3]。华侨头家与代理商的这种分工协作，最大程度发挥了各自优势，有效降低了交易成本，因此"头家制度"虽然不是一个严密的商业体系，却是一种"行之有效的经营方式"[4]。

但是，在交易过程中滋生出另一种成本，即由于延迟支付带来的道德风险问题。通过以上描述可以知道，华侨零售商通常在获得产品时并没有及时付清款项。同样零售商通常也会在农产品收获之前，就把手中的产品赊卖给菲律宾人，待农产品收获后再结清；特别是在比较偏远的麻和烟草产地，需要华商贩运大米维持当地居民生计，赊卖情况大量发生。因此，在华侨头家和代理商之间，以及华侨代理商与菲律宾人之间，形成了一个类似物物交换的交易模式，不论对华侨头家还是华侨代理商而言，都面临着违约的道德风险；如果对代理商的经济行为没有任何约束的话，其很可能事后违约，拒绝清偿债务。下面通过一个博弈模型分析"头家制度"中的道德风险问题。

① 黎献仁：《菲律宾糖业考察记》，国立中山大学农学院推广部，1934，第 68 页。
② Edgar Wickberg, *The Chinese in Philippine Life*, 1850 – 1898（London：Yale University Press, 1985），p. 76.
③ 邹翰芳：《菲律宾考察记》，商务印书馆，1929，第 121 页。
④ 庄国土、陈华岳等：《菲律宾华人通史》，厦门大学出版社，2012，第 216 页。

第二节 "头家制度"的博弈分析

一 道德风险问题：一个博弈分析

在"头家制度"中，有三个参与人：马尼拉等港口城市的华侨头家、各地的华侨代理商以及菲律宾人。博弈过程涉及两期：第一期，华侨头家把进口产品交给华侨代理商，华侨代理商将进口产品赊卖给菲律宾人；第二期，待农产品成熟后，菲律宾人再将收获的农产品交给华侨代理商，以偿还所欠债务，同样华侨代理商将获得的农产品交给头家偿还上期债务。在上述博弈中，实际上涉及两对博弈关系：其一是华侨头家与华侨代理商之间的博弈，其二是菲律宾人与华侨代理商的博弈。华侨头家与菲律宾人之间并没有直接的接触。实际上，这两对博弈关系从本质上看是一个博弈过程，因此在这里将着重分析华侨头家和华侨代理商之间的博弈，在本章最后简要分析华侨代理商与菲律宾人的交易。

博弈过程如图4-2所示，假设代理商在收购时不会遇到任何困难。对于头家而言其收益情况如下，$CC_1 > NN_1 > CN_1$，合作收益是最好的，但是如果头家选择信任代理商，事后却遭到背叛的话，他将承担所有损失，不如不开展交易。而对代理商而言 $CN_2 > CC_2 > NN_2$，违约意味着可以在没有任何成本的情况下获得货物，是最好的结果，但是如果不被头家委托，代理商无法实现其商业价值，所获收益最少。该博弈的结果是一个囚徒困境：如果博弈只有一期或有限期，代理商一定会违约；头家也知道这个结果，因此在最开始就不发生交易。这个结果对双方来说都是最糟糕的：头家卖不出手中的货物，也收购不到用于出口的产品，而代理商则失去了其中介商功能。因此，如何有效控制道德风险，就成为"头家制度"稳定运行的关键。

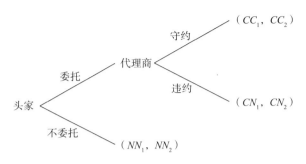

图 4 - 2　华侨头家与代理商之间的博弈

　　说明：C 表示合作（Cooperation），N 表示不合作（Non-cooperation）。博弈双方的
收益情况如下：头家首先决定是否委托代理商，如果不委托则博弈结束，头家与代理
商收益组合（NN_1，NN_2）；如果头家决定委托，则轮到华侨代理商行动。如果守约，
那么头家与代理商收益组合（CC_1，CC_2）；如果违约，则各自获得收益（CN_1，CN_2）。
括号中的第一项为头家收益，第二项为代理商收益。

　　华侨头家和代理商的关系虽然类似于委托代理关系，然而实际上代理
商并没有受雇于头家，他们不在一个企业中，而是“凭大量信用相结合，
但仍各为独立商人”[1]。因此，就涉及对华商经济行为的进一步约束，首
先能想到的是一些正式制度约束，如契约、合同和司法。Wong[2] 认为华
商之间虽然有非正式口头合同的存在，但是在之后华商还是会签订合同
文书完成交易的正式手续。Chu[3] 更是基于案例分析说明司法是最终解
决手段，并且还存在一些代表头家利益与代理商交涉的律师。但是，在
菲律宾这样一个普遍的排华环境中，司法到底有多强的效力来保护“作
为一个少数群体，被歧视、排斥和敌视”[4] 的华商是值得怀疑的。比如，
Jomo&Folk[5] 就认为，华侨生活在一个他们不信任，需要随时提防甚至感

①　杨建成：《三十年代南洋华侨汇投资调查报告书》，（台北）文史哲出版社，1983，第 34 页。

②　Wong Kwok-chu, *The Chinese in the Philippine Economy, 1898 – 1941: A Study of Their Business Achieve-
ments and Limitations*（Quezon City: Ateneo de Manila University Press, 1999）.

③　Chu Richard T., *The "Chinese" Entrepreneurs of Manila from 1875 – 1905: Aliases, Powers-of-Attorney,
and other Border-Crossing Practices*（Proceedings of the Forth International Chinese Overseas Conference,
Vol. 3, Taipei, 2002）.

④　Jomo K. S. & Brian Folk, *Ethnic Business: Chinese Capitalism in Southeast Asia*（London: Routledge Cur-
zon, 2003）, p. 1.

⑤　Jomo K. S. & Brian Folk, *Ethnic Business: Chinese Capitalism in Southeast Asia*（London: Routledge Cur-
zon, 2003）, p. 29.

到恐惧的环境中，因此，不能期望契约的履行。Amyot[1] 也认为华商拒绝求助他们不信任的所谓官方。或者更普遍地说，中国人的"无讼"理念本身就使得他们尽量避免使用"费钱耗时"的司法渠道解决经济争端，实际上"非常少的华侨案子是在西班牙法院解决的"[2]。第六章专门讨论西班牙和美国对菲律宾华侨的政策，作为一种正式制度，这些政策在殖民背景下充斥着暴力和掠夺，而并不是规范和引导，因此，其在解决华商纠纷上起不到太大的作用，仅是作为华侨经济运行的大环境存在。

在这种情况下，一些非正式制度约束反而会更有效，因为"人和人的关系，都有着一定的规则。行为者对于这些规则从小就熟悉，不问理由而认为是当然的。长期的教育已把外在的规则化成了内在的习惯。维持礼俗的力量不在身外的权利，而是由身内的良心"[3]。McVey[4] 认为，华侨并不依赖法律和官方渠道履行契约，他们与自己圈子中的人建立信任关系、分享信息并提供信用；而 Amyot[5] 和 Kwee[6] 则强调了血缘和地缘组织在仲裁经济纠纷上的作用。总之，一系列与行为规范和传统习惯有关的非正式制度，不仅"与正式制度约束同样有效"[7]，甚至"较菲岛的法庭为尤甚"[8]。下面将通过一个更复杂的博弈模型，分析影响头家制度稳定性的因素。

二 稳定性因素：一个更复杂的模型

假设：①有两类代理商，守信代理商和不守信代理商，代理商明确自

---

[1] Amyot Jacques S. J. , *The Manila Chinese*：*Familism in the Philippine Environment* (Quezon City：Ateneo de Manila University, 1973), pp. 12, 102.

[2] 1903 年和 1918 年仅有 2%～3% 的被告是华侨，见 Gen. J. P. Sanger, *Census of the Philippine Islands*：1903 (*Volume IV*) (Washington：United States Bureau of the Census, 1905), p. 426; Gen. J. P. Sanger, *Census of the Philippine Islands*：1918 (*Volume IV Part I*) (Manila：Bureau of Printing, 1920), p. 128。

[3] 费孝通：《乡土中国》，长江文艺出版社，2019，第 56 页。

[4] McVey Ruth, *Southeast Asian Capitalists* (Ithaca：Southeast Asia Program, 1992), p. 69.

[5] Amyot Jacques S. J. , *The Manila Chinese*：*Familism in the Philippine Environment* (Quezon City：Ateneo de Manila University, 1973), p. 102.

[6] Kwee 称之为 "closed shop" manner，详见 Kwee Hui Kian, "Chinese Economic Dominance in Southeast Asia：A Longue Duree Perspective", *Comparative Studies in Society and History*, 55 (1), 2013。

[7] Douglass C. North, "Economic Performance though Time", *American Economic Review*, 84 (3), 1994, p. 360.

[8] Alejandro R. Roces. "The Chinese in Our Midst", *Manila Times*, Ocotober 20, 1959.

身的类型，但是头家并不知道，他认为代理商不守信的概率是 λ（$0 < \lambda <$ 1）；②头家对代理商类型的判断取决于代理商最初的行动，但是判断会不断根据其后续行动调整；③博弈过程重复无限次，即 $n \to \infty$，贴现因子（Discount Factor）为 δ（$0 < \delta < 1$）；④两个参与人都采取"以牙还牙"战略，即最初选择合作，然后视对方上一期的行为调整其行动。下文将证明，即使存在信息不完全，合作也是可能的。

如果头家最初就不相信代理商是守信的，即其对代理商属于不守信代理商的先验概率为 $\lambda_0 = 1$，那么就不会委托代理商，此时代理商的类型对博弈的结果没有影响，头家每一期都得到 NN_1 的收益，总收益为：

$$NN_1 + NN_1 \times \delta + NN_1 \times \delta^2 + \cdots = \frac{NN_1}{1 - \delta} \tag{4-1}$$

如果头家相信代理商是守信的，即使不用完全性相信，即 $0 < \lambda_0 < 1$，他也愿意试着委托代理商，再进一步观察其行动，面对不同类型的代理商，头家的收益分析如下：

（1）守信代理商

头家委托后，守信代理商选择守约，因此头家最初能获得 CC_1 的收益，由于"以牙还牙"的策略，他们会一直合作下去，头家每一期收益都是 CC_1，预期总收益为：

$$(1 - \lambda)\left[CC_1 + CC_1 \times \delta + CC_1 \times \delta^2 + \cdots\right] = (1 - \lambda)\frac{CC_1}{1 - \delta} \tag{4-2}$$

（2）不守信代理商

虽然这类代理商希望通过背约得到更高的收益 CN_2，但是如果他最初就采取违约行动，就暴露了自己是不守信代理商的类型，之后他将永远获得 NN_2，总收益为式（4-3）。如果不守信代理商在一段时间内将自己伪装成守信代理商，那么至少在这段时间内他可以获得合作收益 CC_2，并在第 T 期违约进而获得更高收益 CN_2，从第 $T+1$ 期开始，代理商不再受到委托永远获得 NN_2，其总收益为式（4-4）。

$$CN_2 + NN_2 \times \delta + NN_2 \times \delta^2 + \cdots = CN_2 + \frac{NN_2 \times \delta}{1 - \delta} \tag{4-3}$$

$$\left[CC_2 + CC_2 \times \delta + \cdots + CC_2 \times \delta^{T-2}\right] + CN_2 \times \delta^{T-1} + \left[NN_2 \times \delta^T + NN_2 \times \delta^{T+1} + \cdots\right] =$$
$$\frac{CC_2 \times (1 - \delta^{T-1})}{1 - \delta} + CN_2 \times \delta^{T-1} + \frac{NN_2 \times \delta^T}{1 - \delta} \tag{4-4}$$

即便对于不守信代理商来说，只要满足式（4－4）＞式（4－3），在一段时间内伪装自己是有利可图的，即：

$$\delta > \frac{CN_2 - CC_2}{CN_2 - NN_2} \tag{4-5}$$

在这种情况下头家的预期总收益为：

$$\lambda \times \left[\frac{CC_1 \times (1 - \delta^{T-1})}{1 - \delta} + CN_1 \times \delta^{T-1} + \frac{NN_1 \times \delta^T}{1 - \delta} \right] \tag{4-6}$$

（3）合作条件

不论代理商属于何种类型，头家最初委托代理商的条件为式（4－2）＋式（4－6）＞式（4－1），即：

$$\left[\frac{1}{\lambda \times \delta^{T-1}} - 1 \right] (CC_1 - NN_1) + \delta(NN_1 - CN_1) > (NN_1 - CN_1) \tag{4-7}$$

最终，头家和代理商合作的条件是同时满足式（4－5）和式（4－7），即：①λ足够小，头家认为代理商守信的概率更大；②δ和T足够大[①]，由于未来收益更重要，即使是不守信的代理商也愿意长时间伪装成守信代理商与头家合作。也即是说，如果华商非常在意自身的信用和长期利益，而不是只看到眼前短期利益的话，那么"头家制度"就是稳定的，华商之间能够维持稳定的商业联系。下面将基于菲律宾华侨的情况，对"头家制度"的稳定性进行具体分析。

第三节　头家制度的稳定性

非正式制度因素分析是借鉴生物进化思想方法和自然科学多领域研究成果，研究经济现象和行为演变的一个分析方法，其是在批评主流经济学的基础上产生的。主流经济学通常简单假定个人是完全理性，并且在遵循

---

① 当δ数值上升时，式（4－7）左边第二项增加，由于T是一个数值范围在（0～1）的量，而T则是一个数值范围在（1～∞）的量，因此当δ和T数值都在上升时，最终T的作用会大于δ使得δ^{T-1}下降，因此式（4－7）左边第一项也增加。最终，当λ足够小，δ和T足够大，式（4－7）可以得到满足。

最大化原则的基础上，得到一个均衡的结果。这种简化把历史、文化、社会习俗等不能量化的因素全部搁置在一边，将经济抽象为一个精美的但是与现实严重不符的模型。相对而言，非正式制度因素分析则更关注风俗、文化和传统等被主流经济学遗忘的变量，强调用动态的、发展的、在生物学意义上不断变化的眼光考察人类行为。

在市场和企业之间，以人际关系等非正式制度为基础形成的"君子协定"也是节省交易费用的方式。这种协定是一种关系合同，通常产生于熟人之间。在熟人内部，生产和生活技能靠口授亲传，因此个体之间的差别不大，双方信息完全对称。由于个人机会主义的风险过大，收益甚小，极易被识别并名誉扫地，可以有效控制交易过程中的道德风险，减少所带来的损失和不确定性。特别是当这种熟人交易和关系合同发展成为一种社会现象时，就营造了一个无摩擦的社会环境，在这个社会中每个人都诚信自律，在考虑自己得失的同时，也关心他人的利益。

非正式制度的产生早于正式制度，其相当部分是由文化遗传和生活习惯积累形成的。它虽然不像正式制度那样有强制性，但是其广泛性和持续性却更强，不仅渗透到社会生活的各个领域，而且一旦形成将长期延续下去。另外，不同于正式制度依赖于国家政权和政治体系的稳定，非正式制度更加独立，它是长时期内各方演化博弈的结果，具有内部稳定性。经济学家阿罗认为，只有当种种惯例自动调控和规制的市场运行机制出了故障或毛病时，法律等正式制度才开始发挥作用。或者也可以这样说，在一个由惯例和社会习惯调控的市场没有问题时，正式的法律并没有多大用处。彭慕兰在对贸易性离散族群（Trade Diaspora）的研究中就发现，"每个族群在侨居期间所积累的知识、人脉，所创造的经营方式，却会在侨居地流传得久远得多"[①]。对于中国这样一个历史悠久、文明不曾间断的国家来说，文明历史积累和沉淀了很多非正式制度现象，当华侨走出国门之后，他们把这些非正式制度带到国外，作为一种约束他们在异乡经济行为的机制。滨下武志教授在对华侨的研究中发现："与制度性的联系相比，在印侨社会和华侨社会以及印度社会和中国社会中，非制度性、人与人之间的

---

① 〔美〕彭慕兰、史蒂文·托皮克：《贸易打造的世界——1400 年至今的社会、文化与世界经济》，黄中宪、吴莉苇译，上海人民出版社，2021，第 25 页。

联系反而更为紧密。"① 这些非正式制度与正式制度一样，"为商人履行商业信用责任，提供了一种诱因和自律的动机"②。这种非正式制度的约束是解决头家制度道德风险的关键因素。

一　信用③

"信用对于华侨经济来说至关重要，就像血液对于人一样，有就能生存，没有就死亡"④，但是信用的获得非常难，即使一个人履行了承诺，并且一直建立很好的声誉，只要他破坏一次，多年积累的信用就会瞬间崩溃。一般来说，信任更容易产生于亲戚或同乡之间，因为人们通常"从熟悉得到信任。这种信任并非没有根据的，其实最可靠也没有了，因为这是规矩"⑤。下文将从这两种关系开始讨论。

（一）血缘和地缘关系

菲律宾华侨大部分来自福建，特别是闽南地区，血缘和地缘关系成为菲律宾华侨联系的重要纽带，"华人擅长利用家族关系获取竞争优势，从流动商贩逐渐变成拥有好几家商店的老板。在家族和宗族关系的加持下，他们建立了一个庞大的零售商店网络"⑥。华侨新客通常不是独自在菲律宾打拼，而是选择投靠亲戚或乡亲。他们通常先在家人、亲戚或同乡企业中做学徒，待商业知识和经验成熟后，或是接手原来的店铺，或是另立门户。通过这种"学徒制"，华侨新客可以在没有专门商业学校训练的情况

① 〔日〕滨下武志：《资本的旅行：华侨、侨汇与中华网》，王珍珍译，社会科学文献出版社，2021，第 54 页。
② 苏基朗：《刺桐梦华录：近世前期闽南的市场经济（946－1368）》，李润强译，浙江大学出版社，2012，第 306 页。
③ 陈衍德教授于 20 世纪 90 年代对马尼拉华商进行了口述调查，在《现代中的传统：菲律宾华人社会研究》一书中有许多头盘商与二盘商之间凭借信用经商的案例，但是受访者皆以首字母代替未列出其姓名。见陈衍德《网络、信用及其文化背景——海外华人企业文化探索之二》，《现代中的传统：菲律宾华人社会研究》，厦门大学出版社，1998，第 152～169 页；任娜：《菲律宾社会生活中的华人（1935—1954）——从族际关系的角度所作的探索》，贵州人民出版社，2004。
④ Wong Kwok-chu, *The Chinese in the Philippine Economy*, 1898－1941: *A Study of Their Business Achievements and Limitations* (Quezon City: Ateneo de Manila University Press, 1999), p. 121.
⑤ 费孝通：《乡土中国》，长江文艺出版社，2019，第 8 页。
⑥ 〔美〕阿underline罗·吉拉尔德斯：《贸易：马尼拉大帆船与全球化经济的黎明》，李文远译，中国工人出版社，2021，第 258 页。

下，快速掌握商业知识，获得商业训练，并成为一名合格的商人。另外，早期移民在当地经营一段时间后，通常会将其子女接去继承财产。《旅菲让德堂宗亲总会70周年纪念特刊》中就记载了吴氏族人迁移菲律宾的情况，"降及明清族人相继乘槎浮海者，络绎不绝，尤以侨居菲律宾为最多。于是父挈其子，兄率其弟，接踵而至，居斯食斯，以生以养"①。除此之外，华商在谋求商业发展过程中，也倾向于召集亲戚、朋友和同乡共同经营，为其垫付路费，这也是为什么相较东南亚各国，菲律宾契约华工规模要小得多的原因。

借助血缘和地缘为纽带，在人口流动过程中产生了一种"移民累积效应"，华侨人数从1571年的40人增至1939年的13万人。伴随着华侨数量的增长，各种同乡会和宗亲会逐渐建立起来。由于菲律宾华侨大多来自福建，特别是闽南漳、泉，"可以说菲律宾华人社会就是闽南人社会"②。菲律宾华侨构成上的这个特点，使得华侨血缘性和地缘性社团成员高度重合。福建籍同乡会是基于乡、村一级，而乡村又多为单姓村或少数几个姓氏的集合，因此，菲律宾华侨的同乡会和宗亲会很难严格区分开，这是菲律宾华侨社团不同于其他东南亚国家的鲜明特色。施振明教授就说:"菲律宾人口祖籍的不平衡，使地缘组织变形，从大地域结合的会馆变为小地域以乡村为单位的同乡会。地域组织也失去其重要性，血缘组织的宗亲会的地位无形中提高。同时，由于闽粤两地单姓村特多，不少同乡会实际上成为宗族世系群，经由血缘关系和宗亲会产生密切关系，甚至与宗亲会结合。"③

菲律宾最早出现的地缘性社团，是处于少数派的广东人建立的"广东会馆"，1850年马尼拉成立了"广东会馆"，1870年怡朗也成立了"广东会馆"。而对于福建人来说，大的地域性地缘组织没有太大必要性，因此，菲律宾的福建同乡会不是以省、府划分，而多是以县、村和乡等更小单位划分的，并且成立时间相对较迟。以晋江华侨为例，直到1910年，菲律宾才出现了第一个同乡会，即"西滨同乡会"。此后一直到1941年，

① 让德堂宗亲总会:《旅菲让德堂宗亲总会70周年纪念特刊》，1985，第59页。
② 陈衍德:《闽南海外移民和华侨华人》，福建人民出版社，2007，第121页。
③ 〔菲律宾〕施振民:《菲律宾华人文化的持续——宗亲与同乡组织在海外的演变》，洪玉华编《东南亚华人社会研究》上册，（台北）正中书局，1985，第170~171页。

菲律宾才先后设立了18个晋江籍同乡会。相对于同乡会，菲律宾闽侨的宗亲会成立时间稍早一些。1877～1879年，时任华侨甲必丹杨尊亲就与其他族人成立了"四知堂"，即之后的"弘农杨氏宗亲会"；1884年，广东籍华侨还建立了"龙岗公所"。到1941年，菲律宾的宗亲会团体已经超过50个，其中福建人的宗亲会35个，广东人的宗亲会15～20个。1958年5月成立的"菲律宾各宗亲会联合会"是当今菲律宾三大社会组织之一①。

社团历来被视为维系海外华侨华人社会的三宝之一，对于维持华侨社会稳定、谋求华侨发展来说发挥着重要的作用。虽然在东南亚各国中，菲律宾华侨无论是人口的相对数目还是绝对数目都不多，但是社团数量却相当可观，以"社团林立"著称，"从一定意义上来说，菲华社会是一个典型的社团社会。菲律宾的华人社团数目冠称全世界，社团多，参加社团的人也多，据称菲律宾华人几乎无人不参加社团，有的人甚至同时参加多个社团"②。所有这些血缘和地缘性组织（以及下文提及的商会），都在为华侨提供工作和资金支持，以及解决纠纷上起到了非常重要的作用，"东南亚成功商人的故事常常提到一位穷困移民最终如何得到亲戚或朋友的帮助，并由此获得致富的机会。华人的社会世界乃一关系网络或由不同程度的感情（亲密关系）或人情（亲友间的义务）相连的个人关系"③。然而，一旦个人在私德或信用上有任何缺失，会在最短时间内被大家所知道，由此形成了对个人行为的一种社会性制约。

表4-1　晋江籍菲律宾华侨同乡会

名称	年份	名称	年份	名称	年份
西滨同乡会	1910	旅菲容卿同乡会	1931	五福鸿山同乡会	1935
杏田旅菲同乡会	1919	洋埭同乡会	1931	菲华四乡会	1935
御里旅菲同乡会	1920	旅菲龙穴同乡会	1933	南下尾同乡会	1937
围江同乡总会	1922	旅菲锦峰同乡会	1933	高坑同乡会	1937
围江同乡宿务分会	1922	永宁同乡会	1934	旅菲锦塘同乡会	1937

---

① 施雪琴：《菲律宾华侨华人史话》，广东教育出版社，2019，第239页。
② 朱东芹：《菲律宾华侨华人社团现状》，《华侨大学学报》（哲学社会科学版）2010年第2期。
③ 陈志明：《迁徙、家乡与认同——文化比较视野下的海外华人研究》，商务印书馆，2012，第200页。

续表

名称	年份	名称	年份	名称	年份
福全同乡会	1924	涵口同乡会	1934	华锋同乡会	1937
旅菲深沪同乡会总会	1926	钱江联合会	1934	沙堤同乡会	1937
旅菲宽仁同乡会	1928	磨上锦尚同乡会	1934	仑峰同乡会	1940
旅菲雁塔同乡会	1928	英华同乡会	1935	南庄同乡会	1941
锦东同济会	1928	陈埭同乡会	1935	港边同乡会	1941
青蒙同乡会	1930	溜江同乡会	1935		

资料来源：吴泰：《晋江华侨志》，上海人民出版社，1994，第66～74页。

表4－2　晋江籍菲律宾华侨宗亲会

名称	年份	名称	年份	名称	年份
旅菲西河林氏宗亲会总会	1908	旅菲陇西李氏宗亲总会	1933	旅菲六桂堂宗亲总会	1930
旅菲有妫堂总堂	1908	菲律宾许氏宗亲会	1936	菲律宾刘杜宗亲会	1932
旅菲让德吴氏宗亲总会	1909	菲律宾苏氏宗亲会	1937	旅菲妫汭五姓联宗总会	1935
旅菲临濮堂	1911	菲律宾汾阳郭氏宗亲会	1938	旅菲列山五姓联宗总会	1936
旅菲弘农杨氏宗亲总会	1915	菲律宾荥阳郑氏宗亲总会	1940	旅菲版筑傅赖同宗亲总会	1939
旅菲太原王氏宗亲总会	1922	旅菲曾丘宗亲总会	1909	旅菲宋戴宗亲总会	1940

资料来源：吴泰：《晋江华侨志》，上海人民出版社，1994，第66～74页。

（二）华侨社会

早在西班牙统治之初，一个"纯中国式"的华侨社会就已经存在了，当时的菲律宾人和西班牙人对华侨的一般印象是："这几十万华侨，不管他们是否入籍，在法律上的地位是中国人或者菲律宾人。他们在思想上，生活上与社交上，还保持着十足华人的气息……在家庭的生活；吃的是中国饭，说的是中国话，守中国的季节，婚嫁以华人为对象，子女入华侨学校读书，生病找华人医生，老死葬在华侨义山。在社会的交际；往来的是华人，加入的是华人社团，读的是华文报，捐献华侨社会的公益事业……他们保持着固有的语言文化与生活方式，不与菲人同化……形成国中有国，大社会中有小社会。"① 华侨移居菲律宾，虽未有意识、有计划地传播源自侨乡的"闽南文化"，但是这些东西却随着他们的生活和生产活动

---

① 陈烈甫：《菲律宾民族文化与华侨同化问题》，（台北）正中书局，1968，第132页。

自然而然地被带到侨居地，至少在西班牙统治时期"融合的层次较低，华侨社会保持了相当的独立性，闽南文化也基本保持其原貌"[①]。日本学者河部利夫教授根据华侨与当地社会同化程度的区别，将泰国、马来西亚和菲律宾划分为融合社会（Contiguration Society）、复合社会（Plural Society）和混合社会（Complex Society）。这种"混合社会"，"好像一种化妆品的溶液那样，是在某种液体中加进许多别种的液体的小颗粒成分，要经过长时间的处理才能进行分离和沉淀，它比马来西亚'复合社会'更难以使两者相分离，但又不同于泰国的'融合社会'那样，在泰国的'融合社会'里，两者已经是完全融合了"[②]。

华侨社会之所以存在，既有华侨自身的原因，也有外部环境的影响。从华侨自身来看，他们受到中华文化长期的熏陶，即使在菲律宾生存也保持着自己的传统和文化，并以此为荣。从华侨所处的环境来看，中国政府无意对外移民，海外侨民几乎得不到祖国的保护，华侨群体既不为西班牙人所信任，又遭到菲律宾人的嫉妒和憎恨，海外的暴力排华事件频繁发生。在这样一个缺乏保护并且危机四伏的社会，华侨必须借由中华传统相互联系寻求自保，并通过华侨社会网络了解海外动态。

华侨社会的存在对华侨而言具有"经济和文化上的作用"[③]。一方面为新客提供谋生和就业机会，更重要的是使得华侨可以在一定程度上脱离菲律宾大社会而得以生存，因此，客观上建立起华侨间的相互联系和信用关系。这种信用"既是一个人的社会和心理特征，也是严格的经济上的可靠性"[④]。吴文焕在谈及中华传统文化与华侨经济时就说："为了守信用，许多华商，特别是传统的华商，甚至不惜付出一切代价，因为他深知，在华人商界，一次不守信用可能导致的严重结果。信用在华人商界，不仅意味着信贷的取得（包括借款和赊购），实际上甚至就是生意本身。有信用，特别是信用好，不但可以多做生意，或小本做大生意，甚至无本

---

① 朱东芹：《论闽南文化在菲华社会的发展变迁》，蔡振翔主编《华侨华人论文选编——华侨大学华侨华人研究所专刊第 20 种》，台海出版社，2008，第 396 页。

② 〔日〕李国卿：《华侨资本的形成和发展》，郭梁、金永勋译，香港社会科学出版社，2000，第 64、177~178 页。

③ 菲律宾华裔青年联合会编《融合——菲律宾华人》第一集，（马尼拉）菲律宾华裔青年联合会，1990，第 43 页。

④ 陈衍德：《网络、信用及其文化背景——海外华人企业文化探索之二》，《现代中的传统：菲律宾华人社会研究》，厦门大学出版社，1998，第 161~162 页。

也可以做生意。在这个意义上，注重信用的华商，在商业交易中，同样的资本，即可做好几倍的生意。这不能不是华商一个很大的优势。没有信用，至少在华商，买货付款就得用现金，相比之下，无论是货源或营业规模或资金的运转就要逊色多了。"①

华侨社会的存在，使得"信用"的概念融入华侨血液之中，他们清楚地知道守信是在菲律宾生存的基础，一旦违约就等于自逐于华人社会②。对于背叛契约的华人，"即使被背叛的人不说什么，这件事也会传遍整个华侨界，那么别说是做生意，即使讨口饭吃也困难重重，要想再在这个社会上立足是不可能的了"③。华人社会的相对独立性和封闭性，成为对华商行为的另一种社会性制约。而作为华侨社会载体的各类华商社团，则集中体现了信用是如何在华侨之间产生并发挥作用的。

（三）华商社团

西班牙统治末期，菲律宾人、华菲混血以及日本人的经济势力开始上升，对华商形成了挑战，加上当时在华商内部已经出现了削价竞争④这种不利于华侨整体商业发展的因素，菲律宾华侨认识到在商业上各自为政已经很难生存，必须团结起来应对竞争，各类商会应运而生。

华商社团主要集中在马尼拉，据说1720年就存在"米商同业公会"，在19世纪最初十年的税收记录中还出现了"华人马车运输公会"。19世纪下半叶，华侨商会开始形成一定规模，最早具有商会职能的是1885年的"关帝爷会"（之后的"福联和布商会"）和1888年的"崇宁社"（之后的"中华木商会"）；同时期，在马尼拉的罗萨里奥区（Calle Rosario）和埃斯科尔塔－圣比森特新区（Escolta-San Vicente-Nueva）还先后出现了两个纺织业商会——"福联益布商会"和"义和局布商会"（之后两者合并为"中华布商会"）。20世纪20~30年代华侨商会大量涌现，仅马尼拉就有26个华商社团，其他地方还有大大小小68个华侨商会（见表4-3和表4-4）。到1947年，菲律宾的商会数量已经达到129个，占各类社团

---

① 吴文焕：《关于华人经济奇迹的神话》，（马尼拉）菲律宾华裔青年联合会，1996，第26~27页。

② 陈衍德：《网络、信用及其文化背景——海外华人企业文化探索之二》，《现代中的传统：菲律宾华人社会研究》，厦门大学出版社，1998，第163页。

③ 杨建成：《华侨经商要诀一百》，（台北）文史哲出版社，1986，第6页。

④ "人人均以争买争卖为无二法门，消本求售，坐令机会错过"，许合合：《经济 菲岛华侨米业概况》，第48页，杨静桐：《菲律宾华侨年鉴》，菲律宾华侨年鉴出版社，1935。

组织总数的 32.17% ，是菲律宾数量最多的社团①。

表 4 - 3　马尼拉华侨商会情况

名称	成立年份	成立原因	宗旨/目的
福联合布商会	1914		团结同业，联络感情，守望相助，忧患相扶持之义，以维护共同利益
马尼拉联合珠细理商会	1920		
华侨铁商公会	1920	同业嫉妒猜忌，竞争贱售	为图同业生存及团结
马尼拉中华米商会	1921	商战剧烈	联络同业感情谋本途之福利
马尼拉中华木商会	1921	锯木工人要求提高工资	
马尼拉华侨烟商会	1922	各自为谋，不思团结	会员互助，商业发展
菲律宾汽水制造商联合会	1922		
马尼拉中华布商会	1923	商战剧烈	图谋本途营业之兴荣，促进对外贸易之发展；联络本途会员之感情，增进华侨公共之福利
马尼拉中华烟叶商会	1924	同业涣散	
华侨杂货商会	1925	商战激烈	联络侨商，发展商业，交换知识，合群互助
马尼拉华侨雪文商联合会	1926	一盘散沙，贱价竞争	合群互助
马尼拉中华鞋业公会	1926	菲律宾鞋匠大举向华商进攻要求极高工资	
马尼拉中华屠业商会	1927		
马尼拉中华药商会	1929	同业嫉妒，伪药充斥，税率增加	
菲律宾中华料器商会	1930		
华侨信局联合会	1931	信局林立	力谋合作，策划将来
马尼拉中华国货入口商会	1932	国内鲜与侨商联络，各自出品墨守成规，未能因地制宜	扩大国货之销途，融洽感情，削减无谓竞争

---

① 龚宁：《早期菲律宾华侨社团的特点》，《中国侨联工作》2017 年第 4 期。

续表

名称	成立年份	成立原因	宗旨/目的
马尼拉中华杂品商同业公会	1932	菲商竞争	
马尼拉华侨菜商同业公会	1932	谋个人利益，无联络	力谋团结，努力自救
华侨什锦摊同业公会	1933		
马尼拉华侨家器商会	1934	商况不景，同业猜忌，贱价竞售	联络感情，增进同业共同利益
华侨果子商联合会	1935		
马尼拉华侨餐馆同业公会	1935		
马尼拉华侨烛厝商会			
马尼拉中华鱼脯商会			
华侨蒜业商会			

资料来源：黄晓沧编《菲律宾马尼拉中华商会三十周年纪念刊》甲编，中华商会委员会出版部，1936，第72~115页；黄晓沧编《菲律宾马尼拉中华商会三十周年纪念刊》丁编，中华商会委员会出版部，1936，第101页。

表4-4 菲律宾各省华侨商会情况

省份	商会名称	成立年份
吕宋岛北伊罗戈	北伊罗戈华侨公益社	1926
南伊罗戈	维甘中华商会	1924
邦阿西楠	旅兰中华商会	1920
	达古潘公益社	
	罗沙礼示中华公益社	
新怡诗夏	甲万那端中华商会	1920
打拉	打拉华侨联合公益社	1934
	奚伦那华侨公益社	
	蒙加拉华侨公益社	
邦板牙	东坂岸华侨共和社	
三描礼士	三描礼士华侨联合会	1933
奎松	中华同益商会	1921
	中华同德工商会	1921
	罗比士华侨联合会	

续表

省份	商会名称	成立年份
奎松	地仔拔光合会	
	加老越中华会所	
	罗申那工商联合会	
	亚镇文安同益商会	1921
	寓吗加同益商会	1921
	碧瑶中华商会	1930
	碧瑶阅读报社	
内湖	仙答洛中和团体会	
	内湖和平会	
甲米地	甲米地华侨联合会	
八打雁	里吧华侨联合会	1930
	描东牙示华侨协会	
北甘马粦	洒乙中华商会	1922
南甘马粦	那牙中华商会	1926
阿尔拜	黎牙实比中华商会	1918
	沓描戈中华商会	1918
	葛丹恋礼示中华商会	1929
	中华商会分事务所	1918
索索贡	索索贡中华商会	
	武兰中华商会	
米沙鄢群岛安蒂克	安蒂克中华商会	1931
保和	保和中华商会	1915
卡皮斯	新华盛顿中华商会	
	卡皮斯华侨商会	1911
宿务	宿务中华商会	1911
	宿务雪文商会	1929
	宿务中华布商会	
	宿务中华麦绞商会	1928
	宿务华侨益群商会	

续表

省份	商会名称	成立年份
怡朗	怡朗中华商会	1911
	怡朗华侨米商会	1934
	怡朗华侨布商联合会	
莱特	莱特省和益商会	1912
	Sogob 华侨联合会	
	独鲁万华侨杂货商会	
	独鲁万华侨米业商会	1929
	美美华侨公所	
西内格罗斯	加礼示华侨协会	
	诗来中华商会	
	描哥律工商协会	
东内格罗斯	朗吗倪地中华商会	
	依朗岸阅书报社	
朗布隆	朗布隆华侨同益商会	
萨马	萨马中华商会	1912
	莙旺华侨工商联合会	1920
棉兰老岛哥打巴托	哥打巴托中华商会	1933
纳卯	纳卯中华商会	1925
拉瑙	拉瑙华侨协会	1934
	桂约社华侨工商联合会	1934
	依里岸华侨公会	
西米萨米斯	西米萨米斯中华商会	
苏禄	苏禄中华总商会	1912
苏里高	苏里高省中华商会	1934
三宝颜	三宝颜中华商会	1915

资料来源：黄晓沧编《菲律宾马尼拉中华商会三十周年纪念刊》丁编，中华商会委员会出版部，1936，第3～4页。

各类商会不仅"对华商建立联系、交换信息、巩固商业利益以及保护整体之商贸利益来说大有裨益"①，而且还"在治安、文教，特别是菲律宾朝野同华人有关的事务"② 上发挥着重要作用。以"马尼拉中华商会"③ 为例，其以"保持菲岛华侨利益；发展菲岛华侨商务；联络华侨团体感情；增进华菲国际贸易"为宗旨，在1935年商会的工作报告中可见其在救济华侨、争取华侨利益、规范华侨行为，以及加强华侨与当地社会联系和关注祖国革命与建设事业等各个方面，都发挥着作用（见表4-5）。其中与华侨在当地生活息息相关的，主要体现在联络感情、协调纠纷以及公开惩罚三个方面④。

表4-5 1935年马尼拉中华商会工作报告

A 救济商业运动	C 对外抗争事件	E 对国内政府事件
各途领袖救济商业 倡议保持华侨商业信用案 倡议补救门市商业案	增收椰税案 增收代理商家入口税案 交涉来菲妇孺得担保上岸事 抗议菲议会不利外侨诸提案 交涉簿记案经过	电请中央收编闽南土军 电请国民政府讨伐伪国 致电中国体育会请彻底拒绝伪满参加远东运动会
B 对外交际事件	D 关于华侨内部事情	F 筹办事情
为慈善联合会征求旧衣施赈事 宴请各省省长及财政长 组织厦门旅行团 为菲工会募捐事 征求美国红十字会会员 赈济风灾难民 捐助陆军救济会	中路菜市口华菲冲突事件 华侨来菲入口税例事件 稽查善举公所赈务事 改良华侨交际习俗 招待远东运动会中国选手事件 倡议组织餐馆同业工会 办理许案事情 组织中华商业联合会	救济失业华侨 建筑各途商会公共会所事 建筑中国俱乐部事

资料来源：《经济 岷里拉中华商会工作报告》，第6~11页，杨静桐：《菲律宾华侨年鉴》，菲律宾华侨年鉴出版社，1935。

1. 联络感情
20世纪在华商之间已经出现了同行各自为谋、互相猜忌，甚至"削价

---

① 陈志明：《迁徙、家乡与认同——文化比较视野下的海外华人研究》，商务印书馆，2012，第198页。
② 吴文焕：《从商会的演变看华商》，《第四届世界海外华人国际学术研讨会论文集》第三集，2001，第38页。
③ 马尼拉中华商会的名称多次改变，下文统一以"马尼拉中华商会"称呼之，特此说明。
④ 下文各途商会内容均引自黄晓沧编《菲律宾马尼拉中华商会三十周年纪念刊》甲编，中华商会委员会出版部，1936，特此说明。

竞争"等不利于华商整体发展的因素。洪杨华在《中华杂品商概况》一文中就提到两位洪姓商人持续了 16～17 个月的竞争，致使双方损失达 3500 余比索[1]。为减少华商间的无序竞争，保障华商整体利益，各类商会纷纷成立。

1904 年，在中国领事馆的主持下，菲律宾第一个全国性质的商会"马尼拉中华商会"成立，其目的之一就是，"对内外的感情联络"。在其最初颁布的《小吕宋中华商务局章程》第十一款中明确写到，"商务局之义务，最重联络，商情洞达"。1924 年修正后的《菲律宾中华总商会修正章程》第三条中规定，"马尼拉中华商会"的宗旨是，"保持菲岛华侨利益；发展菲岛华侨商务；联络华侨团体感情；增进华菲国际贸易"。除"马尼拉中华商会"外，其他商会大多以联络感情为其宗旨或目的，比如"崇宁社"成立的宗旨是，"联络感情，交换知识，拥护同业，实行互助"；"中华布商会"的宗旨之一为"联络本途会员之感情"；"中华米商会"的宗旨是"联络同业之感情及谋本途之福利"。

2. 协调纠纷

华商在菲律宾经营商业难免会有矛盾，"吾侨抛乡离井，远托异国，以求蝇头微利，然偶有细故，则又争气不争财，或以武力相见，或在法庭对簿，虽倾家荡产，曾不少顾"。但是，在菲律宾这样一个普遍排华的环境中，华商不信任所谓官方，他们通常不喜欢借助司法程序解决纠纷，因此，商会在一定程度上成为华商之间的调解机构。以"马尼拉中华商会"来说，其在成立之初未涉及协调纠纷条款，但是在 1906 年《重订小吕宋中华商务总会章程》中，第十一条规定，"凡埠上商家有事相争，经投本会，如查两者皆入会，若个人私事，可置诸不理，倘由本国总领事特委查究或调处事，则代为传讯，秉公调理"。并且，调解时不论是不是会员都不收费，"本会为维持华侨社会之安宁起见，当尽力为之调停，此种事件，无论会员非会员，概不收费"。"华侨杂货商会"在章程第十一条中规定，内部协调应该先由商会处理，而不轻易启动司法程序，"凡本会会员，倘有商业上之争端，应先报告本会调处，不可骤兴诉讼，有损会友情感"。

---

[1] 洪杨华：《经济 中华杂品商概况》，第 29～30 页，杨静桐：《菲律宾华侨年鉴》，菲律宾华侨年鉴出版社，1935。

　　除了对内的沟通和协调外，当华商受到外界的诬陷或其他不公正待遇时，商会代表华商对外协调。"马尼拉中华商会"在1906年《重订小吕宋中华商务总会章程》第六条规定，"凡遇商人有受大抑屈事，来投诉或有条陈求转达商部核办者，本会趄日集议"；第九条规定，"本岛政治纷更，如新例有碍华侨利益者，必集议驳斥，以求改革，并会同中国总领事协力向政府告报，兼将底事榜表公布之"；第十二条规定，"凡会友遇有冤抑事件来告，应俟议员详为调查属实，方酌议保护"。并且这种协调"即非本会会员，如事关华侨公共安宁者，亦得请本会办理交涉"。在美国统治期间，一系列对华商不利的法案，比如排华法案、禁米条例、西文簿记案等，都由"马尼拉中华商会"参与协调解决，详见第六章。

　　除了"马尼拉中华商会"外，其他商会也有代表会员对外协调的职能。"中华木商会"面对营业税增加的情况，多次代表木商与有关当局交涉，如"民国十五年五月，市政府征收放木港中税，举李君锋锐负责交涉，幸得取消；十月十七日，因市局增加营业执照税，举李锋锐、苏胜助施滨谋抗争，得免实行；民国十九年五月，菲政府提高伐木执照税，举李锋锐、许友超负责办理；七月廿七日，居留政府禁止外人在菲伐木案，举李锋锐、许友超负责办理，商会及领事转外交部交涉"。"中华布商会"也在1926年和1930年先后就西文簿记案和市议会新订税率提出抗议。1932年，菲政府下令增加汇兑执照费，由于"华侨信局联合会"的激烈抗争而最终取消。

　　有些商会诞生的原因就是抵抗外部压力，比如"中华杂品商同业公会"成立的"最大动机"在于"（菲）政府为保护菲人商业，更提出种种不利华侨的苛例，以阻止华侨商业之发展，在这种情形之下，本途商人，如不及早想法补救，将来本途营业，势必日益动摇"。面对1932年5月马尼拉市议会提出的限制华侨商店兼营罐头食品的提议，华侨零售商急需强有力的组织保护。以此为契机，10月23日，"中华杂品商同业公会"正式成立。成立之后的一年间，公会为会员办理各类案件491件，次年更是达到657件，涉及部门包括菲律宾卫生局、厘务局、法庭等。在1934年11月13日第三届第一次全体执监联席会议上，"中华杂品商同业公会"决议代理华侨小商贩办理交税、申请执照等业务，避免会员因不识字、不懂当局法律而吃亏。再比如"中华鞋业公会"成立的原因是菲律宾鞋匠要求大幅度提高工资，并爆发了多次罢工，影响华侨鞋厂的正常经营。之后菲律宾鞋匠甚至组成了一个工会组织，规定华侨鞋厂只能按照这个组织所规定的价钱购买产品，不得私自向菲律宾鞋匠购买产品，如果接受这个条件，华商鞋厂每年的损失将超过十万比索。在"中华鞋业公会"的协调下，最终以稍微增加工人工资才得以解决，减少了损失。

3. 公开惩罚

华侨在商场上打拼，有时会有一些短视行为，马尼拉中华商会办事处主任杨世炳在《华侨商业衰退之根本原因》一文中认为，出现了"降价竞争、自相残杀、赖账卷逃，败坏信用"的现象，"削价竞争"也成为很多商会创立的原因之一（见表4-3）。因此，商会还通过对违反集体行动的背约者进行惩罚，起到约束同行经济行为的作用。1935年7月，"马尼拉中华商会"召集各途商会讨论"维持华侨在菲信用案"，议决如下："凡倒闭之商户，经查为存心卷逃者，得将其姓名及影响公布全岛侨界，请一致对付，勿与生意上之交易，或聘任为职员。必要时并通告在菲各国商会知照。并函请山顶州府各埠商团，一致进行，以资取缔。"① 此办法得到各埠商会赞同。在《重订小吕宋中华商务总会章程》第二十六条规定，"凡会员中有干犯刑宪，不守会章，败坏本会名誉，行止有亏，同仁不齿者，经会员二人举发，查有实据，由本会当事人开特别大会，议决应出会者，即令出会"。《菲律宾中华总商会修正章程》第七条第三款规定，"会员有不正当行为，损碍本会声誉，或违背本会章程者，得由本会召集会员大会，经列席会员三分之二投票通过，得取消其会员之资格"。

一般来说，采取的惩罚手段是取消会员资格。比如"中华杂货商会"章程第九条规定："会员如有违反会章，不遵公意，或有不正当行为，有损本会名誉者，董事部得暂停其对于会中一切权利，俟召集大会，解决惩戒之，或取消其会员资格。"再比如，"马尼拉华侨家器商会"章程第十二条规定："本会会员代表，如违背本会章程，或有不正当行为，有妨害本会名誉者，经执委会查有实据，得以会员大会议决，予以相当之处分。""中华烟商会"也对采取削价竞争的会员制定了惩罚条款，其章程第十条规定，"会员发售雪茄烟及纸烟，其价目不得较烟厂所定为低……本会与烟厂所定之合同，会员须一律遵守，违犯本条之规定者，本会得停

---

① 《经济 一年来岷里拉中华商会》，第4页，杨静桐：《菲律宾华侨年鉴》，菲律宾华侨年鉴出版社，1935。

止其会员资格或除名"；为了提高华侨烟商的信誉，其还对所出售烟卷的质量有严格规定，第十一条规定，"无论何家烟厂，出产之新标雪茄烟及纸烟，在未经本会会员发卖之前，须经本会董事会详查其品质，是否合格，若董事会认为不合格，会员不得向该烟厂购买"，如果有违背则解除其会员资格。这一惩罚措施带来了较好的效果，"进行以来，颇见有效，此不但与本会商业前途有关，即对于华侨商业道德，亦不无小补也"。

除了取消会员资格外，一些商会还设置了其他更严重的处罚。如"中华杂品商同业公会"认为同业间不合作是一个致命伤，"同业相妒，各人遂把货物，贱价竞售，甚至打架及打官司，这样自相践踏，大家总有一天同归于尽"，因此，建议成立一个由领事馆、中华商会和各途商会共同组织的"华侨商业救济会"，由这个组织统一对各种货品定价，"如有存意破坏者，通告全体侨胞，宣布其破坏罪状，并断绝往来"。在"中华布商会"的章程中，惩罚甚至波及了侨乡亲属，其规定对于"负债过一定之时期，不偿还者；债务过久，经叠书推讨，置之不理者；负债人或其伙伴来埠采办货物，而不赴诸债权人处，被债权人察觉者；有希图饶吞赖债之形迹者；诈骗货品及负债卷逃者（用假汇票或空济计者同）"，每周征集一次详细信息，并向背约者致函警告，如果没有获得圆满解决则将信息印刷出来分给各会员并见报，这些背约者今后将不能获得任何帮助。如果屡教不改，"一个月内，尚不表示觉悟，清理债务，本会当代呈请本国各该原籍地方官厅，严拘究办，并标封其财产，抵偿债权者之损失"。

通过对马尼拉各途商会章程的分析可以看到，商会存在的作用除了单纯的联系各途华侨商人之外，还起到了协调华商内部矛盾以及代表华商对外交涉的功能；对于那些违背集体行动的背约者来说，商会也对其进行公开惩罚，以此减少背约可能带来的额外收益。通过改变博弈的支付影响华商的经济行为，迫使他们更加注意个人信用的建立，形成了对华商行为的一种经济性制约。

（四）华资银行

随着华侨经济势力的增长，华商对资金周转的需求越来越迫切。而在华资银行建立之前，只有很少一部分华商可以从菲律宾或外国银行借入资金，大多数华商特别是零售商根本无法获得资金支持。在这种情况下，李清泉等一些大商人于1920年创办了中兴银行，中兴银行成为近代菲律宾最重要的华资银行。

从股东构成来看，中兴银行的股东都是资本金达到数百万比索的华侨大商人，其经营的行业大多与进出口相关，有六位股东本身就是进出口商[1]。因此，中兴银行与经营进出口业的华侨头家有着千丝万缕的联系。中兴银行的服务对象是华商，以经营商业和农业贷款为主。通过其资产负债表分析发现，1928～1938年中兴银行的贷款占其资产业务的一半以上。在中兴银行的所有存款中，用于股东贷款和一般贷款的比重分别是77.2%和10.8%（见表4-6）。不仅如此，股东还有权决定哪些商人可以得到中兴银行的贷款支持，而其评判标准就是个人信用。中兴银行的经理谈道："中兴银行缺乏华侨企业的信用数据，股东根据借款者个人的诚信和声誉决定是否提供借款。"[2] 有时这种贷款甚至是无息贷款，用以扶持那些有发展前途的优秀企业，即便中兴银行一时无力提供贷款，同属于一个商会的华侨商人之间也会相互提供贷款[3]。在这种情况下，为了获得银行和同行的资金支持，建立良好的个人信用是非常必要的。

表4-6　1928～1938年中兴银行的贷款情况

年份	A. 股东贷款（百万比索）	B. 一般贷款（百万比索）	C. 存款（百万比索）	D. 资产（百万比索）	(A+B)/D（%）	A/C（%）	B/C（%）
1928	7.5	3.2	11.1	23.5	56.1	67.8	28.8
1929	8.9	2.2	11.9	23.2	56.1	75.0	18.5
1930	10.1	1.5	12.6	21.6	58.2	79.8	11.9
1931	12.3	0.7	13.7	24.1	58.9	89.9	5.1
1932	9.2	0.8	11.3	21.9	49.0	81.8	7.1
1933	10.6	0.5	14.5	24.8	47.6	73.2	3.4
1934	10.3	0.7	13.4	25.7	46.1	76.9	5.2
1935	8.7	1.0	12.5	25.3	42.0	69.3	8.0
1936	9.4	1.5	12.7	26.1	46.5	74.4	11.8

[1]　关于中兴银行的股东情况，详见崔丕、姚玉民译《日本对南洋华侨调查资料选编（1925—1945）》第二辑，广东高等教育出版社，2011，第364页；中国银行总管理处经济研究室编《全国银行年鉴》，中国银行总管理处经济研究室，1935，B113；1937，G6。

[2]　Wong Kwok-chu, *The Chinese in the Philippine Economy, 1898–1941: A Study of Their Business Achievements and Limitations* (Quezon City: Ateneo de Manila University Press, 1999), p. 139.

[3]　〔日〕李国卿：《华侨资本的形成和发展》，郭梁、金永勋译，香港社会科学出版社，2000，第193～195页。

年份	A. 股东贷款（百万比索）	B. 一般贷款（百万比索）	C. 存款（百万比索）	D. 资产（百万比索）	(A+B)/D（%）	A/C（%）	B/C（%）
1937	10.4	1.2	14.0	30.8	41.2	74.1	8.6
1938	11.4	1.3	13.1	28.4	50.5	87.2	9.9
平均	9.9	1.3	12.8	25	50.2	77.2	10.8

资料来源：徐寄庼编《增改最近上海金融史》附刊，商务印书馆，1929，第290～294页；《中兴银行民国十七年度至二十六年营业报告》，《银行周报》1929年第13卷18期、1932年第16卷第24期、1933年第17卷第7期、1934年第18卷第26期、1935年第19卷第25期、1936年第20卷27期、1937年第21卷第23期和1938年第22卷第28期；《全国银行年鉴》，中国银行总管理处经济研究室，1935，B113～114；1937，G5～6。

由于华商很难从外国银行和菲律宾本土银行获得信贷支持，华侨头家所组建的中兴银行，进一步控制了华商的资金借贷渠道。为了确保能从中兴银行获得资金支持，华商必须建立较高的个人信用，这就使得他们在日常经营活动中，更加注意自己的经济行为，避免因为信用缺失而失去资金支持，因此，头家通过垄断资金供应链形成了对华商的另一种经济性制约。

"靠信用做买卖，是华商不同于，或者甚至可以说优于土著、混血儿西班牙人的一个特点"[1]，通过以上分析可以看到，华侨自身非常注意个人信用的建立。一方面，他们处在一个由血缘和地缘关系组成的华侨社会中，在这样一个社会，个人信用信息可以非常快地在成员内部传播，为了避免被华侨社会排斥而受到集体惩罚，建立良好的个人信用是十分必要的。另一方面，各类华商社团和华资银行通力合作完善和加强了商业流通，并通过经济制裁和垄断资金借贷渠道的方式，有效限制了背约者可获得的额外收益，通过改变博弈的支付，迫使华商注意个人信用。

二 长期经营理念

华商在经营的过程中更看重长远利益，而不只是看重当前收益。华侨经济组织，很少依据近代资本主义的组织方式，大部分都是依照中国人的习惯[2]，即经营权和所有权相重合的"家长式集权化"组织结构。这种组

---

[1] 吴文焕：《关于华人经济奇迹的神话》，（马尼拉）菲律宾华裔青年联合会，1996，第38页。

[2] 杨建成主编《三十年代南洋华侨经营策略之剖析》，（台北）文史哲出版社，1984，第15页。

织方式，使得华商在经营时特别强调整体和谐，注重维系商业交往的长期关系。在日本学者白神义夫所著的《华侨经商要诀一百》中，他从一个旁观者的角度，观察华商经商方式，以提供日本商人一些借鉴。他在书中把华商经营方式称为"汉药式经商法"，认为"他们不求诸于专业知识，一切从头干起，一步一步慢慢来，长久经验积累的结果，使他们一个个都成了专家，他们做事要求成功却不求速成，就如汉药要求有效却不求速效，它温和而深广地渗透到身体内部各处，副作用极少且药效持久，这也是华侨经商法伟大的地方"①。在这一百条要诀中，注重长期关系的要诀有 37 条，简单整理如表 4 - 7。这些要诀不仅显示出华商薄利多销、勤勉、节俭和耐心的经营特点，还包含了四种长期关系。

其一是华商与其客户的长期关系，一方面华侨企业非常重视产品质量，重视诚信，并且强调对外部市场的适应能力，另一方面华商一向以顾客为本，尽可能迎合顾客需求，了解顾客的消费心理，投其所好。华侨商店营业时间一般都比较长②，即使不在营业时间，"只要你想买东西，不管是不是营业时间，敲个门华侨会乐意迎你进去并把东西卖给你"③；其二是华商与侨居社会的长期关系，华侨经济是典型的移民经济，但是"华族不渴望在经济上或在文化上支配东南亚国家，他们更没有政治野心"④，华侨在开展经济活动的同时，非常注重融入当地社会，支持当地慈善事业，"凡菲地举行各种公共事业，华侨无不皆解囊相助，盖华侨既富于经济力，则其公德心自亦随之而发达也"⑤；其三是华商与员工之间的关系，华侨企业看重的是员工的忠诚而不只是才干，这种忠诚体现为严守经济秘密、不计薪水得失、坚持埋头苦干和不跳槽，而一旦成为华侨企业的员工，华侨老板会把他们当作伙伴来看待，并尽可能满足员工的需求，在华侨企业中，雇佣关系不像在西方企业中那样尖锐对立；其四是华商之间的长期关系，对于华商来说，信任是很难获得的，"对一个朋友从认识到全然信任，据说要花十年以上的时间去观察与了解"，但是这种信

① 杨建成主编《华侨经商要诀一百》，(台北) 文史哲出版社，1986，第 3 页。
② 通常是 10～12 小时，见 John E. Murray, "Chinese-Filipino Wage Differentials in Early-Twentieth-Century Manila", *The Journal of Economic History*, 62 (3), 2002, p. 783。
③ 杨建成主编《华侨经商要诀一百》，(台北) 文史哲出版社，1986，第 4 页。
④ 孙谦:《中华传统文化与华侨华人经济》，《华侨华人历史研究》1993 年第 4 期，第 46 页。
⑤ 霆公:《菲律宾之华侨状况》，《协和报》第 5 卷第 30 期，1914 年，第 15 页。

任关系一旦形成，那么"即使有一天战争发生了，两人站在敌对国的立场，甚至一方沦为战败国的立场，这一切都无关乎两人的友情"①。华侨的这种经营理念，使得他们不计较一时得失，而是以一种长期和发展的眼光来经营商业。

表 4－7　华侨经商要诀

要诀	备注
1. 钻个耳洞戴个金耳环	作为一种存款以防不时之需
3. 临出门时骤降大雨不妨多带一把伞	租给需要的人迎合顾客的需求精打细算
4. 不用回礼了	以十年为单位计算人际关系回礼不急于当下
7. 要善于筹划安排	回馈社会做慈善
9. 有时也采取权势主义	打交道仔细观察对方，正式交易后赊卖也可以
13. 被别人批评为小气应该高兴	珍惜钱财
16. 金子比金钱宝贵得多	作为一种存款
20. 熬夜获利	尽一切可能争取客人
21. 要休息还是等闭眼以后	尽可能争取客人
22. 有十万日币就独立	经商才能并不重要，重要的是忍耐坚持以及应变能力
23. 赚钱以十年为单位	耐心
24. 让从业员住宿舍	做慈善
25. 采用三代平均的思想	以三代平均水平来评价一个家庭成就
26. 从不显眼的小买卖开始	
27. 没有店也开店	
29. 把所有空间都用来当店面	
30. 今天跑掉的客人明天不会再上门	
32. 即使真的没有也不能说没有	没有顾客需求的产品就想方设法推销其他产品
34. 不要惧怕赤字	
35. 好花不常开美景不常在	
36. 有时不妨以原价卖出	
37. 不要局限于一种行业	
38. 尚有盈余的时候就开始计划转业	

---

① 杨建成主编《华侨经商要诀一百》，（台北）文史哲出版社，1986，第 6 页。

续表

要诀	备注
41. 采取灰姑娘战法	买卖不定价交易双方协调决定
49. 多多充实演技	响应顾客需求
52. 善于察言观色	
53. 做个地道的职业商人	允许讨价还价
54. 不可过分悲观或乐观	不在意一时的成败
56. 不要只盯着国内市场	
57. 有时不妨采用没法子精神	失败后总结经验再前进
65. 不要轻易改建你的店	关注服务质量而不是外在规模
68. 付钱的观众有权利笑	服务顾客
69. 把售后服务当成重要的投资	
71. 要记住员工的生日	记住员工的信息善待员工
72. 该缴的税金干脆早点缴	适应当地政策，不谈政治
80. 情形不对走为上策	以退为进，明哲保身
87. 被人吐唾沫就放着让它干	忍耐

资料来源：杨建成主编《华侨经商要诀一百》，（台北）文史哲出版社，1986。

三　总　结

综上所述，影响“头家制度”的稳定性因素可归纳为血缘和地缘关系（见表4-8）纽带以及华侨社会对华商经济行为所形成的社会性制约，这种制约可以追溯到西班牙统治之初甚至更早，随着华侨经济的不断发展，华商社团和华资银行又形成了对华商行为的经济性制约。而在经营过程中注意长期性和整体和谐发展，更是贯穿华商经济始终的一种理念。不论是社会性和经济性制约，还是华商的长期经营理念，都最大程度控制了道德风险，确保“头家制度”的稳定运行。换而言之，也可以说“头家制度”本身就是菲律宾华商之间基于移民方言群的血缘、地缘关系，以及人与人之间信任和利益关系形成的一种稳定商业联系[1]。

---

[1]　龚宁、邢菁华、龙登高：《菲律宾华商网络中“头家制度”的经济学探析（1834—1942）》，《华人华侨历史研究》2020年第1期。

表 4 - 8　"头家制度"的稳定性因素

因素	λ				δ & T
	信用				长期经营理念
	血缘和地缘关系	华侨社会	华商社团	华资银行	
类型	社会性制约		经济性制约		

　　虽然上述模型只分析了华商之间的商业联系，但是对菲律宾人和华侨代理商而言，其博弈过程也是类似的。华侨零售店的作用不仅仅是从事商品的买卖，它还使菲律宾人与华商之间形成了社会互动关系，"华侨商人是菲律宾当地消费者的日常生活必需品的供给商，也是农民生产的土产品的收购商，同时又是原住民农民的贷款人"①。菲律宾人不但需要通过华侨销售网络获得生活必需品，也需要借华侨之手将农产品销售出去，同时华商还承担着为其提供资金支持的职能。特别是当菲律宾人农产品收获不多，不足以归还欠款时，华侨也不急于收回，而是保持着与菲律宾人的债务关系，因此形成了华侨与菲律宾人之间一种相互依赖的长期关系。在长期的日常交往中，双方形成了心理上的认同与依赖②，这种长期的认同和依赖关系与华侨社会内部的血缘和业缘关系一样，提高了违约的成本，从而有效控制了道德风险。最终，头家会把进口货物赊卖给华侨代理商，而华侨代理商也会赊卖给菲律宾人；待当地农产品成熟后，菲律宾人会以之偿还欠款，而代理商也会把农产品贩运给头家集中出口。不论是华侨代理商还是菲律宾人都不会违约，整个博弈过程的道德风险能够得到有效控制，最终会达到帕累托最优解。

①　〔日〕李国卿：《华侨资本的形成和发展》，郭梁、金永勋译，香港社会科学出版社，2000，第192 页。
②　任娜：《菲律宾社会生活中的华人（1935—1954）——从族际关系的角度所作的探索》，贵州人民出版社，2004，第 34 页。

第五章　菲律宾华侨经济网络的构建

第四章通过博弈模型的构建，借助非制度经济学，分析了"头家制度"的运行及其稳定性，但是华侨经济网络的具体形态，及其组成还未论及。本章将先分析菲律宾华侨的经济模式，之后结合逻辑演绎法和案例分析讨论由"头家制度"所构成的华侨商业销售和收购网络，及以之为中心形成的华侨经济网络，并还原了20世纪30年代马尼拉商业网络形态，在本章的最后还将分析华侨经济网络出口导向型特点。

第一节　以商业为中心的经济模式

从整个东南亚角度来看，19世纪华侨经济发生了变化，"如果说17世纪中叶的海外华人社会主要以华商及从事与贸易相关行业的华人组成，到19世纪前期以后，东南亚华人社会则主要由从事生产性行业的华人组成"①。然而不同于其他东南亚国家，大多数的菲律宾华侨并没有从事生产性行业，而是继续从事与商业有关的行业。游仲勋教授分析了南洋各国华侨经济的三种产业结构模式："（1）传统产业部门，稻作农业和传统手工业以及与这些产业有关的流通部门等；（2）殖民地产业部门，诸如橡胶种植、石油开采等等供出口用的粮食生产、原料生产，以及与这些产业有关的流通部门，外国商品的进口和分配以及金融、运输等部门，这些产业是适应经济殖民地化过程而新创立的产业部门；（3）以原料、粮食的

---

① D. K. Basset, *British Trade and Policy in Indonesia and Malaysia in the Late Eighteenth Century* (London: Inter Documentation Company, 1971), p. 122.

加工工业为中心的生产及其流通、服务业等。这些是从上述的传统产业部门和殖民地产业部门中派生、分化出来的产业部门，或者是附属于这两个部门的补助性的派生产业部门。"① 菲律宾华侨经济是典型的"殖民地产业部门中流通部门"模式，甚至"菲华社会发展成了一个只包括商店老板与佣员的单纯商人社会，这是菲律宾华人与东南亚其他地区华人社会最不相同的地方"②。虽然菲律宾华侨也从事农业生产、农产品加工业以及金融业，但是商业是菲律宾华侨最主要的职业，菲律宾华侨经济是比较典型的商业经济。

　　本章在对华侨经济的分析中，将参照现代经济三大产业的划分，但是又有一些区别：一方面，菲律宾华侨从事农业生产的人非常少，华侨工业也主要是加工工业，几乎没有制造业，因此，本章中将华侨农业和工业合为华侨生产业进行讨论（第三节）；另一方面，在第三产业中，华侨商业占比过重，因此，文中将华侨商业和华侨金融业分开讨论，前者包括华侨进出口业、零售业和运输业（第二节），而后者则包括银行、信局、保险和不动产投资等产业（第三节）。值得说明的是，虽然本章中参照现代经济体系，按不同产业对菲律宾华侨经济进行了划分，但是实际上严格的区分是不现实的，如下文将要分析的，华侨工业就很大程度上是附属于商业存在的，此外在菲律宾华侨中，兼业经营的情况非常普遍，详见第三节。因此，文中产业划分并不会太严格，但这种粗略划分对于了解菲律宾华侨经济的大致发展情况，不会造成太大的困难。

　　从华侨投资来看，在美国统治菲律宾的最初三十年，华侨年均投资额大致在1.6亿比索，此后大致在2亿比索上下浮动（见图5-1）。具体到不同产业，华侨资本大体上以商业资本和金融资本为主，生产性投资占比很小。其中，商业投资是华侨投资最重要的部分，除了1932年略低于金融业投资外，其余各年均占华侨投资首位，1900～1930年，以及1939年华侨商业投资均超过华侨投资总额的65%。金融业是华侨投资第二大领域，特别是在20世纪20年代之后，菲律宾华资银行兴起，华侨金融资本

---

① 〔日〕游仲勋：《东南亚华侨经济简论》，郭梁、刘晓民译，厦门大学出版社，1987，第21～22页。
② 〔菲律宾〕施振民：《菲律宾华人文化的持续——宗亲与同乡组织在海外的演变》，洪玉华编《华人移民——施振民教授纪念文集》，（马尼拉）菲律宾华裔青年联合会、拉刹大学中国研究生联合出版，1992，第186页。

不断壮大。20 世纪前 30 年，华侨在金融业上的投资占总投资比重不到 20％，1930 年上升至近 29％。1932 年华侨对金融业的投资占总投资的近 45％，首次超过商业投资成为华侨投资最多的产业领域。生产业是华侨投资最少的部门，其中对农业的投资更少，1900～1930 年，华侨在农业方面的投资仅占总投资额的 0.2％，1930 年和 1935 年更是降至 0.06％和 0.07％。

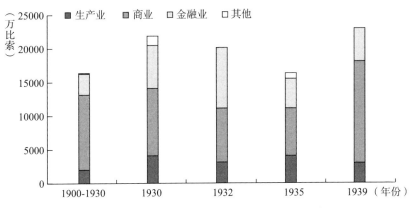

图 5 - 1　1900～1939 年菲律宾华侨投资情况①

　　菲律宾华侨这种以商业为中心的经济模式，一方面与他们的寄居心理有关。华侨来到菲律宾只是为了谋生，并不希望在当地长久生活，在开创事业之后，通常把侨乡的子孙接到南洋继续经营，自己则返回故乡安度晚年。加上殖民者长期对华侨的屠杀、迫害和驱逐政策，使得华侨对侨居地缺乏足够的安全感和安定感。因此，他们不希望把资金投入到周转比较慢的生产领域，相对而言，商业资本和金融资本流动性更大，资金周转更快，回报率更高，更容易吸引华侨的兴趣。另一方面，华侨的初始资本并不雄厚。华侨手中的资本并不是一开始就有的，而是经年累月不断累积的。很多华侨都是从小商贩做起，待积累一定资金后再开设自己的"菜仔店"，如果破产了又再回去做商贩重新积累资金，华侨零售店往往是几代华侨经营和积累的成果。因此，对于初始资本不足的华侨来说，工业生

---

① 1930 年数据，生产业包括农业、制造业、矿业、林业，金融业包括银行和不动产；1932 年数据，商业包括零售业和批发业，生产业包括木材业、烟草业、酿酒和肥皂及蜡烛制造业；1935 年数据，生产业包括制造工业、林业制造业、矿业和农业；1939 年数据，生产业包括制造业和矿业。

产领域对资本要求过高，特别是新式工厂对资金和技术要求都很高，远非华侨可以达到；而商业领域对于资本的要求则相对较低，加上华商可以充分利用华侨社会关系网，采取赊账和贷款等灵活经营方式，大大降低了对初始资金的要求。

经营商业是菲律宾华侨的传统产业，长期的经营使得华侨具有较强的商业势力。1576 年，西班牙占领菲律宾不久，菲总督桑德（Francisco Sande）就称赞华侨是"最灵巧的商人"[1]；1587 年，菲律宾检审庭庭长写信给西班牙国王，称有 30 艘来自明朝的帆船停靠在马尼拉，带来了大量商品和三千多名明朝商人[2]；1722 年，西班牙官员在给国王的信中写道："华侨已经控制了菲律宾各地的商业、货物供给和商品贸易。"[3] 对华侨在菲的经济势力常常以"不到菲岛人口百分之一的华侨，却控制了菲岛百分之六十以上的财富"[4] 来描述，具体到商业贸易，则有如下论述，"菲律宾所有的零售业和大部分的批发业控制在华侨手中……他们成为欧美国家与当地居民之间的商业联系"[5]，甚至认为"零售业和中间商业贸易就是由华侨掌控的"[6]，"若无华人的商业、贸易就无菲律宾的存在"[7]。1929 年，菲律宾商会会长在第一届菲律宾实业会议的演说中也表示，菲律宾零售业的 85% 掌握在华侨手中[8]；当时在上海圣约翰大学任教的 H. F. 麦克勒尔教授根据税收数据推算，认为菲律宾零售商业有 90% 掌握在中国人手中，批发商大部分也是由中国人所支配[9]。

[1] William Lytle Schurz, *The Manila Galleon* (New York：E. P. Dutton & Co. , 1959), p. 76.

[2] 〔美〕阿图罗·吉拉尔德斯：《贸易：马尼拉大帆船与全球化经济的黎明》，李文远译，中国工人出版社，2021，第 85 页。

[3] William Lytle Schurz, *The Manila Galleon* (New York：E. P. Dutton & Co. , 1959), p. 96.

[4] 刘芝田：《中菲关系史》，（台北）正中书局，1979，第 116 页。

[5] Victor S. Clark, "Labor Conditions in the Philippines", *Bulletin of the Bureau of Labor* (U. S. Department of Commerce and Labor) 58 (May 1905), pp. 862, 858.

[6] Max L. Tornow, *A Sketch of the Economic Condition of the Philippines* (Washington D. C. ：Government Printing Office, 1899), p. 617.

[7] Rouget Miler, *Economic Condition in the Philippines*, 1913，转引自杨建成《菲律宾的华侨》，（台北）文史哲出版社，1985，第 73 页。

[8] 崔丕、姚玉民译《日本对南洋华侨调查资料选编（1925—1945）》第一辑，广东高等教育出版社，2011，第 167 页。

[9] 〔日〕李国卿：《华侨资本的形成和发展》，郭梁、金永勋译，香港社会科学出版社，2000，第 192 页。

20 世纪之后，日本与菲律宾的对外贸易蓬勃开展，虽然日货是由日本航运公司运送到菲律宾的，但是货物在菲律宾的经营和贩卖却绝大多数由华侨负责，"假使你在黎刹街散步，你会看见靠 Fox 戏院那边的一些百货店里，满满的陈列着滥贱的日货，其中除日人的 Bazaar 外，余便是我国侨商……为什么日货必须要侨商代售，侨商为什么必要贩卖日货呢？菲岛的零售商店，菲人的数目上虽多，商业的实权，实在操之于侨商的手，故不论什么货物，经过侨商的手，便容易深入民间而易广为推销"。① 1928 年"济南事变"后，华侨抵制日货运动不断蔓延，加上日本"南进"野心的膨胀，日本企业开始有计划、有组织地在菲开展商业活动。同时，日本机构及其学者对菲律宾华侨经济进行了详细调查，给出了华侨控制各行业的具体数据。成田节男②认为，75% ～80% 的麻，90% 的木材、烟草和大米为华侨所控制；而井出季和太③则认为，60% ～70% 糖业，35% ～40% 的麻，90% 的烟草和木材，50% ～60% 的大米由华侨所控制。

20 世纪 30 年代之后，受"菲化"运动、经济危机和日本在东南亚扩张的影响，华侨的商业势力有所衰落，即便如此，华侨零售业销售额依然占菲律宾零售业销售额的一半，居首位。另外有两个事实也能反映出华侨经济势力之强大。其一据《马尼拉中华商会三十周年纪念刊》记载，20 世纪 30 年代，美国的太平洋出入口公司④企图绕过华侨进出口商向菲律宾输出洋葱，最终因华侨零售商的联合抵制而失败。其二是菲律宾华侨的抵制日货行动取得了很好的成效。1928 年 5 月至次年 4 月，"华侨抗敌会"组织和领导了抵制日货运动，此次抵制活动成功使得日货的进口额由 1928 年 12 月的 170 万比索降到 1929 年 1 月的 110 万比索；1931 ～1933 年，为了抗议"九·一八"事变和"一二·八"事变，菲律宾华侨发起了新一轮的抵制日货运动，致使 1932 年日货进口额不到 1930 年的一半；即便在日本占领菲律宾期间，日军想要从菲岛搜刮战略物资，也需要通过

① 黄晓沧编《菲律宾马尼拉中华商会三十周年纪念刊》乙编，中华商会委员会出版部，1936，第 145 页。
② 〔日〕成田节男：《华侨史》，东京萤雪书院，1941，第 348 页。
③ 〔日〕井出季和太：《华侨》，六兴商会出版部，1942，第 329 页。
④ 黄晓沧编《菲律宾马尼拉中华商会三十周年纪念刊》乙编，中华商会委员会出版部，1936，第 21 页。

华商的配合才能实现①。

在解释华侨商业势力时，一般有三种观点。一种是从华侨自身方面寻找原因，如归结为华侨的勤劳、节俭、适应性强，"华侨菜仔店商人每日凌晨即起，操作至午夜始息，一年三百六十余日天天都是开店门十六小时以上"②，"中国商人的成功，不是以才智出之，乃是由勤俭以有之"③。Murray④在分析华侨工资为何高于菲律宾人时，认为"主要是由于华侨工作时间比菲律宾人更长，而不是什么种族工资差距的问题"。张存武在分析菲华背景时也谈到，"在菲律宾的中国人和当地人同样在西班牙、美国统治下接触到西洋文明，而其结果不同。这就只能究之于中华文化。所谓优秀是指有卓越的适应环境的能力，能见机之先，能当机立断，抓住机会，能无中生有，能发挥、应用他人视为封建、腐朽的老旧知识"⑤。日本学者长野朗对中国人极强的适应性大为赞赏，他说："中国人无论在何地方，其体质上皆可适应。彼等泰然起居于寒带之西伯利亚或热带之南洋又任何泽润之地，或干燥之土，于彼等之居住皆不生妨碍。"⑥也有的学者从闽侨身上寻找原因，比如竹井十郎⑦认为福建帮在历史上就以经营海外贸易为主，善长商业，个性也较温和；庄国土⑧更是从人文精神角度，对闽商重商、务实逐利和开放的特点进行了详细论述。此外，华侨的寄居心理也使得他们在开展经济活动时不敢奢望别人的帮助，只能"抱持着一种信念，那就是只有自己的力量是唯一可依靠的，遭遇再大的困境，他们也不敢祈望别人的帮助，只拼了命地工作，坚强地生存下去"⑨。另一种对华侨

---

① 《林作梅先生访谈录》，载张存武、朱浤源、潘露莉访问、林淑慧记录《菲律宾华侨华人访问记录》，"中央研究院"近代史研究所，1996，第 50～51 页。

② 黄明德：《菲律宾华侨经济》，（台北）海外出版社，1956，第 188 页。

③ 黄晓沧编《菲律宾马尼拉中华商会三十周年纪念刊》乙编，中华商会委员会出版部，1936，第 36 页。

④ 1900 年马尼拉华侨工人 75% 都是每天工作 10 小时以上，还有 0.4% 的华侨每天工作 12 小时以上，相对的菲律宾人和白人每天的工作时间以 8 小时占绝对多数，分别为 99.6% 和 95%，这两类人都没有日工作超过 12 小时，见 John E. Murray, "Chinese-Filipino Wage Differentials in Early-Twentieth-Century Manila", *The Journal of Economic History*, 62（3），2002, pp. 773 – 789.

⑤ 张存武：《菲华变痕与华侨称谓》，《海浮文汇：华人华侨卷》，（台北）三民书局，2009，第 148 页。

⑥ 〔日〕长野朗：《中华民族之海外发展》，黄朝琴译，暨南大学南洋文化事业部，1929，第 3 页。

⑦ 杨建成：《华侨商业集团之实力与策略剖析》，（台北）文史哲出版社，1985，第 35 页。

⑧ 庄国土：《当代华商网络与华人移民：起源、兴起与发展》，（台北）稻乡出版社，2005；庄国土、刘文正：《东亚华人社会的形成和发展：华商网络、移民与一体化趋势》，厦门大学出版社，2009。

⑨ 杨建成：《华侨经商要诀一百》，（台北）文史哲出版社，1986，第 3 页。

商业势力的解释，是从侨居地方面出发，认为华商的成绩应该归功于居住国的条件，特别是对比西班牙统治时期赤裸裸的暴力政策，容易美化美国统治时期殖民者采取的更隐蔽的限制政策，夸大殖民者在政治、经济和社会等方面所发挥的作用，这种观点过于强调外部因素，多少带有"欧洲中心论"的思想，易将菲律宾史和华侨史当成西方殖民史的一部分来书写。

对华侨商业势力解读的第三种观点，抛开了对华侨自身特征或是侨居地环境的讨论，更关注华侨经济行为的内在机制。金应熙在评价西班牙统治后期，华侨在菲律宾经济发展中的作用时说："华侨在城市的经营的形式已经从零售业发展为批发业、零售兼顾。他们通过在这些城市设立批发机构（Cabecilla），组成一个商业系统，指挥内地的代理商，联合行动，在与外国进口商的讨价还价中取得主动……他们的成功并不是依赖巧取豪夺得到的，相反，华侨通过较有组织的经济活动和他们所具有的创业精神以及较强的适应性，加上他们长期从商的经验而在菲律宾经济领域中发挥作用。"[1] 胡安·缅卡林尼认为，是"中国人，通过一种互助（共济）会，通过他们的行会和秘密结社，不声不响地但是牢固地垄断了几种生产事业。但是中国人超过别人的地方主要在集市或零售业方面，特别是在农村里。他按零售价格供给富人和穷人所需要的一切，并且通过一种信用（记账、赊欠）制度，很快就把半个村子和周围的庄稼都变成他的了，收割以后，运往首都出售，获得可观的利润"[2]。长野朗以著名烟草产地卡加延省阿帕里的实际情况为例，介绍了华侨充分使用赊账的交易方法，"皆用销账或交换制，至交易品范围，竟无物不有"，而且他认为，"华侨与土人之交易，全以信用为根本，因之能致富"[3]。《南洋年鉴》中写道，"华侨能在中介商业迅速发展的原因……头家商业贸易网起作用"，"华侨之所以能控制大米交易的支配权，原因是他们总店设在马尼拉，在各地设有分店和办事处，形成了一个完整的销售网"[4]。郭梁认为，"华侨建立的进出口贸易公司和遍布全菲律宾的商业贸易网——头客系统，使不少华侨

---

① 金应熙主编《菲律宾史》，河南大学出版社，1990，第308～310页。
② 胡安·缅卡林尼：《菲律宾的中国劳工问题》，陈翰笙编《华工出国史料汇编》（第五辑 关于东南亚华工的私人著作），中华书局，1984，第348页。
③ 〔日〕长野朗：《中华民族之海外发展》，黄朝琴译，暨南大学南洋文化事业部，1929，第193页。
④ 《菲律宾（第四版下）》，台湾总督府外事部编《南洋年鉴》，南方资料馆发行，1943，第276页。

在中介业中获得成功，从而出现了早期的华侨资本"[1]。黄竞初更是用台柱和戏台来比喻华侨零售商和进出口商之间的关系，"华侨大商店，能够在南洋任展施为，完全是小商店作了台柱的缘故。这种关系，好像戏台一样，戏台上面能够作大舞台，完全靠着下面的柱子扎的稳，如果柱子扎不稳，那舞台便要立刻倒下来，华侨大小商店的关系，就同此一样"[2]。

借助"头家制度"这一套内部交易机制，华商在菲律宾形成了一个从马尼拉等中心城市辐射到菲岛内部的华侨商业销售和收购网络。以这个网络为核心，加上华侨生产业和金融业，最终形成了一个庞大的外向型华侨经济网络，下文将讨论这两个网络的形成及其内部形态。

第二节　华侨商业销售收购网

一　华侨进出口商

西班牙殖民初期，华侨主要聚集在马尼拉经营帆船贸易，很少经营菲岛内地的货物转运。大帆船贸易衰落后，华侨在商业经营方面形成了一个从马尼拉深入菲律宾内地的华侨商业销售网络。这一网络的组成有两个部分，其一是华侨头家，他们是在马尼拉等港口城市经营进出口业的华侨商人。西班牙统治后期，中菲贸易衰落，从事菲律宾与中国贸易的华侨转而成为西方商人的中介商，"中国商品以外的输入贸易，华侨贸易商很少直接参与，但在这种场合，其销售网大部分也是由华侨批发商和小零售商组成的"[3]。《马尼拉中华商会三十周年纪念刊》中提到："美人在菲的商业，是工业生产品的输送，而我们华侨却是生产者及消费者的介仲人物，美人是把本国的各种工业产品运供菲岛及吸收菲岛各种原料，而我们华侨则只

---

① 郭梁：《东南亚华人经济简史》，经济科学出版社，1998，第 81 页。
② 黄竞初：《南洋华侨》，商务印书馆，1930，第 68 页。
③ 崔丕、姚玉民译《日本对南洋华侨调查资料选编（1925—1945）》第一辑，广东高等教育出版社，2011，第 163 页。

站在生产者及消费者中间来从事纯粹贸易商人的业务而已。"①

　　华侨进出口商从欧洲商人那里购买进口产品，然后通过其销售网络，将这些货物贩卖到菲岛各地；同时，他们又通过华侨销售网络收集菲律宾各地的农产品，运往马尼拉集中出口。欧洲商人也迫切需要华侨帮助他们销售产品。1840 年之前，所有外国商行都设在马尼拉，欧洲商人所需要的产品均由外省的菲律宾商人或华商运往马尼拉，欧洲商人并没有参与到外省的土产收购和运输活动中，致使他们对于菲岛内地的贸易特别陌生，难以建立一个贸易系统。因此，他们只能把商品卖给华商，由华商代其销售。当时马尼拉一家欧洲进口商行主管说："马尼拉商行几无例外，都得将商品售与华商，由他们再销往外省。欧商自己无法开展这种进出口业务。实际上，这个群岛的贸易完全依靠华侨进行，只有他们才能向外省的华商销售进口产品。他们还经营自己的运输业务。到处可以听到华侨小贩叫卖声，能到最偏僻的角落出售他的货品。欧洲人甚至不能片刻离开马尼拉，到外地去开展业务。"②

　　20 世纪前 30 年，华侨在进出口业的投资额超过 1400 万比索，占全部商业投资额的 13%。菲律宾的华侨进出口业内容涵盖纺织品进口、杂货进口、木材、麻、砂糖、椰子和大米出口等方面，进出口商的年营业额从 70 万比索到 1000 万比索不等。华侨进出口商多同时经营土产和各类农产品的加工工厂，此外华侨进出口商还是销售从中国进口货物的主要渠道。以丝绸为例，菲律宾进口的丝绸主要来自苏杭地区，华侨进出口商潘嘉在马尼拉后仔街（nueva）开设"上海"号贩卖丝绸，同时经营进出口业，其还在王彬街（ongpin）开设了百货商店。像潘嘉这样贩卖丝绸兼营进出口业的华商还有 11 名，聚集在后仔街开设商号，如中南、大道西记、杭州、东和、东美、南通、南京、经元、万泰昌、福源美和成记等，其中华商洪万都的"成记"商行，不仅经营进出口业务，还同时经营咖啡批发、伞批发、火柴批发，以及酱油和水果贩卖等业务。

① 黄晓沧编《菲律宾马尼拉中华商会三十周年纪念刊》乙编，中华商会委员会出版部，1936，第140 页。

② Testimony of A. Kuensel, Report of the Philippine Commission, Edgar Wickberg, *The Chinese in Philippine Life*, 1850 - 1898 (London：Yale University Press, 1985), p. 68. *Report of the Philippine Commission to the President*, vol. 2, (Washington：Government Printing Office, 1900), p. 228.

二 华侨代理商

"头家制度"的另一个重要组成部分是华侨代理商，在西班牙统治的大部分时间，华侨不断被驱逐出马尼拉，迁移到外省建立了小型华侨集聚地，并仿效马尼拉八连，称之为"小八连"。西班牙统治后期，随着驱逐令的废除，以及华侨人数和地域限制的取消，华侨开始遍布菲岛各地，一些华商作为马尼拉头家的代理商，在菲岛各地经营商业，构成华侨商业销售收购网络的重要末梢。

华侨代理商按照性质可以分为三类。其一是流动小贩，他们多是挑担的货郎，走街串巷销售各种日用品，并收购土产，被称为"行脚贩"，这些小贩通常没有固定贩卖地点，多是小本经营。其二是在公开市场摆摊的华侨商贩，他们多是在大都市指定的地点摆摊经营，有固定的摊位和营业时间，其经营的商品是与国民生计相关的各类日用品。以马尼拉为例，马尼拉几个重要的区都有菜市，如中路菜市（中路区，Tondo）、溪亚婆菜市（溪亚婆区，Quiapo）、亚龙计菜市（仙沓戈律区）、百阁菜市（百阁区，Paco）、三巴缘菜市（三巴缘区，Sampaloc）等，1939年在马尼拉公开菜市摆摊的华侨商人数达854人，共有摊位2765个[1]。最重要的一类华侨代理商是有坐商性质的华侨零售商，他们在菲律宾各地开设"菜仔店"。"菜仔店"是华商经营的小杂货店，通常有一个店面，经营各种与日常生活相关的必需品，规模不大，基本是夫妻或父子店，很少雇用店员，其顾客多是下层消费者，喜欢赊账，待月底领薪才结账，据估计，华侨菜仔店平均每周赊账金额超过400比索[2]。为了方便当地居民，华侨菜仔店的营业时间较长，通常从早上五点一直到晚上十二点，即使不在营业时间，"只要你想买东西，不管是不是营业时间，敲个门华侨会乐意迎你进去并把东西卖给你"[3]。除出售商品外，菜仔店还是收购土产的最小单位。

关于华侨商店的经营情况，刘芝田在《中菲关系史》中记载，据"什品商同业工会"调查，华侨菜仔店按资本多少可以分三个等级，一等

---

① 夏诚华：《菲化政策对华侨经济之影响》，（台北）乐学书局，2003，第77～78页。

② 周南京编《华侨华人百科全书》（社会民俗卷），中国华侨出版社，2000，第46、50页。

③ 杨建成：《华侨经商要诀一百》，（台北）文史哲出版社，1986，第4页。

商店（资本 1000 ~ 2000 比索）每天的营业额 60 ~ 70 元；二等商店（资本 600 ~ 700 比索）每天的营业额 30 ~ 40 元；三等商店（资本 300 ~ 400 比索）每天的营业额 20 ~ 30 元，"每店的工作人员，规模略大一点的，包括店主在内有五六人，规模略小的有三四人不等，平均每店约有 3 人，每人月薪自 25 元至 30 元之间"[①]。在经营内容上，早期华侨零售商店经营的主要是中国产品和当地土产；1834 年马尼拉开港后，欧洲商行不断涌入，华侨零售商经营的主要商品变为欧洲进口货物；20 世纪 20 ~ 30 年代后，日本商品大量向菲律宾倾销，在华侨零售商经营的商品中 90% 是日本商品[②]。华侨零售店不仅是推销国货和当地华侨工厂生产产品的主要单位，也是解决菲律宾华侨就业问题的关键部门。据西班牙人 Tomas De Comyn 在菲岛的实地调查，18 世纪初，华侨商店超过 7000 家，店员超过 47000 人，平均每个华侨商店可以解决 6.7 个人的就业问题[③]。华侨商店，不仅吸纳华侨店员，同时还间接解决了与零售店有密切关系的华侨工厂工人的就业问题。

根据菲律宾税务局[④]的统计，1912 年华侨零售商数量为 8455 家，仅低于菲律宾零售商（67740 家）位居第二。如果考虑零售店的销售额，华侨零售商店的销售额达 3.2 亿比索，占全菲商业销售额的近 60%，远超过菲律宾人（15%）。因此，汉声在 1914 年《协和报》中说，"侨商在该处之资本不但欧美商家莫与伦比，即菲律宾本籍之商家，人数虽多于我侨民，而资本则亦远不如我"[⑤]。1932 年，菲律宾商务局对全菲 49 个省的零售业进行了调查，华侨零售商数量为 13758 家[⑥]，20 年间增长了近 63%，除了菲律宾最北端的巴坦外，其余各省均有华侨零售业。1933 年，华侨商店的交易额占全菲商业交易额的一半，之后有所下降，1934 年和 1936

---

① 刘芝田：《中菲关系史》，（台北）正中书局，1979，第 568 ~ 569 页。

② 周南京编《华侨华人百科全书》（历史卷），中国华侨出版社，2002，第 118 页。

③ 《论著 华侨开发菲岛之功绩与史乘》，第 9 页，杨静桐：《菲律宾华侨年鉴》，菲律宾华侨年鉴出版社，1935。

④ 叶绍振：《三十年来菲岛国内商业与对外贸易》，第 2 ~ 3 页，颜文初主编《小吕宋华侨中西学校三十周年纪念刊》，小吕宋华侨中西学校，1929（后文注释均简化为《小吕宋华侨中西学校三十周年纪念刊》）。

⑤ 汉声：《菲律宾华侨资本之巨观》，《协和报》第 4 卷第 25 期，1914 年，第 3 页。

⑥ 黄晓沧编《菲律宾马尼拉中华商会三十周年纪念刊》丁编，中华商会委员会出版部，1936，第 40 页。

年分别为 40% 和 36.4%。据菲律宾商务局调查 1938 年华侨在零售业上的投资高达 1.28 亿比索，占全菲零售业投资的 43.3%，超过菲律宾及其他国家商人[1]。

　　从流动小贩到摊贩，再到零售商，是华侨商人由小做大的一个路径。很多华侨一开始并没有资金开设零售商店，一般来说他们都是从最底层的行脚贩开始，不断积累资金成为零售商人，如果经营不善导致破产，这些商人又从流动小贩做起，继续积累资金。此外，从零售商到进出口商也是一个华侨企业发展的路径。陈衍德在对包括"胜泰布行"、"胜益布行"、"馨泉酒厂"等在内的厦门籍华侨企业的研究中发现，其发展过程大体上为如下模式：零售商→批发商→进出口商[2]，"几乎所有在海外发财的华侨，开始时都是用靠劳动挣来的微小资金经营小贩，不久又从零售商上升为批发商，逐步攀登上商业流通机构的高峰"[3]。

三　华侨商业销售和收购网络

　　华侨头家与代理商之前，有着非常强的商业联系，逐渐形成了一个涵盖销售、收购在内的商业网络。19 世纪 40 年代，一名法国旅客在提及华侨零售商经营方式时指出，"华商会购进所有可获得的商品，然后分销给华人零售商，他们组成了一条足以抵抗任何潜在竞争对手的坚实战线"[4]。《南洋贸易指南》中也写道："先由进口商输入货物而后分配与批发商，更由批发商将货物分配给全国零售商，批发商负责向零售商征收货款，以抵偿进口商之债务。输出贸易之机能，适得其反，土人将土产运往地方采集商。此辈采集商有时须经一番分类工作，或者在出口以前，予以加工手续。出口商之任务，在乎搜集货物，以应出口定货。菲岛进出口贸易掌握

---

[1] 杨建成：《华侨之研究》，（台北）文史哲出版社，1984，第 286、289 页。

[2] 陈衍德：《战前东南亚华侨企业的个案研究——以菲律宾厦门籍华侨的企业为实例》，《现代中的传统：菲律宾华人社会研究》，厦门大学出版社，1998，第 108 页。

[3] 〔日〕李国卿：《华侨资本的形成和发展》，郭梁、金永勋译，香港社会科学出版社，2000，第 57 页。

[4] H. Blair & J. H. Robertson, *The Philippines Islands*, 1493 – 1898（vol. 51）（Cleveland：The Arthur H. Clark Co., 1903），p. 229.

在欧美商行之手，中日商人则在批发业方面，占有重要地位。"①

（一）华侨收购网络

为了完成物资交换，华侨代理商在出口产品的产区建立各种据点，如菜仔店、百货公司、仓库等。以麻为例，华商并不像其他商人那样通过预付现金的方式收购麻，而是在麻产地开设菜仔店，通过提供菲律宾人需要的日用品，比如食物、衣服等（这些产品是从马尼拉华侨麻商中获得的）从种植者手中直接收购麻，一般来说，交易过程很少使用现金。华侨菜仔店在获得麻后，便交给当地的华侨百货商店集中储存并运往马尼拉。这些华侨百货商店分布在菲律宾主要的麻产区，比如莱特、阿尔拜、萨马和南甘马嶙等。19 世纪 80 年代，仅阿尔拜的华侨百货商店就达 53 间，占全菲华侨百货商店的 30%②。收购的麻送到马尼拉后被储存在华侨仓库中，待出售给马尼拉的绳索厂商或出口商。据成田节男的分析，75%～80% 的马尼拉麻商是华侨。1934 年自治政府成立后，实施出口管制，经营麻出口的华侨数量降至 37 家，占总数的 35%～40%。

再以烟草收购为例，1882 年作为经济改革中最为成功的一项政策"烟草专卖制度"③（The Tabacoo Monopoly）因殖民政府无力控制烟草的生产和销售而被废除，随后菲律宾的主要烟草产区卡加延流域的华侨菜仔店开始大量增加。1886 年，卡加延的一个小镇有 36 家华侨菜仔店，伊莎贝拉的一个小镇有 18 家华侨菜仔店④。卡加延的阿帕里甚至形成了一个烟草收购基地，卡加延流域沿岸华侨烟草商仓库林立，这些仓库经营者与烟草生产者有非常密切的关系，他们先将各种物品赊卖给种植者，待烟草成熟后，再根据账面金额收购烟草⑤。有的菜仔店甚至会发放贷款给烟草栽培者，以提前获得烟草收购权。美国统治时期，华侨的烟草收购网络更加发

① 自修周刊社：《南洋贸易指南》，上海自修周刊社，1940，第 163 页。类似描述参见，单岩基：《南洋贸易论》，申报馆，1943，第 101 页；杨建成：《三十年代南洋华侨侨汇投资调查报告书》，（台北）文史哲出版社，1983，第 32～33 页；杨建成：《菲律宾的华侨》，（台北）文史哲出版社，1986，第 92 页。

② Edgar Wickberg, "Early Chinese Economic Influencce in the Philippines, 1850 – 1898", *Pacific Affairs* 35（2）1962, p. 281；吴文焕：《卧薪集》，（马尼拉）菲律宾华裔青年联合会，2001，第 55 页。

③ 1781 年巴斯科总督下令建立烟草专卖制度，垄断菲律宾的烟草生产和销售，烟草种植者只能将所产烟叶卖给政府。

④ 黄滋生、何思兵：《菲律宾华侨史》，广东高等教育出版社，2009，第 290 页。

⑤ 〔日〕长野朗：《中华民族之海外发展》，黄朝琴译，暨南大学南洋文化事业部，1929，第 193 页。

达，以"丰美烟栈"（Miguel Uy Seco）、"泉成烟草"（Go Fay & Co.）和"懋源公司"（Antonio M. H. Lim Genco）三家华侨公司为例，"丰美烟栈"在伊莎贝拉和卡加延两省收购烟叶；"泉成烟草"收购范围除了上述两省外，还包括南伊罗戈、北伊罗戈、拉乌尼翁、邦阿西楠、宿务等地，同时，还兼营销售土产和美国烟叶；"懋源公司"除了在伊莎贝拉、卡加延、邦阿西楠和拉乌尼翁收购烟叶，还向洋人公司提供烟叶供其生产和出口[①]。据估计，在菲律宾烟草产地从事烟草收购业务的商人，九成左右是华侨商人，马尼拉烟草贸易商中八成是华商。

在农产品收购的过程中，华商的大米调度者身份起到了重要作用。在西班牙统治后期，由于强调经济作物的生产和出口，大米的种植大幅减少，原本出口大米的菲律宾经常出现米粮短缺问题，华商成了菲岛米粮调度的协调者。米绞业、大米的储存以及贩运一直是华侨经营的传统行业。成田节男认为，菲岛大米 90% 操控在中国人手中；据 1935 年商务省统计，全菲 85% 的大米是由华侨支配的；据《南洋年鉴》中记载，这一比例为75%；美国统治后期这比例有所降低，井出季和太估计大约在 50% 至60%。1935 年菲律宾政府为了解决大米危机，建立了米谷公司，进口大米免税，此后菲律宾人逐渐在大米进口业务上崭露头角，即便如此，大米的经营半数以上仍由华侨支配。

根据大米来源的不同，华商对大米的调度有两种形式，一种形式是对菲岛所产大米的调度。华商通过在大米产地为菲律宾人提供贷款的方式，获得下一季的水稻作物的留置权，以此作为贷款的偿还方式，通常情况下，当地农民会把下一季作物全部抵押给华侨[②]，此后华商再将大米运往各地，以预支大米的方式获得各地的经济作物。中吕宋米产区的大米几乎全部由华商运送至马尼拉，再贩卖到其他各省收购农产品。另一种形式是调度进口大米。进口大米经马尼拉华侨进口商分往菲律宾各地，并以之作为收购农产品的媒介。这种收购方式非常普遍，如"胜泰米行"（Chua Chiaco）、"丰成公司"（Chua Cho Ching & Company）、"崇兴米厂"（Chong

---

① "专营菲岛各地烟草如嘉牙鄢、怡沙迷捞、品亚诗兰、允良各埠无不代为批发，洋人各公司凡有配运出口及大纸烟厂皆向本公司购办。"见懋源公司在《小吕宋华侨中西学校三十周年纪念刊》所刊登广告。

② Onofre D. Corpuz, *The Roots of Filipino Nation*（Quezon City: University of the Philippines Press, 2005）pp. 305、309.

Heng Company）、"太裕和"等，都经营从香港、安南、暹罗等地进口大米的业务，兼营土产收购和出口，以及零售和批发业务。为防止仓库闲置，一些商人甚至将储米仓库改成公共栈房出租挣钱，如"丰穰米绞有限公司"（Manila Rice Mill Corporation）在其广告中特别提到，"特设公共栈房，招人寄货，无论寄迄长期，短月，或三几天，均听其便。地点在本埠捞牛坂街（dagupan）一面濒河，水运可通，一面近火车站，有铁道可以直达栈内"[①]。

长野朗在《中华民族之海外发展》一书中，对以上两种情况都有记录[②]。一名叫徐公平的华商，在菲岛米粮交易中心新怡诗夏省甲万那端（Cabanatuan）和邦阿西楠省罗沙礼示（Rosales），开设了多个碾米厂和米仓，同时还经营百货商店，日常赊卖商品给菲律宾人收购大米，收购的大米经加工后，先运到马尼拉，再分运往菲律宾的麻和烟草产区。另一名华商叶铁可，其经营农产品进出口业，主要从事大米的进口，以及糖、麻的出口业务，他在怡朗和马尼拉有三个大仓库，在菲岛各地还设有六个仓库，方便物资的运输和存储。华侨米粮调度者的身份，是华商在菲岛各地开展零售商业和收购业务的重要保证。

除了麻和烟草外，其他出口产品的收购流程也大致如此，Tomas De Comyn[③] 在《菲律宾群岛现状》记录了 18 世纪华侨收购菲岛农产品的情况，"菲岛所产棉纱优于印度产，华人每出善价收买之，比较市价高至三成……蔗糖被华人收买运华者，达三分之一"。19 世纪 80 年代，华侨百货商店的 20% 在菲岛重要蔗糖产区内格罗斯岛，达 29 家[④]。井出季和太认为菲律宾砂糖买卖的 60%～70% 控制在华侨手中，虽然之后有所降低，也达到 40%～50%。除了贩运外，华商还向甘蔗栽培者赊卖产品或提供贷款。当时上海圣约翰大学教授感慨，"欧美商人，如无彼等媒介，无法与土民交易，结果不得不假手于华人"[⑤]。20 世纪 30 年代，华商在米谷、

---

① 见丰穰米绞有限公司在《小吕宋华侨中西学校三十周年纪念刊》所刊登广告。
② 〔日〕长野朗：《中华民族之海外发展》，黄朝琴译，暨南大学南洋文化事业部，1929，第 194～195 页。
③ 《论著 华侨开发菲岛之功绩与史乘》，第 9 页，杨静桐：《菲律宾华侨年鉴》，菲律宾华侨年鉴出版社，1935。
④ 吴文焕：《卧薪集》，（马尼拉）菲律宾华裔青年联合会，2001，第 55 页。
⑤ 自修周刊社：《南洋贸易指南》，上海自修周刊社，1940，第 160 页。

椰子、麻、木材和烟草上的商业投资分别高达7625万比索、959万比索、302万比索、230万比索和77万比索。

不仅华商之间的交易大量存在赊卖行为，华侨代理商在收购农产品时，也多采取以物易物和延迟支付的模式，华商提供的收购价格也更高。因此，相对于欧洲商人，菲律宾人更信任华商，华侨与菲律宾人长期生活在一起，熟悉彼此的习惯和需要。而欧洲商人在与菲律宾人交易时，则更加颐指气使。菲律宾农民向西班牙人出售蓝靛时，"出售产品的土人被领到办公室，里面的欧洲商人板起面孔，勉强地对他们打个招呼，然后摆出行家的架势，检查那些农民朴实的劳动成果。翻过几遍后，要么当即拒绝收购，要么就拿到化验室里检查一番。有时，如果他们认为产品看起来还可以，又碰巧他的心情也不错，产品就被收购下来了，但是，那些可怜的土人在从出纳员那里领到一笔微薄的收入之前，还得被那帮职员奚落责难一番"①。因此，菲律宾人大多不愿意与他们打交道。相对而言，华侨代理商更加亲切，菲律宾人不仅能在华侨菜仔店买到他们所需要的几乎任何日用品，甚至还能获得贷款支持。华侨菜仔店几乎深入菲岛任何偏远地区，营业方式灵活，提供的商品和服务多样，极大地方便了菲律宾人民的生产和生活，也加强了华侨商人与菲律宾人的联系。

（二）销售网络的基本形态

华侨收购网络和销售网络之间是互为表里的，华商在菲律宾各地收购农产品集中运输到马尼拉供头家出口的同时，也在完成进口货物的销售。虽然以现有资料还无法完整呈现华侨商业销售网络，但是以人口分布为线索，可以大致描绘出这个网络的形态。菲律宾各地的华商多选择居住在重要出口产品的产区，在当地经营零售商业，并通过与马尼拉进出口商的联系，构成华侨商业销售收购网络的重要末梢。各省华侨商人和华侨商店的分布情况，以及菲律宾重要物产的分布情况，可以看到两者是高度重合的，华商以及华侨商店聚集的地方，基本都是菲律宾具有丰富物产的地区。

具体逻辑如下：华侨为了收购农产品，开展零售业和进出口业，集中分布在菲律宾重要出口产品的产地或港口城市；同时，他们在这些地区的商业活动活跃。因此需要厘清以下四个问题：其一，菲律宾的重要出口品，根据第三章第三节第三部分分析，美国统治时期主要为蔗糖、椰子制

---

① 黄滋生、何思兵：《菲律宾华侨史》，广东高等教育出版社，2009，第276页。

品、纤维制品、烟草和木材，另外虽然大米在美国统治时期已经不是重要
出口产品，但是其仍然是沟通菲岛内部交易，完成土产收购的重要一环，
因此作为一个补充；其二，这些产品的产区，第一章第一节第三部分已有
分析；其三，产区华侨人口分布情况，根据第二章第四节第二部分已有分
析；其四，产区的华侨商业情况，由于流动商贩和在公开市场摆摊的华侨
商贩数据难以统计，因此，下面的分析将以零售商作为华侨代理商的一个
典型代表，考察维度有三个，华侨零售商店占比、华侨商人数量占比，以
及华侨商业投资占比。综合以上所有信息，可以得到表 5-1。

表 5-1　菲律宾各省商业及人口情况

单位：%

省名	农产品种类	零售商店数占比	投资占比	商人数占比	三年平均人口比例
		1932 年	1938 年	1935 年	
北吕宋					
卡加延	烟、木	66.75	54.75	14.75	1.67
伊莎贝拉	烟	30.7	46.65	29.46	1.21
拉乌尼翁	烟、米、麻	8.63	30.74	28.46	0.44
中吕宋					
新怡诗夏	米	9.09	58.74	12.36	1.16
邦板牙	米、糖	3.89	26.60	2.45	1.06
邦阿西楠	米、烟、糖	4.73	43.94	2.96	1.50
打拉	米	9.6	45.37	8.78	1.03
南吕宋					
八打雁	糖、木	2.4	25.10	4.35	0.69
内湖	椰、糖	11.74	54.53	12.28	1.96
奎松	椰、木	16.76	53.94	20.20	3.40
美骨区					
阿尔拜	麻	17.07	34.78	17.92	2.07
南甘马磷	麻、木	14.24	—	11.56	2.25
索索贡	麻	16.44	78.05	14.17	1.59
米沙鄢岛					
怡朗	米、糖	22.51	69.88	26.79	4.10

续表

省名	农产品种类	零售商店数占比	投资占比	商人数占比	三年平均人口比例
		1932 年	1938 年	1935 年	
宿务	椰、烟、糖	16.64	38.97	19.83	4.25
莱特	麻、椰	9.33	34.20	9.78	3.77
内格罗斯	糖、米	22.99	44.50	30.25	3.13
萨马	椰、麻、木	23.81	—	42.63	2.25
棉兰老岛					
哥打巴托	木、麻	46.03	85.11	69.03	0.91
纳卯	木、麻	29.33	29.33	47.66	2.49
米萨米斯	椰	50.16	57.81	23.13	1.90
三宝颜	椰、木	63.11	25.79	75.38	3.10
港口城市					
苏禄		85.17	73.48	61.84	1.43
马尼拉		47.16	26.56	59.05	40.04

说明：零售商店数占比、投资占比和商人数占比指的是各省华侨零售店、商业投资和华商人数占当地的比重，而人口比例则指各省华侨人数占全菲华侨的比重。

资料来源：Benito J. Legarda, *After the Galleon*: *Foreign Trade*, *Economic Change and Entrepreneurship in the Nineteenth Century Philippines* (Quezon City: Ateneo de Manila University Press, 1999), pp. 124 – 125; Gen. J. P. Sanger, *Census of the Philippine Islands*: 1903 (Volume II& IV) (Washington: United States Bureau of the Census, 1905); Gen. J. P. Sanger, *Census of the Philippine Islands*: 1918 (Volume II& IV) (Manila: Bureau of Printing, 1920); Gen. J. P. Sanger, *Census of the Philippine Islands*: 1939 (Volume II& III) (Manila: Bureau of Printing, 1940); 〔英〕巴素：《东南亚之华侨》（下册），郭湘章译，台北"国立"编译馆，1974，第 863～869 页，整理得到。

如表 5 - 1 中所示，菲律宾重要出口品产地和重要港口共有 24 个省，这些省的华侨人数从 1918 年的 39305 人，上升至 1933 年的 62863 人，1939 年达到 99717 人，平均占菲律宾华侨总数的 87.42%。华侨在这些地区的商业势力也较强。从华侨零售店和华商数量来看，华侨在北吕宋、米沙鄢群岛和棉兰老岛等地的势力非常强，特别是在卡加延、三宝颜和苏禄三省，华侨零售店数量占各自省份零售店总数的 2/3 以上，苏禄的华侨零售店占比甚至达到 85.17%。在棉兰老岛的哥打巴托、苏禄和三宝颜三省，60% 以上的商人都是华侨，三宝颜的华商占该省商人的比重甚至超过 3/4。相对而言，在南吕宋和中吕宋的华侨零售店占比最低，均不超过 17%，特别是中吕宋各省的华侨零售店占比均低于 10%。这主要是因为菲律宾人和华菲混血在中吕宋和南吕宋的商业势力相对较强，与华商竞争激烈。

从商店数来看，华侨零售业无疑是呈现出下降的趋势。1930 年，华侨零售商店数量占全菲零售商店总数的 42.6%，仅次于菲律宾人，到 1932 年，这一比例骤降至 19.1%，此后更是一直下降，到 1936 年和 1938 年分别为 18.4% 和 15.2%；与之相对，菲律宾人开设的零售商店数量占比则从 1930 年 47.4% 上升至 1938 年的 83%。但是，商店数量和商人数量仅是从数量方面刻画商业势力的一个角度，它忽视了商店规模大小的问题。实际上，菲律宾人所开设的零售店规模较小，78.2% 的商店资本金在 500 比索以下[①]。因此，可以从商业投资的角度重新审视华侨的商业势力。在表 5－1 所示的 24 个省中，除萨马和南甘马鳞缺少数据外，有 16 个省华侨的商业投资居该省首位，其中 11 个省的华侨商业投资占该省商业投资额的一半以上；其余省份除了布拉干外，华侨投资均占该省的 1/4 以上。在哥打巴托，华侨商业投资占比甚至达到 85%。

（三）华菲混血竞争的失利

华侨巨大的商业势力，不仅让殖民者感到了危机，也让欧洲商人感到危机。1755 年，华侨从亚罗西罗示的八连市场迁出后，西班牙人和菲律宾人接收了八连市场的店铺，为了摆脱对华侨的依赖，总督阿兰迪亚（Pedro Manuel de Arandia Santisteban）集资 7.6 万比索组建了一家由西班牙人和西菲混血出资的贸易公司，在菲岛各地开设零售店，以期从华商手中夺取批发和零售的控制权。但是，公司很快就出现亏损，虽然总督命令慈善会和教会借出 13 万比索，但是并没能扭转局势，公司成立不到一年就解散了，商业贸易仍然主要掌握在华侨手中。19 世纪末，德国商人企图扣押一位华侨布商的产业，以陈三多为首的华侨布商联合进行抵制最终迫使该德商停业，并以此为契机组织成立了"义和局布商会"。

在对华侨零售业挑战失利后，殖民政府试图挑起菲律宾人，特别是华菲混血与华商的商业竞争。西班牙殖民者早在占领菲岛之初，就采取了对天主教徒的优待政策，诱导华侨在进入菲律宾后改变信仰，为了生存一些华侨信仰天主教，随着他们不断与菲律宾人通婚，产生了一个"西班牙

---

① 〔日〕法贵三朗、铃木修二、神宫司瑞郎合编《菲律宾统计书》，国际日本协会，1942，第 198 页。

化的、天主教的、亲西班牙的"[①] 华人混血儿集团，时称"密斯蒂佐"。
1738 年，马尼拉岷伦洛区大约有 5000 名华菲混血儿；1741 年，殖民当局
在法律上明确了混血儿成了一个独立的社会阶层，其地位仅次于西班牙人
和菲律宾人，高于华侨。华菲混血儿不仅在税收上优于华侨，而且还被允
许自由流动，可以组成 25～30 人的村社。1810 年，菲律宾的混血儿已经
达 12 万，占全菲总人口的 4.8%，1850 年，增加到 24 万，占比提高到
5.8%，到 19 世纪末，菲律宾的华菲混血儿数量已经达到 50 万。华菲混
血儿秉承了华侨祖先的经商才能，在经济上迅速崛起，成为菲律宾民族资
产阶级的中坚力量[②]，他们在接受西班牙文化的同时，也逐渐接受了西班
牙人仇视华侨的态度，当涉及他们的经济利益时，矛盾被激化了。

　　18 世纪中叶开始，殖民当局为发展菲岛经济发布了一系列经济改革
政策[③]，由于华侨被驱逐，菲律宾人特别是华菲混血儿快速崛起，不断蚕
食华侨零售业份额，取代华侨的商业地位。马尼拉的华菲混血儿从事大米
产地与马尼拉之间的批发零售业、米沙鄢岛省际贸易，以及开港后怡朗、
宿务的出口业等。"中国血统的混血儿控制了各地和马尼拉及中吕宋平原
地区有联系的交易渠道的支配权"，他们掌握了菲律宾的国内商业网，并

---

① Edgar Wickberg, *The Chinese in Philippine Life*，1850 – 1898（London：Yale University Press，1985），pp. 80～98.
② 施雪琴：《菲律宾天主教研究：天主教在菲律宾的殖民扩张与文化调试（1565—1898）》，厦门大学出版社，2007，第 103 页。
③ 1778 年总督巴斯科推行经济发展总计划，即"巴斯科计划"，以在财政上不再依靠墨西哥为目的，鼓励开发菲岛自然资源，发展农工商业。该计划旨在发展当地的经济作物出口，为此鼓励私人集资开发当地资源，以悬赏的方式刺激当地农业和矿业的发展，并传授推广新的种植方法。在巴斯科计划的号召之下，1781 年殖民政府组建了"国家之友经济协会"，该协会通过引进新技术、进行职业教育和奖励种植，发展农业生产。在该协会的努力下，1783 年中国桑树引进菲律宾，并邀请织丝能手传授技艺；1787 年进行种植靛青实验；19 世纪初开设学校进行纺织训练；1824 年从中国引进燕雀对抗蝗虫灾害；1825 年 8 名青年接受经济补助学习染色技术；1829 年引进西班牙稻谷脱粒机器；1837 年给予咖啡种植成功者奖金鼓励；1853 年给予麻纤维清洗机器发明者奖金奖励；1861 年开办菲律宾第一所农业学校。"国家之友经济协会"的建立，对菲岛农业生产起到了一定的作用。除此以外，1782 年，殖民政府执行"烟草专卖制度"，垄断卡加延山谷、伊罗戈、新怡诗夏和马林杜克这几个主要产区的烟草生产，每年每家给予一定的定额，所生产的作物全部由政府收购，如果不能满足定额，烟草种植者将受到惩罚，种植者还会被不定期搜查以防藏匿。烟草专卖制度给殖民政府带来了很大的经济利益，1808 年纯利达到 50 万比索，1881 年更是达到 300 万比索，但是由于无法激发种植者的积极性，贿赂与走私大量进行，最终 1882 年被废止。

在农村垄断了承包权，以此进行资本积累。① 但是，仅仅过了半个世纪，到19世纪中叶，当殖民当局放松对华侨的限制后，华侨商人迅速夺回了零售业份额。相对于混血儿从马尼拉运货到菲岛内部销售和收购的商业模式，华商之间的商业联系更加紧密和高效。如第四章所述华侨头家并不需要深入内地，在他们不熟悉的地方经营，而只需委托当地的华侨零售商进行收购，由于后者更熟悉当地的经济环境和情况，因此，可以以更低廉的价格收购作物。头家和华侨零售商的这种分工协作，最大程度发挥了各自的优势，节约了交易成本。"由于他们总是雇佣自己人，所以就形成了一个足以对付任何竞争者的巩固阵线"②。最终，华商迅速控制了菲岛的零售和收购业务，那些在各地经营零售商店的混血儿在购进急缺商品时，也不得不使用华侨商业销售网络，由于竞争失利，有很多混血儿把他们的兴趣由商业转向农业或是医生、律师、教师等职业，成为菲律宾的中产阶级③。

综上，通过对华侨在菲律宾港口城市和重要出口品产地的人口分布和商业情况分析，可以大致刻画出一个由菲律宾港口城市辐射向内陆的商业销售网络。值得注意的是，华商网络是多层级的，并非只有头家和代理商两个层级，还涉及二盘商、三盘商，是一个多层次的商业网络。多层次多维度华商网络的形成，得益于港口城市的头家和菲岛各地代理商之间稳定的商业联系；而商业网络的存在又巩固和加深了华商之间的商业联系，并通过加强对华商的社会性和经济性制约，使得头家与代理商之间的商业联系更加紧密。基于华商之间信任和利益关系形成的"头家制度"与华商商业网络的这种互动，使得华商的人际关系网与商业关系网最大限度地重合，最终造就了菲律宾华商强大的经济势力。

四　马尼拉华侨商业

很长一段时间内，马尼拉是华侨的主要居住地，1828年和1849年马

①〔日〕李国卿：《华侨资本的形成和发展》，郭梁、金永勋译，香港社会科学出版社，2000，第191页。

② Elliott C. Arensmeyer, "Foreign Accounts of the Chinese in the Philippines: 18th–19th Centuries", *Philippine Studies*, 18, 1970, pp. 89–90.

③〔菲律宾〕陈守国：《华人混血儿与菲律宾民族的形成》，吴文焕译，（马尼拉）菲律宾华裔青年联合会，1988，第12页。

尼拉华侨数量占全菲华侨总数的 93% 和 92%。1850 年，为发展菲岛经济作物出口贸易，西班牙殖民政府一改之前的驱逐政策，并允许华侨农民到外省居住，此后马尼拉华侨占华侨总数的比重开始下降，从 1891 年的 61% 降到 1899 年的 58%，之后更是降至不到一半，1918 年、1933 年和 1939 年分别为 41%、40% 和 39%。即便如此，马尼拉依然是华侨居住和经济活动的中心。因此，在完成了对华侨商业网络的描述后，关注马尼拉华侨的商业发展历程是有必要。

1571 年 5 月 19 日，黎牙实比占领马尼拉，在巴石河南岸划定王城区供西班牙人居住，根据 1573 年 7 月 3 日西班牙国王菲利普二世颁布的《殖民地城镇基准法》（*Prescriptions for the Foundation of Hispanic Colonial Towns*），王城按照西班牙人习惯，设有市政广场（Plaza Mayor）、天主教教堂，环绕着纪念性建筑以及林荫大道，并以棋盘式街区由中心向外围布局[1]，其与外城以城墙隔开。维拉总督（Santiago de Vera，1584～1589）在任时，马尼拉城开始构建防御工事，由中国和菲律宾工人在王城周围修建防御墙和堡垒炮台。1603 年，第一次屠杀华侨之前，殖民当局命令华侨沿巴石河岸挖掘护城濠沟，屠杀华侨之后，为防止已经进攻莱特和萨马岛的摩洛军队攻打马尼拉，当局又命令屠杀后幸存的华侨继续修建防御工事，加高城墙，修建棱堡，修复堡垒。殖民官员表示，由于有修理城墙的需要，请国王准许留下 1500 名华侨异教徒，修筑堡垒和城墙的经费从华侨的"社区基金"（Community Chest）中挪用[2]。此外，华侨工匠还参与了城内各类建筑以及教堂雕像的建造和雕刻工作。一直到 1648 年，历任总督都投入了巨资修建防御工事，马尼拉城是"堡垒型殖民港口城市"[3]，具有非常典型的欧洲军事建筑风格，其是欧洲在东亚的海上帝国的大本营和东亚内部物资运输的集散点。

---

[1] Robert R. Reed, *Colonial Manila: The Context of Hispanic Urbanism and Process of Morphogenesis*（LA: University of California Press, 1978），pp. 71 – 73.

[2] 社区基金是华侨捐献的用于建设华侨社区的共同经费，每人每年 12 里尔，用于华侨医院支出每年 2000 比索，此外"有事情可向此资金求助"，1622 年降为 6 里尔。为修筑马尼拉城墙上的两个堡垒和甲米地港要塞，殖民当局挪用了 4.4 万比索，社区基金的介绍详见李毓中《〈印地亚法典〉中的生理人》，载朱德兰主编《中国海洋发展史论文集》第八辑，"中央研究院"中山人文社会科学研究所，2002，第 343 页。

[3] 〔英〕彼得·克拉克主编《牛津世界城市史研究》，陈恒、屈伯文等译，上海三联书店，2019，第 221 页。

马尼拉城内以纵横交错的网格布局，建有官邸（Palacio del Goberna-dor）、皇家财库（Real Hacienda）、市政厅（Cabildo）、天主教教堂、教会、修道院以及学校等建筑，王城是菲律宾的政治、军事和宗教中心。1582 年之前，华侨也在王城内居住，大致在市政厅街（cabildo）、麦哲伦街（magallanes）和皇家街（real）之间的区域，也是华侨第一个八连市场所在地。如第二章所述，此后八连还有六个地址，除王城东北外，还有巴石河对岸的岷都洛区和仙里龟呐区（San Nicolas），这两个区域此后也成为华侨开展商业活动的主要场所。1588 年，八连有 150 家店铺，到 16 世纪末，八连的华侨商店数维持在 200～300 家，是当时海外最大的唐人街区，17 世纪前十年，八连的华侨商店数增至 400～500 家，到 1629 年 3 月八连市场失火烧毁的房屋共有 800 家，1645 年，八连的华侨商店数量达到 1200 家①。根据 1689 年《八连华侨职业分类统计表》，华侨从事的职业共有 57 个，涵盖各行各业，在列出的 1536 位华侨中，从事"市场零售业"的华商人数最多，达 301 人②。

马尼拉是菲律宾对外贸易的中心，更是华侨头家的集聚地，1905 年，在马尼拉经营进口业务的华商有 199 人，占全部进口商人的 40.7%。较大的华侨进出口商基本都在马尼拉开设店铺，并逐渐形成了一定规模的产业聚集。毋庸置疑"各省华侨的商业，直接间接是受马尼拉的支配"③。20 世纪 30 年代成书的《菲律宾指南》中列出的在马尼拉经营的有姓名的华侨进出口商共有 78 家，主要负责与中国、美国以及日本的外贸业务，很少经营欧洲的进出口业。在华侨进出口商中，除 12 家是粤商外，其余均为闽商。此外，还有一些为了规避政策限制伪装起来的华侨商人，他们或者以菲律宾人名字注册商店，或者躲在傀儡店主的后面④。

20 世纪 30 年代，"马尼拉中华商会"对马尼拉华侨零售业的经营情况进行了调查，在马尼拉城市的 120 多条街道中，华侨菜仔店占全部菜仔店的 1/3 左右，每家店铺每天的平均营业额达 15.7 比索，在所有华侨菜

---

①　〔日〕成田节男：《华侨史》，东京萤雪书院，1942，第 344 页。

②　夏诚华：《菲化政策对华侨经济之影响》，（台北）乐学书局，2003，第 43 页。

③　黄晓沧编《菲律宾马尼拉中华商会三十周年纪念刊》乙编，中华商会委员会出版部，1936，第 13 页。

④　吴凤斌：《东南亚华侨通史》，福建人民出版社，1994，第 278～288 页。

仔店中 547 家店铺有盈余，148 家店铺亏损。[①] 菲律宾自治之后，对华侨零售业的限制日益严格，详见第六章，马尼拉的华侨零售业也受到很大冲击。从商店数量来看，根据菲律宾商业部统计股统计，1932 年，马尼拉华侨零售商店有 3064 家，菲律宾人零售商店为 3053 家，而 1935 年，马尼拉的菲律宾人零售商店的数量超过华侨商店达到 2606 家，华侨零售店则降至 2297 家。但是，不论从规模上还是从营业额上看，马尼拉华侨零售商的经济势力均超过菲律宾人。1935 年，马尼拉的华侨零售商共 2508 人，平均每家华侨零售店有 1.09 个人，而菲律宾人零售店商共 1521 人，平均每家零售店只有 0.58 个人。除此之外，华侨和菲律宾零售店营业额如表 5－2 所示，1935 年，华侨零售商店的全年营业额在 343.1 万比索到 540.6 万比索之间，而菲律宾人零售商店的营业额则在 208.9 万比索到 293.2 万比索之间，2/3 的菲律宾人零售商营业额小于 500 比索，只有 87 家商店的营业额超过 4000 比索，而华侨零售商的营业额则大多在 1000～2000 比索，占全部华侨零售店的 1/4 以上，营业额超过 4000 比索的商店有 227 家，占全部华商零售店的比例将近 1/10。

表 5－2　1935 年马尼拉华侨和菲律宾人商店不同营业额的数量

单位：家

营业额	500 比索以下	500～1000 比索	1000～2000 比索	2000～3000 比索	3000～4000 比索	4000～8000 比索	合计
华侨商	569	332	600	423	166	227	2317
菲商	1734	404	235	89	57	87	2606

资料来源：杨建成：《华侨之研究》，（台北）文史哲出版社，1984，第 288 页。

不仅如此，华侨商人的经营种类繁多，根据《菲律宾指南》中记录，马尼拉的华侨店铺涵盖衣食住行等与日常生活相关的各个领域[②]，种类达上百种，仅列出的店铺数量就有千余家。《马尼拉中华商会三十周年纪念刊》中详细记录了 1933 年 4521 家华侨商店的类别，见表 5－3。华侨主要经营的是与日常生活相关的日用品、饮食品、家具和建筑等，而菲律宾人

[①]　黄晓沧编《菲律宾马尼拉中华商会三十周年纪念刊》乙编，中华商会委员会出版部，1936，第 30 页。

[②]　《第六篇马尼拉全志》，第 105～154 页，傅泰泉：《菲律宾指南》第二版，菲律宾指南发行部，1935。

则主要在化妆品和机械类商品的售卖上占据优势。具体来说，在所有马尼拉的华侨商店中，数目最多的是菜仔店，有 2277 家，占一半以上；其次是饭店酒楼共计有 223 家（酒楼 39 家，饭店 184 家）；再次是华侨经营的布店，共有 149 家，基本垄断了该市的布业经营。

表 5-3　1933 年马尼拉商店类别及国别情况

单位：家，%

类别	中国	菲律宾	日本	美国	西班牙	印度	合计
化妆品	710	1731	61	46	1	24	2573
建筑	187	18	1	13	3		222
文化	42	94	2	10	1		149
家具	222	32	10	6	3		273
饮食品	391	304	132	13	1		841
日用品	2673	516	13	1	2		3205
机械类	29	207	10	16			262
杂类	267	64	23	24	13	2	393
合计	4521	2966	252	129	24	26	7919
百分比	57.09	37.51	3.19	1.61	0.3	0.3	100

资料来源：黄晓沧编《菲律宾马尼拉中华商会三十周年纪念刊》乙编，中华商会委员会出版部，1936，第 14~19 页。

为了了解马尼拉华侨商业情况，本书选取了 1933 年《菲律宾指南》记载的千余家华侨店铺地址信息，把每一条地理信息恢复到城市地图上，从而形成马尼拉华侨店铺分布图（图 5-2）。可以看到，首先，岷都洛区和仙里龟呐区是马尼拉华侨商业的中心，华侨进出口商绝大多数都在这两个区，也可以说是菲律宾华侨商业网络的核心，整个华侨商业网络就是以这个核心向外不断扩散开来的。在《菲律宾指南》记载的 1503 家店铺中，831 家分布在岷都洛区的 36 条街道中，419 家分布在仙里龟呐区的 20 条街道中，此两区店铺数量占马尼拉华侨店铺总数的 4/5，仅仙里龟呐区的仙道其厘街（sto. cristo）一条街道就聚集了 153 家华侨商铺，岷都洛的后仔街次之，这条街上聚集了 119 家华侨商铺，同属于岷都洛区的州仔岸（rosario）、范仑那（j. luna）、彦拉拉（gandara）、王彬街、地彬彬（t. pinpin）等各聚集了 53~84 家华侨商铺，也即是现今马尼拉中华街所在。早在西班牙人到来之前，华侨商人就已经抵达过岷都洛区。据考证，华侨船舶进入巴石河后，向北沿一条支流驶入乾港（即 Muelle de Binondo），直至现在王彬街附近卸货贸易；顿多酋长拉干俞拉（Raja Lacandula）还曾将仙里龟呐区内的"拜拜村"送给华侨作为居留地。根据 Chao 的研究，1767

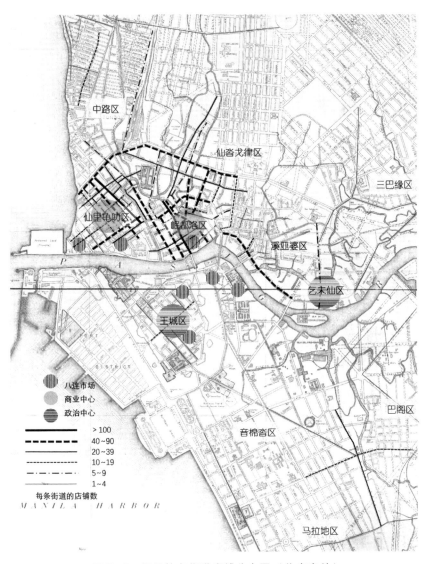

图 5 - 2　马尼拉各街道店铺分布图（作者自绘）

注：90～100 家店铺的街道数为 0，故不同图中标出。

年除了王城东面的八连市场之外，岷都洛区靠近河口的两条纵向街道大桥头（escolta）和德拉萨街（dasmarinas）以及两条横向街道后仔街和州仔岸已经是马尼拉城市商业据点之一。[①] 1758 年华侨天主教徒建筑师安东尼欧·马索（Antonio Mazo）负责的"圣费尔南多"生丝市场建成，是一个以水井为中心八角形的建筑，有一个出口和一个入口，市场东侧紧靠沿河码头[②]，位置大致在仙里龟吻区的马德里街（madrid）和圣费迪南德街（s. fernando）交界处。在 1933 年菲律宾籍建筑师阿雷亚诺（Juan Arellano）制定的马尼拉都市计划分区规划图中，岷都洛区被明确划为商业区[③]。可见，岷都洛区和仙里龟吻区是华侨的传统商业活动区域，虽然八连市场多次易址，但是华侨在这两个区域的商业活动却一直延续了下来。

其次，除了两个核心区外，华侨商业在马尼拉分布非常广，其经营活动也不局限于日用品的买卖，还为菲律宾人和华侨提供一般性服务。与仙里龟吻区和岷都洛区临近仙沓戈律区和溪亚婆区也是华商分布较为集中的地方，仙沓戈律区的 4 条街道聚集着 34 家华侨店铺，溪亚婆区的 11 条街道中聚集着 94 家华侨店铺，平均每条街道有 8.5 家商铺，且这两个区的亚龙计（Alonzo）菜市和根沓（Quinta）菜市也是华侨小商贩活跃的场所。中路区和王城区是华侨的传统活动区域，早在西班牙人到来之前，华侨就已经居住在这两个区，中路区的华侨店铺有 36 家，聚集在 9 条街道中，其也是华侨米绞业和鱼浦业的中心，王城内临近第一个八连市场的 4 条街道，聚集着 18 家华侨店铺。溪亚婆区对岸的巴阁区华侨店铺也较多，51 家店铺分散在 6 条街道中，平均每条街道有 8.5 家店铺。特别是达特街（dart）和埃雷拉街（herrera）分别聚集了 29 家和 17 家华侨店铺。此外三巴缘区、音棉沓区（Ermita）、乞未仙区（San Miguel）以及马拉地区（Malet）等也有一些华侨店铺分布。马尼拉华侨的经营范围非常广泛，除了一般性商品售卖外，还提供居民日常所需的各种服务。如华侨裁缝店分布在

---

① Chao Yu - Hsien, *A Study of the Morphogenesis and Metamorphosis of Manila*, MA Dissertation of Tunghai University, 2015, p. 69.

② 李毓中、季铁生：《图像与历史：西班牙古地图与古画呈现的菲律宾华人生活（1571 – 1800）》，载刘序枫主编《中国海洋发展史论文集》第九辑，"中央研究院"人文社会研究中心，2005，第 459 ~ 460 页。

③ Gerard Lico & Lorelei de Viana, *Regulating Colonial Space (1565 – 1944) – A Collection of Laws, Decrees, Proclamations, Ordinances, Orders and Directives on Architecture and the Build Environment during the Colonial Eras in the Philippines* (Manila: National Commission for Culture and the Arts, 2016), p. 145.

马尼拉六个区的 18 个街道中，中医分布在马尼拉六个区的 24 条街道中，护照代理人则分布在马尼拉三个区的 19 条街道，华侨烟商、米商和土产商散布在马尼拉各区的 20 余条街道中，而经营罐头烟酒杂货的华侨商人则在马尼拉的七个区 30 条街道开设了自己的店铺。

再次，华侨在马尼拉的商业经营呈现出非常典型的行业聚集现象。华侨进出口商集中在岷都洛区和仙里龟朥区的 20 条街道中，特别是后仔街一条街就集中了 19 家进出口商和 20 家绸缎批发商。这种行业积聚的现象非常普遍，如旧货商、帆布商和鞋商集中在彦拉拉，肥皂商聚集在仙道其厘街，家具商集中在地彬彬，珠细里商和铁商集中在州仔岸，木商集中在范仑那等。华侨商会绝大多数也集中岷都洛区和仙里龟朥区①，有些华侨商会和商铺甚至聚集在同一条街道上。如"马尼拉中华国货进口商会"和"马尼拉中华布商会"均设在后仔街，"马尼拉中华木商会"在范仑那，"马尼拉联合珠细里商会"和"华侨铁商公会"则设在州仔岸。这种行业及其协会聚集的现象，不仅可以节省华侨经营和运输成本，更为重要的是营建各途商人的小社会，在这个小社会中华侨之间相互扶持，增强了华商的凝聚力。

最后，华侨在马尼拉从事经济活动之余，还参与了马尼拉城市建设。华侨工匠不仅受雇于西班牙殖民者，参与了马尼拉王城及其防御工事的修建，以及内城的建筑工作，而且八连市场也是由华侨出资兴建的。第二个八连市场在王城外东北的荒地，第三个八连市场在更远的沼泽地，条件更差，不仅土地低湿，而且泥泞不堪，"当时无人相信那里可以辟作人类居住之用，可是华侨迁此之后，即把荒芜沼泽一向无人居住之区，建设成一个繁荣美丽的市场，比前此龙其虑（即龙基略）在黎特大学地址所建之八连更为宏大壮观，这是西班牙人当时始料不及者"。1595 年，亚罗西罗示的八连曾两次发生火灾，每次焚毁后，华侨又再建，并且比之前更繁荣，1629 年火灾后，华侨历时四个月动员 3000 名工人全资重建八连，"重建后的八连市容，美丽壮观，其规模可与王城相匹"。1639 年，第二次屠杀华侨后，八连市场被迁到巴石河北岸的"拜拜村"，不到三年华侨已经把那里建设得很好。从八连的历史来看，其地址不断从王城迁向城市

---

① 据《菲律宾华侨年鉴》和《菲律宾马尼拉中华商会三十周年纪念刊》记载，除了马尼拉中华米商会和马尼拉中华鱼浦商会在中路区之外，其他商会均在岷都洛和仙里龟朥。

边缘，而且殖民者所选定的地址基本是条件不佳的荒地。华侨投入人力、物力、财力精心建设了一个个繁华的商业市场，在这个过程中，王城周边的荒地得到开发，城市边缘也不断扩展。仔细分析马尼拉地图可以看到，除了王城外，岷都洛区和仙里龟吻区两区开发时间最早且其道路规划变动不大，依旧保持着原貌，这也是华侨在马尼拉商业活动的印迹。

毫无疑问，马尼拉是菲律宾的商业中心，而马尼拉的商业中心则是在华侨商业活动最活跃的岷都洛区和仙里龟吻区，而不是在作为政治中心的王城区以及之后的乞未仙区①。18世纪中叶外国旅行者行至马尼拉时，称王城区缺乏社会活力过于强调宗教，是"无趣且乏味的"（dull and monotonous），而岷都洛区则是一个"更加朝气蓬勃的地方"（much livelier place）②。马尼拉城市政治中心和商业中心相分离的现象，变相反映出华侨在商业上的重大影响力。华侨商业网络以这两个区为核心，向菲岛各地扩散。华侨在经营商业、营建华侨社会，互帮互助之余，对于马尼拉城市的建设和发展也做出了相应贡献，随着华侨经济不断与当地融合，其所经营的商品和提供的服务也不断惠及在当地生活的菲律宾和各国居民。

五 华侨运输业和华侨商业教育

关于华侨商业的讨论还有一个不能忽视的话题，即华侨运输业。西班牙统治前期，运输业操控在西班牙人手中，但因船只不足，中国帆船也不断参与其中。1870年，华侨被允许拥有船只，19世纪末，随着农产品生产业的发展和华侨商业活动范围的扩大，华商开始购置轮船开展客运和货运业务，以方便产品的收购和运输，华侨运输业由此发展起来。华侨运输业的先驱是杨嘉种先生在西班牙统治后期开办的"洽成行"，《马尼拉中华商会三十周年纪念刊》中写到杨先生"在马尼拉之那士吗尔迳街，开张洽成行，并分支店于三描、礼智、宿务、描违士沓、棉兰老等处，配运土产，销售欧美，入口货则以安南米为大宗，并自置轮船两艘，曰孙獭

---

① 1880年马尼拉地震后，殖民者将总督府迁出王城，在乞未仙区建造马拉坎南宫（Malacanang Palace），也即现在的菲律宾总督府。

② Caoili M. A. , *The Origins of Metropolitan Manila: A Social and Political Analysis* (Quezon City: University of the Philippines Press, 1999).

号，曰仙里龟叻号，华侨内海航业，此为最先"①。另据西班牙人的实地调查，"内海航业全操华人及华侨侨生子之手"②。

20 世纪 20 年代之后，专门从事航运的华侨运输公司纷纷成立，见表 5－4，如"蔡燕运输办事处"、"金泉"和"船务公司"等。除马尼拉外，菲律宾的另外两个重要港口，怡朗和宿务也都开设有华侨轮船公司，如怡朗的"捷丰行"、"华商轮船公司"，这些公司从事船舶的租赁业务，方便岛际交易。怡朗的"华商轮船公司"在章程中写道，"本公司暂以租赁轮船，行香港、怡朗、宿务、马尼拉等处，运载货客为营业目的"③。（第二款）宿务航运业发展更加可观，在被调查的 25 名华商中，有 7 位从事航运业兼营土产，投资额高达 280 万比索④。如"吴协珍"行（Gotiaoco Hermanos Inc.）在南方各省设立分行，收购大米等土产出口，后成立岛际运输公司，并购多艘船舶，同时还开设了百货公司并经营汇兑业务，是宿务的商界巨贾。

表 5－4　华侨运输业情况

公司名称	主营	船名	航程
彬彬行	麻、椰干、土产	北京号	奎松到马林杜克
万益行	出入口汇兑	杨升高号	苏里高、莱特独鲁万市到厦门
正益行	出入口汇兑	Churruca、ViagasⅡ、Dominga A、Davao、San Nicolas	菲岛各埠
泉兴有限公司	经营土产		福州到菲岛
洽成行	进出口业	孙獭号、仙里龟叻号	菲岛内部
泉益行	进出口业	捷益号、万益号、同益号、礼智号	南甘马粦那牙与北甘马粦酒乙
成美运输公司	木材		

① 黄晓沧编《菲律宾马尼拉中华商会三十周年纪念刊》甲编，中华商会委员会出版部，1936，第 196 页。
② 《论著 华侨开发菲岛之功绩与史乘》，第 9 页，杨静桐：《菲律宾华侨年鉴》，菲律宾华侨年鉴出版社，1935。
③ 周幼葆：《菲律宾华侨航海事业》，《东方杂志》第 15 卷第 8 期，1918 年，第 69 页。
④ 黄晓沧编《菲律宾马尼拉中华商会三十周年纪念刊》戊编，中华商会委员会出版部，1936，第 160～161 页。

续表

公司名称	主营	船名	航程
瀛发行（宿务）	进出口业		
金顺昌行（宿务）	进出口业		保和、阿古桑武端、苏里高、北伊罗戈
吴协珍（宿务）	进出口业		哥打巴托莱巴克、东米萨米斯、西米萨米斯、邦阿西楠博利瑶
专门轮船公司			
福记轮船公司		殊山那号	厦门到马尼拉
岷厦安记船务公司		四山马轮船	马尼拉到厦门
蔡燕运输办事处			菲岛各埠
金泉和船务公司			马尼拉岛到厦门
大安船业公司		太阳、太山、太平轮船与加沓仁电船	马尼拉之米沙鄢群岛（南线）、北部沿海（北线）
捷丰行（怡朗）		海清号	怡朗、宿务、东内格罗斯、马尼拉
华商轮船公司（怡朗）			
德兴德裕（宿务）			
联丰（宿务）			
宝记（宿务）			保和、阿尔拜、邦阿西楠圣卡洛斯
丹仰船公司（宿务）			
博植（宿务）			
曹源合	船厂		
广聚	船厂		
刘希和 Lao Shing	船厂		
Liong Yong	船厂		
Lenng Yee & Co.	船厂		
Co Cang & Cia	船厂		

资料来源：《第四篇华侨在菲律宾之工商业》，第 2~4 页，吴承洛：《菲律宾工商业考察记》，中华书局，1929；周幼葆：《菲律宾华侨航海事业》，《东方杂志》第 15 卷第 8 号，1918 年，第 69~70 页；黄晓沧编《菲律宾马尼拉中华商会三十周年纪念刊》甲编，中华商会委员会出版部，1936，第 155、196 页；黄晓沧编《菲律宾马尼拉中华商会三十周年纪念刊》戊编，中华商会委员会出版部，1936，第 196、160~161 页；《第六篇马尼拉全志》，第 137~138 页，傅泰泉：《菲律宾指南》第二版，菲律宾指南发行部，1935；菲律宾宿务中华学校：《菲律宾宿务中华学校落成纪念》，菲律宾宿务中华学校，1926。

当时更普遍的情况是像"吴协珍"行一样，由华侨进出口商自行准备轮船和帆船，航行于菲律宾各岛之间经营运输业务。如"彬彬行"（Loo Teng Siu Y Hermanos），"专营本岛著名出产之白芒、椰干等，并自置火轮名曰北京号，川走地雅拨及万邻罗计两省"；"泉兴有限公司"（Ty Chuaco & Co. Inc.），"经营各种货品，及土产白米、白芒、椰干等类，自运到福州"；华侨大头家郑焕彩的"正益行"（Ty Cam Co Sobrino），"自置轮船三艘，大毛拖船一艘，川行菲岛各埠，并代理岷、厦船务"①；施光铭的"泉益行"本身也是经营土产和进出口业的商行，"增设泉益九八行于岷埠，又设分栈于南北甘吗仁之哪呀及洒乙两埠，专营杂货及椰芒土产业，嗣以航业多操于西人之手，轮运不便，乃组轮船公司，购置万益、同益两轮，专航驶哪洒两埠"②。菲律宾"木材大王"李清泉也组建了自己的运输公司，"成美运输公司"往来于菲岛各埠运输木材。还有一些华侨铁商在马尼拉经营轮船器具及附属品和机器的批发业务，如黄念炉的"仁顺号"，杨启泰的"瑞隆兴号"，黄念忆的"黄联兴号"，詹孟杉的"詹成发号"等。

1917年，在菲岛航行的中国轮船有22艘。然而，华侨运输业的繁荣很快遭到了遏制，1923年颁布的《内河航行条例》，剥夺了华商在菲岛的航行权。当年，华侨船只数量剧减至2艘，之后有一定的恢复，1932年还一度增至30艘。但此后中国船舶的数量继续下降，1938年仅有9艘中国船在菲岛从事物资运输，此后没有华侨船舶记录。

美国统治时期，菲律宾国内普及教育，华侨也不断意识到教育对于维持华侨社会稳定的重要作用，华文教育由此兴起。1899年建立的"中西学校"（Anglo-Chinese School）不仅是菲律宾第一所华文学校，也是在海外华人社区设立首个新式学校。1912年和1915年，怡朗和宿务又开设了第二所和第三所华文学校，分别是"怡朗华商学校"和"宿务中华中学校"，之后，华侨学校更是如雨后春笋般出现。到1935年，菲律宾共有华侨学校61所，学生7000人，其中马尼拉18所，各省43所。

在菲律宾的华侨学校中，商业教育是核心内容，小学就已经有商业教

---

① 见三家公司在《小吕宋华侨中西学校三十周年纪念刊》所刊登广告。
② 黄晓沧编《菲律宾马尼拉中华商会三十周年纪念刊》甲编，中华商会委员会出版部，1936，第188页。

育，"菲律宾之商业教育自高等小学起，即设商业分科"①。有些学校直接以"商校"命名，以培养商业人才为己任，如马尼拉的"闽商学校"、"怡朗华商学校"等。20世纪30年代，在中国考察团对菲律宾华侨教育的考察日记中，记录了一个甲种商业学校的情况，"经费年约三百万余，学生二百八十余人……校中设备如商品标本室、打字实习室、银行实习室等应有尽有，闻毕业后有职务者，占百分之八十，则学成后甚切实用。……本科二年级课兵式操，三年级课银行实习，以短时间之观察，有二特点，一课银行实习，课堂作银行式，假定中国兴业、交通诸柜，教师立在教坛上，指挥学生实习，并备询问，学生甚有体会，一新市场为实践室，设备整齐，以各种邮票，贴成字形，悬挂四壁，形式可观"②。

有些学校虽然没有以"商"命名，但是开设了大量商业课程，重视商业教育。在《南甘马燐华侨公立英学校十周年纪念册》中，有一篇文章呼吁开设甲种商业学校，培养更多能够适应商业竞争的人才，作者吴远生说："华侨之与外人竞争，多归失败，因原莫非未曾受商业教育所致，故欲占优胜地位，非灌输以商业知识不可。"③ 另一名作者黄天培更是以"教育为商战之本"④ 来概括华侨商业教育的重要性。以"菲律宾华侨中学校"（Philippine Chinese High School）为例⑤，其于1924年由菲律宾华侨教育会设立，宗旨为"根据教育原理体察学生能力，分别施以升学预备或职业预备之中等教育，以期养成适应环境，了解人生，力求进展之中国青年"。学制四年，第二学年所有学生都必须学习簿记，学生从第三年开始分为普通科和商科。商科学习课程包括，商用英文、西班牙文、商业地理、商业历史、簿记、经济、售货术、商业管理、厘务税则、会计学、商法、保险、银行、菲岛经济、广告、汇兑、市场交易法等。即便是普通科学生，也可以选修一些与商业有关的课程，如商业通论、商业管理、关税论、运输学等。中西学校为了适应华侨青年就业的需求，在1922年开

---

① 韩振华等：《考察日本菲律宾教育团记录》，商务印书馆，1917，第139页。
② 颜connectSid初、余柏昭、刘春泽编《菲律宾华侨教育考察日记》，中华书局，1922，第68、113~114页。
③ 《华侨应广设各种学校之我见》，第2页，吴远生：《菲律宾南甘马燐华侨公立英学校十周年纪念册》，大华印刷公司，1931。
④ 《论教育为商战之本》，第1页，吴远生：《菲律宾南甘马燐华侨公立英学校十周年纪念册》，大华印刷公司，1931。
⑤ 华侨中学编委会：《菲律宾华侨中学五周年纪念刊》，1924。

设了英文簿记班，并在中文部加授商业尺牍课程。华侨学校的学生毕业后，也多从事商业活动，《菲律宾南甘马粦华侨公立英学校十周年纪念册》附表中记录了该学校31名毕业生的近况，其中有12名经商[①]；宿务中华学校情况也类似，在104名华侨毕业生中，有39名经商，占总数的37.5%[②]。

华侨学校的经营也与华侨商人有着密切关系，如"中西学校"在建设之初，归善举公所管理，但是由于资金问题，遂由华商杨嘉种先生担任董事，筹集办学款，此后学校的资金得到扩充。华侨视捐助教育为荣，《菲律宾让德吴氏宗亲会八十周年纪念刊》中载："在华校无法筹措资金以提高华文教师待遇的情形之下，由宗亲会对教师提供奖励金，是一件非常有意义的事业。"[③] 华商捐款是华侨学校资金的重要来源之一。在全菲的61所华侨学校中，34.4%由华侨商人创办，其中在马尼拉的18所华侨学校中，有7所由华商出资创办，占全部华侨学校的近39%；外省比例略低，1/3的学校是由华商资助建立[④]。如"怡朗中华米商会"成立不到一年就"拨款一千元，捐助华商学校，以为建筑中学校舍之用"[⑤]。然而，华侨捐款是自愿性质的，无法强制，因此款项来源极其不稳定。

为了争取更多的资金，1914年，马尼拉侨界代表商议成立"华侨教育会"（Philippine Chinese Education Association），并决定征收"教育附加捐"，即由华商按营业额的多寡负担教育经费，"每售百元须纳一元之营业税，欲于此税之上，课以附加税，以充教育费"[⑥]。具体来说，按华商营业税的2%征收教育经费，由税务部门代收后交给教育会。此后教育附加捐的税率有两次调整，1920年9月增至4%，1923年增至5%。历年教育附加捐的情况如表5-5所示，从1917年的2.39万比索增至1919年的

[①] 《毕业生最近近况统计表》，第4页，吴远生：《菲律宾南甘马粦华侨公立英学校十周年纪念册》，大华印刷公司，1931。

[②] 《宿务中华学校表格之九毕业生状况表》，第287页，菲律宾宿务中华学校：《菲律宾宿务中华学校落成纪念刊》，菲律宾宿务中华学校出版社，1926。

[③] 菲律宾让德吴氏宗亲会编《菲律宾让德吴氏宗亲会八十周年纪念刊》，1988，第37页。

[④] 《菲律宾各埠华侨学校统计表》，第10～15页，黄晓沧编《菲律宾马尼拉中华商会三十周年纪念刊》丁编，中华商会委员会出版部，1936。

[⑤] 詹廷机：《经济 一年来怡朗之米业和米商会组织之经过》，第49页，杨静桐：《菲律宾华侨年鉴》，菲律宾华侨年鉴出版社，1935。

[⑥] 〔日〕长野朗：《中华民族之海外发展》，黄朝琴译，暨南大学南洋文化事业部，1929，第173页。

6.22万比索，1920年，第一次增加税率后，附加捐没有显著增加，但是1923年第二次增加税率后，教育附加捐数额达到高峰，为11.51万比索，此后受经济环境的影响，附加捐开始下降，特别是1929年之后大幅下降，到1931年仅有2.69万比索，回到初征捐税时的水平，1932年教育附加捐还曾一度终止，1933年复又开征。教育附加捐的变化，一方面显示出华商对于华侨教育事业的支持和贡献；另一方面，捐税数额的变化也可以反推出华商的年营业额，因此，其数额多寡也反映出华侨的经济实力。由此可见，全球经济危机之前，菲律宾华侨商人的年营业额大致在1亿~3亿比索。

表5-5 1917~1931年教育附加捐及华商年营业额

单位：万比索

年份	附加捐	营业额	年份	附加捐	营业额	年份	附加捐	营业额
1917	2.39	11950	1918	6.34	31700	1919	6.22	31100
1920	6.36	15900	1924	10.51	21020	1928	8.66	17320
1921	6.02	15050	1925	10.43	20860	1929	7.03	14060
1922	8.29	20725	1926	9.97	19940	1930	4.34	8680
1923	11.51	23020	1927	9.33	18660	1931	2.69	5380

资料来源：孙承译《日本对南洋华侨调查资料选编（1925—1945）》第二辑，广东高等教育出版社，2011，第317~318页。

第三节 华侨经济网络

中介商的角色不仅使华商在以进出口贸易为主导的经济结构中占据关键地位，形成了具有排他性的中介行业，而且出口导向型经济形态使得华商不断深入菲岛内地收购出口产品，华侨头家因此在各地设立出口商品的生产基地，华侨生产业由此发展起来。为解决资金融通和发展侨汇业务，华侨金融业也不断发展壮大。由此，不仅形成了一个由头家领导的，从菲律宾港口城市辐射向内陆的华商收购与销售网络，华侨还不断进入生产领域和金融领域，并形成了一个"出口导向型"的华侨经济网络。[1]

一　华侨生产业

如前所述，华侨生产业可分为农业和产品加工业，其所占份额远小于华侨商业。在很长的一段时间，菲律宾工业都未能脱离原始工业阶段，主要是农产品加工业，即把收获的农产品如蔗糖、椰子、麻和烟叶，加工成砂糖、椰油、椰干、绳索、雪茄香烟等初级产品；也有部分的家庭工业，以棉织物和麻织物的编制为主。美国统治菲律宾之后，由于新式机器的引入，菲律宾开始有一些现代工业，但其所占比重不大，整体来看，菲律宾工业还是以农产品加工业和家庭工业为主。

（一）华侨农业

16 世纪菲律宾农业还处在刀耕火种的原始阶段，在西班牙统治菲岛的很长一段时间内，由于殖民者醉心于大帆船贸易带来的巨额利润，对发展菲岛当地经济没有任何兴趣，因此，菲律宾农业生产技术极端落后。以大米为例，菲律宾人的传统种植方式有三种：其一是"毁林轮垦"，即通过砍伐烧毁树林，清理出田地种植谷物；其二是种植洪水稻（tubigan），即在洪水泛滥之前将种子撒在河滩上，利用洪水冲刷使得养分充分沉积，以节约劳动力投入；其三是水稻种植法，即将秧苗移栽至耕地中，通过自然生长和人工灌溉的方式种植水稻。与前两种方式相比，第三种种植方式对人力要求更高，更适合人口密度较大的地方，未在菲岛普及。西班牙殖民菲律宾后，为满足西班牙人和大量移民对粮食的需要，中国人带来了各种农具，并教给菲律宾人耕种技术，"岛人最初耕种之法，系用各种大小竹竿，以为耕种器具，及华侨来菲，方自中国输入镰锄及各种农具，并教岛人以中国耕种之法。故至今菲岛各处农具，尚沿用华名也"[2]。

如上文所述，华侨在菲律宾主要从事商业活动，经营农业的华侨较少。1589 年，少量华侨在马尼拉附近务农，为西班牙殖民者提供食物，他们还受西班牙地主和教会雇用耕种土地；1603 年马尼拉溪亚婆区和中

---

① 庄国土、陈华岳等：《菲律宾华人通史》，厦门大学出版社，2012，第 216 页。

② 《三十年来菲岛农业之进步》，第 1 页，颜文初主编《小吕宋华侨中西学校三十周年纪念刊》，小吕宋华侨中西学校，1929。

路区各有 250 名华侨受教会雇用耕种土地，并为他们提供食物；17 世纪 20 年代，大批华侨被驱赶到中吕宋和南吕宋地区开垦荒地，种植水稻；1638 年菲律宾总督派 6000 多名华人前往内湖省卡兰巴区（Calamba）开垦荒地，种植水稻供应军事要塞[①]；1785 年殖民当局下令在邦板牙的坎达巴湖（Lake Candaba）建立一个 200 人的华侨居留地，并命令所有华侨进行农垦。黄明德先生在《菲律宾华侨经济》一书中提到，北吕宋的高山省有三四户菜农，内湖和黎刹的华侨养鸭业颇负盛名；洪文炳先生在回忆时也提到，在距离马尼拉 250 公里的碧瑶市（Baguio），有一些华侨经营菜园[②]。

19 世纪之后，为了发展当地经济作物生产，西班牙殖民者颁布了一系列政策，试图把华侨吸引到农业生产领域。如华侨入境时必须宣誓只从事农业生产；务农的华人天主教教徒可以免受驱逐令限制。1804 年，殖民者下令务农的华侨，即使不信仰天主教也可以留居菲岛，同年，殖民政府强迫马尼拉的华商关闭店铺，到外省从事农耕活动；1834 年，殖民政府重申，只有从事农业的华侨才可以离开马尼拉到外省居住。1850 年，华侨农民被给予和菲律宾人同等的特权，每年仅需缴税 12 里尔，而其他华侨则需要缴纳 6 比索的人头税和营业税；同年，总督颁布法令，鼓励田庄主和种植园主引入华人农业劳工，不再限制华侨农民数量。但是这些政策的效果并不明显，1870 年，从事农业的华侨还不到 500 人。

美国统治时期，华侨没有耕作农产品的权利，菲律宾农业几乎被菲律宾人垄断。1935 年，华侨在家畜饲养业的产值是 60 多万比索，仅占全菲的 0.4%[③]。关于这些从事农业生产的华侨是如何获得土地的，档案中没有详细的记载，有一种情况是通过转卖合同方式，从土地耕作者手中获得土地，如卡加延的华人放贷者。但是华人很少自己耕作，多是在获得土地使用权后，又转租给菲律宾人耕作[④]。

虽然华侨很少涉猎菲律宾的农业生产，但是在不断地交往过程中，华

---

① 杨国桢等：《明清中国沿海社会与海外移民》，高等教育出版社，1997，第 74 页。
② 《洪文炳先生访谈录》，载张存武、朱浤源、潘露莉访问、林淑慧记录《菲律宾华侨华人访问记录》，"中央研究院"近代史所，1996，第 108～109 页。
③ 〔日〕井出季和太：《华侨》，六兴商会出版部，1942，第 326 页。
④ Edgar Wickberg, *The Chinese in Philippine Life*, 1850 – 1898（London：Yale University Press, 1985），p. 95.

侨把来自中国的农业技术和生产工具介绍到菲律宾，因此在农业技术的传播上，华侨起到了重要的作用。据传菲律宾梯田就是由中国南方传来的，农业耕种方法和农具使用也大多来自中国移民的介绍。张时雍在《中菲关系之过去及将来》中写道："华人初抵菲时，菲人尚浑噩无知，荆棘未开，农艺未兴，度其穴居野处，追飞逐走的原始生活。华人乃输入农具，教以耕种，教以建屋，并输入种子家畜布帛丝缕，教以收获，并教以仿造使用，俾其逐渐开化，进而教以人伦之分，长幼之别，以及烹饪之方法，历书之使用。"[①] 1685年，菲律宾从中国输入的犁耙数量为4751对和966个，锄头1446个；1686年，犁耙数量为3146对，锄头数量增至2010个；1687年犁耙数量为2200对，锄头数量为500个和39桶[②]。菲律宾的甘蔗栽培，以及旧式制糖法和养鸭技术也都是来自华侨的传授。

华侨不愿意从事农业，一方面是因为自古以来，旅菲华侨就以闽商群体居多，长期的经商传统，使得他们不愿意从事收益低的农业，他们出国只是为了谋生，最终还是要落叶归根，因此不愿被束缚在菲律宾的土地上；另一方面是因为务农需要迁移到较偏远的农村，华侨的人身和财产安全无法得到保障，"不难了解，中国人宁愿在城市工作，而不愿搞农业劳动。在农田方面，中国人经常受到他的竞争者，即当地居民的折磨。对于中国人靠勤俭和经商本领而发家致富的优越地位，当地人自然是嫉妒的。华工经常处在争斗之中，经常担心他的劳动果实会被毁掉，这种天然软弱的入境移民只能在政府的保护伞之下才得以生存，要不然只能靠有足够多的人彼此合作，进行防御……有利和不利于中国移民的、相互矛盾的谕旨在极短促的时间迅速更改，这对华工当然有很大影响，使他感到他的地位很不稳定，很不可靠。其结果是现在住在菲律宾的6万华人中，农田劳动者为数很少。不做买卖的华人都在城市或城市附近佣工"[③]。

（二）产品加工业

菲律宾的华侨工业基本是产品加工业，从经营内容来看，加工的产品大多是从菲律宾人手中收购的，通过华侨商业网络出口的产品，如木材、

---

① 刘芝田：《中菲关系史》，（台北）正中书局，1979，第65页。

② 方真真主译《华人与吕宋贸易（1657—1687）：史料分析与译注》第一册，（台北）"国立清华大学"出版社，2012，第165页。

③ 胡安·缅卡林尼：《菲律宾的中国劳工问题》，陈翰笙编《华工出国史料汇编》（第五辑关于东南亚华工的私人著作），中华书局，1984，第348页。

烟草等,见表5-6。20世纪前30年,华侨在产品加工业上的投资占华侨工业投资总额的一半以上;1932年除了投资于布匹的123万比索外,其余投资都集中在出口产品,占比达88.17%。这些产品经过华侨工厂加工后,一部分在岛内销售,其余部分则利用华侨商业销售网络运输到马尼拉或其他港口集中出口。

表5-6 菲律宾华侨工业投资情况

单位:%

	1900~1930年	1932年
制糖厂	0.37	
椰厂	5.9	9.2
麻厂	2.95	2.9
制材厂	18.14	2.2
烟厂	1.24	0.74
碾米厂	8.85	73.13
酿酒厂	14.84	
总计	52.29	88.17

说明:1900~1930年数据是由各个工厂数据加总得到,其中制糖厂包括制糖厂和烧砂糖厂,制材厂包括制材厂、家具厂、木厂和制匣厂。

资料来源:1900~1930年投资额见杨建成:《三十年代菲律宾华侨商人》,(台北)文史哲出版社,1984,第39~43页整理得到;1932年投资情况为菲律宾农商部统计,黄晓沧编《菲律宾马尼拉中华商会三十周年纪念刊》丁编,中华商会委员会出版部,1936,第21页。

从经营模式来看,华侨产品加工工业还有一个特点,加工工厂与华侨商业几乎是一一对应的,比如有一家酿酒厂就对应一家酒商,如华商吴起顺在马尼拉岷多洛区的仙道其厘街开设"顺成酒厂",在同一条街上,他又开设了"泉成号"和"顺捷成号"贩卖酒,还在君迷寿街(comercio)开设了"丰成号"和"永成号"贩卖烟酒杂货,这体现出华侨产品加工业主要是为商业服务的特点。华侨产品加工业被认为"不应该视为独立工业,仅系商业网络之一部分而已"[1],华侨产品加工业是将华侨商业网络延伸到生产领域,这就导致华侨产品加工业与华侨商业很难严格区分。

下面简单介绍下华侨在米、麻、烟草、木材业、糖和椰子制品等产品

---

[1] 杨建成:《三十年侨汇投资报告书》,(台北)文史哲出版社,1983,第34页。

的加工业情况，从经营过程可以看到，有些产品的加工工厂本身就是由华
侨头家经营的。

早在西班牙统治时期，华侨在碾米业上已经具有一定规模，进入美国
统治时期，华侨碾米业进一步发展。村田寿认为华侨米粟业占全菲 9/10；
卡利斯对菲律宾 2500 家碾米厂进行了调查，他认为华侨米厂占其中的
75%。二战前，吕宋岛碾米厂共有 31 家，其中 29 家为华侨经营。华侨碾
米厂的利润很低，根据美国学者在新怡诗夏省甲万那端碾米厂的研究，大
米出售价格的 87% 由稻米生产者获得，华侨碾米厂只能获得 13%，其中
除去 4% 的加工费、3.9% 的运输费和 2.1% 的市场费用，华侨碾米厂最终
获得的利润仅为米价的 3%[1]。但是，华侨碾米厂通常不是单独存在的，
其或者是进出口华商开设的，或者是经营大米贩卖贸易的华商开设的。如
进出口商蔡支籍经营的"胜泰米行"（Chua Chiaco）就在邦板牙设有碾米
厂，"崇兴米厂"（Chong Heng Company）在新怡诗夏省有两个碾米厂，而
经营大米贩卖业务的"享成公司"（Gonzalo F. Co. Toco）和"谷兴公司"
（Kong Heng Rice Mill Co.）都在新怡诗夏省的甲万那端开设了米绞厂，
"合裕公司"（Zacarias Co Kinqpec & Co.）则是在打拉开设了碾米厂[2]。华
侨米厂生产能力较强，1936 年华侨米厂单位小时的米产量为 1～2 吨，是
菲律宾人米厂的两倍[3]。

在西班牙统治时期，菲岛大规模耕作麻者并不多，多为小规模生产和
家庭工业加工。在麻业经营上，西班牙统治时期，华侨主要从事收购和贩
运活动，并不从事麻的栽种，而是在菲律宾人栽种完成之后，租一块土
地，将收获的麻贩卖到马尼拉集中出口。美国统治菲律宾之后，华侨的麻
加工业得到进一步发展。在麻绳制造方面，二战前菲律宾较大的 7 家制绳
厂中，华侨占 1～2 家，其余小的制绳厂即便不是华侨经营，也有华侨股
份；麻袋制造厂更是几乎被华侨垄断，仅在马尼拉就有 30 家华侨麻袋制
造厂[4]，如 1921 年开设的"德丰袋厂"，投资额达 10 万比索，有机器 10
架，员工 40 人，每日可生产 3 万个麻袋。

①　〔英〕巴素：《东南亚之华侨》（下册），郭湘章译，台北"国立"编译馆，1974，第 935 页。
②　见其在《小吕宋华侨中西学校三十周年纪念刊》所刊登广告。
③　黄滋生、何思兵：《菲律宾华侨史》，广东高等教育出版社，2009，第 405 页。
④　〔日〕井出季和太：《华侨》，六兴商会出版部，1942，第 327 页。

烟草业方面，1781 年，西班牙殖民当局推行"烟草专卖制度"，试图垄断烟草经营，但是由于利润低下，原本种植烟草的菲律宾人转而从事其他农产品种植，最终迫使西班牙殖民当局在 1882 年取消了"烟草专卖制度"。之后，那些向烟草栽种者放贷的华侨，从菲律宾人手中获得了土地并转租给菲律宾人种植，收获的烟草被华侨制成雪茄和香烟。这些华侨制造厂所生产的香烟通常是供应下层人民消费的廉价产品，最多的时候达到过 200 家。当时较大规模的烟厂有三家，其一是 1881 年开设的"许泉庆烟厂"，投资额 50 万比索，有机器 30 架和工人 200 名，每月生产纸烟 40 万只，扁烟 7000 只和烟末 4 万包；其二是 1890 年开设的"源馨烟厂"（La Grandeza），投资额达 75 万比索，有机器 36 架和工人 300 人，每月能生产价值 4 万 ~ 5 万比索的烟；其三是 1921 年开设的"菲岛香烟厂有限公司"，投资额 50 万比索，有机器 42 架，工人 284 人，每月可生产 150 万只烟卷[1]。根据 1935 年调查，全菲卷烟厂大概有 113 家（雪茄卷烟厂 86 家，纸烟卷烟厂 27 家），其中在纸烟卷厂中，华侨占十余家，规模较大的华侨工厂资本金达百万比索以上[2]。投资方面，华侨占全菲烟草投资额的近 25%（华侨投资约 677 万比索，欧美为 2000 万比索）。

菲律宾处在亚热带地区，森林资源极其丰富，经济森林占全国面积一半以上，而且很多适宜做铁路枕木，以及作为建筑栋梁和木制家具的优质硬木。但是在 20 世纪初，这些森林仍处于原始状态，并没有得到规模化开发。美国占领菲律宾后，建筑业得到前所未有的发展，同时由于美国本土对木材需求的增加，菲律宾的木材出口迅速发展，华侨木材业也随之发展起来。早在西班牙统治时期，马尼拉就至少有 10 家较大的华侨木材商。1901 年，在全菲 46 家木材厂中，华侨拥有近半数，占 21 家，主要从事制材和木品制作。最初木材的供应主要依赖菲律宾人，之后随着业务的扩展，华侨木材商把业务扩展到木材产地，从采伐、贩运、制材、出口都控制在华侨手中，如下文要提到的菲律宾"木材大王"李清泉。除了提供木材外，一些公司甚至还承包建筑工程，兼营木材相关行业，如杨孔莺的"振益木厂"（Yu Cong Eng）在"营业部"之外设"建筑部"；吴克诚的

---

① 黄晓沧编《菲律宾马尼拉中华商会三十周年纪念刊》乙编，中华商会委员会出版部，1936，第 47 页。
② 〔日〕井出季和太：《华侨》，六兴商会出版部，1942，第 327 页。

"吴合茂公司"（Go Tauco & Co.），在贩运木材之余，同时经营建筑包工，"包造各种屋宇，承建桥路各大工程"，此外还兼售汽油，并制作雪茄烟匣；许友超的"义隆行"（Pablo Co Quinco & Co.）也经营木材贩卖和建筑包工，同时还制作雪茄烟匣等。木商吴泽探开设的"合和兴木材"（Vicente Gotamco Hermanos）在"承造屋宇、桥梁、商行、工厂、学校大小工程建筑"外，还是为数不多的经营地产的华侨公司。经营林业需要领取各种执照，1927 年华侨可以领到的执照数还不到菲律宾人的 1/8[①]，1930 年，在 108 家无许可证锯木厂和贮木场中，约 90% 属于华侨[②]。据 1932 年农林局调查，在菲律宾所有 106 家锯木厂中，华侨锯木厂 6 家，中美合办 4 家，中菲合办 1 家，这 6 家华侨锯木厂的总投资额为 360 万比索，平均每家华侨锯木厂的投资额高达 60 万比索，超过美国锯木厂（42.2 万比索）和菲律宾人开设的锯木厂（11.6 万比索）。1935 年，在全菲的 204 家木材厂中，华侨木材厂占到半数以上，为 148 家；1938 年，全菲有 260 家木材厂，半数为华侨经营。1938 年，华侨在菲岛林业投资占全菲的 10%，采伐量占全菲的 8.9%，全菲锯木商和木材商的资本总额为 1000 余万比索，其中华侨投资额达 950 余万比索，占 90% 以上。

糖和椰子制品是菲岛出口最多的两种产品，但是由于西方资本，特别是美国的工业资本主要进入这两个产业，华侨在这两种农产品的加工生产方面势力较弱，多为一些较小的工厂。在糖业加工方面，西班牙统治时期，华侨在菲律宾甘蔗主要种植省份开设包装厂（Farderias），对未加工的粗糖进行提炼，提炼后的糖有的出口到英、美进行进一步精制加工，有的则直接供菲律宾国内使用。这种制糖方法较为粗糙，以牛拉两块圆石相互挤压甘蔗榨取糖浆，再放入锅中熬制成糖[③]。19 世纪 60 年代以后，菲律宾从欧美引进了现代制糖机器，由于机器提炼的糖比华侨工厂质量更高，于是华侨包装厂日益衰落。根据 1907 年调查，在全菲的 1075 家糖厂中，528 家是使用蒸汽动力的新式糖厂，多由菲律宾人和美国人经营；其余 470 家使用牛力或人力，剩下 77 家使用水力。1910 年，民都洛岛 600

---

① 1927 年各国商人在菲律宾领取的各种林业执照中，华侨为 303 件，而菲律宾人为 2616 件，见《第三篇菲岛之物产与富力》，第 12 页，吴承洛：《菲律宾工商业考察记》，中华书局，1929。

② 黄滋生、何思兵：《菲律宾华侨史》，广东高等教育出版社，2009，第 407 页。

③ 《论著 华侨开发菲岛之功绩与史乘》，第 9 页，杨静桐：《菲律宾华侨年鉴》，菲律宾华侨年鉴出版社，1935。

多家旧式小糖厂，被 19 家新式糖厂所取代①。新式糖厂建立后，菲律宾的糖业生产结构也发生了变化。之前菲律宾所生产的糖主要是土糖，而新式糖厂建立后，菲律宾开始主要生产美国所需要的砂糖，如图 5 - 3 所示，20 世纪 20 年代之后，土糖和砂糖的产量此消彼长。华侨旧式糖厂不堪竞争，逐渐退出市场。

1909 年，菲律宾始有椰油工厂，但生产技术简单，仅能满足本土消费需要，未能出口。欧战爆发时，菲律宾只有 1 家椰油工厂，1918 年增至 31 家。菲岛的椰油制造工厂主要由美国和西班牙人经营，华侨工厂占 25%②左右。早期华侨椰油工厂多通过手工方法提取椰油，1907 年，厦门籍华侨吕裕、吕音父子的"行裕公司"（Lu Do & Lu Ym Co.）购进了第一架"安德森式榨椰机"，每日生产椰油 10 吨，到 1933 年已有 5 架机器，传至第三代，椰油厂的规模和经营范围进一步扩大，1937 年，公司添置了 10 架"安德森式榨椰机"和 12 架"水力榨椰机"，收购了马尼拉 Carrero Vidal 油厂，销售范围也从米沙鄢扩展到棉兰老岛，1938 年，"行裕公司"所产椰油首次出口到美国③。

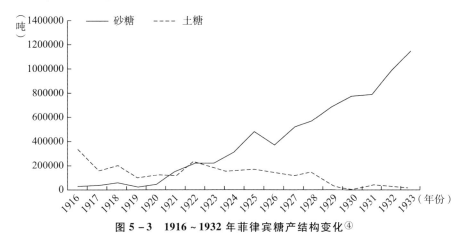

图 5 - 3　1916 ~ 1932 年菲律宾糖产结构变化④

福田省三在《华侨经济论》中比较了美国人和中国人在菲律宾生产

---

① 黎献仁：《菲律宾糖业考察记》，国立中山大学农学院推广部，1934，第 186 页。
② 〔日〕井出季和太：《华侨》，六兴商会出版部，1942，第 327 页。
③ 陈衍德：《战前东南亚华侨企业的个案研究——以菲律宾厦门籍华侨的企业为实例》，《现代中的传统：菲律宾华人社会研究》，厦门大学出版社，1998，第 107 ~ 108 页。
④ 1922 年至 1932 年的数据单位是长吨，按 1 长吨 = 1.01605 吨换算。

业的投资情况如表5-7。表中给出了加入公债和扣除公债投资两个标准，
之所以扣除公债投资是因为这部分主要用于政府债务、铁路公用和公共事
业等方面，这是基于美国殖民者的地位所决定的，在分析时予以扣除有助
于更好比较华侨和美国人在菲律宾生产业的投资情况。经过处理之后，可
以发现华侨的生产性投资远低于美国，其中差距最大的是农业，伐木制材
业差距较小。

表5-7　中、美对菲律宾生产业投资

单位：千比索

	中国人（1930年）	美国人（1932年）
农业	126	21232
制造业	29976	70948
矿业	272	5218
伐木制材业	10716	13000
小计	41090	110398
总投资	218272	515582（287612）
比重	19%	21%（38%）

说明：表格内的括号里为扣除公债投资后的数据。
资料来源：崔丕、姚玉民译《日本对南洋华侨调查资料选编（1925—1945）》第一辑，广东高等
教育出版社，2011，第165页。

　　具体来说，美国在制造业投资的7094.8万比索中，有2800万比索投
资于糖业，占近40%，其余多半投资于椰油炼制等相关工业，因此美国
在菲律宾生产业的投资比较集中。相对的，华侨的投资额虽然不大，但是
涉及的内容却很广泛，主要是木材加工业、精米加工业和酿酒业，其他还
有药材、椰油、家具等，种类繁多。1900～1930年，华侨在菲律宾投资
的131家行业中，工业占43家，农业占3家，工业方面投资超过百万比
索的有食品厂、酒糟厂、制材厂、烟厂和碾米厂等，其他还有各类与日常
生活相关的商品制造厂。

　　华侨工业不发达，导致华侨零售业多是"为己推销甚少，为人的却
多"①，西班牙统治后期，华侨商店主要销售欧洲产品，20世纪30年代之

① 黄晓沧编《菲律宾马尼拉中华商会三十周年纪念刊》乙编，中华商会委员会出版部，1936，第
59页。

后，主要销售日本产品，华侨制成品的销售所占份额不大。另外，在产品加工过程中，华侨为了尽快收回利润，有时不等作物成熟就收获加工，降低了制成品的品质，这也成为后来华侨工厂被诟病的原因之一。比较美国和华侨在菲律宾的工商业发展逻辑，可以看到，美国在菲的商业活动是为工业服务的，主要任务是完成初级产品与制成品的交换，特别是获得美国本土需要的初级产品，如蔗糖、椰子；而华侨工业则是华侨商业的附属行业，产品加工和制造的最终目的还是为了贩卖。在一定程度上，华侨成为农业生产者和消费者之间的中介。

（三）菲律宾华侨工人

早期来菲律宾谋生的华侨，虽然以从事中菲贸易的商人为主，但是也存在各种工匠，如渔夫、织匠、木匠、铁匠等，"各岛华人至多者，莫如小吕宋，且恃与中国一苇可航，往来便捷，服、食、器、用，皆由中国供之。小吕宋俨一中华世界，屋宇皆华式，店肆皆华款，所售皆华物，店伙皆华人，以及一切鞋匠、铁工、水夫、庖人、染人、修容之匠，向系土人所为者，今悉华人为之"①。相当部分华侨有双重职业，一方面手工制作或加工产品，另一方面又将制作的产品放在自己的店铺贩卖或沿街叫卖。

在西班牙统治之初，西班牙殖民者非常欢迎华侨，这些来到菲律宾的华侨除了从事中菲贸易外，还被西班牙人和菲律宾人雇用为劳工，其中一些还被西班牙国王正式授予"师傅"（maestro）证书。华侨集中在八连市场居住，从事西班牙人需要的各种"即敏捷又迅速，而且便宜"②的服务。除此以外，华侨还为殖民统治者修建城堡、教堂等。据《菲律宾华侨年鉴》记录："八连市场之中，百业皆备，市中华侨无游手，所造物品，间有胜过西班牙舶来者，其价又极廉。华人富有模仿天性，所制革履，不殊于西班牙运来者，塑像亦佳，全岷里拉各礼拜堂，所供奉之像，几尽出华人之手。"在建筑方面"一匠之工，每年可成一屋，道院、教堂、医院以至于城堡、营垒多出华人之手。业建筑者，且为人包建房屋，屋中装设涂漆，皆包括在内"③。华侨劳工虽然人数不多，仅占菲律宾华侨的10%

---

① 《光绪十六年四月二十八日条》，（清）崔国因著《出使美日秘国日记》上册，李缅燕校点，岳麓书社，2016，第135页。

② 〔英〕巴素：《东南亚之华侨》（下册），郭湘章译，台北"国立"编译馆，1974，第879页。

③ 《论著 华侨开发菲岛之功绩与史乘》，第10页，杨静桐：《菲律宾华侨年鉴》，菲律宾华侨年鉴出版社，1935。

左右，但是其对西班牙人来说非常重要，"在某些行业中，华人手艺工匠保持着自从西班牙时期开始即已占有的无法打破的独占地位"①。

19世纪50年代之后，为发展菲律宾当地经济，殖民当局开始大规模引进华工，充当"种植园或出口加工工厂劳力、烟叶、苎麻或矿业公司劳工、装卸货仓储工人，或者是从事工程建设"②。华工主要集中在马尼拉、怡朗和宿务等港口城市，也只有这些大城市能够吸收和消化大量工厂、货栈和码头工人。与东南亚各国普遍出现的契约劳工相同，菲律宾也出现了洋人贩卖华工的事情。1852年，英国人就开始参与华工运送，经营菲律宾苦力贸易的三家公司分别为英国的太古行、怡和行和美国的旗昌行，1891年日本邮船会社也参与进来。1869年，《总理衙门致闽浙总督及福州将军请照招工章程办理哗唎哦招工案》就提到，"洋人贩卖人口出洋，俗谓卖猪仔，唯吕宋此风为甚。……有陈氏禀诉其子陈麒麟冤遭诱骗来厦，卖给吕宋招工一节……而该华工多半拐卖，此其明证也"③。

但是，与其他东南亚国家相比，菲律宾契约劳工规模较小。根据1903年的人口普查，菲华侨人口中劳工所占比例仅为11.6%。究其原因，一则是因为菲律宾华侨通常是由亲戚引渡来菲，具备一定的经济基础，有能力支付亲属或同乡来菲的费用。华侨来到菲律宾后也主要在华侨店铺或工厂工作，Murray④在分析菲律宾各种族工资时就认为，44%的华侨在全是华侨的工厂中工作。另外，菲律宾华侨各途商会有一项重要职能就是为华侨提供就业服务，因此菲律宾华侨多是直接进入华侨社会，而不与菲律宾社会接触。最后，菲律宾长期以来实行的是排斥华侨的政策，进入20世纪之后，美国将其国内的排华法案使用在菲律宾，相对于东南亚其他国家，菲律宾华侨移民规模本身就不大，华侨劳工更是没有形成规模，大多数菲律宾的中国移民是自由劳动者。

---

① 〔美〕E. 威克保（E. Wickberg），蔡寿康译《菲律宾华人早期的经济势力（1850—1898）》，《南洋问题资料译丛》1963年第2期，第122页。
② 菲律宾华侨善举公所九十周年纪念刊编纂委员会：《菲律宾华侨善举公所九十周年纪念刊》，1986，第154页。
③ 陈翰笙编《华工出国史料汇编》（第一辑中国官方文书选辑），中华书局，1984，第531～532页。
④ John E. Murray, "Chinese-Filipino Wage Differentials in Early-Twentieth-Century Manila", *The Journal of Economic History*, 62 (3), 2002, p.784.

二　华侨金融业

华侨金融业包括信局、银行、保险业等，华侨金融业在美国统治后才逐渐形成规模，金融投资在 1932 年甚至超过商业投资，占菲律宾华侨投资首位。

（一）信局

西班牙统治后期，由于华侨经济的发展，华侨资本开始不断壮大。而且在二战以前，华侨移民东南亚各国的主要目的是谋生，最终还是希望能回到故里，而不是在当地定居。因此，华侨大多是把资本汇回故乡，赡养家眷，购房置地，修建宗祠，所以东南亚各国都形成了资金流回中国的现象，即华侨汇款。但是直到 19 世纪末，中国在南洋各国没有设立银行，也没有专门从事汇兑的机构，水客以及后来形成的信局，成为华侨汇款的主要机构。信局早期多是由专门替华侨带回信件、白银和物品的水客组织起来的。

1892 年，菲律宾成立了第一家由华侨设立的专门为华侨提供汇款服务的"天一信局"，这也是东南亚较早开设的信局之一。"天一信局"由漳州籍华侨郭有品开设，总局在福建龙溪县，在马尼拉、安海和厦门三地设分局，直到 1896 年，"天一信局"经营的几乎全部是菲律宾侨汇。之后，随着业务扩展，"天一信局"又在漳州、港尾、浮宫、泉州、同安、上海、香港，以及菲律宾的怡朗、三宝颜、苏禄，以及南洋其他国家设立分局。全盛时期，"天一信局"有 33 个分局，雇佣职员 556 人①。"天一信局"在管理上有非常严格的规章制度，服务也非常周到。信局雇用固定信差，严禁向侨眷收取小费，汇款一般在解付前三四天通知收款人，所汇款项即便一时未到，信局也会垫付款项。汇款华侨持有票根，便于查询，收款者持有回批纸，用以寄回家书，凡过节信局可登门收汇，代写书信。由于信用很好，"天一信局"深受华侨信赖。根据厦门十年海关报关记载，1889～1901 年，厦门所收邮件近一半是由"天一信局"投递的，经"天一信局"汇回的侨汇数额一度占闽南地区接收侨汇的 2/3。1912 年和 1913 年，经"天一信局"汇回厦门的款项分别是 8.5 万比索和 21.5 万比

---

① 中国银行泉州分行行史编委会编《闽南侨批史纪述》，厦门大学出版社，1996，第 175～176 页。

索，1914 年上半年汇回款项达 22.2 万比索①，1921～1926 年，每年由
"天一信局"汇回的款项在 1000 万～1500 万银元②，1928 年，受到经济
萧条影响，"天一信局"倒闭。

随着汇款业务的增加，20 世纪 20 年代之后，华侨信局大幅增加，其
中既有专门从事汇兑业务的商号，也有一些由进出口商行开设的汇兑部
门，兼营汇兑业务，比如著名的"远胜公司"（Go Colay & Co.）本来是
经营进口业务的贸易商，主要经营日本商品，之后为了抵制日货开始经营
菲岛华侨汇款，并成为菲律宾侨汇主要机构；再比如"炳记行"（Siuliong
& Co. Inc.）不仅有负责收购土产销往中国和欧美市场的"出口部"，同
时还有"汇兑部"，经营上海、香港、厦门等处汇兑业务。

菲律宾的信局主要集中在马尼拉，20 世纪前 30 年约有 15 家；1936
年的《菲律宾指南》记录，马尼拉的信局达 46 家；二战前，根据台湾拓
殖株式会社调查，菲律宾共有 83 家华侨信局。另外，由于菲岛华侨大多
来自漳、泉两地，其汇款地基本集中在厦门，因此厦门方面的调查也可作
为对菲律宾信局的一种补充。郑林宽在福建各县调查了 1935 年侨汇情况，
其中涉及与菲律宾通邮的还包括以下四家信局：捷兴、正大、和盛和捷
鸿。加上《侨汇流通之研究》③ 中提到的雁飞、捷胜、捷发、云柱、王针
五家信局，截至二战前，菲律宾的华侨信局大致有 122 家之多，见表 5-8。
1931 年，在马尼拉成立了"华侨信局联合会"，该会团结各信局策划将
来，"华侨信局联合会"以中兴银行为基地开展活动。次年，菲政府企图
增加汇兑执照费，在"华侨信局联合会"的抗争下最终未予通过。此外，
"华侨信局联合会"还多次组织向国内捐款，资助国内建设与革命事业。

表 5-8　马尼拉信局

宝兴信局	鸿通信局	俊美汇兑信局	同聚泰
常川信局	华安信局	李世扁信局	万芳汇兑信局
达华汇兑信局	华昌汇兑信局	鲤安汇兑信局	万丰信局
大安汇兑信局	华大信局	利民汇兑信局	万里汇兑信局

① 杨建成：《侨汇流通之研究》，（台北）文史哲出版社，1984，第 115 页。
② 中国银行泉州分行行史编委会编《闽南侨批史纪述》，厦门大学出版社，1996，第 175～176 页。
③ 杨建成：《侨汇流通之研究》，（台北）文史哲出版社，1984，第 107 页。

续表

大华信局	华丰信局	连捷信局	万信和汇兑信局
大来汇兑信局	华光信局	联合信局	万众汇兑信局
大同信局	华山汇兑信局	灵通信局	王顺兴
大元信局	华通汇兑信局	路透汇兑信局	王针信局
大中汇兑信局	华兴信局	梅峰信局	协安信局
德昌布庄汇兑信局	华章漳泉信局	绵春信局	新华汇兑信局
东方信局	黄天宗	南昌信局	信成信局
福安信局	汇丰汇兑信局	南成信局	信义汇兑信局
福建汇兑公司	建华信局	南光汇兑信局	许大通信局
福通信局	建南信局	南华汇兑信局	雁飞信局
光华汇兑信局	建泉汇兑信局	普通信局	杨万益
函光信局	建源信局	谦信汇兑信局	义鸿信局
汉昌汇兑信局	江春信局	侨安汇兑信局	益和信局
合安汇兑信局	江南汇兑信局	庆源顺记汇兑信局	益华信局
合发信局	交通汇兑信局	泉昌汇兑信局	益兴汇兑信局
合盛汇兑信局	捷安信局	泉南汇兑信局	远大信局
合众汇兑信局	捷春信局	荣华信局	远胜公司汇兑信局
和安信局	捷发信局	荣西信局	云柱信局
和盛信局	捷鸿信局	瑞丰信局	振华汇兑信局
和源汇兑信局	捷华信局	顺昌信局	正大信局
恒丰信局	捷胜信局	顺益漳泉信局	中菲汇兑信托局
鸿安信局	捷顺信局	顺源信局	中和信局
鸿昌汇兑信局	捷兴信局	天安汇兑信局	中央信局
鸿昌信局	锦昌信局	天成信局	重庆汇兑信局
鸿美信局	锦隆汇兑信局	天和信局	竹安汇兑信局
鸿盛信局	锦美信局	天利信局	
鸿顺信局	聚华信局	天南原记汇兑信局	

资料来源：崔丕、姚玉民译《日本对南洋华侨调查资料选编（1925—1945）》第一辑，广东高等教育出版社，2011，第170页；《第六篇 马尼拉全志》，第105～106页；傅泰泉：《菲律宾指南》第二版，菲律宾指南发行部，1935；郑林宽：《福建华侨汇款》，福建省政府秘书处统计室，1940，第68～69页；杨建成：《侨汇流通之研究》，（台北）文史哲出版社，1984，第107页。

据小林新作研究，在进行汇款时虽然汇票买卖是通过外国银行（36%）、邮局（32%）和中国银行（32%），但是直接的汇款者大部分是信局或批局[1]。在菲律宾华侨汇款中，有相当部分是通过"远胜公司"汇兑部和"建南信局"汇回的。"远胜公司"汇兑部在 1936 年和 1938 年汇回的款项，分别占菲律宾侨汇总数的 34.21% 和 31.58%，之后有所下降，1939年和 1940 年分别占 16.67% 和 18.42%[2]。"建南信局"1938 年的侨汇额占全菲侨汇总额的 21.05%，之后两年下降至 12.5% 和 15.79%。通过这两家机构汇出的侨汇占到菲律宾侨汇总额的 1/3 左右，1938 年，甚至一半以上的侨汇是通过这两家机构汇出的。如第三章所述，菲律宾华侨人数虽然在南洋各国中是最少的，但是侨汇数额很可观。1937～1938 年，在福建各县信局收到的汇款中，经由菲律宾信局寄出的款项占一半以上，达到近 1300 万元[3]。1938 年厦门沦陷，侨汇分散到泉、漳各县，即便如此，经由菲律宾信局寄回的款项也达到 411 万元，占福建所有信局接收汇款总额的 27%。

（二）银行

华侨在菲律宾开展商业通常靠长期资本累积，在华资银行建立之前，华商资金不足或周转不灵时很难得到资金供给，只能宣告破产，再从小商贩做起。1850 年以前，华侨虽然名义上可以从华人"社区基金"中以 6% 的利率借贷，但是"社区基金"大多被殖民者挪用于建筑工程或是支付西班牙人工资，因此华侨非常难获得资金支持。菲律宾银行最初是以向商人发放高利贷的慈善基金[4]形式存在，他们并不向华侨提供一般商业贷款。18 世纪中后期，有些西班牙人开始向华商提供资金，不过这仅仅是个别现象。19 世纪 50 年代到 80 年代，有些西方商人向华商提供贷款或是作为其贷款的担保人，但是这种现象也不是很普遍。一般来说，西方商人会采取赊欠方式，赊给华商一定数量的进口商品，以供其经营商业，在规定时间之前（通常是 3～6 个月），华商会先偿还一部分贷款，以赊得更

---

[1] 〔日〕小林新作：《华侨之研究》，东京海外社，1931，第 220 页。

[2] 杨建成：《侨汇流通之研究》，（台北）文史哲出版社，1984，第 115 页。

[3] 郑林宽调查了侨乡信局接收的汇款额，从中选出与菲律宾通汇的信局整理得到，郑林宽：《福建华侨汇款》，福建省政府秘书处统计室，1940，第 100～103 页。

[4] 这些发放基金的人多是教会人员，1841 年有四个基金团，其中三个隶属于天主教不同教派（分别为多米尼甘教派、法朗西斯肯教派以及沉思教派），另一个隶属于教区僧侣团体，〔菲律宾〕格雷戈里奥·F·赛义德：《菲律宾共和国：历史、政府与文明》上册，吴世昌译，商务印书馆，1979，第 288 页。

大数量的商品，只要将拖欠的款项保持在一定范围之内，西方商人愿意将货物赊给华商，从而使短期信贷变成长期信贷，以维持与华商长期的商业往来。据估计，华商以赊欠方式获得的货款总额达 214 万比索。19 世纪80 年代之后，西方商行从事商业活动的限制逐渐放宽，这种赊欠方式开始减少，变为只允许现金交易，不少华商因此破产。

　　美国统治时期，金融业被控制在美国殖民者手中，华侨只能从华侨自己开办的钱庄获得资金，金额十分有限，不仅一般小商贩得不到贷款，就连经营进出口业务的华侨大商人也无法得到足够的信贷支持。同时，20世纪后，华侨举家迁往菲律宾的现象开始增加，华侨在汇款回乡之余也很关心他们在菲律宾生意，对资金周转的渴求不断增加。此外，华侨汇款业务的繁荣也需要银行这种近代金融机构的支持。因此，李清泉等华侨大商人决心依靠华商的力量，创办自己银行，以在金融业占一席之地。1920年在菲律宾成立了中兴银行，注册资本 1000 万比索，初期实收资本 200万比索，后增至 571 万比索，银行主要业务是为华侨商人提供贷款以及经营华侨汇款。中兴银行建立后，逐渐成为华侨汇款的重要渠道。

表 5 – 9　中兴银行股东情况

股东	祖籍	职业	拥有企业
李清泉	晋江	木材商、进出口商	福泉木厂、李清泉父子公司
陈迎来	思明	酿酒商	馨泉酒厂
薛敏老	思明	律师、进出口商	益华贸易公司
邱允衡	晋江	布匹商	炳记公司
李文秀	晋江	进出口商	新合美公司
林为亨	晋江	烟草商	懋源公司
吴择探	晋江	木材商	合和兴公司
杨嘉种	晋江	进出口商	洽顺号、洽成行
黄念忆	晋江	五金商	黄联兴铁业
吴记藿	南安	进出口商	吴记藿进出口公司等
黄祖贻		地产商人	贻记商行
施宗树	石狮		
李成业	晋江	苎麻商	太裕和
李绍唐			

续表

股东	祖籍	职业	拥有企业
黄奕住	南安	银行家	中南银行等
高祖川	晋江	律师	
吴序锦	南安	进出口商	东方商业公司
杨启泰	龙溪	五金商	瑞隆兴铁业
施宗符	晋江	麻商	施泉益公司
李昭璜		酿酒商	日昌酒厂

资料来源：崔丕、姚玉民译《日本对南洋华侨调查资料选编（1925—1945）》第二辑，广东高等教育出版社，2011，第364页；中国银行总管理处经济研究室编《全国银行年鉴》，中国银行总管理处经济研究室，1935，B133页；1937，G5页。

表5-10 中兴银行部分股东的建筑投资情况

姓名	公司	建造年份	面积（平方米）	费用（比索）
	中兴银行	1924	73784	733000
邱允衡	邱允衡父子公司	1931	750	800000
	邱允衡	1909	600	150000
黄念忆	黄连兴有限公司	1913	600	600000
		1932	500	300000
李清泉	李清泉父子公司	1920	1200	530000
杨启泰	瑞隆兴铁业公司	1922	1200	500000
陈迎来	馨泉公司	1928	560	250000
施宗树	施光铭	1911	3360	200000
李成业		1932		45000

资料来源：黄晓沧编《菲律宾马尼拉中华商会三十周年纪念刊》乙编，中华商会委员会出版部，1936，第43~45页。

中兴银行与华侨大商人密切相关，巴素说"在由一个人或一家人所经营的商号背后，都有两个华侨银行作背景"[1]，其中一个就是中兴银行。中兴银行的历届股东是菲岛华侨大商人，见表5-9。在这些股东中，有7位是日本《华侨领袖调查报告书》[2]中载入的著名华侨，如菲岛木材大王

---

[1] 〔英〕巴素：《东南亚之华侨》（下册），郭湘章译，台北"国立"编译馆，1974，第928页。

[2] 杨建成：《三十年代南洋华侨领袖调查报告书》，（台北）文史哲出版社，1983。

李清泉，苎麻商人李成业，五金商人杨启泰和黄念忆，酿酒商人李昭璜，律师高祖川和银行家薛敏老等。除此之外，还有资本达到百万比索的华侨烟草商林为亨，地产商人黄祖贻、酿酒商人陈迎来，布匹商人邱允衡等。黄奕住更是华侨界，甚至是中国最早的银行家，他不仅在1909年和1910年两次认股国内银行（分别是航业银行和信用银行），而且1921年在上海创建了中南银行，他在新加坡华侨银行也有股份。1919年，李清泉和薛敏老邀请他共同创办中兴银行，黄奕住首次入股就注入100万比索，占当时中兴银行实缴资本的一半。在中兴银行历届20任股东中，至少有6位是从事进出口的华侨商人，如李清泉、薛敏老、李文秀、杨嘉种、吴记霍和吴序锦。李文秀是"新合美公司"（Dy Buncio & Co. Inc.）的创始人，经营与美国、中国的大米、面粉、茶叶、罐头等进出口业务，被称为"进出口大王"。杨嘉种在菲律宾开设的"洽成行"经营出入口贸易，除了马尼拉外，其在全菲律宾有30家分店。吴记霍经营的产业非常广泛，在菲岛创办了19家工商企业。

中兴银行的主要顾客是华侨，特别是经营进出口业务的华侨商人，受到菲律宾国立银行和其他外资银行，如渣打银行的竞争，其在菲岛其他地方没有设立分行和事务所，活动范围主要在马尼拉。中兴银行的业务主要有两种，一种是存款、放款、内地票据贴现等针对菲律宾当地华侨的业务。存款业务是中兴银行最重要的负债项目，占总负债一半以上，在中兴银行建立的最初两年，存款甚至占负债业务的80%以上。中兴银行的放款对象一般是华侨零售店，主要是应对华侨小商店应急之需，贷款期限短、利息低、手续便捷，有时甚至提供无息贷款。短期商业借款占中兴银行资产业务的12%左右，最高时曾达到过16%（1938年），最低时为9%（1936年）。另外，中兴银行还为华侨中介商提供一些资金服务，如为华侨批发商提供票据贴现业务等，占其资产业务的32%～51%①。

中兴银行的第二种业务是汇兑业务，一般来说有两类，一类是换汇业务，如代客户买卖外汇，办理进出口押汇，为从事与中国进出口贸易的华商提供押汇等，此类业务每月在50万～100万比索。在开展换汇业务时，中兴银行甚至会为华商介绍或是联系国内厂商，在帮助菲律宾华商的同时

---

① 在资产表中的项目为买入票据、贴现票据和应收账款。

推销国货。另一类汇兑业务是侨汇[1]，侨汇业务 1928 年甚至占中兴银行负债业务的 19%，1933 年降至最低为 3%，之后逐渐回升，1938 年，侨汇业务占中兴银行负债业务的 7%。如第三章所述，中兴银行是菲律宾重要的侨汇机构，中兴银行资产负债表显示，1932～1938 年，由中兴银行汇回的款项占菲律宾侨汇的 17%～45%，除 1935～1936 年外，其余各年占菲律宾侨汇比例均超过 1/4。

1928～1938 年中兴银行的资产负债表显示，中兴银行经营情况良好，资本充足率基本能达到 25%～35%，这也从侧面说明，包括中兴银行在内的华资银行无法获得当地政府支持，只能依靠自身资本谨慎经营。中兴银行的资产流动性基本保持在 20%～35%，流动性很高，反映出中兴银行现金资产较多，资金缺乏流动渠道。关于中兴银行的收益情况，仅能查到 1933 年和 1936 年两年的损益表，根据杜邦分析法[2]，这两年的资产收益率，即每单位资产产生的净收益，分别为 3% 和 2%；权益报酬率，即每单位股东权益创造的净收益，分别为 9% 和 5%，盈利情况良好。另外需要注意的一个项目是海关担保，海关担保是对进口货物按照海关初步估算税款缴纳的保证金，待审价结束后，海关再按应缴纳税额多退少补，将保证金转为关税。因此，也可以将海关担保项目看成是从中国进口货物价值的一个指标。中兴银行资产负债表显示，这一指标在 1928 年之后持续下降。

1923 年全菲银行总资产[3]达近 3.4 亿比索，其中，中兴银行资产为近 1800 万比索，占全菲银行资产的 5%，1925 年和 1927 年，中兴银行资产增至 1900 万比索和 2400 万比索，占全菲银行总资产的比重分别为 7% 和 9%。1931 年，受到全球大萧条影响，全菲银行资产总额由 1927 年的 2.56 亿比索，降至 2.41 亿比索，而中兴银行资产却由 1927 年的 2390 万比索增至 1931 年的 2410 万比索，占全菲银行总资产的近 10%。表 5 - 11 比较了菲律宾各银行的情况，从成立时间看，中兴银行是除民兴银行之外设立最晚的一个银行，除马尼拉外，中兴银行在菲岛各地也没有开设分行，但是

---

[1] 在负债表中的项目为已承诺代收票据和其他代收票据。
[2] 杜邦分析法，是用来评价公司盈利能力和股东权益回报水平的方法，是从财务角度评价企业绩效的一种经典方法。
[3] 《第三篇菲岛之物产与富力》，第 96 页，吴承洛：《菲律宾工商业考察记》，中华书局，1929。

其资本收益率[①]却有 15.55%，与汇丰银行差距不大，高于美国的两个银行纽约银行和民兴银行，以及日本的横滨正金银行，位列全菲第六位。1938 年交通银行准备在菲律宾成立分行时，担心招致中兴银行股东的不满，遂与董事长李清泉、总经理薛敏老等华商进行了多次沟通，直至取得完全谅解，才开设支行。

表 5 – 11　菲律宾各银行比较

单位：比索，%

国别	银行	成立年	已付资本	纯利润	资本收益率
中国	中兴银行	1920	5713300.00	888555.64	15.55
英国	汇丰银行	1873*	9567719.54	1575557.83	16.47
	渣打银行	1872*	30000000.00	6723945.00	22.41
美国	纽约银行	1812	255000000.00	29246926.84	11.47
	民兴银行	1926	1000000.00	139199.35	13.92
日本	横滨正金银行	1916*	58250000.00	4195940.54	7.2
西班牙	菲岛银行	1851	5750000.00	1592317.75	27.69
菲律宾	菲律宾国家银行	1916	10000000.00	3931266.90	39.31
	菲律宾信托公司	1916	1000000.00	67666.86	6.77
	典当及储蓄银行	1882	1061285.97	442168.40	41.66

注：年份后的 * 代表在菲律宾设立分行的时间。

说明：纯利润为 1934 年的利润。

资料来源：黄晓沧编《菲律宾马尼拉中华商会三十周年纪念刊》丁编，中华商会委员会出版部，1936，第 23~25 页；〔日〕大谷纯一：《菲律宾年鉴昭和十六年版》，田中印刷出版社，1940，第 159~161 页。

（三）其他金融业

1. 保险业

美国统治菲律宾后，保险业开始发展。1916 年全菲共有 47 家保险公司，其中 4 家由菲律宾人经营，其余 43 家均由外国人经营；1939 年菲律宾人经营的保险公司上升到 18 家，外国保险公司则上升至 80 家，全菲共 98 家保险公司[②]。菲岛的保险公司以英国的公司居首位，占据一半以上，

[①]　资本收益率是企业净利润与实收资本的比率，是反映企业运用资本获利能力的财务指标。

[②]　〔日〕大谷纯一：《菲律宾年鉴昭和十六年版》，田中印刷出版社，1940，第 257 页。

其次为美国公司、菲律宾本土公司和日本公司。保险种类主要包括人身保险、火灾保险和海上保险，其他还有地震风灾保险、升降机保险、运输保险等。根据 1933 年菲律宾财务司对岛内保险公司经营情况的调查，华侨保险公司有两家，即"中国保险公司"（China Insurance and Surety Co. Inc.）和"益同人保险公司"（Yek Tong Lin Fire and Marine Ins. Co. Ltd.），这两家公司的营业情况，及其与菲律宾其他保险公司的比较如表 5 - 12 所示，华侨保险公司规模较小。

表 5 - 12　菲律宾华侨保险公司经营情况

单位：万比索

	实收资本金	收入	支出	资金	负债	纯利
中国保险公司	25	9.2	4.4	34.6	28.2	6.3
益同人保险公司	50	15.4	15.1	86.6	53.9	32.7
菲国内保险公司平均	55.4	58.2	43.8	221.2	515.9	67.2
外国保险公司平均	812.7	2293.2	2666.8	6231.6	4113.7	2117.9

资料来源：《第三篇菲律宾、越南、缅甸、暹罗》，傅无闷主编《南洋年鉴》，新加坡南洋报社有限公司，1939，第寅 76～77 页。

2. 不动产公司

在西班牙统治时期，几乎没有关于华侨投资不动产的记录，华侨来到菲律宾只是为了谋生，并不想在菲岛定居，一有剩余资本最先想到的不是如何扩大再生产，而是汇回国内购房置地，将商业资本转化为侨乡的土地资本，购买土地、房产传给后代，"稍有积蓄，即捆载而归，计产为子孙计"[1]。林金枝分析了华侨投资国内的商业结构，从全国范围来看，华侨房地产投资占全部华侨投资的 42.24%，位居第一位；单看闽、粤两省，这一比例更高，分别达 45.53% 和 52.6%[2]。到 1935 年，华商经营的不动产公司仅有四家，均在马尼拉，其中三家在岷都洛区，包括华侨进出口商邱允衡兼营的地产公司"邱允衡父子公司"，地产商黄祖贻经营的"贻记"公司，以及厦门侨商林珠光开设的"林云梯实业公司"（F. M. Lim Tuico）。其父林云梯以经营布业起家，极盛时在马尼拉有 7 间店铺，随后在马尼拉

---

① 王日根：《明清民间社会的秩序》，岳麓书社，2003，第 490 页。
② 林金枝：《近代华侨投资国内企业史研究》，福建人民出版社，1983，第 21 页。

大举购置房产，有20～30幢之多，大多出租获利，每月的房租收入可达3万比索，在经营不动产之余，还兼放贷款给不动产抵押者。此外，木商吴泽探还在溪亚婆区兼营实业。

然而，华侨即使有不动产投资，也主要是投资于厂房，其性质仍属于工业或商业投资，而不是为了生活和居住。《融合》刊物在比较菲律宾人和当地华侨的消费方式时说，"菲律宾人由于是本地人，手头有点剩余或储蓄，一般较倾向于先买地盖房子，先解决住的问题；而华人，特别是早期，由于还是移民身份（在心态上也是移民），手头有点剩余或储蓄，则倾向于扩大营业（商人）或开始做自己的生意（非商人），致力于资本的增殖，是先解决财富的问题"①。

三　纵向和横向经济网络

如前文所述，华侨新客对行业的选择余地不多，抵菲后大体是"前期抵菲的亲友从事何种行业，后来者亦追随之"②，由此形成了对某些行业的家族控制，构建起一个由家族经营的纵向一体化网络，"在家族和宗族关系的加持下，他们建立了一个庞大的零售商店网络……一个家庭集团往往在整个马尼拉地区拥有经营某类商品的所有商店"③。这种纵向一体化的例子非常多，比如南安华侨洪开年，最开始与其兄弟创办"东美公司"和"南美公司"，经营布业，后发展成为棉布进出口商，年营业额100万比索，1920年又创办环球织布厂，被称为菲律宾"布业大王"。纵向一体化最典型的案例多出自华侨木商。

李清泉祖籍晋江石圳，据《晋邑圳山李氏族谱》④记载，18世纪末第十三世开始旅居吕宋，此后世世代代在吕宋繁衍生息，传至李清泉父辈已经是第十六世。李氏家族最开始经营的是家具业，因遭受火灾，家业被

---

① 菲律宾华裔青年联合会编《融合——菲律宾华人》第二集，（马尼拉）菲律宾华裔青年联合会，1997，第119页。

② 陈衍德：《菲律宾华人的祖籍及相关问题》，《现代中的传统：菲律宾华人社会研究》，厦门大学出版社，1998，第27页。

③ 〔美〕阿图罗·吉拉尔德斯：《贸易：马尼拉大帆船与全球化经济的黎明》，李文远译，中国工人出版社，2021，第258页。

④ 庄为玑、郑山玉主编《泉州谱牒华侨史料与研究》下册，中国华侨出版社，1998，第706～721页。

毁，李清泉的父亲李昭以和叔父李昭北改营木业，在马尼拉创办"成美木业公司"。李清泉抵达菲律宾次年就负责经营"成美木业公司"，1912 年购置新型锯木机器，在范伦那开设了"福泉公司"①。1919 年，李清泉获得了伐木、锯木以及经营贮木厂的 20 年长期特许权，当时全菲仅有 17 家木材厂有长期特许权，李清泉就占其二，这很大程度解决了木材供应问题。1920 年，李清泉斥巨资收购了当时菲律宾生产能力第二的美资"内格罗斯木材公司"（The Negros Philippine Lumber Company），1928 年，他又在南甘马嵝收购并组建了"菲律宾制木公司"。李清泉还开设了"成美运输公司"（Dee C. Chuan & Co., Inc.），"采办菲岛红枋、白枋、亚必当及各种坚木，运销于本岛各埠及中国日本欧美等国"②。由此，解决了木材来源和岛际运输的问题，加强了木材产区与马尼拉之间稳定的商业联系。李清泉的弟弟李峰锐同样在马尼拉开设了"李峰锐公司"（Dee Hong Lue & Co. Inc.），并在三描礼士开设了"三描礼士木材公司"（Zambales Lumber Co.），在卡加延开设了"菲律宾红木公司"（Philippine Red Lumber Co.）为其提供木材。因此，到 20 世纪 30 年代，李清泉兄弟仅在马尼拉就有包括"成美公司""李锋锐木厂""李清泉木厂"和"菲律宾木行"在内的四家厂商，在卡加延、内格罗斯、南甘马嵝以及三描礼士各地还开设有锯木厂。最终，李氏家族的木材产品不仅销售全菲，而且直接出口到美国、澳大利亚、中国、日本、欧洲和南非等地，形成了一个覆盖全菲的木材业商业网络，控制了菲律宾木材交易的 80%，李清泉也成为名副其实的菲律宾"木材大王"。

此外还有晋江华侨吴克诚和陈祖储。吴克诚最先是在父亲经营的"合发木店"学习商务，19 世纪末他敏锐地发现，随着菲律宾政治局势的不断清朗，建筑业必将发展，对于木材的需求也将大幅增加，因此 1898 年，他在三宝颜附近购买一片未经砍伐的森林，并与当地政府签订采伐条款，将之名为"新晋江"，后又筹资购买机器，创办锯木厂。随后他在马尼拉创建了年营业额 300 万比索的"合茂木厂"（Go Tauco & Co.），"桥梁电焊车路枕木最为特色，红白坚精各料尤为齐全"，以及"棉兰老木业

① 戴一峰：《东南亚华侨在厦门的投资：菲律宾李氏家族个案研究》，《中国社会经济史研究》1999年第 4 期，第 62～63 页。
② 见成美运输公司在《小吕宋华侨中西学校三十周年纪念刊》所刊登广告。

公司"（Mindanao Lumber Company Inc.），"觅沙业锯厂"和"纳卯木行"等。他还购置轮船在菲岛各地运输木材，因此木材的采伐、制造、贩卖、运输均握于一人之手。陈祖储开设的"绵辉公司"（Tan C. Tee & Co.）在哥打巴托开采森林，并引进最新锯木机器制作各种木材，运输到马尼拉出售，其在马尼拉的锯木厂还雇用了很多工程师承办建筑工程，1927年，马尼拉嘉年华会场就是由其承包建设的。

从血缘和地缘关系看，菲律宾华侨木商的籍贯非常集中，"皆属晋江南都纵横三十里内之侨民也，苟非共乡同姓之亲，即朋友婚姻之好"。[①]在"马尼拉中华木商会"的34名委员中，除一名木商是南安籍外，其余皆是晋江籍，上述四位木商均是晋江籍华侨，所谓"区区一隅之侨商，几握全菲木业之牛耳，价欲上则上，欲下则下，操作裕如"。陈衍德根据对石圳李氏后人的访谈，估计在1920～1930年李清泉事业鼎盛时，很多石圳人来菲从事木业，形成了石圳李氏控制菲律宾木业的局面。这种牢固的血缘和地缘纽带也确保了木材产地华商与马尼拉华商之间稳定的联系。如第四章所述，李锋锐在任"中华木商会"会长期间，积极领导同行向政府争取权利，菲岛各地的木商均加入"中华木商会"，信息互通，情报共享。

另外，华侨进出口商兼业经营的现象也很普遍，一些马尼拉的华侨头家，利用其进出口商的地位，组织起一个跨行业横向一体化产业链，这样的例子非常多。比如吴记霍[②]，其"吴记霍进出口公司"主要是经营进出口业，但是在其名下另有"义源布庄"专营各色布货；"长江椰油厂"专制椰油，并制造肥皂、日用品和各糖果；"丰年麻袋厂"专制糖袋、米袋、椰袋；"勤农肥粉厂"专制肥粉用于椰子、谷类等植物的施肥，以及"竹林纸囊厂""汉冶萍铁钉锌线厂""丰利食品豆油厂"等7家工商企业，其在上海、厦门、福州、天津、汉口等处均有代理。再比如晋江华侨施光铭，他在马尼拉开设"晋益号"罐头厂，后又增开"泉益行"专营进出口业，比如椰、麻等土产和木材的贩卖，以及船务代理业务，他还在甲万那端创办碾米厂，在马尼拉中路区开设米绞业，在塔亚巴斯（Taya-

① 黄晓沧主编《菲律宾马尼拉中华商会三十周年纪念刊》己编，中华商会委员会出版部，1936，第102页。
② 周南京编《华侨华人百科全书》人物卷，中国华侨出版社，2001，第533页。

bas）创办木材厂等。同为晋江华侨的郑焕彩初抵菲时在"荣胜布庄"做学徒，后继承父亲所开办的"正益行"，当时"正益行"只经营米和杂货，之后逐渐拓展了业务范围，内部分为五部[①]：土产部、米绞部、入出口部、航业部和汇兑部，其中土产部经营白苎麻、椰干、糖、米、绿豆、烟叶和其他菲岛土产的收购；米绞部备有两台大号碾米机碾磨白米；入出口部则收购白苎麻和白糖，运往香港、上海、欧美和日本各港口，并从安南、仰光进口大米，从欧美进口食品罐头，以运往菲岛各地；航业部的轮船不仅在菲岛各地航行，而且还经营马尼拉与厦门之间的船舶往来；汇兑部则专营香港、上海和厦门之间的汇兑业务。其分店遍布邦阿西楠、打拉、萨马、莱特等地。与上述几位华侨不同，华侨巨商薛芬士是从宿务白手起家的，他曾在"金顺昌号"担任经理 11 年，后离开宿务到马尼拉，在"泉益行"任经理，同时开设了自己的进出口公司"益华商业有限公司"（Yek Hua Trading Corporation）。该公司分为四个部门：匹头部，专营从欧美进口的织物；药材部，专营欧美各国药材，甚至具有一些进口药物的独家经营权；食料部，收购各地罐头、鱼、糖、鲜果、面粉和咖啡等食品；杂货部，专营从欧美进口的各类杂货。华侨的这种横向和纵向一体化，是华侨经济网络在个别产业上的投影。

第四节　出口导向型华侨经济网络

通过上文的分析可以看到，华侨商业销售和收购网络是华侨经济网络的核心，华侨生产业通过加工商业销售网络所收购的产品，为各地的华侨零售商和马尼拉等城市的进出口商提供货源；而华侨金融业，特别是银行业，则为华侨进出口商、零售商以及华侨工厂提供资金支持。因此，华侨经济整体上呈现出"出口导向型"特点，本节将就此展开分析[②]。

---

① 见郑正益行在《小吕宋华侨中西学校三十周年纪念刊》所刊登广告。
② 具体模型分析可见，Stephen A. Resnick, "The Decline of Rural Industry Under Export Expansion: A Comparison among Burma, Philippines, and Thailand, 1870 - 1938", *The Journal of Economic History*, 30 (1), 1970, pp. 51~73. 龚宁：《试论近代菲律宾华侨经济发展模式及其作用》（韩文），《东南亚华侨与东北亚华侨的比较》，首尔学古房，2015。

　　19世纪中叶开始，由于欧美国家对初级产品需求的增加，菲律宾当地的一些经济作物，比如蔗糖、椰子、麻制品等在欧美国家的需求也相应增加，导致了贸易条件的改善。需要强调的是，贸易条件本来是指相对价格的变化，但是在近代殖民背景下，宗主国垄断了被殖民国家的对外贸易市场，因此价格不再能反映市场的供需情况，而宗主国对被殖民国家出口产品需求的变化代替价格，构成了贸易条件改善的又一重要指标。

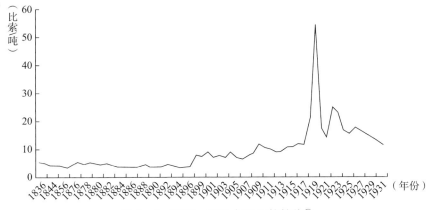

图5-4　1836~1931年马尼拉糖价①

　　以蔗糖为例，菲律宾蔗糖价格在很长一段时间内维持着一个很平稳的水平，在3~5比索/吨之间小幅度波动，见图5-4。1899年之后菲律宾的蔗糖价格开始大幅上涨，1910年蔗糖价格首次超过10比索/吨，一直到1918年维持在10比索/吨上下，1919年之后糖价大幅上涨，1920年达到最高值55比索/吨，此后逐渐回落，1921~1932年在15比索/吨左右。另外，美国的蔗糖消费一直在上涨，1836~1920年，美国的蔗糖消费如图5-5所示，从19世纪上半叶的不到10万吨增至1920年的489.5万吨。美国对菲律宾蔗糖的需求也水涨船高，美国统治菲律宾之初，除了个别年份外，输往美国的蔗糖占全菲蔗糖出口的比重不到10%，1908年之后菲律宾出口蔗糖的一半以上输往美国，1927年之后这一比例达到90%以上，1930年之后几乎所有菲律宾出口的蔗糖都被运往美国。美国统治时期，为了满足美国对蔗糖的消费需求，美国殖民者在关税政策上给予菲律宾蔗糖出口很多优惠政策，如1902年减免75%的蔗糖进口税，1909年又规定

----

① 1875年至1897年数据取最高价和最低价的平均值。

30 万吨以内的蔗糖进口完全免税，1916 年不再征收蔗糖的进口税，大量蔗糖从菲律宾运往美国。由于美国对菲律宾出口市场的垄断，在一定程度上，其对菲律宾蔗糖需求的增加直接改善了菲律宾蔗糖出口的贸易条件。

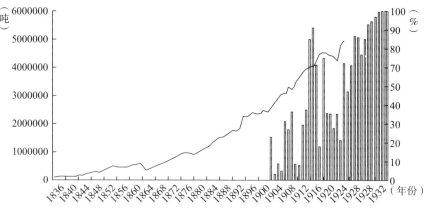

图 5-5　美国蔗糖消费及菲律宾出口到美国的蔗糖占比

　　实际上，相对于其他蔗糖出口国，菲律宾的蔗糖生产成本较高，如果没有宗主国美国的扶持，其在国际市场上没有太多竞争力。据《菲律宾糖业考察记》[①] 对 1934 年打拉一家蔗糖工厂月工资的调查，工资最高的是总管（Chief Suguar Boiler），月工资为 400 比索，最低的是糖汁接受槽工人（Juice Recieving Tank）和石灰混合槽工人（Lime Mixer），月工资为 45 比索，而 1935～1936 年普通菲律宾工人的日工资最高也只有 0.6 比索（即 18 比索每月）[②]。与其他产糖国相比，菲律宾蔗糖的生产费用也较高，"高于爪哇 70%，古巴 75%"[③]，因此"生产费用太昂，恐难与其他产糖国敌，目下所恃者，只美国税则之保护，故得自由销入美国市场耳。设此种保护不幸撤废，则该岛糖业在两年之内即行破产"[④]。菲律宾的其他出口品也或多或少存在这个问题，"菲烟在美国自由贸易保护之下，尚且不能和受征收重税的外烟竞争，若菲岛独立后，菲烟入美，也同别国一样受征重税时，菲烟将难维持原有的美国市场，那对于菲岛的烟业，也像糖椰

①　黎献仁：《菲律宾糖业考察记》，国立中山大学农学院推广部，1934，第 33～34 页。
②　《第一篇总说》，第 11 页，傅泰泉：《菲律宾指南》第二版，菲律宾指南发行部，1935。
③　黎献仁：《菲律宾糖业考察记》，国立中山大学农学院推广部，1934，第 196 页。
④　陈驹声：《世界各国之糖产》，商务印书馆，1935，第 72 页。

一样的，将受重大的打击"[1]。可见，美国市场需求对菲律宾出口贸易条件改善的重要作用。

表 5 – 13　1913～1927 年菲岛重要物产物价指数

年份	米	麻	粗麻	糖	椰油	椰干	烟
1913	100	100	100	100	100	100	100
1923	159.2	151.2	101	253.2	116.3	76.9	86.7
1925	176	211.6	179.1	143	147	92.3	113.5
1927	141.6	175.7	153.9	147.4	125.9	79.5	93.3

资料来源：《第三篇菲岛之物产与富力》，第 107～108 页，吴承洛：《菲律宾工商业考察记》，中华书局，1929。

由于美国对菲律宾蔗糖出口的垄断，在一定程度上，虽然对以价格表示的菲律宾蔗糖贸易条件没有太大改变，但是美国对菲律宾蔗糖需求的激增，本身就代表了贸易条件的改善，促进了菲律宾蔗糖的出口贸易。除了蔗糖外，20 世纪 20 年代，菲律宾其他的初级产品的市场价格也有不同程度的上涨，见表 5 – 13。如 19 世纪末麻的出口价格为 140 比索/吨，1899～1907 年增至 316 比索/吨，1914～1918 年达到高峰为 469 比索/吨，此后有所下降，20 世纪 30 年代之前，保持在 320 比索/吨以上[2]；1886 年椰干首次出口时，出口价格为 78 比索/吨，到 1928 年已经高达 192 比索/吨[3]。

贸易条件的改善，对于菲律宾消费者和华侨生产者产生了一定影响。对于消费者来说，由于进口产品的价格相对于国内非贸易品更低，特别是当进口品的需求价格弹性较大时，消费者倾向于消费进口产品。从进口品构成来看，根据第三章的分析，早在大帆船贸易时代，从中国进口的丝棉制品就占有重要地位，到了西班牙统治后期和美国统治时期，纺织品在菲律宾进口市场的地位仍未被撼动，只是进口对象由中国转为欧美国家。除了丝棉制品外，矿油、车辆及零件、电器机器、化学品等也都是菲律宾的主要进口产品。可见，菲律宾的进口产品主要是工业制成品。与生活必需

---

① 黄晓沧编《菲律宾马尼拉中华商会三十周年纪念刊》乙编，中华商会委员会出版部，1936，第119 页。

② 《经济 菲岛之苎业》，第 75～76 页，杨静桐：《菲律宾华侨年鉴》，菲律宾华侨年鉴出版社，1935。

③ 黄晓沧编《菲律宾马尼拉中华商会三十周年纪念刊》乙编，中华商会委员会出版部，1936，第109 页。

品不同，由于这类产品无法在菲律宾国内生产（或者生产成本太高），因此进口产品的消费价格弹性较大，相对价格的微小变动会造成需求的大幅变动，当世界市场的贸易条件改善后，进口产品相对价格下降，一方面，替代效应使得消费者更多地消费进口产品，另一方面由于价格下降，菲律宾消费者得到了一笔额外收入，由于进口产品是正常产品，因此收入效应也使得进口产品的消费进一步增加，最终，当贸易条件改变后，消费者偏向于消费进口产品，减少对非贸易品的消费。

对于华侨生产者来说，华侨更愿意将其资源投入与出口相关的行业，因此当贸易条件改变后，倾向于增加出口产品的生产。如本章第三节分析，华侨生产业不是独立存在的，而是附属于华侨商业，华侨工厂通过加工收购的农产品，为各地华侨代理商和马尼拉华侨头家提供货源，甚至很多华侨工厂本身就是由华侨头家开设的。当贸易条件改善后，出口产品的相对价格上升，华侨生产者将更多生产出口产品，减少非贸易产品的生产。可见，由于华侨经济网络以商业，特别是进出口业为核心的特点，当贸易条件改善后，华侨将更多地把资源投入与出口贸易相关的生产部门，减少非贸易品的生产。

综上，当世界市场贸易条件改善后，在消费者领域，进口产品的消费挤压了国内非贸易品的消费空间；在生产者领域，出口产品的生产挤压了国内非贸易品的生产空间，因此华侨经济呈现出口导向型的特征。

华侨经济的产生源于中国和菲律宾双边贸易的开展，西班牙统治后期中菲贸易衰落，华侨经济开始从对外贸易转向菲岛内地。那些原本从事贸易活动的华侨作为西方商人和菲律宾土著之间的中介商，其中一些华侨头家成为西方商人在菲律宾的代理人，从事与进出口有关的中介商业活动，另一些华侨则是散布到菲岛各地，成为这些华侨头家与菲律宾农民之间的中介商。因此在商业领域，由马尼拉等港口城市的华侨头家为领导，建立起一个从马尼拉深入菲岛内部的商业销售网络，这个网络有着极强的核心，由马尼拉的岷都洛区和仙里龟呐区向全菲扩散，并以华侨商业销售网络为核心，进一步形成了一个覆盖农业、农产品加工业和金融业的出口导向型华侨经济网络。

第六章 西班牙和美国对菲律宾华侨的政策评估

华侨通过"头家制度"形成的稳定商业联系，构建了一个从马尼拉等港口城市深入到菲岛内地的商业销售网络和出口导向型华侨经济网络，华侨经济网络的建立又加强了"头家制度"的稳定性，这种互动使得华侨在菲律宾形成了相当强大的经济势力。但是，华侨经济的发展，势必遭到殖民者的忌惮。因此在本书的最后一章将分析菲律宾华侨和华侨经济面对的政策环境，即西班牙和美国殖民当局在移民、贸易和经济等方面的政策，以及华侨如何规避这些不利于华侨发展的政策，这种规避本身从侧面印证华侨在当地的经济力量。

第一节 西班牙和美国的殖民统治

1524 年西班牙王室设立西印度委员会（The Council of the Indies）专门负责殖民地事务，菲律宾的事务也由其负责，直到 1821 年墨西哥独立之前，菲律宾群岛在行政上隶属于新西班牙（New Spain），西班牙驻菲律宾总督名义上隶属于设置在墨西哥的新西班牙总督府，然而由于菲律宾与墨西哥相距太远，墨西哥方面只保留监督权，由驻菲律宾总督独立治理其殖民地。菲律宾总统集行政、军事、外交和司法权于一身，兼任总司令一职，全面控制菲律宾。此外，王室还采取了"照办"制度（cumplase），当总督认为遵行法令会损害殖民地管理或将殖民地官员和居民置于困境时，可以延缓执行法令。对总督的制约机制有二：其一是王家检审庭（Real Audiencia），1583 年根据王室敕令设立，次年开始执行职务，直属于西印度委员会，检审庭不仅拥有司法权力，还有行政和立法职能，但是直到 1861 年检审庭庭长还多由总督兼任（但是没有表决权），因此这一机制无法做到对总督的制约；另一个机制是终任审查制度（Residencia），这一制度是由继任总督对前任总督在职时的行为进行严格审查，审查会通常要持续半年，并将所有文件提交西印度委员会，以确认前任总督是否滥用职权，但是继任总督和原任总督通常在一个集团内，这一机制能在多大程度发挥作用是值得怀疑的。此外，王室对殖民地的官员还有巡查制（Visita），国王不时派巡视官（Visitador）视察殖民地情况。殖民统治的另一个重要手段是宗教，西班牙殖民占据菲律宾的一个重要目的，是企图建立"东方天主教帝国"，天主教会在菲律宾权力显赫，与殖民地的行政、司法机关鼎足而立，甚至有逮捕和审判总督的权力，是对总督的有力制约，可以向国王弹劾总督。马尼拉大主教担任最高职务，另在宿务、卡加延新塞戈维亚和甘马粦卡塞雷斯（Caceres）三地各设一位主教。教区既是一个行政自治中心，又负责传教和神学院教育，此外，"在民政权力方面，它推选各项任命的候选人，与各级民政机构相互影响，并负责执行政治当局所订的法规"[①]。西班牙的殖民统治是一种政教合一的统治方式，教会的职责虽然主要在教化方面，思想上作为一种殖民工具垄断殖民地的文化教育事业，但事实上教会经常利用传教活动插手，甚至控制地方事务，大肆掠夺土地，从事农业经营，参与大帆船贸易。在西班牙殖民统治的很长一段时间内，司法机关和行政机关的权力划分都不明确，彼此交叉。

相比之下，美国统治菲律宾的大部分时间是由民政长官直接统治，1899 年菲律宾战争爆发后，总统麦金利（Mckinley）为首的一方主张尽快以民政统治代替军事统治，当年他发表宣言，称"美国将予以菲人以极大的自由权之自治政府，但须受美国政府的管理"。因此美国统治菲律宾的一个特点，是以武力作后盾，政治上软化菲律宾人民的反抗，经济上加速开发和掠夺，意识形态方面则推行同化政策[②]。1901 年 3 月 2 日，美国国会通过了《斯普诺修正案》（Spooner Amendment），着手在菲律宾建立文官政府，7 月塔夫脱（William Howard Traft）就任总督，文官政府建立。1902 年 7 月，美国国会通过了《菲律宾法案》（Philippine Bill），对于立

---

① 施雪琴：《菲律宾天主教研究：天主教在菲律宾的殖民扩张与文化调试（1565—1898）》，厦门大学出版社，2007，第 81～82 页。

② 黄滋生、何思兵：《菲律宾华侨史》，广东高等教育出版社，2009，第 421 页。

法、司法性质和司法机构进行了明确的划分和规定。1912 年，威尔逊总统主张菲律宾应该逐渐独立，1916 年的《琼斯法案》（Jones Law）承诺未来让菲律宾自治，并给予菲律宾人参政的权利，增设菲律宾参议院，"菲岛上院，以九人组织之（美人四菲人五），由总统委任。以立法而兼行政者也。菲岛总督，即为上院委员之一。近有主张上下两院。概由菲人选举。惟仍设总督一人为行政官吏。以为独立之准备"[1]。到 1921 年殖民政府中美国籍文官仅 610 人，而菲律宾文官则达到 13240 人，是美国文官的近 22 倍[2]。1935 年，根据《泰丁斯－麦克杜菲法》菲律宾成立自治政府，奎松（Manuel Luis Quezon）成为菲律宾自治政府第一任总统。虽然美国与西班牙一样使用宗教控制菲律宾人思想，但是并非强制性，美国的思想控制主要是通过教育实现的。

　　在西班牙统治菲律宾时期，对华侨的政策总的来说是由宽到严再到宽。西班牙人初到菲律宾，不论是其在菲岛的生活，还是开展对外贸易，甚至连镇压土著反抗所使用的武器，都是华商从中国运来的。因此最初，西班牙人对华侨比较友善，积极吸引华侨来菲。然而，随着华侨在菲岛数量越来越多，西班牙殖民者对华侨产生了矛盾心理。一方面他们需要华侨运来的物品维持日常生活和大帆船贸易，另一方面，他们又害怕华侨会影响其殖民统治，这两种心理交织在一起，导致了对华侨政策的反复。西班牙统治的最后一个多世纪，大帆船贸易走向终点，殖民当局为了缓解财政危机，制定了各种经济计划，发展菲岛当地经济，菲律宾劳动力不足的问题凸显出来。为此，西班牙殖民当局改变了对华侨的暴政，放宽了对华侨移民、居住以及职业的限制。美国统治菲律宾后，不论在移民政策还是经济政策上，都加强了对华侨的限制，另外随着菲律宾人和华菲混血政治和经济地位的提升，其对华侨也构成了很强的竞争与制约。但是，相对于西班牙统治者赤裸裸的屠杀、驱赶和经济掠夺，美国对华侨的政策更具有隐蔽性，通常通过立法方式实施，在一定程度上也允许华侨申诉，并进行适当调整。

---

[1]　《菲律宾之概况》，《东方杂志》第 14 卷第 11 号，1917 年，第 194 页。

[2]　萧曦清：《中菲外交关系史》，（台北）正中书局，1995，第 79 页。

菲律宾华侨移民和华侨经济网络的构建（1571～1942 年）

第二节　对华侨的移民和人口政策

一　西班牙统治时期对华侨的居住和移民政策

16 世纪末开始，随着华侨人口的增加，西班牙统治者感到恐惧，虽然西班牙官吏将华侨的危害归结为"消耗物资，抬高价格，造成不安、恐惧和不信任"①，但是实际上是害怕华侨暴动威胁西班牙人的殖民统治。西班牙殖民当局实施的一项长期政策就是控制华侨人口数量，但是其方式有所变化，早期基本以野蛮屠杀为主，之后则以驱逐为主。1603 年，殖民者借口"机易山探金"制造中国将入侵菲律宾的谣言，掀起反华情绪，大规模屠杀华侨；1639 年华侨因不满长期不公正待遇，以反抗强制务农的"卡巴兰计划"为导火索举行了起义，再次遭到大规模屠杀。在这两次屠杀中，死亡的华侨数量达五万人，马尼拉当地的华侨几乎被屠杀殆尽。1662 年和 1686 年，因恐惧郑成功据台对菲律宾不利，以及华人与西班牙人的冲突，殖民者两度屠杀华侨，致使千余名华侨丧生。1762 年，为惩罚那些在英国占领马尼拉期间，帮助英国人的华侨，西班牙殖民者又屠杀了 6000 名华侨。然而，在每次屠杀华侨之后，抵菲的中国船只数量均大幅减少，随之而来的是菲律宾经济的萧条和西班牙人生活的不便，殖民当局不得不改变其态度，吸引华侨入菲，因此之后的三次屠杀规模都不是太大。

17 世纪末，殖民当局采取驱逐政策来控制华侨数量，直到 18 世纪 70 年代，都是菲岛的"驱逐时代"，在近 70 年的时间内，殖民当局实施了三次大驱逐和若干次小规模驱逐。早在 1596 年"潘和五刺杀"事件后，殖民者就一次性驱逐了 1.2 万名华侨；1602 年西班牙国王还曾颁布法令，把华侨数量控制在 6000 人以内，并在 1606 年、1620 年和 1622 年三次重

---

① L. P. 达斯马里纳斯总督的信，转引自陈台民《中菲关系与菲律宾华侨》，朝阳出版社，1985，第 35 页。

申这一法令。17 世纪末开始，驱逐政策成为菲殖民当局执行的一项长期政策。1709 年，大部分华侨被宣布为"不受欢迎的、过剩的华人"而被赶走，不过"手工业和公共服务必需的人"被留了下来。1746 年，不少华侨被加上"众所周知的流浪者和无职业的人"罪名而被驱逐。1754 年，殖民当局再度驱逐非天主教徒华侨，规定 1755 年 6 月 30 日前不改信天主教者一律驱逐，只准 515 名华侨天主教徒和 1000 名"假托研究天主教教义"的华侨留下，另有一些自愿留在菲律宾务农的华侨未遭驱逐。为了清算那些在英国占领马尼拉期间给予英军帮助的华侨，殖民当局在第五次屠杀华侨之后，又在 1766 年对华侨进行全面驱逐。1766 年驱逐令规定①，①全面、无条件驱逐在战争期间背叛天主教信仰或犯有扰乱治安行为，或帮助敌人，或在各省煽动土著反抗的所有已婚、未婚华人；②12 岁以下的儿童可随其母留下，12 岁以上的如有悔改之意也可留下；③已随英国人离开且已被列入驱逐名单者不得再回菲律宾，否则处以死刑；④任何官员和神职人员在任何借口下违反本令者一律免职；⑤定期来马尼拉从事贸易的华人可依法继续前来贸易，但只能在圣费尔南多丝市场营业，且在定期集市结束后必须返回中国，严禁到其他港口贸易；⑥依法准许留菲的华人应进行登记，并到适于农耕和从事其技艺活动的指定城镇居留，但不得携带武器，且未经地方长官允许不得离开当地，否则驱逐出境。1778 年，巴斯科总督上任后虽然废除了驱逐令，但是直到 1850 年，对华侨人口的限制还是比较严格的。

　　为了方便管理和横征暴敛，殖民当局还对华侨进行了居住限制。1582 年殖民当局在马尼拉王城东北划定了华侨居留地"八连"，要求华侨集中居住在八连市场中，八连也就成为西班牙屠杀和敲诈华侨的乐园。八连先后经历了 12 次重建，7 次易址，每个地址都在炮台的射程之内，殖民者稍有不顺，八连就是最先被洗劫的对象。殖民当局以砖、瓦材料建筑会加强华侨防守能力为由，只准许华侨使用竹、木或茅草等容易着火的建筑材料，间接增加了火灾发生的风险，在历次八连被毁原因中，火灾是最经常发生的。八连市场内店铺不仅租金高，而且隐形费用很多。1582 年主教萨拉查在给西班牙国王的报告书中说，在八连居住的华侨经常因为一些很小的原因被惩罚，而且西班牙殖民者以为国王抽取捐税为借口，规定华侨

---

①　黄滋生、何思兵：《菲律宾华侨史》，广东高等教育出版社，2009，第 211 ~ 212 页。

商品必须进行登记，在登记时，最好的商品被稽查员或登记员以任意价格取走，殖民官员甚至通过暴力方式没收和抢夺这些货物。华侨一旦被发现有隐藏货物的行为，则要受到严重惩罚。

为了防止菲律宾土著与华侨联合起来威胁殖民统治，殖民当局还执行了华侨与土著隔离居住的政策，尽量减少华侨与菲律宾人接触，并诱使华侨皈依天主教。1598 年菲利普二世颁布第十三号法令规定，总督和司令官不得允许任何马尼拉居民，在他们的家里留住"常来"（即华侨），禁止华侨睡在城里，凡违反这条法令者应予严惩[1]。1642 年制定（1696 年重新修订）的《廉政条例》[2]（Ordinances of Good Government）是殖民官员的工作规范和行为准则，其中直接针对华侨的三条规定中，有两条涉及居住隔离政策。第 16 项规定，华侨异教徒不得住在土著居民区，若证明华人基督徒对土著有不良影响，已婚者遣送圣克鲁斯和岷伦洛镇（即后来的仙沓戈律区和岷都洛区），单身者送马尼拉八连。持政府许可证在外地经商的华侨不得在土著村镇过夜，否则判劳役两年，居住村镇的华人天主教徒，除已同土著妇女结婚，且持有政府许可证的华人外，人数不得超过为修道院及西班牙人村镇服务所需之数；第 34 项规定在其他省份做买卖的华侨，在许可期终止之前，必须返回马尼拉，任何官员不得为其续期，如果在政府许可证有效区（顿多、布拉干、邦板牙、内湖以及甲米地港）以外的其他省发现华侨，不论其是否持有许可证都应予以逮捕，并解送马尼拉量刑处罚，如果省长或其他地方长官为其非法发放或再续许可证期限，这些官员除罚款外终身不得录用。但是实际上，由于殖民官员收受贿赂，这些限制性法令大多没有得到严格实行。为了吸引华侨皈依天主教，殖民当局对华侨天主教徒和非天主教徒实行了区别对待，给予信教者优惠政策，如 1627 年，国王下令皈依天主教的华侨 10 年内免除所有额外税收，与土著缴纳一样的税金。改变信仰的华侨不仅可以免受驱逐，而且可以在菲律宾自由流动并享有婚姻特权，很多华侨为了生存皈依天主教，并与菲律宾妇女联姻，客观上造就了一批信仰天主教的华菲混血儿。

西班牙统治菲律宾的最后一个半世纪，为吸引华侨来菲发展当地经济，殖民政府放弃了驱逐和居住限制政策。1778 年殖民当局撤销了 1766

---

[1] 〔英〕巴素：《东南亚之华侨》（下册），郭湘章译，台北"国立"编译馆，1974，第 889 页。

[2] 黄滋生、何思兵：《菲律宾华侨史》，广东高等教育出版社，2009，第 179～181 页。

年的驱逐令，总督巴斯科派遣特使到中国招募华工，特别是对菲岛经济发展有帮助的技术工人。华侨的居住范围也逐渐扩大，1839年，受殖民当局许可的华侨可以到马尼拉以外地区从事短期商业活动；1849年，暂居华侨被允许在菲停留三个月，定居华侨则可以永居菲岛。19世纪中叶之后，随着马尼拉等港口陆续开放，外国资本快速渗透菲律宾，商品经济的迅速发展与劳动力不足之间的矛盾日益加剧，迫使殖民政府进一步放宽了对华侨移民的限制。1850年殖民政府颁布特别法令，准许庄园主和种植园主招募农业华工，不再限制农业移民数量，以弥补菲岛劳工需求，并且允许中国移民移居外省，但是不得从事商业、手工业和工业，只能从事农业或麻、蓝靛加工业。1863年，殖民当局不再对华工从事的职业进行限制，中国人能自由进入菲岛并选择自己的职业。1864年，西班牙与清朝正式签订《天津条约》，对华侨入境及居住的政策进一步放松，华侨数量迅速增加。

二 西班牙统治时期针对华侨的各种税费

西班牙殖民统治者对在菲律宾居住的华侨设立了各种税费，其开设和征收没有任何法律程序，极尽所能从华侨手中榨取钱财。1570年殖民政府开征贡金（Tribute），每人每年5里尔，这项费用不论华侨还是菲律宾人都需要缴纳，但是纳税单位不同，华侨以每个人为一个单位，而菲律宾人则以四个人为一个单位。仅在贡金缴纳上，华侨就需要支付四倍于菲律宾人的费用。除此之外，华侨还要缴纳名目众多的许可证费用，1603年开始，华侨每年需要交2里尔的居留许可证费，1612年增至每年8比索，1613年又增至10比索。1621年，殖民当局设立了免剪发辫许可证，华侨交付这笔费用后，可以在接受天主教洗礼时免剪发辫。1636年殖民当局规定，华侨如果要离开马尼拉，除了贡金和居留许可证外还需要再交1比索3里尔的特别许可证费。1639年第二次屠杀华侨之后，为惩罚华侨，科奎拉总督又开征了一项政府许可证，凡离开八连去其他地方谋生的华侨需再多缴10比索的许可证费用，且根据1642年《廉政条例》规定，华侨只能在顿多、布拉干、邦板牙、内湖和甲米地港五地经商，滞留天数限制为12天。1643年科奎拉（Sebastian Hurtado Corcuera）总督又加征6里尔的"临时许可证"费用，资助修建工事。就连华侨开展娱乐活动也需要许可证，17 世纪末，华侨为"享有在新年几天时间赌博番摊的权力"，缴纳了 10000 比索，直到 1797 年这种"赌博（麻将或番摊）许可证"仍然存在①。除了各种许可证费用外，1622 年开始华侨还需要支付每人每年 12 里尔的社区基金，这笔经费本是用于华侨社区的建设，但多半被强行挪用为西班牙人的酬金和工程建设费用。1627 年殖民政府颁布第十二号法令，提到了其管理办法"菲律宾的华侨应有一个三个钥匙的钱箱，每个'常来'每年应存放 12 里尔，以集成一项基金，作为支付皇室事务所需款项之用。国王命令每年年底的结余不得退还，而应作为'常来'的来年存款"②。

1790 年 5 月 14 日开始，贡金和各种许可证费用被合并为人头税，每年每人缴纳 6 比索，社区基金降为 6 里尔。1884 年，殖民当局以发放身份证的形式，实施分级身份证税（cedula personal）的新税制，规定年龄超过 18 岁的居民必须领身份证，且根据其每年缴纳直接税的多寡，按九个级别征收不同的身份证税，具体标准如表 6-1 所示。第 4 等级以下的华侨，还需缴纳人头税，新客也需要缴纳人头税，1885 年到达菲岛的中国移民每人要缴纳 10 元人头税，几年以后增至 20 元③，直至 1890 年针对华侨的人头税才被正式废除。与菲律宾人相比，华侨所缴纳的身份证税率更高，且年龄下限更宽，定为 14 岁。殖民当局对华侨的剥削非常严重，1889 年小吕宋华商禀呈小吕宋苛政十六条中说"华侨入境有费，验病有费，身税按男六元，女三元，修路、医馆、买卖货物、牌照、出境，节节有费，匿者重罚，华人与土人争，无论曲直，罚充苦工，土人杀华人，不过监禁，种种苛政，不可胜言"④。胡安也记录："1897 年政府财政收入中由菲岛中国人口缴纳的各种税款达 150 万元以上，包括身份证费，承包鸦片税额和各种生产事业的捐税。海关税收入的整整 1/3 是从中国人进口的、完全为中国人消费的货品征收来的。"⑤

① 李永锡：《西班牙殖民者对菲律宾华侨压迫的政策与罪行》，《中山大学学报》（社会科学版）1959 年第 4 期，第 110 页。
② 〔英〕巴素：《东南亚之华侨》（下册），郭湘章译，台北"国立"编译馆，1974，第 891 页。
③ 胡安·缅卡林尼：《菲律宾的中国劳工问题》，陈翰笙编《华工出国史料汇编》（第五辑 关于东南亚华工的私人著作），中华书局，1984，第 349 页。
④ 《光绪十五年十月十九日条》，（清）崔国因：《出使美日秘国日记》，李绲燕校点，岳麓书社，2016，第 23 页。
⑤ 胡安·缅卡林尼：《菲律宾的中国劳工问题》，陈翰笙编《华工出国史料汇编》（第五辑 关于东南亚华工的私人著作），中华书局，1984，第 349 页。

表 6 – 1　菲律宾身份证税

单位：比索

等级	年直接税额	菲律宾人身份证税	华侨身份证税
1	400 以上	37.5	48.9
2	300 ~ 400	30	40.75
3	200 ~ 300	22.5	32.6
4	100 ~ 200	12	24.45
5	50 ~ 100	7.5	16.3
6	12 ~ 50	5.25	9.78 **
7	8 ~ 12	3.5	4.89 **
8		3 *	免税 **
9	8 以下	2.25	免税 **

＊第 7 等级为 "纳税人的妻子"。

＊＊第 6 等级为 "前五等以外满 14 岁的男性"；第 7 等级为 "年满 17 岁的女性"；第 8 等级为 "14 岁以下及伤残、丧失劳动力者"；第 9 等级为 "在职的征税员、华侨社区管理官员和他们的妻子"。

资料来源：Edgar Wickberg, *The Chinese in Philippine Life*, 1850 – 1898 (London: Yale University Press, 1985), pp. 161 – 162.

除缴纳各种名目的税费外，华侨还必须服役，殖民当局规定 18 ~ 60 岁的华侨必须从事名为波洛（polo）的强制劳动每年 40 天，不愿服役的华侨可以选择出钱代役。华侨代役费每天 1.5 里尔，共 60 里尔，而菲律宾人的代役费则为 56 里尔，劳役也无形中成为一种变相的征税方式。1883 年，殖民当局将服役时间减少为 15 天，代役费增加到每天 1.6 里尔。18 世纪至 19 世纪，棉兰老南部和苏禄还有强迫贷款的习俗，当地的酋长强迫华侨接受贷款，每年需缴纳 25% ~ 30% 的利息，除非华侨回国，否则强制贷款将一直持续下去①。除此以外，华侨还需缴纳道路税，赌博税，军费，宗教费等，3 比索到 10 比索不等。除了这些税费外，殖民当局还对华侨进行各种形式的勒索，罚款，或强迫购买。1644 年西班牙总督科奎拉卸任时，最高法院检察官卡瓦列罗（Don Sebastian Cavallero）提供了一份 "卡瓦列罗证词"，揭露其在任职期间各种惩罚性增加税收，如政府许可证、临时许可证等，这份证词列举大量资料认为加税导致物价和劳务费用暴涨，"如果从中国到本群岛谋生的华人，来时不名一文，却要

---

① 周南京编《华侨华人百科全书》（历史卷），中国华侨出版社，2002，第 378 页。

为普通许可证缴付10比索，为筑堡（政府）许可证交付10比索，此外还有给书记官的费用，那么，他对他的劳动及劳动产品收双倍价钱，是理所当然的……一双鞋从前值2里尔，现在值4里尔；从前做一套外衣花2比索，现在得花四五比索……"① 殖民政府的横征暴敛，不仅给华侨带来了巨大经济负担，而且也扰乱了经济的正常运行。

三　美国统治时期对华侨的居住和移民政策

美国对华侨移民和居住政策一开始就以限制为主，其本土在1882年就颁布了《限制中国移民法案》（*Chinese Exclusion Act*），禁止中国劳动者向美国移民，美国统治菲律宾仅一个月后，军政府奥地斯准将（Brigadier-General Otis）发布命令，此法案在菲律宾同样有效。1902年美国国会正式决定，把美国排华法案实施范围扩展到菲律宾。1903年3月27日，殖民当局制定并通过"菲律宾移民法"，即"702号移民法令"。"702号移民法令"规定：进入菲律宾的移民限于以下三类人：其一，凡属过去在菲居留的商人及劳工，及现时在菲经商的华人眷属；其二，华人男女教员、学生及专门技术人员；其三，中国政府派遣来菲的外交官、商务官等官员及其眷属。华工不再允许入菲，虽然商人及眷属经批准后可以入境，但是批准手续通常比较严格，且设有很多限制和苛例，获准入境者极少。1921年，《时事月报》刊登了对华侨入境限制的一些情况：新客在登岸后五天内，需要缴纳宣誓书，移民局为确定其是否有居留权，会进行两项检查：第一种为暂时性检查，这种检查对15岁及以下的新客比较宽松，只需要检查入口证，并稍加询问即可；而对15岁以上的华侨，则需要押赴海关进行暂时查问，问题较复杂，若回答有所迟疑则会被拒绝，遣送回国。第二种为固定检查，新客通过暂时检查后，在移民部还要接受进一步检查，这种检查更加麻烦，比如当回答来菲目的是做店员或打工则会被遣送回国，再比如侨商后代一旦结婚就会失去其作为华商家属的入境资格，而且新客在回答问题的过程中一旦有前后矛盾就被视为不合格，不仅如此，检查人员还会召集其他当事人和亲属进行核对，若回答不一致也会被

---

① 黄滋生、何思兵：《菲律宾华侨史》，广东高等教育出版社，2009年，第156～157页。

取消新客入境资格①。1928 年，《南洋研究》刊登了一篇美国议员演说，他认为"本岛土人近来生活之所以渐衰，全由各方面之工价，日落一日，而该种惨状，皆由华侨在此占优位所致。菲岛之发达及命脉，全靠乎经济之丰裕，然现时经济之发展，已受华人之影响……目下最重要之工作，首宜调查旅菲之华侨，凡有违法登岸者，应即加以惩治，并逐之出境"②。1933 年当局颁布了"移民限制法案"，规定入境的外国人必须提供护照及本国许可证，并接受检查，入境时需缴纳 1000 比索的身份保证金和新入境居留证明费 50 比索。1938 年宣布"出生子"和"出生孙"两种护照无效，仅"商子"一种护照有效，同时开始着手清理以下三种华侨：其一，新到还未办理完手续的华侨；其二，手续办完即将放行者；其三，迁出境者③。20 世纪 30 年代美国在巴石河口一个小岛"水牢岛"（即工程岛）设置牢狱，将入境手续不完备和违法的华侨随意拘留于此，入境华侨的检疫和审查也在此进行，其亲友需缴纳担保金才能入境，否则将被遣送回国。虽然美国统治菲律宾期间，没有发生大规模的屠杀华侨事件，小规模的排华骚乱却时有发生，较为严重的两次发生在 1924 年和 1931 年。

　　对于已经入境的中国移民，限制也很多，最为典型的是关于华侨商人身份的界定。根据"702 号移民法令"，商人被定义为"从事商品购销，在一个固定处所，以其本人名义进行业务经营，并在其宣称作为商人期间，除在其业务经营中不可避免者外，不从事任何体力劳动者"。但是在实施过程中，却使用的是"190 号移民通告"对商人的定义，即"凡从事与其本身商业无关之体力劳动的华人，纵使在其收入中有一大部分纯粹来源于商业，亦不得视为'商人'"。而在实际执行时，又具体化为，"凡每季度缴不足 5 美元税金者非商人"。1909 年，海关当局颁布"移民苛法"，即"219 号法令"，将从事商业的华侨具体分为"商人"和"小店主"，而后者不能在菲居留。同时，合资经营者，不论股东有多少人，都只能按一人登记，其余股东按工人处理。1925 年《河南实业周刊》刊登了菲律宾限制华商入口的情况，对于华侨商人资格的认定，从"有 4000 资本金，

①　《菲律宾限制华侨入境益严》，《时事月报》第 5 卷第 7～12 期，1921 年，第 106 页。
②　《菲律宾待遇华侨之政策》，《南洋研究》第 2 卷第 4 期，1928 年，第 165 页。
③　《菲律宾限制华侨入口》，《国际劳工通讯》第 5 期，1939 年，第 127 页。

营业额在 12000 比索"，改为"必须持 10000 比索资本，每年营业额在 24000 以上"。同时，虽然没有明确的限制华商入境法令，但是通常华商必须带 10000 比索的现款，入境时受美领事馆多方检查，并且需要面试商业常识，入境后还需缴纳 20 美元注册费。对于已获得商人身份者，每两年必须再注册一次，否则驱逐出境①。1932 年对于华商家属入菲的规定是，华商每年缴纳营业税 140 比索，可向海关申请商人证明书，携带子女入境，但是海关方面很久不受理此项，或者在受理后不定期去店铺调查，一旦申请者不在，就拒绝发给证明。华商家眷入境必须向海关交申请并附照片，再由美国公使核查，未满十八岁必须由父母缴纳 2 比索人头税，如果不缴纳，将课以 200 比索的罚款。对于出境返回菲律宾的华侨，规定其或者娶菲律宾女子为妻，或者在菲律宾有产业，且需要缴纳 100 比索的手续费才能再次回到菲律宾。

第三节　贸易政策

一　西班牙统治时期的贸易政策

1576 年开始，马尼拉海关开始根据中国船载货数量征收 25～50 比索不等的系船税。1581 年，当局再按每吨 12 比索征收停泊税，同时按货值征收 3% 的关税（1606 年关税增至 6%）。1586 年，马尼拉西班牙人代表会议提出对输入菲律宾的各国货物，特别是粮食、各种补给品免征关税，以鼓励华侨来菲交易，但是未被接受。1589 年，殖民当局实施"整批交易制度"（Sistema Pancada），由总督和马尼拉市议会每年指定 3 名西班牙人组成委员会负责处理同华商的交易事宜，接待抵岸的中国商人，检查货物，待商议货物价格后，把货物分配给马尼拉的西班牙人，禁止私人与华商直接交易。为了限制贸易，1591 年，殖民当局实施禁布令，禁止菲律

---

① 《菲律宾限制华商入口》，《河南实业周刊》第 4 卷第 11 期，1925 年，第 12～13 页。

宾人民穿用中国丝、棉织品，他们认为由于穿用中国丝、棉织品使得华商获得了大量白银，影响了菲岛土布的生产和出口。

　　西班牙统治时期贸易政策最大的一个特点是对大帆船贸易的态度摇摆不定，贸易限额时松时紧。16 世纪 80 年代，西班牙人认为中国借马尼拉为转口口岸，将中国国内过剩的货物运往美洲吸取金银，而菲岛殖民当局却只能获得一些船舶税；1582 年，西班牙当局禁止马尼拉与秘鲁之间通航；1585 年，西班牙本土商人游说王室，试图终止马尼拉和中国的一切贸易，但是新西班牙总督拒绝执行，同年 11 月西印度委员会向国王陈述了禁止中菲贸易的弊端①，包括失去传播天主教的途径，容易激起菲岛华侨军事政变，以及当地的西班牙人依赖中国输入的武器和生活用品维系生存等。禁止马尼拉与秘鲁通航的命令于 1589 年临时执行，1592 年由西班牙王室正式下诏施行，此后又多次重申限制贸易政策。此外，王室推出了"限量许可证制度"（Permiso）对大帆船的数量和所载商品进行限制，1593年西班牙国王敕令，每年只允许两艘大帆船在西太平洋运载货物，每艘船的重量不得超过 300 吨，金额方面，马尼拉向墨西哥出口的货物总值不得超过 25 万比索，回程则以 50 万比索为限。但是，所有限制都没有得到严格执行，1726 年和 1734 年，不再坚持每年两艘船的规定；1720 年，大帆船的载重量限制放宽至 560 吨；金额限制则三次放松，1702 年，马尼拉向墨西哥出口的货物总值提高到 30 万比索，返航限额提高到 60 万比索。1734 年和 1776 年再次上升，马尼拉的出口货物总值分别提高到 50 万比索和 75 万比索，回程货值则放宽到 100 万比索和 150 万比索，是 1593 年规定的 3 倍。1718 年，西班牙王室还曾试图禁止大帆船运送丝绸到墨西哥，但是新西班牙总督拒绝执行该法令，并称"中国纺织品比来自西班牙的纺织品更便宜，墨西哥大多数人更喜欢从马尼拉运来的产品"。1720 年王室再次颁布禁令，遭到马尼拉方面的强烈抗议，最终不得不在 1724 年取消丝绸贸易禁令。

　　西班牙统治的最后一个半世纪，为了发展菲岛经济和当地经济作物的出口，当局采取了相对开明的政策，殖民政府在 1832 年、1837 年、1843年，三次下令减轻中国商船的进口税，鼓励华商来菲贸易。1864 年中国

---

① 《论著 华侨开发菲岛之功绩与史乘》，第 5 页，杨静桐：《菲律宾华侨年鉴》，菲律宾华侨年鉴出版社，1935。

与西班牙签订最惠国约定，"中国商船，不限只数，自由在菲律宾群岛贸易，享受最惠国条款待遇。如以后西班牙政府以任何权利给予任何外国商民时，是项权利，华侨亦得享受"①。

二 美国统治时期的贸易政策

美国统治期间，没有专门针对华侨来菲贸易的政策，而是通过一系列关税优惠政策，实现了美国对菲律宾对外贸易的垄断，从而把包括中国在内的菲律宾传统贸易伙伴排挤在外。在美国统治时期，在菲律宾对外贸易上比较重要的法案如下，1898 年《巴黎条约》第四条规定，"自该条约批准之日起十年期间，西班牙进入菲律宾的商船和商品，同美国进入菲律宾的商船和商品在关税上享有同等待遇"。1902 年通过了《关税调整法》，对商品分类课税，生活必需品课轻税，对奢侈品课重税，这对于出口品主要是奢侈品的西班牙不利。同年，美国通过《新关税法》，将菲律宾输入美国商品的关税降低 1/4。1909 年又通过《佩恩－阿尔德里奇法》，该法规定：美国输入菲律宾的商品完全免税，数量也不受限制，菲律宾商品输入美国则区别对待，大米同其他国家一样征税，没有任何优惠，糖、烟在一定限额内可以免税输入美国，其中糖的限额为 30 万吨，雪茄烟 1.5 亿支，雪茄烟 100 万磅，外卷烟叶 30 万磅，制成品如使用外国原料未超过产品价值 20% 可免税输入美国。1913 年通过的《安德伍德－西蒙斯法》，允许菲律宾产品无限额自由进入美国市场，出口商品的所有关税取消，以建立双方对等免税自由贸易制度。1934 年《泰丁斯－麦克杜菲法》，给予菲十年自治，之后允许菲律宾独立，自治期间，菲律宾输往美国的免税商品进行限额，精糖 5 万吨，粗糖 80 万吨，椰油 20 万英吨，棉纱、麻线、绳、绳索、粗线 300 万磅；从自治第六年开始，对上述商品征收 5% 的出口税，之后每年增加 5% 的出口税，而美国商品仍然可以无限制地免税出口到菲律宾。

---

① 〔美〕宓亨利：《华侨志》，岑德彰译，商务印书馆，1931，第 70 页。

第四节　对华侨的经济政策

一　西班牙统治时期对华侨的经济政策

西班牙殖民当局早期依赖大帆船贸易的巨额利润，对发展菲律宾当地经济没有太大兴趣，其对华侨经济的控制主要有两个方面，其一是限制华侨零售业。1586 年 4 月 20 日，殖民政府召集政、军、教各界负责人及居留菲岛之西班牙公民领袖，举行"马尼拉西班牙公民代表会议"，其中有两条关于禁止华侨零售业的建议，这是当局首次提出限制华人零售业，"（1）建议案第三项第二条：吾人盼望今后来菲华舶勿作零售买卖，并禁止本市居民公开或秘密购买。政府应指派适当人员专责收买所有进口华货，然后公平转售给西人、华人及菲人，其价格由总督或经总督任命之官员议定；（2）建议案第三项第三条：吾人建议禁止所有华商及华人摊贩居留此地，免其囤积物资或从事零售商业。华人的所有零售商店应于本年中由西班牙人全部接收，以便确保西商利益及鼓励西人之移殖。惟华人的天主教徒，不作来往生意的华工（即工匠、木匠、园丁、农夫等），及在乡间采购食料以供应市区之华人食料商，则准予在马尼拉市外居留"。1589 年 8 月菲利普二世针对以上建议，向新上任菲律宾总督达斯马里尼亚斯颁布训令，第 21 条规定："总督禁止华人叫卖商或摊贩留住菲岛，已经营零售业的华人店铺，应于一年内交西班牙人经营，并取缔华人抬高物价。"[1] 根据训令，1592 年新总督颁布法令，"中国商人不得以进出口批发商的身份在菲居留；除只准那些技工工匠在此居住外，其余华人，一待他们的货物卖完，就应回国"[2]。其二是 1642 年颁布的《廉政条例》，其对华侨收购菲律宾农产品进行了限制，第 14 条规定华侨不得向土著支付超过 5 比索的现金，预付稻米和其他产品也必须遵守此规定，收购农产品必

① 夏诚华：《菲化政策对华侨经济之影响》，（台北）乐学书局，2003，第 70 页。
② 庄国土、陈华岳等：《菲律宾华人通史》，厦门大学出版社，2012，第 138 页。

须现价付款，而且在王家仓库收购农产品和土著交付贡金前，个人不得
采购。

为了限制华侨零售业，1755 年阿兰迪亚总督组建了一家由西班牙人
和西菲混血出资的贸易公司，企图取代华侨零售业，但是公司很快出现亏
损，一年不到宣告倒闭。18 世纪 80 年代开始，殖民当局采取了一系列发
展当地经济的计划，比如 1778 年的"巴斯科计划"，以及由此计划号召而
产生的类似"国家之友经济协会""农业学校"等鼓励农业开发和推广新
种植技术的机构。为了发展当地经济，殖民当局希望将华侨引向农业生产
部门，因此一方面继续打击华侨零售业，另一方面对华侨进行职业限制。
1787 年王室颁布法令，华侨必须成批出售货物，只有土著居民可以从事
零售业，这是第一个明令禁止华侨从事零售业的法令。1828 年当局开始
对华侨按其所从事的行业或职业征收行业税，批发商年税 120 比索，零售
商 48 比索，各种工匠 24 比索，拒缴者须在 6 个月内离境，拖欠 3 个月者
将被押到种植园或公共工程中服劳役，日薪 2 里尔，直到交清欠税为止；
1830 年新增第四等级，对店员征收每年 12 比索的行业税。据 1831 年税收
统计，在马尼拉的 5708 名华侨中，一类 7 人，二类 166 人，三类 4509 人，
四类 830 人，另有 196 名年龄超过 60 岁的华侨免纳行业税。重税对华侨
造成了负担，1083 人逃到山区，453 人被强制服役，800 人因拒绝纳税被
遣返[1]。1843 年之前，西班牙政府还实行歧视性规定，规定华侨在菲从事
商业活动，需要有自己的房屋和足够的资金，否则不准营业。1852 年，
行业税的征收标准改为以纳税人的经济能力为基础，对华侨商店征收营业
许可税，且只对店主征收，店员和其他华人免税。按店规模大小及经营商
品种类，行业税分为四档，对第一类征收每年 100 比索的行业税，第二类
和第三类分别征收 60 比索和 30 比索的行业税，第四类征收 12 比索的行
业税。据 1886 年统计，第一类为店主 170 人，第二类为 2132 人，第三类
和第四类分别为 2437 人和 2028 人。除此之外，在定期集市出售商品的华
商还需支付每年 60 比索的特别税。

为了发展经济作物种植，西班牙殖民政府还对华侨进行了职业限制，
18 世纪末到 19 世纪，政府试图将华侨的经济活动集中在农业生产领域。

---

[1] Tan. Antonio S. , *The Chinese Mestizos and the Formation of the Filipino Nationality* (Manila: Kaisa Para
Sa Kaunlaran, 1994), p. 45.

早在 1679 年和 1776 年，西班牙殖民政府就颁布了一系列法令，取缔八连的商业交易，规定华侨必须从事农业。1785 年当局在邦板牙建立了一个 200 人的华人居留地，迫使华侨在当地开展农垦。殖民政府在 1800 年、1807 年和 1816 年三次下令禁止外国商人在菲律宾居住和从事商业活动。1804 年，西班牙国王发布敕令第六条重申华侨只能在八连经营商业，华侨如离开八连在菲岛其他处居住则必须从事农业或者充当工匠，并且在第八条降低了华工的纳税额，为每年 6 里尔。1828 年，殖民当局下令禁止外国人从事商业，1834 年又重申住在八连的华侨只能从事政府许可的职业，外省的华侨必须务农，总督在给国王的报告请求将务农华侨的税赋减到 12 里尔以下，以鼓励他们务农。

19 世纪 30 年代末开始，殖民当局逐渐放松了对华侨的职业限制。1839 年，得到批准的华侨可以在外省从事三个月的商业活动，同年 8 月 31 日殖民督署法令中列出了华侨职业范围，其中就有"进出口商及批发商"和"棉织品零售商"①。1843 年，殖民政府准许华侨商铺与英、法等外国商行享受同等待遇，系船税、居留税等杂税被取消。1844 年，王室取消了省长商务特许权的法令，这一法令本来是希望给新来菲律宾的西班牙移民从事商业活动的机会，但是实际上却是方便了华侨开展商业活动。1864 年，殖民当局已经不再对华侨进行职业限制，中国人能自由进入菲岛，并且可以拥有土地，1870 年还允许华侨拥有船只和其他动产。

二　美国统治时期对华侨经济的政策

与西班牙统治时期一样，美国统治者对华侨经济政策的一项重要内容是控制华侨零售业，但是与西班牙殖民者不同，美国统治者通过鼓励菲化，使得菲律宾人自发自觉与华侨零售商开展竞争。1905 年菲律宾民族主义者发起了"阿雷瓦洛运动"（Arevalo Movement），鼓励菲律宾人开展零售业，并提倡菲律宾人多光顾菲律宾人开设的店铺消费，以支持菲律宾人在零售业上与华侨竞争。1923 年菲律宾议员建议，菲律宾政府拨款支持菲律宾人的经济活动，为愿意经营零售业的菲律宾人提供每人 1000 比索的无息贷款。1929 年第一次全菲菲商大会召开，成立"菲律宾商人联

① 夏诚华：《菲化政策对华侨经济之影响》，（台北）乐学书局，2003，第 71～72 页。

合会"，并组建商业银行。1930年成立了旨在唤起经济上的菲律宾主义精神的菲化运动团体"新卡蒂普南"（Ang Bagong Katipunan），倡导爱国情操，保护和开发国家自然资源。1934年成立了"国家经济保护协会"（National Economic Protective Association），促进工业化，奖励国产以发展和保护菲律宾人的经济；同年还成立了"工商国有化促进会"（The Compania para la Nacionalization del Commercio al por Menor），促进零售业菲化。自治政府成立后，菲化运动得到了政府的支持，从政府层面支持菲律宾人与华商开展竞争，1936年成立了"米黍公司和菲律宾救助及贸易署"（Rice and Corn Corporation，Philippine Relief and Trading Adiminstration），1940年建立了"国家贸易公司"（National Trading Corporation），由菲律宾自治政府出资，支持菲化运动。

除了以上运动，当局还通过立法程序限制华侨零售业的发展。第一次世界大战期间，菲岛土产需求大增，导致菲律宾农民由生产大米转向种植用以出口的农产品，致使菲大米无法自给自足，米价大涨。1919年7月30日，菲议会通过"2869号议案"，即《禁米条例》，规定除输往美国外，禁止大米出口，并查封了华侨米商的大米存量，由政府按官方定价销售，之后又规定了大米最高限价，上等米每斗不超过16.25比索，中、下等分别为不超过15.25比索和14.25比索，超过限价以犯刑律论处。最高限价不仅损害了华侨米商的利益，也损害了种植者的利益，华侨米商只能停市观望，见此，菲律宾报纸又大肆鼓吹华人控制粮食买卖，欲激起菲律宾人和华商的矛盾。1920年，在华商和菲律宾农民的联合抵制下，对最高限价做出了适当调整，所有限价上涨2比索。

西班牙统治时期就曾试图要求华侨华商用西班牙文记账（1867年），但未能实施。1913年，菲律宾议会提出《西文簿记法案》，此后每届议会都对此法案进行了讨论。1921年2月10日，菲律宾议会通过了《西文簿记法案》（The Bookkeeping Act）。法案规定：①任何个人、商店、公司或社团，在菲律宾经营商业或工业或其他类型事务，按现行法律，均须用英文、西文或任何一种菲律宾文字记账，否则视为违法；②凡违反此项法律者，经定罪后，得科以1万比索以下罚金，或两年以下的监禁，或两者并科。此法一旦实施，华侨小店主会因无力雇佣记账员被迫停业，而即便能支付起雇佣费用，华侨零售商也会因为无法保护商业机密而在竞争中失去优势。经过华侨商人五年多的抗争，1926年最高法院宣布法案无效，同时颁布了"3292 号法案"，规定华商可以不必用西文或英文记账，但是每页要缴纳 1 仙的查账费作为翻译费用，并于 1928 年开始实行。

1923 年，菲议会通过了《内海航行条例》（The Coastwise Shipping Trade Act），内河航行是菲律宾岛屿之间的航线，主要用于运载货物调剂菲岛内部余缺，该法令意图收回外侨，主要是华侨的航行权，以限制华商零售业。该法令规定：①菲律宾的内海航业均属"国内所有权"，只有菲律宾人和居住菲律宾的美国人，以及他们的团体、商号或公司（股份至少 75% 为美人或菲人所有）才能经营内海航业，而且其代理人、船主或管理人，亦须居住在菲律宾的美菲籍公民；②凡总量在 15 吨以上的轮船，在 1918 年 2 月 8 日已依法在菲注册者，可享有内海航运权。但其所有权不得改变。如果是团体或公司，其股份不得转售予非菲律宾人或非美国人；③凡轮船为正式运转或将用于正式运转而请求注册，非经海关关长查验满意，并享有内海航运权者，不准注册；④凡轮船之租赁、转卖、让与或抵押给非菲律宾人或美国人，而事先未获海关关长准许者，向他国注册或挂他国旗号，而事先亦未获得准许者，以及航运时违反本法令任何条例者，应由菲律宾政府没收；⑤任何个人、团体、公司及社团，凡违反本法令任何条款者，科 5000 比索罚金，或 5 年以下监禁，或两者并科。根据条例，华侨旧船虽允许继续营业，但是不能新增或者以新代旧，不论对于华商航运业，还是华侨零售商的货源供应都是一个打击。

菲律宾自治后，在政策上加大了菲化力度，1935 年自治政府宪法中规定，政府推行天然资源、土地和公用企业实施菲律宾本土化，只有菲律宾公民或美国公民才能处置、开采、发展、利用和经营。华侨在农业、林业、矿业、渔业与交通运输、自来水、发电厂和广播通讯等公用事业上，不享有经营权。同年菲议员向国民议会提出《零售业菲化案》，其规定：①在菲岛的零售商，应属于美菲籍人所独享有的权利，任何外侨不得在菲经营零售商，如是股东合资开设者，则至少须有美菲籍人股资占 75%，方准经营；②现在菲岛经营的外侨零售商店，在本案实施后，仍可继续营业，但限于该店存货售完为止，唯其期间不得逾 1936 年 12 月 31 日；③凡外侨经营零售商者，如有不遵循第一条之规定者，得认为违法，而处以 1 年至 3 年的有期徒刑。因"中华商会"抗议，菲化案未予以通过，后又在 1936 年和 1939 年两次重提。1939 年，在菲议会重提的《零售业菲化案》中规定：零售业执照不可发给外侨；现已经营零业的外侨于 5 年内清算停业。1940 年《零售业菲化案》通过并在马尼拉实施，1941 年扩展到全国，后又缓行三年。

此外，1936 年制定了《反傀儡法》[①]，防止外侨特别是华侨利用菲律宾人作为傀儡从事经营菲化范围内业务，并成立"反傀儡委员会"，规定：禁止外侨担当"可以干预其管理、经营或控制，不论是作为雇员或是工人，有薪酬或无薪酬的职务"，违法者，将被委员会制裁，轻者罚款不少于 5000 比索，重者处以 5 年至 10 年有期徒刑。1939 年 11 月，马尼拉市议会讨论《公开市场菲化案》(*Nationalization of Public Markets*)，并于 1940 年 3 月重提，此案规定：①除了美籍公民外，任何人都不得在马尼拉市各公共市场内以任何方式经营商业，外侨在各公共市场已有商业并领有相当执照者，应在本条例经市长批准后三个月内退出所租摊位；②任何有资格在公共市场经商者，不得雇佣非菲籍店员；③违犯本市政条例者，除科以 20 比索以下罚款，或处以不少于 20 天之监禁，或两者并科之外，其在公共市场内之经商权亦应予以剥夺。这对在公开市场摆摊的华侨小贩是一个很大的打击。仅马尼拉一地，占市场摊位 13% 的约 500 名华侨被迫退出公开市场，3000 名华侨失去生计[②]。

在美国统治时期，由于移民限制政策，华工数量并不多，但是美国殖民当局和自治政府还是设定了一系列对华工的限制政策。20 世纪 30 年代实施了"专门职业菲化案"。菲律宾考试法规定，在菲从事各种知识性、技术性专门职业，均须受合格教育，参加政府举办的考试并获得及格。而要想参加考试必须是菲律宾公民，华侨除特许参加医师、护士考试之外，其他专门职业考试均不得参加。20 世纪 30 年代末，交通银行在菲律宾筹备期间[③]，菲律宾当局规定，银行从业人员中，菲律宾人必须至少占七成，而交通银行的法律顾问和董事会秘书，必须雇佣菲律宾人，菲律宾银行司随时有垂询业务和查账的权利。1939 年菲国会议员又提出"商店职工菲化案"，规定个人、公司设立的工厂及其他商业组织，所雇用职工至少须有 90% 为美菲籍，违犯者将被罚款和判刑，以保证菲律宾人就业，排斥华侨。

---

① 周南京编《华侨华人百科全书》（法律条例政策卷），中国华侨出版社，2000，第 86 页。
② 周南京编《华侨华人百科全书》（历史卷），中国华侨出版社，2002，第 155 页。
③ 上海市政协文史资料委员会编《上海文史资料存稿汇编》（第四卷经济金融），上海古籍出版社，2001，第 72 页。

第五节　殖民政策效果

　　一项政策的出台是为了解决某一个现实问题的，但是由于政策制定者的非理性和不充分信息，出台的政策是否能达到预期效果是不确定的，因此就需要对政策进行评估。William N. Dunn 对一系列评估标准进行了总结（见表 6 - 2）。在使用这些标准评估殖民政策效果时，有两项标准是不合适的，即公正性和适当性，前者是指政策的效果和成本在不同群体中的分配问题，而后者是政策的效率与公平问题。显然在对殖民当局的政策进行评价时，公正和公平的价值判断是没有意义的，因此下文仅讨论前四项。

　　具体来说，"效果"是将政策结果数量化后与实施政策的预期目标进行对比，比如西班牙和美国都对华侨实施了控制华侨人口的政策，那么政策实施后，华侨人口是否得到有效控制，是否在数量上有所减少。"效率"是生产特定水平效益所要付出的努力和成本，即为了预期目标的达成所产生的社会和经济的成本，社会经济成本越小政策越有效，一般来说，政策的连贯性越强，不确定性越少，政策执行的成本越小。"充分性"的定义是特定的效益能够满足引起问题的需要、价值或机会的程度，即指一项政策所达到的效果与制定政策者最终需求之间的关系。"回应性"是指政策满足特定群体需要、偏好或价值观的程度，其反映的是一项政策是否真的能够满足可能从政策中获益的某个群体的实际需求。由于殖民政策的特殊性，从政策中获益的群体就是政策制定者本身，因此殖民政策的充分性和回应性是重合的，即一项政策的实施结果是否满足殖民者本身的利益，一项政策涉及的利益相关方博弈越激烈，政策的充分性越差。

表 6 - 2　政策评估标准

标准类型	问题
效果	结果是否有价值
效率	为得到有价值的结果付出了多大代价

标准类型	问题
充分性	有价值结果的获得在多大程度上解决了问题
公正性	成本和收益在不同集团之间是否等量分配
回应性	政策是否能满足特定群体需要、偏好和价值
适当性	所需结果是否真正值得或有价值

资料来源：William N. Dunn, *Public Policy Analysis An Introduction 4th edition* (Beijing: China Renmin University Press, 2011), p. 308.

一 对华侨人口政策评估

总体上看，殖民当局的限制政策，不论是西班牙统治时期的屠杀和驱逐，还是美国统治时期以及菲律宾自治后的各项限制入境法令，对华侨数量的减少只有短期作用，长期来看都没有有效控制华侨数量。短期来看，一些控制华侨人口的政策确实抑制了华侨人口的增加，比如 1603 年、1639 年和 1686 年的屠杀，特别是第一次屠杀几乎将当地华侨屠杀殆尽，但是每一次屠杀之后，华侨数量都得到一定程度的恢复。在历次的驱逐过程中，华侨通过给西班牙人做苦役或者逃到山区规避法令的制约。19 世纪中叶开始，华侨人数开始大幅上升。除此以外，华侨顺应殖民官员勒索的要求，或者通过改信天主教来避免驱逐。进入美国统治时期，虽然殖民政府采取了各种禁止华侨入境的政策，但是华侨非法入境问题还是存在。华侨非法入境有两类，第一类是钻法律的空子入境，比如贿赂海关，或冒充华商亲属入境，再或者先以游客身份入境，之后再设法申请居留权。第二类是直接绕过海关和移民局，秘密违禁入境，特别是像棉兰老岛这种海岸线绵长的南方岛屿，很难严格控制入境，华侨一般是从吕宋岛最北端或是从婆罗洲进入菲律宾，特别是后一种方式，当地人甚至也协助华侨入境，以获取 50～250 比索的船费收入①。总体上看，20 世纪之后华侨人口还是在逐渐增加，到菲律宾自治时期，华侨人口已经达到 11.7 万人。因此，不论是西班牙还是美国殖民者，在限制华侨移民的政策上并没有达到预期目标。

---

① 庄国土、陈华岳等：《菲律宾华人通史》，厦门大学出版社，2012，第 314 页。

　　虽然在限制华侨人口数量方面，西班牙和美国殖民者都没有达到预期目标，但是两者在实施限制措施时所付出的成本是不同的。西班牙殖民者在18世纪之前，主要采取暴力手段抑制华侨数量增加，比如焚烧八连和屠杀华侨。但是，焚烧八连之后殖民者通常又会在别的地方再建八连。在西班牙统治时期，八连重复着建立、被毁、再建的过程，经历了12次重建和7次易址，浪费了本可以用来发展经济的财力。而屠杀政策更是极大地扰乱了菲律宾的社会秩序，西班牙殖民者对华侨实行了5次屠杀，其中前两次屠杀几乎将华侨诛杀殆尽。殖民者的每一次屠杀都伴随着菲律宾的一次经济萧条，由于华侨不敢来菲贸易，商品供应不足，物价飞涨，不仅无法维持大帆船贸易，连西班牙人以及菲律宾人在当地的生活必需品供给也成了问题。此外为了控制华侨人口，西班牙殖民者巧立名目，设置了各种税费，几乎是巧取豪夺，影响了华侨正常的经济生活和市场稳定。当地的西班牙人也表示，"无不对驱逐华人从心底感到惋惜，无不坦率地承认，菲律宾将为此遭受痛苦"。因此西班牙殖民者对华侨人口的限制政策不论在经济还是社会成本上都非常大。相对而言，美国殖民者以及之后的自治政府则主要通过颁布法令排斥华侨，法令一经颁布只需要司法人员执行，几乎没有造成太大的社会和经济成本损失。

　　对于西班牙殖民者来说，其对华侨人口的限制政策始终存在着矛盾。一方面，西班牙当局认为华侨的存在对其统治造成了威胁，"大量中国异教徒无限制的出现，他们在手工业和商业上，自由的与我们及土著混合。他们只是在消耗物资，抬高物价，造成不安、恐惧和不信任"[1]。另一方面，华侨又是殖民当局重要的财政来源，1610年至1639年，华侨缴纳的许可证费用占菲律宾殖民政府总收入的9.4%至31.3%。不仅如此华商还是大帆船贸易商品供应的重要渠道，"构成了大帆船贸易几乎全部货源，每年越海而来的中国商船，成为马尼拉繁荣的基础"[2]。因此，每一次屠杀之后，殖民当局又鼓励华侨来菲贸易。对华侨的驱逐以及人数限制政策，几乎没有得到严格执行。甚至还出现殖民当局高级官员私自收留华侨的现象，一般市民藏匿华侨的情况更普遍，因此不论是4000人还是6000人的人数限制，都只是具文而已，在菲华侨数量远远超过这个限制。1747

---

① 陈台民：《中菲关系与菲律宾华侨》，香港朝阳出版社，1985，第35页。
② 陈台民：《中菲关系与菲律宾华侨》，香港朝阳出版社，1985，第150页。

年的驱逐令，更是戏剧性地由于大主教与最高法院的矛盾秘而不宣，并在之后大主教和总督的争吵中流产。1766年的驱逐令是菲律宾规模最大的一次驱逐活动，但是实际驱逐人数和报告人数之间有很大出入。西班牙政策制定者的最终需求始终是模糊不清的，导致政策经常性反复。

　　而在美国统治时期，特别是之后自治政府时期，由于菲律宾人和华菲混血经济势力增强，已经不再需要大量华侨。所以，美国在统治之初就将排华法案使用在菲律宾，并且一直坚持限制华侨人口政策。这一方面是为了保护菲律宾人的利益，缓和菲律宾人的情绪，防止他们因为不满而产生暴动；另一方面也担心华侨对其构成威胁，害怕华侨在当地的经济活动会与美国商品形成竞争，影响美国本土商品的销售。因此，可以说限制华侨政策是满足美国本土商人和工人利益的。而对于菲律宾商人来说，他们担心"大量华工进入，将对群岛的社会、政治和经济因素造成冲击。因为华工这一阶层在其奋斗的过程中将会抢占菲律宾人进步的机会和位置"[1]，因此也极力反对华侨入菲。虽然殖民当局内部，对于限制华侨政策有一些争论，如巴素在《东南亚之华人》中详细列举了美国议员、菲总督、美国学者甚至一些作家对是否应该准许华工来菲这一问题进行了激烈讨论[2]。但是总体上看，限制华侨人口的政策是符合美国和菲律宾双方利益的，美国政府以及之后的自治政府都非常强势地实行了这一政策。20世纪后，排华已经成为菲律宾社会的主流声音，得到了美国统治者和菲律宾人的拥护。

二　贸易政策评估

　　在西班牙统治前期，中国商品是大帆船贸易开展的基础，也是西班牙殖民当局最重要的财政来源。然而受到重商主义以及西班牙本土商人向王室游说的影响，西班牙王室对大帆船贸易进行限额。17世纪中叶之后，中国帆船数在绝对数量上已经下降，但是中国依然是菲律宾最重要的贸易伙伴，垄断菲律宾的对外贸易。大帆船贸易走向终点之后，菲律宾开始开放马尼拉等港口城市，其他西方国家也不断参与到菲律宾对外贸易中。西

[1]　R. M. Story, *Problem of the Chinese in the Philippines* (American Social & Politics Science, 1909), p. 30.
[2]　〔英〕巴素：《东南亚之华侨》（下册），郭湘章译，台北"国立"编译馆，1974，第924页。

班牙殖民当局鼓励华侨来菲贸易，不仅减轻中国船只的进口税，而且在
1864 年与中国签订最惠国约定，但是这些政策并没有取得应有效果，西
班牙统治后期，中国在菲律宾对外贸易的地位开始逐渐下降，英国超过中
国成为菲律宾最大的贸易伙伴。美国统治菲律宾的目的，是将菲律宾作为
其原料产地和销售市场，通过一系列减免关税政策，美国与菲律宾市场紧
密地联系在一起。1902 年美国迅速超越所有国家，成为菲律宾最重要的
贸易伙伴，有效挤出了包括英国和中国在内的菲律宾传统贸易伙伴。

　　政策成本方面，西班牙殖民当局早年颁布的一些政策，如"整批交
易制度"和"禁布令"，没有考虑到当时菲律宾社会的具体情况。在整批
交易制度实施过程中，西班牙官员和商人不满足于分配份额，经常采取非
法手段直接从华商处进货，这项政策在 17 世纪初期就形同虚设，并于
1703 年废止；由于土布数量不足，质量不佳，根本无法满足菲律宾人的
消费需求，无法代替中国纺织品，因此"禁布令"难以推行。如上文所
述，虽然王室对大帆船贸易进行了限制，但不论是帆船数量、重量还是金
额，都没有被认真执行，以至于需要多次重申，走私活动更是防不胜防。
由于不同利益集团的博弈，限制政策被频繁修改，影响了政策的一贯性。
此外，限额政策属于非关税政策，是以非价格竞争方式对贸易进行直接控
制。这种限额方式人为提高了进口商品的价格，使得消费者剩余减少，对
于消费者来说产生了损失。消费者剩余的一部分转为国内生产者的利润，
另外一部分则被浪费掉了。而美国殖民者的贸易政策则以法律形式颁布，
且主要是通过关税优惠政策这种价格竞争方式垄断菲律宾对外贸易，政策
实施成本更低。

　　与人口政策一样，西班牙殖民者在贸易政策上也呈现摇摆不定的特
点，大帆船贸易是西班牙殖民者在统治前期最重要的一项经济活动，为了
吸引中国帆船前来，甚至对中国商人免征关税，1576 年菲总督的一份官
方报告中说"现在收关税为时太早……如果我们不优待中国商人，他们
就不会再来，如果剥夺他们运来的东西，我们就要受苦了"[1]。但是大帆
船贸易的迅速开展，使得中国货物充斥美洲甚至欧洲市场，遭到了西班牙
本土商人的抵制。西班牙商人集团"控诉中国人通过阿卡普尔科的中介

---

① H. Blair & J. H. Robertson, *The Philippines Islands*, 1493－1898（vol. 4）（Cleveland: The Arthur H. Clark Co., 1903），p. 88.

机构送来各种便宜而又浮华的西班牙商品的复制品，将真正的西班牙商品赶出了市场，摧毁了西班牙的贸易商和生产商"[1]，这些西班牙商人通过各种方式游说王室限制大帆船贸易。不仅如此，大帆船贸易还使得美洲白银源源不断地运往中国，"所有的银币都流到了中国，并且年复一年的滞留在那儿，实际上是永远留在了那儿"[2]，对受重商主义影响的西班牙人来说，这是无法忍受的。因此西班牙王室频繁地打击大帆船贸易，调整贸易限额。但是大帆船贸易是当地西班牙统治者的重要财源，华侨缴纳的关税占关税总收入的 70% 以上，打压大帆船贸易政策无疑触动了其利益，因此他们对来自王室的各种限制政策或是无视，或是阳奉阴违。西班牙本土商人与菲律宾的西班牙人之间的这种相互博弈，导致了西班牙统治时期贸易政策的频繁调整。与西班牙殖民者在政策上摇摆不定不同，对于美国来说，其最终目的是将美国和菲律宾市场紧密联系在一起，从而使菲律宾成为其原材料供给地和商品销售市场，美国殖民者所采取的一系列关税优惠政策是符合其目的的，虽然在实施过程中也曾触动部分国内商人的利益，但是在政策制定上要平稳得多，并且没有频繁调整政策。

三　对华侨经济政策评估

西班牙统治者对华侨的经济政策，主要是通过控制华侨零售业并进行职业限制，试图削弱华商的经济势力，并把他们引向农业生产领域。与西班牙殖民者一样，美国统治时期的各种对华侨经济政策也主要是控制华侨零售业，为此美国殖民者甚至鼓动菲律宾人与华侨零售业竞争，通过"菲化"鼓励成立各种菲律宾民间经济组织，并立法削弱华侨在零售业上的竞争力。但是不论是西班牙还是美国，都没能真正控制住华侨零售业，职业限制政策也没有达到效果。在前两章中，分析了华侨进出口商与零售商之间形成的"头家制度"，以及由此形成的从马尼拉深入菲岛内地的商业和经济网络。不论两任宗主国如何采取政策，菲律宾零售业绝大多数还

---

① H. Blair & J. H. Robertson, *The Philippines Islands*, 1493 – 1898（vol. 12）（Cleveland: The Arthur H. Clark Co., 1903）, pp. 47 ~ 48.

② H. Blair & J. H. Robertson, *The Philippines Islands*, 1493 – 1898（vol. 9）（Cleveland: The Arthur H. Clark Co., 1903）, p. 316.

是控制在华商手中，从事农业生产的华侨非常少，甚至不到1%。这些事实说明，殖民当局抑制华侨零售业的政策并没有取得应有效果。

在采取的具体措施方面，为了限制华侨零售业，西班牙殖民当局曾企图接手华侨的零售业转由自己经营，但是因西班牙人不愿意经营零售业，这一措施最终破产；1755年，殖民当局组建了贸易公司，再次企图取代华侨零售业，但是他们并不熟悉土著交易习惯，也不能像华侨那样勤俭经营，贸易公司很快就出现了亏损，虽然之后强迫教会提供了资金支持，但勉强支撑了不到一年就不得不宣告破产；1782年，殖民当局又设立烟草专卖权制度，试图控制卡加延山谷、伊罗戈、新怡诗夏和马林杜克这几个主要产区的烟草生产，并在这些区域强迫种植烟草，烟草专卖给殖民政府带来了很大的经济利益，1808年的纯利润达到50万比索，1881年更是高达300万比索，但是这种强制性措施无法激发种植者的积极性，在实行过程中不断有贿赂官员，以及走私的现象发生，最终专利制度于1882年被废止。为了控制华侨零售业，殖民当局还对华侨的职业进行了限制，只允许华侨务农。但是，迫于发展菲岛经济的压力，19世纪30年代开始逐步放松限制政策，1839年允许华侨有一定自由选择职业权力，1864年不再对职业进行限制，华侨可以自由进入菲岛选择职业。可见，在西班牙统治时期，殖民者虽然采取了一些措施，投入大量财力试图取代华侨零售商的地位，但是这些政策大多持续时间不长，也没有发挥太大的作用，到西班牙统治后期，统治者已经放弃了对华侨经济的限制政策。

相对的，美国殖民当局并没有直接与华侨零售业竞争，而是通过颁布法案，对华侨零售商的经营范围和经营方式进行限制，比较典型的如1919年的《禁米条例》、1921年的《西文簿记法案》，以及1935年《零售业菲化案》和1939年的《公共市场菲化案》等。面对这些限制政策，华侨也不再消极抵抗，而是在总领事和马尼拉中华商会的带领下，据理力争表达自己的立场，对不合理的措施进行抗争，并且确实取得了成效。1919年的《禁米条例》在中华商会的抗争下，说服当局放弃了查封米商存粮的行为。之后华商又联合产米各省的菲律宾农民一致反抗，在产米各省国会议员的抗议下，《禁米条例》颁布次年（1920年），以当局上调米价2比索而结束。1921年的《西文簿记法案》更是经历了5年的抗争，是华侨社会为争取自己的生存权力和经营自由而开展的时间最长的一次斗争，并最终获得了胜利。法案一推出，中华商会主席李清泉就偕同中国总领事向总督抗议，抗议失败后，中华商会立即动员各华侨组织共同起草抗议书，甚至选派侨领前往美国争取舆论支持，向美国国会递交了《关于菲律宾立法机关 2973 号立法的备忘录》。1926 年 6 月 7 日，美联邦最高法院宣布《西文簿记法案》违反宪法。此外，1935 年的《零售业菲化案》和 1939 年的《公共市场菲化案》都因中国总领事和马尼拉中华商会的强烈反对和抗议被搁置。可见与西班牙殖民者相比，美国殖民者并未投入财力和人力直接与华侨竞争，而是以颁布法案的形式限制华侨经济。虽然上诉案件在华侨的申诉下得到部分解决，但是华侨的申诉不是每次都能取得成功的，比如《内河航行条例》就影响了华侨航运业，进而影响了华侨航运事业和零售商业的开展。但是，1945 年菲律宾独立后，《零售业菲化案》和《公开菜市菲化案》均被重提。不得不承认，美国的一系列法案，以及菲化运动的开展，确实对华侨零售业造成了不利影响，此后，华侨逐渐离开传统的商业领域，进入工业制造业。

综上所述，西班牙和美国殖民者在对华侨的人口限制政策上均没有取得应有效果，但是美国统治者在贸易政策上取得了很好的成效，用非常短的时间垄断了菲律宾对外贸易。而在对华侨的经济政策的效果来看，虽然美国统治时期华侨在零售业的地位未被撼动，但是确实呈现出衰落趋势，并且这种趋势随着菲律宾的独立愈演愈烈。在政策实施效率上，西班牙殖民者采取的措施更加野蛮，经常反复调整，而美国殖民者则通常通过制定法律的方式限制华侨，法案一旦颁布，只需执行，不论是经济成本还是社会成本都更低，政策的一贯性也较强。从政策的充分性上看，虽然美国殖民者没有控制住华侨人口的数量，但是其所采取的一系列法案，确实达到了垄断菲律宾对外贸易和打击华侨零售业的目的，而西班牙殖民者之间却互相掣肘，甚至与本土商人、墨西哥殖民官员之间也有冲突，致使很多限制华侨人口、贸易和华侨经济的政策或者执行了一段时间就草草收尾，或者根本就没有执行，在不断地争吵后不了了之。

第六节　美国和西班牙采取不同政策的原因

菲律宾先后被美国和西班牙两个国家殖民，而这两个国家恰恰属于新旧殖民国家的代表，在对两国华侨政策分析之后，探讨两者在政策选择上的差异是有必要的。

　　首先，西班牙与美国在殖民菲律宾时的政体是不同，"西班牙是君主政体国，美国却是民治。君主与民治国家社会治理不同点，不止内容上不同，即外形上，也十分殊异"。西班牙对菲律宾的统治有浓厚的封建色彩，政治上得益于"伊比利亚人对待摩尔人和犹太人的经验"①，采取高压、专制政策，"全副精神倾向于压制人民"；经济上采取封建主义的贡赋和徭役形式，并且对殖民地资源实行暴力性掠夺。西班牙进入菲律宾后，菲律宾地方行政没有任何改变，巴朗盖继续存在，其酋长也仍然保持原有领袖地位，仅增加了代收所辖土著税赋的任务，此外，当地的风俗、规定只要与西班牙当局没有冲突仍然可以保持。西班牙对菲律宾社会唯一的改变是宣传天主教。对西班牙人来说，天主教化就是西班牙化，殖民政府希望通过使菲律宾人和华侨改变宗教信仰，防止两者联手威胁西班牙人，从而保证其统治安全。为了使华侨转变信仰，西班牙当局对皈依天主教的华侨给予优惠政策。比如改信天主教而且与菲妇女结婚后，华人可以得到郊区未开垦的土地作为恩赐（1620 年法律第 8 号），以及准许洗礼时不剪发，改变信仰后十年不需缴纳贡税，十年后按土人标准缴纳（1627年第 7 号），之后的历次排华运动中，殖民者都对皈依天主教的华侨实行优待政策。很多华侨因此皈依成为基督徒，并由此产生了信仰天主教的华菲混血儿集团。不同于西班牙，美国由于有过被殖民历史，1776 年获得独立后，标榜独立、自由、平等。在美国统治菲律宾期间，除了最初几年的军政府外，主要还是以民政长官治理为主。美国在菲律宾实行"民主"政治，将国内的政治体制移植到菲律宾，从统治菲律宾一开始就承诺给予菲律宾自治，并在其统治过程中鼓励菲律宾人参政。仅从美国和菲律宾官吏数量变化上就可以看出，美国在统治之初，其官吏数量占菲籍官吏的一半以上，而之后则一直下降，《琼斯法案》生效后，美籍官吏更是大幅减少到只有 614 人，至 1933 年菲律宾官吏中的美国人仅有 407 人，而菲籍官吏则从 1903 年的 2697 人剧增至 1933 年的 22843 人，见图 6－1。但是这种"民主"和"自治"是有限度的，是在美国殖民者允许范围内的

① Edgar Wickberg, *The Chinese in Philippine Life*, 1850－1898（London：Yale University Press, 1985）, pp. 50－98.

"民主"和"自治"，其最终目的还是为了美国自己的利益，最终形成菲律宾单一的经济发展模式。相对于西班牙殖民当局强调宗教教化作用，美国则是大力推行国民普及教育的运动，以教育作为统治的重要手段，因此就将殖民教育从宗教传播性向平民实用性及大众化转变①。

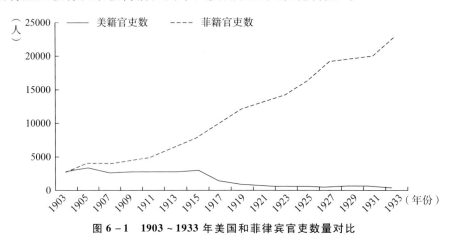

图 6 - 1　1903～1933 年美国和菲律宾官吏数量对比

　　其次，西班牙和美国殖民方式的区别还体现在殖民的目的上。西班牙是一个经济落后且有浓厚封建残余的国家，其来到东方的主要目的是掠夺原材料和金银。西班牙人在经济上"治理多年，毫无大建树，结果一切事业依然如旧"②。殖民当局通过对菲律宾人以及华侨横征暴敛，并以马尼拉为商业据点开展大帆船贸易来维持其统治。在西班牙统治菲律宾的大部分时间，当局没有任何开发菲岛经济的动力，也没有开拓菲律宾的意识，他们只是占领商业据点，对内地拓垦没有任何兴趣，他们在马尼拉建筑教堂、街道和法院，连日用品都必须从中国运来，西班牙人自己也感慨"没有和中国的贸易往来，在菲岛的统治便难以持续"③。西班牙人在统治早期集中居住在马尼拉，对于外省和商业以外的职业很少问津，导致"宿务省署之官吏，无人充当云"④。西班牙人从大帆船贸易中获得的巨大利润，并没有转化成资金扩大生产，而是被运回国内供封建贵族和地主阶

---

① Tan, Antonio S. , *The Chinese in the Philippine*, 1898 - 1935 : *A Study of Their National Awakening* (Quezon City : Gracia Publishing Co. , 1972) , p. 135.
② 黎献仁：《菲律宾糖业考察记》，国立中山大学农学院推广部，1934，第 174 页。
③ 〔日〕成田节男：《华侨史》，东京萤雪书院，1941，第 317～318 页。
④ 李长傅编译《菲律宾史》，商务印书馆，1936，第 68 页。

级消费，庞大的财富没能为西班牙资本主义发展提供任何帮助，反而强化了本国的封建关系。历时两个半世纪的大帆船贸易，其本质"一言以蔽之，就是西班牙殖民者在亚洲市场低价买入而在美洲市场高价出售从而牟取暴利的殖民剥削"[①]。而美国在占领菲律宾时，其本身经济已经发展到一定程度，美国占领菲律宾的主要目的是为了迅速使菲岛成为其原料供应地、商品销售市场和投资场所，并以菲律宾为平台进一步发展与东亚各国的商贸关系。美国统治者能从更长远和全面的角度考虑菲律宾发展，并从中获得尽可能多的利益，从而使得殖民地也能获得一些短期和局部的发展。为了获得原材料供应，美国参与到菲律宾的经济建设中，将先进的设备和技术带到菲律宾，并通过关税优惠政策，发展菲律宾的初级产品出口。因此，在美国统治期间，至少在形式上，表现出一种殖民地和宗主国平等互惠的经济关系，在这个过程中菲律宾经济和华侨经济均实现了发展。

　　最后，西班牙和美国统治方式的差别还反映出殖民方式的新老交替和资本主义发展的不同阶段。西班牙是传统殖民国家的代表，其表现是以武力占领为特征的赤裸裸的殖民统治，其对殖民地资源的占有是破坏性和掠夺性的。而美国政府，作为新殖民主义的典型代表，掠夺和控制的方式则更加隐蔽，主要是通过经济手段，比如通过商品输出、直接投资等方式，以维持殖民地经济的畸形性和单一性，从而为宗主国服务。美国的殖民方式，不像传统殖民者那样僵硬，而以不断调整、变换为特征，以颁布法律为手段，在一定程度上允许华侨申诉他们对政策的不满，并且进行部分调整。美国和西班牙的殖民方式的不同体现出资本主义发展的不同阶段，西班牙统治时期处于资本主义早期，通过暴力掠夺当地财富，为宗主国资本积累服务；而美国统治时期则处在工业资本主义向垄断资本主义转变的时期，其最大的特征是将殖民地变为原料产地、商品倾销市场和资本输出场所。

　　总之，为了控制华侨人口，限制中菲贸易和华侨在菲律宾当地的经济势力，不论是传统殖民国家西班牙还是新殖民国家美国，都采取了一系列限制政策。总体来说，西班牙的政策缺乏一贯性，经常由于不同利益集团的博弈而反复调整，并且在手段上呈现出暴力和掠夺的特点，其政策不论

[①]　金应熙主编《菲律宾史》，河南大学出版社，1990，第161页。

在效果、效率还是充分性上都不尽人意。而美国殖民者的政策虽然也涉及不同利益集团的博弈，但是总体上一贯性很高，并且由于其鼓吹自由、平等，在政策实现手段上一般以颁布法案为主，也给予华侨一定的申诉权利，因此相对于西班牙殖民者而言，政策效率较高，特别是在贸易政策上，成功将菲律宾市场与其本土市场联系在一起，使得菲律宾成为其原料产地和销售场所。但是，不论是西班牙殖民者还是美国殖民者都没有能够控制住华侨人口的增长，更没能抑制华侨经济的发展。由于华侨经济网络的形成，特别是得益于中国总领事和马尼拉中华商会在领导和组织上的帮助，华侨形成了足够的力量消化殖民者的压制政策，这也从一个侧面体现出华侨在菲律宾强大的经济势力。

结　　论

　　《剑桥东南亚史》提到，对东南亚史研究的一个特点，是倾向于把该地区的历史视为由外来影响造就而不是源于当地动力的产物。一般来说，东南亚史的研究有两个视角，其一个是从欧洲殖民者的角度来看东南亚国家的发展，强调殖民者东来带来的新的契机、新的文化以及新的经济和政治模式等，具体表现为大量使用殖民官员、教会的档案记录进行研究，分析东南亚国家在面对新事物时的接受情况及其历史转变历程。这种分析，很容易陷入"西方中心论"，将殖民地的文明开化和经济发展与西方殖民者的东来历史直接画等号，从而将西方文化看成是正确的、最优的，是未来的发展方向。另一个角度，则是挖掘中国史书中关于东南亚各国的记录，以中国的历史变迁为参照系，审视邻国的历史发展，及其与中国的文化交往和经济交流，具体表现为大量使用中国史书和各类民间记载。然而，中国史书中关于东南亚国家的记载，皆是从中国的角度看东南亚，因此这种研究又非常容易将东南亚史作为中国史的延续，而忽视东南亚国家自身的个性，陷入了另一个极端。正如霍尔在其《东南亚史》中所说，东南亚地区本身应该值得重视，而不仅仅将其作为中国或是西方的附庸。在东南亚这个民族众多、信仰各异、多样性无处不在的区域中，华侨的存在成为各国为数不多的共性之一，他们既是东南亚各国历史变迁的见证者，同时又是各国历史的创造者。是这些出于谋生和发展目的自发"下南洋"的华侨与当地人民一起创造了东南亚各国的历史，而不是西方殖民者，在一定程度上后者对东南亚国家的经济发展还起到了一定的破坏作用。即使是标榜自由和民主的美国，其殖民政策也使得菲律宾经济朝着单一化和畸形化方向发展，以便将菲律宾改造成为其原料供应地和产品销售场所，并逐渐沦为其经济附庸。相对而言，立足于华侨在当地的经济活动是一个较为客观的书写东南亚史的视角，特别是 20 世纪之后，随着华侨教育水平和自身意识的提高，加上发展经济的客观需要，华侨在东南亚各国的调查研究不断深入，提供了一批质量较高的资料，这为从华侨视角研究东南亚史奠定了基础。

作为菲律宾华侨侨乡的闽南地区有着与中原地区不同的经济思维和发展模式，这是一种面向海洋的发展模式。在闽南这样一个相对独立的地理单元中，海上交通比陆上要方便得多，闽南人世世代代贩洋而生，这使得他们不仅掌握了航海的技术和知识，还造就了闽南人独特的"海洋性格"。因此当研究以闽南人为主体的移民群体及其经济行为时，需要抛弃以往以国家范围和国民概念为基础的研究范式，而从跨区域的和跨国别的视角研究华侨的经济活动。他们身上固然保有着相当中华传统文化的沉淀，并以此作为约束自己行为方式的准则，以及开展社交活动和构建人际关系网的基础，但是在具体的应用上更加灵活、务实，且更具创造性，能够根据环境的变化迅速调整其战略。菲律宾华侨在历史上有两个大的转折，其一是大帆船贸易，其二是开发菲岛经济资源。16世纪60～70年代，在意识到西班牙殖民者这个"新客户群体"后，华侨商人迅速展开调查，携带商品样本了解新市场，并快速掌握了西班牙人的需求，在殖民者占领马尼拉后不到五年，大帆船贸易已经进入稳定发展阶段，大批华侨来到菲律宾谋生，致使马尼拉成为当时华侨重要的海外聚集地之一，通过开展贸易，华侨商人加入早期贸易全球化的进程。19世纪中叶以后，面对大帆船贸易衰弱之后菲律宾经济环境的变化，华侨自发地调整其经济重心，从面向海洋从事贸易活动，转向深入菲律宾内地，成为西方经济和菲律宾当地经济的中间人，并迅速占领零售业市场。通过华侨内部信用和长期关系的建立，华商之间形成了稳定的商业经营模式，即"头家制度"。凭借着"头家制度"的正常运转，华侨巩固了在菲律宾的经济地位，形成了一个由马尼拉等港口城市深入菲律宾内地的商业销售和收购网络，这个网络不仅有着极强的核心，而且在具体运作过程中赊买大量发生，有时甚至没有资本也能经营，基于华侨社会和华商之间的信任关系，人际关系网和商业关系网最大限度的重合，极大降低了经营的交易成本，提高了商业活动的效率。随着华侨生产业和金融业的加入，最终形成了一个以出口为导向的华侨经济网络。

华侨始终有着双重身份，他们既是侨居地的一部分，又是侨乡的一部分，他们既关心侨居地的事业和发展，又始终惦念着他们的故乡。一方面，他们不仅参与了菲律宾的经济发展，而且在以马尼拉为首的城市建设中，也发挥了作用，他们关心当地的社会慈善事业，积极融入当地社会，努力与菲律宾人建立良好关系，为他们提供货物和贷款，传授农具和农业技术。另一方面，华侨又密切关注着国内的革命与建设事业，捐款捐物，投资家乡。华侨的双重身份造就了菲律宾与中国之间在人口、商品和资金上的往来，形成了一种"三位一体"的关系。然而，这种双重身份同时又使得华侨始终不为殖民者以及当地民众所信任，不论是西班牙统治时期的野蛮屠杀和驱逐，还是美国统治时期的"菲化"案和排华运动，在每一个历史转变期，华侨都是最先被攻击的对象，其所受的迫害也是最深的。二战之后菲律宾实现了政治独立，华侨再一次成为转移矛盾的对象，各类菲化案和民族主义运动对华侨经济造成了严重的冲击，华侨再次站到了风口浪尖。

通过考察华侨在菲律宾将近四个世纪的移民历史，可以发现，西方国家东来虽然改变了南洋的政治和经济环境，但华侨还是通过勤劳、智慧和强大的适应能力在南洋开辟了自己的天地。不同于西方国家以政府为背景，以军事为手段，以掠夺资源为目的的拓殖行为，华侨在南洋的活动纯粹是经济方面的，而且完全是和平和自发的，他们不仅得不到祖国的支持，反而受到政府的各种限制。相对于西方近代声势浩大的殖民运动，华侨向东南亚的移民和发展过程是缓慢的，然而客观上却使得华侨和华侨经济悄无声息地渗透到东南亚各国内部的各个方面，并且产生了比西方殖民者更加持久和深厚的影响。对东南亚各国来说，华侨在当地的经济活动是发展性的，而不是掠夺性的。仅以菲律宾一国为例，可以看到，西方殖民者的东来虽然打破了东方的外部环境，但是并没能改变其内部运行机制。当今，经济全球化已经成为一个必然的趋势，但是不能因此就以某一种简单的观点来看各国的历史，把某一种发展方式，特别是西方的发展模式，当成是放之四海而皆准的标准。每个地区和每个国家有其自身独特的资源禀赋、历史传统和发展规律，简单地用"西方中心论"的观点套用在东方是对历史的反动。经济全球化应该是一个多元化、相互融合的过程，而绝不应该是一个单一化、此消彼长的过程。

参考文献

民国报刊

《菲律宾待遇华侨之政策》,《南洋研究》第 2 卷第 4 期, 1928 年。

《菲律宾华侨特性之研究》,《侨声》第 3 卷第 10 期, 1941 年。

《菲律宾禁沙眼华侨入境》,《国际劳工通讯》第 21 期, 1936 年。

《菲律宾商业现状》,《中外经济周刊》第 181 期, 1926 年。

《菲律宾限制华侨入境益严》,《时事月报》第 5 卷第 7 ~ 12 期, 1921 年。

《菲律宾限制华侨入口》,《国际劳工通讯》第 5 期, 1939 年。

《菲律宾限制华侨入口苛例》,《银行周报》第 13 卷第 28 期, 1929 年。

《菲律宾限制华商入口》,《河南实业周刊》第 4 卷第 11 期, 1925 年。

《菲律宾与各国之贸易》,《中外经济周刊》第 61 期, 1924 年。

《菲律宾之概况》,《东方杂志》第 14 卷第 11 号, 1917 年。

《华侨商务总会等议争西文簿记》,《教育专刊》第 1 期, 1917 年。

《十九世纪欧洲人对本地华商的印象》,《马尼拉世界日报》1996 年 6 月 2 日。

《中兴银行民国十七年度营业报告》,《银行周报》第 13 卷第 18 期, 1929 年, 第 50 ~ 55 页。

《中兴银行民国二十年度营业报告》,《银行周报》第 16 卷第 24 期, 1932 年。

《中兴银行民国二十一年下届营业报告》,《银行周报》第 17 卷第 7 期, 1933 年。

《中兴银行民国二十二年度营业报告》,《银行周报》第 18 卷第 26 期, 1934 年。

《中兴银行民国二十三年度营业报告》，《银行周报》第 19 卷第 25 期，1935 年。

《中兴银行民国二十四年度营业报告》，《银行周报》第 20 卷第 27 期，1936 年。

《中兴银行民国二十五年度营业报告》，《银行周报》第 21 卷第 23 期，1937 年。

《中兴银行民国二十六年度营业报告》，《银行周报》第 22 卷第 28 期，1938 年。

陈立人：《菲律宾华侨之经济地位》，《华侨先锋》第 5 卷第 8 期，1943 年。

程文：《菲律宾米之进口税与东方产米状况》，《商业杂志》第 5 卷第 10 号，1930 年。

汉声：《菲律宾华侨资本之巨观》，《协和报》第 4 卷第 25 期，1914 年。

钱鹤：《菲律宾矿业概观》，《南洋研究》第 10 卷第 2 期，1941 年。

钱鹤：《菲律宾农业概观》，《南洋研究》第 10 卷第 1 期，1941 年。

霆公：《菲律宾之华侨状况》，《协和报》第 5 卷第 30 期，1914 年。

涂琳：《华侨在南洋之经济现势与最近菲律宾之排华》，《南洋研究》第 5 卷第 4 期，1935 年。

邬翰芳：《菲律宾之对华经济独立运动》，《东方杂志》第 23 卷第 13 号，1926 年。

吴承禧：《厦门的华侨汇款》，《华侨半月刊》第 98 期，1937 年。

吴承禧：《厦门的华侨汇款与金融组织》，《中国社会科学杂志》第 8 卷第 2 期，1937 年。

吴承禧：《汕头的华侨汇款》，《华侨半月刊》第 99～100 期，1937 年。

吴承禧：《香港的华侨汇款》，《华侨半月刊》第 101 期，1937 年。

徐天胎：《福建历代之饥馑——对于饥馑之时地原因结果救济及米价之初步的研究》，《福建文化》第 1 卷第 3 期，1941 年。

叶绍纯：《我国移民背景之探讨》，《南洋研究》第 6 卷第 5 期，1936 年。

余受之：《新菲律宾之经济政策与华侨》，《华侨月报》1937 年第 1 期。

周幼葆：《菲律宾华侨航海事业》，《东方杂志》第 15 卷第 8 期，1918 年。

档案资料汇编、年鉴及调查报告

（南朝宋）范晔，（唐）李贤等注《后汉书》，中华书局，1965。

（宋）马端临：《文献通考》，中华书局，1986。

（宋）赵汝适：《诸番志校释》，杨博文校释，中华书局，1996。

（宋）赵彦术：《云麓漫钞》，傅根清点校，中华书局，1996。

（元）脱脱等撰《宋史》，中华书局，1977。

（元）汪大渊：《岛夷志略》，苏继庼校释，中华书局，1981。

（明）陈子龙编《明经世文编》，中华书局，1962。

（明）黄省曾：《西洋朝贡典录校注》，谢方点校，中华书局，1981。

（明）申时行：《明会典》，中华书局，1989。

（明）宋濂：《元史》，中华书局，1976。

（明）向达校注《两种海道针经》，中华书局，2000。

（明）姚旅：《露书》，刘彦捷点校，福建人民出版社，2008。

（明）张燮：《东西洋考》，谢方点校，中华书局，1981。

（清）崔国因：《出使美日秘国日记》，李缅燕校点，岳麓书社，2016。

（清）屈大均：《广东新语》，中华书局，1985。

（清）施琅：《靖海纪事》，王铎全校注，福建人民出版社，1983。

（清）徐继畬：《瀛寰志略》，上海书店出版社，2001。

（清）徐松：《宋会要辑稿》，中华书局，1957。

（清）张廷玉撰《明史》，岳麓书社，1996

（清）孙承泽：《春明梦余录》，王剑英点校，北京古籍出版社，1992。

（清）魏源：《魏源全集》，岳麓书社，2004。

陈翰笙编《华工出国史料汇编》（第一辑 中国官方文书选辑），中华书局，1984。

陈翰笙编《华工出国史料汇编》（第四辑 关于华工出国的中外综合著作），中华书局，1984。

陈翰笙编《华工出国史料汇编》（第五辑 关于东南亚华工的私人著作），中华书局，1984。

陈驹声：《世界各国之糖产》，商务印书馆，1935。

崔丕、姚玉民译《日本对南洋华侨调查资料选编（1925—1945）》第一辑，广东高等教育出版社，2011。

单岩基：《南洋贸易论》，申报馆，1943。

邓拓：《中国救荒史》，北京出版社，1986。

方真真主译《华人与吕宋贸易（1657—1687）：史料分析与译注》第一册，（台北）"国立清华大学"出版社，2012。

菲律宾华侨善举公所九十周年纪念刊编纂委员会：《菲律宾华侨善举公所九十周年纪念刊》，1986。

菲律宾宿务中华学校：《菲律宾宿务中华学校落成纪念刊》，菲律宾宿务中华学校出版社，1926。

福建省地方志编纂委员会编《福建省志·气象志》，方志出版社，1996。

傅泰泉：《菲律宾指南》第二版，菲律宾指南发行部，1935。

傅无闷主编《南洋年鉴》，新加坡南洋报社有限公司，1939。

高事恒：《南洋论》，南洋经济研究所，1948。

葛剑雄、吴松弟、曹树基：《中国移民史》第一卷，福建人民出版社，1997。

故宫博物院编《宫中档雍正朝奏折》，台北故宫博物院，1979。

韩振华等：《考察日本菲律宾教育团纪实》，中华书局，1917。

何凤娇：《东南亚华侨资料汇编》二，台北"国史馆"，2003。

华侨问题研究会编《华侨人口参考资料》，1956。

华侨中学编委会：《菲律宾华侨中学五周年纪念刊》，1924。

黄冕堂编《中国历代物价问题考述》，齐鲁书社，2008。

黄明德：《菲律宾华侨经济》，（台北）海外出版社，1956。

黄晓沧编《菲律宾马尼拉中华商会三十周年纪念刊》，中华商会委员会出版部，1936。

黎献仁：《菲律宾糖业考察记》，国立中山大学农学院推广部，1934。

李良溪主编《泉州侨批业史料 1871—1976》，厦门大学出版社，1994。

刘毓中、陈宗仁等主编《奥古斯特公爵图书馆菲律宾唐人手稿》，（台北）"国立清华大学"出版社，2021。

林金枝、庄为玑编《近代华侨投资国内企业史资料选辑》（福建卷），福建人民出版，1985。

让德堂宗亲总会：《旅菲让德堂宗亲总会 70 周年纪念特刊》，1978。

让德堂吴氏宗亲会编《菲律宾让德吴氏宗亲会八十周年纪念刊》，1988。

上海市政协文史资料委员会编《上海文史资料存稿汇编》（第四卷经济金融），上海古籍出版社，2001。

孙承译《日本对南洋华侨调查资料选编（1925—1945）》第二辑，广东高等教育出版社，2011。

台湾总督府外事部编《南洋年鉴》，南方资料馆发行，1943。

邬翰芳：《菲律宾考察记》，商务印书馆，1929。

吴承洛：《菲律宾工商业考察记》，中华书局，1929。

吴泰：《晋江华侨志》，上海人民出版社，1994。

吴序道：《菲律宾华侨商业指南》，1929。

吴远生：《菲律宾南甘马粦华侨公立英学校十周年纪念册》，大华印刷公司，1931。

徐寄庼编《增改最近上海金融史》，商务印书馆，1929。

严中平：《中国近代经济史统计资料选辑》，中国社会科学出版社，2012。

颜文初、佘柏昭、刘春泽编《菲律宾华侨教育考察团日记》，中华书局，1922。

颜文初主编《小吕宋华侨中西学校三十周年纪念刊》，小吕宋华侨中西学校，1929。

杨端六、侯厚培等：《六十五年来中国国际贸易统计》，国立中央研究院社会科学研究所，1931。

杨建成：《二十年代南洋华侨领袖调查报告书》，（台北）文史哲出版社，1984。

杨建成：《菲律宾的华侨》，（台北）文史哲出版社，1986。

杨建成：《华侨经商要诀一百》，（台北）文史哲出版社，1986。

杨建成：《华侨商业团体之实力与策略剖析》，（台北）文史哲出版社，1985。

杨建成：《华侨政治经济论》，（台北）文史哲出版社，1984。

杨建成：《华侨之研究》，（台北）文史哲出版社，1984。

杨建成：《侨汇流通之研究》，（台北）文史哲出版社，1984。

杨建成：《三十年代菲律宾华侨商人》，（台北）文史哲出版社，1984。

杨建成：《三十年代南洋华侨领袖调查报告书》，（台北）文史哲出版社，1983。

杨建成：《三十年代南洋华侨侨汇投资调查报告书》，（台北）文史哲出版社，1983。

杨建成：《三十年代南洋华侨侨团体调查报告书》，（台北）文史哲出版社，1984。

杨建成：《三十年代南洋华商经营策略之剖析》，（台北）文史哲出版社，1984。

杨建成：《三十年代南洋陆运调查报告书》，（台北）文史哲出版社，1985。

杨静桐：《菲律宾华侨年鉴》，菲律宾华侨年鉴出版社，1935。

姚曾荫：《广东省的华侨汇款》，商务印书馆，1943。

姚贤镐编《中国近代对外贸易史资料1840—1895》第三册，中华书局，1962。

姚玉民、崔丕、李文译《日本对南洋华侨调查资料选编（1925—1945）》第三辑，广东高等教育出版社，2011。

郁树琨：《南洋年鉴》，新加坡南洋报社有限公司，1951。

张存武、朱浤源、潘露莉访问、林淑慧记录《菲律宾华侨华人访问记录》，"中央研究院"近代史研究所，1996。

章进编著《新菲律宾与华侨》，马尼拉中华印书馆，1936。

郑来发：《漳州华侨志》，厦门大学出版社，1994。

郑林宽：《福建华侨汇款》，福建省政府秘书处统计室，1940。

郑友：《中国的对外贸易和工业发展（1840—1898）——史实的综合分析》，程麟荪译，上海社会科学出版社，1984。

中国第一历史档案馆编《清代中国与东南亚各国关系档案史料汇编》第二册菲律宾卷，国际文化出版公司，2004。

中国第一历史档案馆编《清代中国与东南亚各国关系档案史料汇编》第一册，国际文化出版社，1998。

中国银行总管理处经济研究室编《全国银行年鉴》，中国银行总管理处经济研究室，1935。

中国银行总管理处经济研究室编《全国银行年鉴》，中国银行总管理处经济研究室，1937。

中山大学东南亚历史研究所编《中国古籍中有关菲律宾资料汇编》，中华书局，1980。

周南京编《华侨华人百科全书》全十二卷，中国华侨出版社，2000~2002。

庄为玑、郑山玉主编《泉州谱牒华侨史料与研究》上、下册，中国华侨出版社，1998。

自修周刊社：《南洋贸易指南》，上海自修周刊社，1940。

〔日〕大谷纯一：《菲律宾年鉴昭和十六年版》，田中印刷出版社，1940。

〔日〕成田节男：《华侨史》，东京萤雪书院，1942。

〔日〕大形太郎：《南洋华侨与经济》，圣纪书房，1942。

〔日〕法贵三朗、铃木修二、神宫司瑞郎合编《菲律宾统计书》，国际日本协会，1942。

〔日〕福田省三：《华侨经济论》，东京严松堂，1939。

〔日〕井出季和太：《华侨》，六兴商会出版部，1942。

〔日〕平塚武、班目文雄：《详解比岛事情》，东京非凡阁，1942。

〔日〕台湾总督府殖产局农务课：《南支南洋农业》，小塚本店印刷工场，1935。

〔日〕台湾总督临时情报部：《南洋华侨调查》，台北三和印刷，1939。

〔日〕小林新作：《华侨之研究》，东京海外社，1931。

〔英〕巴素：《东南亚之华侨》（下册），郭湘章译，台北"国立"编译馆，1974。

Gen. J. P. Sanger, *Census of the Philippine Islands*, *Taken Under the Direction of the Philippine Commission in the Year* 1903 (Washington: United States Bureau of the Census, 1905).

Gen. J. P. Sanger, *Census of the Philippine Islands*, *Taken Under the Direction of the Philippine Commission in the Year* 1918 (Manila: Bureau of Printing, 1920).

Gen. J. P. Sanger, *Census of the Philippine Islands*, *Taken Under the Direction of the Philippine Commission in the Year* 1939 (Manila: Bureau of Printing, 1940).

H. Blair & J. H. Robertson, *The Philippines Islands*, 1493 – 1898 (Cleveland: The Arthur H. Clark Co. , 1903).

Report of the Philippine Commission to the President (Washington: Government Printing Office, 1900).

专著

曹树基：《中国人口史（第四卷）明时期》，复旦大学出版社，2005。

蔡振翔主编《华侨华人论文选编——华侨大学华侨华人研究所专刊第 20 种》，台海出版社，2008。

曹树基：《中国人口史（第五卷）清时期上》，复旦大学出版社，2005。

陈碧笙：《世界华侨华人简史》，厦门大学出版社，1991。

陈达：《南洋华侨与闽粤社会》，商务印书馆，1939。

陈高佣编《中国历代天灾人祸表》，上海书店，1986。

陈嘉庚：《南侨回忆录》，新加坡怡和轩，1946。

陈剑秋：《菲律宾华侨概况》，（台北）正中书局，1988。

陈荆和：《十六世纪之菲律宾华侨》，香港新亚研究所东南亚研究所，1963。

陈烈甫：《东南亚的华侨华人与华裔》，（台北）正中书局，1979。

陈烈甫：《菲律宾的历史与中菲关系的过去与现在》，（台北）正中书局，1968。

陈烈甫：《菲律宾的民族文化与华侨同化问题》，（台北）正中书局，1968。

陈烈甫：《菲律宾华侨教育》，（台北）海外出版社，1958。

陈烈甫：《华侨学与华人学总论》，（台北）商务印书馆，1987。

陈绍馨：《台湾的人口变迁与社会变迁》，（台北）联经出版事业公司，1979。

陈诗启、孙修福：《中国近代海关常用词语英汉对照宝典》，中国海关出版社，2002。

陈守国：《菲律宾五百年的反华歧视》，马尼拉世界日报社、菲律宾华裔青年联合会，1989。

陈台民：《中菲关系与菲律宾华侨》，香港朝阳出版社，1985。

陈序经：《东南亚古史研究合集》（上、下卷），海天出版社，1992。

陈衍德：《现代中的传统：菲律宾华人社会研究》，厦门大学出版社，1998。

陈衍德主编《闽南海外移民与华侨华人》，福建人民出版社，2007。

陈志明：《迁徙、家乡与认同——文化比较视野下的海外华人研究》，商务印书馆，2012。

方真真：《明末清初台湾与马尼拉的帆船贸易（1664—1684）》，（台北）稻乡出版社，2006。

方真真：《中台菲陶瓷贸易（1657—1687）：以西班牙史料为讨论中心》，"航海——文明之迹中国航海博物馆第二届国际学术研讨会"，2011。

菲律宾华裔青年联合会编《融合——菲律宾华人》第一集，（马尼拉）菲律宾华裔青年联合会，1990。

菲律宾华裔青年联合会编《融合——菲律宾华人》第二集，（马尼拉）菲律宾华裔青年联合会，1997。

费孝通：《乡土中国》，长江文艺出版社，2019。

高明士：《天下秩序与文化圈的探索——以亚洲古代的整治后和教育为中心》，上海古籍出版社，2008。

高祖儒：《华商拓殖菲岛史略》，（台北）泛亚出版印务公司，1969。

古鸿廷、庄国土：《当代华商经贸网络：台商暨东南华商》，（台北）稻乡出版社，2005。

郭梁：《东南亚华侨华人经济简史》，经济科学出版社，1998。

何芳川：《崛起的太平洋》，北京大学出版社，1991。

何汉文：《华侨概况》，上海神州国光社，1931。

洪玉华编《东南亚华人社会研究》，（台北）正中书局，1985。

洪玉华编《华人移民——施振民教授纪念文集》，（马尼拉）菲律宾华裔青年联合会、拉刹大学中国研究生联合出版，1992。

黄海清编著《菲华黄开物侨批：世界记忆财富（1907—1922 年）》，福建人民出版社，2016。

黄竞初：《南洋华侨》，商务印书馆，1930。

黄连枝：《亚洲的华夏秩序——中国与亚洲国家关系形态论》，中国人民大学出版社，1992。

黄南津：《东南亚古国资料校勘及研究》，中国社会科学出版社，2011。

黄滋生、何思兵：《菲律宾华侨史》，广东高等教育出版社，2009。

吉鸿昌、孟宪章：《环球视察记》，北平东方学社，1932。

金应熙主编《菲律宾史》，河南大学出版社，1990。

黎敏斐编《东南亚地图集》，香港海光出版社，1957。

李伯重、董经胜主编《海上丝绸之路——全球史视野下的考察》，社会科学文献出版社，2021。

李东华：《泉州与我国中古的海上交通》，台湾学生书局，1986。

李金明、廖大珂：《中国古代海外贸易史》，广西人民出版社，1984。

李金明：《海外交通与文化交流》，云南美术出版社，2006。

李金明：《明代海外贸易史》，中国社会科学出版社，1990。

李隆生：《晚明海外贸易数量研究——兼论江南丝绸产业与白银流入的影响》，台北秀威资讯科技股份有限公司，2005。

李涛、陈丙先编著《菲律宾概论》，世界图书出版公司，2012。

李天锡：《晋江华侨轶事》，厦门大学出版社，2002。

李亦图、郭振羽：《东南亚华人社会研究》，（台北）正中书局，1985。

李长傅：《南洋华侨史》，大东书局，1929。

李长傅编译《菲律宾史》，商务印书馆，1936。

李智君：《风下之海：明清中国闽南海洋地理研究》，商务印书馆，2021。

梁志明主编《东南亚古代史：上古至 16 世纪初》，北京大学出版社，2013。

廖大珂：《福建海外交通史》，福州人民出版社，2002。

廖正宏：《人口迁移》，（台北）三民书局，1985。

林家劲：《近代广东侨汇研究》，中山大学出版社，1999。

林金枝：《华侨华人与中国革命和建设》，福建人民出版社，1993。

林金枝：《近代华侨投资国内企业史研究》，福建人民出版社，1983。

林仁川：《福建对外贸易与海关史》，鹭江出版社，1991。

林仁川：《明末清初的私人海上贸易》，华东师范大学出版社，1987。

林远辉、张应龙：《新加坡马来西亚华侨史》，广东高等教育出版社，1991。

刘登翰：《中华文化和闽台社会》，福建人民出版社，2002。

刘浩然：《中菲关系史初探》，泉州菲律宾归侨联谊会，1991。

刘继宣、束世征：《中华民族拓殖南洋史》，台北"国立"编译馆，1945。

刘士木：《华侨与文化》，南洋编译社，1940年。

刘芝田：《菲律宾华侨史话》，（台北）海外文库出版社，1958。

刘芝田：《菲律宾民族的渊源》，香港东南亚研究所，1970。

刘芝田：《中菲关系史》，（台北）正中书局，1979。

刘佐人：《南洋现势》，中国文化服务社，1947。

龙登高、刘宏：《商脉与商道——国际华商研究文集》，浙江大学出版社，2019。

南洋大学历史系东南亚华人史调查小组：《星马开发与华族移民》，新加坡南洋大学历史系，1970。

聂德宁：《近现代中国与东南亚经贸关系史研究》，厦门大学出版社，2001。

潘明智、张清江：《东南亚历史地理译丛》，新加坡南洋学会，1989。

丘守愚：《二十世纪之南洋》，商务印书馆，1934。

邱致中：《南洋概况》，（台北）正中书局，1937。

全汉昇：《中国经济史论丛》第一册，香港中文大学新亚书院，1972。

任娜：《菲律宾社会生活中的华人（1935—1965）——从族际关系的角度所作的探索》，贵州人民出版社，2004。

沙丁：《中国和拉丁美洲关系简史》，人民出版社，1986。

施雪琴：《菲律宾华侨华人史话》，广东教育出版社，2019。

施雪琴：《菲律宾天主教研究：天主教在菲律宾的殖民扩张与文化调适（1565—1898）》，厦门大学出版社，2007。

石楚耀、吴泽霖：《菲律宾独立问题》，商务印书馆，1937。

世界日报编《菲律宾华人问题文集》，马尼拉世界日报出版社，1985。

宋正海编《中国古代重大自然灾害和异常年表总集》，广东教育出版社，1992。

苏基朗：《刺桐梦华录——近世前期闽南的市场经济（946—1368）》，李润强译，浙江大学出版社，2012。

苏振兴：《中拉关系 60 年：回顾与思考》下册，当代世界出版社，2010。

唐绍欣：《非正式制度经济学》，山东大学出版社，2010。

陶文钊编选《费正清集》，林海、符致兴译，天津人民出版社，1992。

汪慕恒：《东南亚华人经济》，福州人民出版社，1989。

汪慕恒：《东南亚华人企业集团研究》，厦门大学出版社，1995。

王赓武：《南海贸易与南洋华人》，香港中华书局，1988。

王赓武：《南洋华人简史》，（台北）水牛出版社，1988。

王赓武：《王赓武自选集》，上海教育出版社，2002。

王赓武：《中国和海外华人》，商务印书馆，1994。

王日根：《明清民间社会的秩序》，岳麓书社，2003。

王晓明：《世界贸易史》，中国人民大学出版社，2009。

温雄飞：《南洋华侨通史》，东方印书馆，1929。

吴承明：《市场·近代化·经济史论》，云南大学出版社，1996。

吴凤斌：《东南亚华侨通史》，福建人民出版社，1994。

吴文焕：《从商会的演变看华商》，《第四届世界海外华人国际学术研讨会论文集》第三集，2001。

吴文焕：《关于华人经济奇迹的神话》，（马尼拉）菲律宾华裔青年联合会，1996。

吴文焕：《宿务华人的经济——社会史》，（马尼拉）菲律宾华裔青年联合会，2004。

吴文焕：《卧薪集》，（马尼拉）菲律宾华裔青年联合会，2001。

夏诚华：《菲化政策对华侨经济之影响》，（台北）乐学书局，2003。

萧曦清：《中菲外交关系史》，（台北）正中书局，1995。

萧效钦、李定国：《世界华侨华人经济研究——世界华侨华人经济国际学术研讨会论文集》，汕头大学出版社，1996。

颜清湟：《出国华工与清朝官员》，中国友谊出版公司，1990。

杨国桢等：《明清中国沿海社会与海外移民》，高等教育出版社，1997。

杨齐福：《近代福建社会史论》，社会科学文献出版社，2011。

叶文雄、冲矛：《南洋各国论》，上海读书出版社，1943。

曾庆辉：《海外华商银行至经营及其发展》，台湾华侨协会总会，1987。

曾少聪：《东洋航路移民——明清海洋移民台湾与菲律宾的比较研究》，江西高校出版社，1998。

张礼千：《东南洋考中之针路》，新加坡南洋书局，1947。

张其昀：《中菲文化论集》，（台北）"中国"新闻出版公司，1960。

张荫桐译著《南洋华侨与经济之现势》，商务印书馆，1946。

赵松乔、吴关琦、王士鹤：《菲律宾地理》，科学出版社，1964。

中国古陶瓷研究会编《中国古外销陶瓷研究资料》第一辑，中国古陶瓷研究会，1981。

中国古陶瓷研究会编《中国古外销陶瓷研究资料》第三辑，中国古陶瓷研究会，1983。

中国银行泉州分行行史编委会编《闽南侨批史纪述》，厦门大学出版社，1996。

中山大学历史系东南亚历史研究所：《菲律宾史稿》，商务印书馆，1977。

周南京：《菲律宾与华人》，（马尼拉）菲律宾华裔青年联合会，1993。

朱杰勤：《东南亚华侨史（外一种）》，中华书局，2008。

庄国土、陈华岳等：《菲律宾华人通史》，厦门大学出版社，2012。

庄国土、刘文正：《东亚华人社会的形成和发展：华裔网络、移民与一体化趋势》，厦门大学出版社，2009。

庄国土：《当代华商网络与华人移民：起源、兴起与发展》，（台北）稻乡出版社，2005。

〔澳〕安东尼·瑞德：《东南亚的贸易时代》，吴小安等译，商务印书馆，2010。

〔澳〕安东尼·瑞德：《东南亚史：危险而关键的十字路口》，宋婉贞、张振江译，上海人民出版社，2022。

〔澳〕颜清湟：《新马华人社会史》，粟明鲜等译，中国华侨出版公司，1991。

〔奥地利〕特伦·威纳：《马尼拉的诞生：大航海时代西班牙、中国、日本的交汇》，尧嘉宁译，（台北）卫城出版社，2022。

〔德〕安德烈·贡德·弗兰克：《白银资本：重视经济全球化中的东方》，刘北成译，中央编译出版社，2000。

〔法〕弗朗索瓦·吉普鲁：《亚洲的地中海：13—21世纪中国、日本、东南亚商埠与贸易圈》，龚华燕、龙雪飞译，新世纪出版社，2014。

〔菲律宾〕陈守国：《华人混血儿与菲律宾民族的形成》，吴文焕译，（马尼拉）菲律宾华裔青年联合会，1988。

〔菲律宾〕格雷戈里奥·F.赛义德：《菲律宾共和国：历史、政府与文明》上下册，吴世昌、温锡增译，商务印书馆，1979。

〔菲律宾〕魏安国：《菲律宾生活中的华人 1850—1898》，吴文焕译，（马尼拉）菲律宾华裔青年联合会，1989。

〔荷〕包乐史：《看得见的城市：东亚三商港的盛衰沉浮录》，赖钰匀、彭昉译，浙江大学出版社，2010。

〔荷〕包乐史：《巴达维亚华人与中荷贸易》，庄国土译，广西人民出版社，1997。

〔美〕阿图罗·吉拉尔德斯：《贸易：马尼拉大帆船与全球化经济的黎明》，李文远译，中国工人出版社，2021。

〔美〕孔飞力：《他者中的华人》，李明欢译，江苏人民出版社，2016。

〔美〕雷曼：《外人在华投资》，蒋学楷译，商务印书馆，1959。

〔美〕宓亨利：《华侨志》，岑德彰译，商务印书馆，1931。

〔美〕诺斯：《制度、制度变迁和经济绩效》，刘守英译，生活·读书·新知三联书店，1994。

〔美〕彭慕兰、史蒂文·托皮克：《贸易打造的世界——1400 年至今的社会、文化与世界经济》，黄中宪、吴莉苇译，上海人民出版社，2021。

〔美〕威廉·N. 邓恩：《公共政策分析导论》，谢明、伏燕、朱雪宁译，中国人民大学出版社，2011。

〔日〕滨下武志：《资本的旅行：华侨、侨汇与中华网》，王珍珍译，社会科学文献出版社，2021。

〔日〕滨下武志：《中国近代经济史研究——清末海关财政与通商口岸市场圈》，高淑娟、孙彬译，江苏人民出版社，2006。

〔日〕滨下武志：《中国、东亚与全球经济》，王玉茹、赵劲松、张玮译，社会科学文献出版社，2009。

〔日〕滨下武志：《近代中国的国际契机——朝贡贸易体系与近代亚洲经济圈》，朱荫贵、欧阳菲译，中国社会科学出版社，1999。

〔日〕长野朗：《中华民族之海外发展》，黄朝琴译，暨南大学南洋文化事业部，1929。

〔日〕李国卿：《华侨资本的形成和发展》，郭梁、金永勋译，香港社会科学出版社，2000。

〔日〕李国卿：《泰国华人经济的演变与前瞻》，（台北）世华经济出版社，1988。

〔日〕松浦章：《明清时代东亚海域的文化交流》，郑洁西等译，江苏人民出版社，2009。

〔日〕松浦章：《清末福建的海外移民时期》，《第四届世界海外华人国际学术研讨会论文集第二集》，2001。

〔日〕游仲勋：《东南亚华侨经济简论》，郭梁，刘晓民译，厦门大学出版社，1987。

〔新加坡〕邱新民：《风帆时代亚澳地中海文化》，新加坡青年书局，1993。

〔新西兰〕尼古拉斯·塔林主编《剑桥东南亚史》，贺圣达等译，云南人民出版社，2003。

〔英〕彼得·克拉克主编《牛津世界城市史研究》，陈恒、屈伯文等译，上海三联出版社，2019。

〔英〕霍尔：《东南亚史》，中山大学东南亚历史研究所译，商务印书馆，1982。

期刊论文

曾玲：《社团账本与二战前新加坡华人社团经济研究：以嘉应五属社群总机构应和会馆为个案》，《中国社会经济史研究》2016年第4期，第65～77页。

陈淳：《国家起源之研究》，《文物季刊》1996年第2期，第81～88页。

陈君：《19世纪前菲律宾华侨人口下降及其原因》，《八桂侨刊》2008第4期，第48～52页。

陈伟明：《十六至十八世纪闽南华侨在菲律宾的经济开发与历史贡献》，《海交史研究》1997年第1期，第101～110页。

陈衍德、杨宏云：《美国的新殖民主义与菲律宾民族主义的回应：1898—1935》，《东南亚研究》2008年第4期，第41～47页。

陈衍德、杨宏云：《美统时期的菲美贸易及其对菲律宾经济的影响》，《厦门大学学报》（哲学社会科学版）2003年第1期，第67～75页。

陈衍德：《美统时期菲律宾厦门籍华侨的经济状况》，《南洋问题研究》1996年第1期，第36～44页。

陈遥：《论1898—1935年美国在菲律宾经济政策的旧殖民性——以国际比较视角和档案为基础的分析》，《东南亚纵横》2010年第4期，第98～102页。

戴一峰：《"网络"话语与环中国海华商网络的文化解读》，《学术月刊》2010年第11期，第132～135页。

戴一峰：《东南亚华侨在厦门的投资：菲律宾李氏家族个案研究》，《中国社会经济史研究》1999 年第 4 期，第 62～71 页。

戴一峰：《近代福建华侨出入国规模及其发展变化》，《华侨华人历史研究》1988 年第 2 期，第 33～39 页。

高岱：《"殖民主义"与"新殖民主义"考释》，《历史研究》1998 年第 2 期，第 155～161 页。

龚宁、邢菁华、龙登高：《菲律宾华商网络中"头家制度"的经济学探析（1834—1942）》，《华人华侨历史研究》2020 年第 1 期，第 30～38 页。

龚宁：《试析 1571—1940 年间中菲贸易之兴衰》，《海洋史研究》第 11 辑，社会科学文献出版社，2017，第 103～131 页。

龚宁：《早期菲律宾华侨社团的特点》，《中国侨联工作》2017 年第 4 期。

龚宁：《试论近代菲律宾华侨经济发展模式及其作用》（韩文），《东南亚华侨与东北亚华侨的比较》，首尔学古房，2015。

贺业华：《美国在菲律宾的殖民统治政策初探》，《厦门大学学报》（哲学社会科学版）1989 年第 2 期，第 114～125 页。

黄启臣：《明末在菲律宾的华人经济》，《华人华侨历史研究》1998 年第 1 期，第 17～24 页。

黄重言：《〈东西洋考〉中的中菲航路考》，《学术研究》1978 年第 4 期，第 98～103 页。

黄滋生：《论美国统治时期"华侨控制菲律宾商业说"》，《东南亚研究》1988 年第 4 期，第 61～70 页。

黄滋生：《美国统治时期菲律宾华侨的经济地位》，《东南亚研究资料》1985 年第 1 期，第 21～35 页。

黄滋生：《十六——十八世纪华侨在菲律宾经济生活中的作用》，《暨南学报》（哲学社会科学版）1982 年第 1 期，第 13～23 页。

黄滋生：《十六世纪七十年代以前的中菲关系》，《暨南学报》（哲学社会科学版）1984 年第 2 期，第 26～36 页。

纪宗安：《十六世纪以来澳门在太平洋大帆船贸易网中的作用与地位》，《暨南学报》（哲学社会科学版）1999 年第 6 期，第 50～61 页。

江道源：《大帆船贸易与华侨华人》，《八桂侨史》1996 年第 1 期，第 50～54 页。

奎艾松、维之：《菲律宾对外贸易七十年》，《南洋资料译丛》1974 年第 3 期，第 44～48 页。

李金明：《明代后期的海外贸易与海外移民》，《中国社会经济史研究》

2002 年第 4 期，第 19 ~ 25 页。

李金明：《十六世纪后期至十七世纪初期中国与马尼拉的海上贸易》，《南洋问题研究》1989 年第 1 期，第 70 ~ 79 页。

李明欢：《群体效应、社会资本与跨国网络——"欧华联会"的运作与功》，《社会学研究》2002 年第 2 期，第 30 ~ 39 页。

李天锡：《浅谈华侨经济与侨居国及祖国政策之关系及其发展趋势》，《华侨大学学报》（哲学社会科学版）1987 年第 1 期，第 55 ~ 62 页。

李永锡：《菲律宾与墨西哥之间早期的大帆船贸易》，《中山大学学报》（社会科学版）1964 年第 3 期，第 75 ~ 97 页。

李永锡：《西班牙殖民者对菲律宾华侨压迫的政策与罪行》，《中山大学学报》（社会科学版）1959 年第 4 期，第 92 ~ 116 页。

梁志明：《东南亚殖民主义史的分期与发展进程》，《东南亚研究》1999 年第 4 期，第 79 ~ 83 页。

廖建裕：《东南亚华人：华侨？海外华人？或东南亚人》，《华侨华人资料》1998 年第 3 期，第 71 ~ 74 页。

林金枝：《东南亚近代华侨小商贩的经济活动及其作用》，《南洋问题研究》1990 年第 3 期，第 71 ~ 78 页。

林金枝：《略论近代福建华侨汇款》，《中国社会经济史研究》1988 年第 3 期，第 40 ~ 47 页。

刘宏：《新加坡中华总商会与亚洲华商网络的制度化》，《历史研究》2000 年第 1 期，第 106 ~ 119 页。

刘文龙：《马尼拉帆船贸易——太平洋丝绸之路》，《复旦学报》（社会科学版）1994 年第 5 期，第 104 ~ 108 页。

聂德宁：《近代中国与菲律宾的贸易往来》，《海交史研究》1998 年第 2 期，第 91 ~ 104 页。

钱江：《1570—1760 年西属菲律宾流入中国的美洲白银》，《南洋问题研究》1985 年第 3 期，第 96 ~ 106 页。

钱江：《1570—1760 年中国和吕宋贸易的发展及贸易额的估算》，《中国社会经济史研究》1986 年第 3 期，第 69 ~ 78 + 117 页。

乔印伟：《试论海外排华中的经济因素》，《八桂侨刊》2008 年第 4 期，第 20 ~ 27 页。

沈红芳：《菲律宾的华侨华人研究现状及其思考》，《东南亚研究》2009 年第 6 期，第 79 ~ 85 页。

施雪琴:《菲律宾华人移民政策与人口的变化:从十七世纪初至二十世纪九十年代》,《南洋问题研究》1996 年第 3 期,第 46~49 页。

施雪琴:《菲律宾排华运动诸因素探析》,《南洋问题研究》1997 年第 4 期,第 27~32 页。

施雪琴:《论菲律宾华文教育的发展阶段及其特征》,《南洋问题研究》1996 年第 1 期,第 51~55 页。

石坚平:《明代中后期中菲贸易发展中的若干问题探析》,《东南亚南亚研究》2010 年第 2 期,第 81~85 页。

宋云伟:《美国对菲律宾的殖民统治及其影响》,《世界历史》2008 年第 3 期,第 48~58 页。

孙谦:《中华传统文化与华侨华人经济》,《华侨华人历史研究》1993 年第 4 期,第 45~52 页。

汪慕恒:《东南亚国家的华侨华人经济政策剖析》,《南洋问题研究》1997 年第 2 期,第 29~36 页。

王涛:《明至清中期中国与西属美洲丝银贸易的演变及其影响因素》,《拉丁美洲研究》2011 年第 2 期,第 44~49 页。

王文良:《新殖民主义的发端:二十世纪初美国对菲律宾的统治》,《美国研究》1993 年第 3 期,第 110~129 +5 页。

王勇:《菲律宾独特的社会政治文化》,《东南亚纵横》2004 年第 3 期,第 59~61 页。

吴小安:《论美国殖民统治对菲律宾现代政治发展的影响》,《厦门大学学报》(哲学社会科学版)1995 年第 4 期,第 30~34 页。

吴小安:《殖民主义、本土国家与东南亚华人移民:中国跨国化的一些历史含义》,《南洋问题研究》2005 年第 1 期,第 80~87 +98~99 页。

伍庆玲:《朝贡贸易制度论》,《南洋问题研究》2002 年第 4 期,第 71~77 +96 页。

许又声、吴洪芹:《东南亚华人经济在所在国国民经济中的地位和作用评析》,《八桂侨史》1993 年第 3 期,第 9~13 页。

许肇琳:《试析清代前期华侨政策及海外移民》,《八桂侨史》1991 年第 4 期,第 14~21 页。

杨宏云:《从〈巴黎条约〉到〈泰丁斯——麦克杜菲法〉——美统时期美国对菲律宾关税和贸易政策的演变及其影响》,《南洋问题研究》2000 年第 4 期,第 75~84 页。

喻常森：《明清时期中国与西属菲律宾的贸易》，《中国社会经济史研究》2000 年第 1 期，第 43～49 页。

喻常森：《试论朝贡制度的演变》，《南洋问题研究》2000 年第 1 期，第 55～66 页。

张坚：《二十世纪初东南亚华侨中介商经济地位新探》，《华侨华人历史研究》2001 年第 1 期，第 42～51 页。

张莲英、林金枝：《明代的中菲贸易与华侨对中菲经济文化交流的作用》，《南洋问题研究》1983 年第 1 期，第 27～46 页。

张莲英：《明清时期福建华侨对中菲经济文化交流的作用》，《福建论坛》（文史哲版）1984 年第 3 期，第 75～80 页。

张莲英：《明清时期中菲两国农业交流与华侨》，《农业考古》1985 年第 2 期，第 61～65 页。

朱东芹：《菲律宾华侨华人社团现状》，《华侨大学学报》（哲学社会科学版）2010 年第 2 期，第 89～95 页。

朱东芹：《论菲华商联总会的成立及其功能》，《华侨华人历史研究》2003 年第 2 期，第 69～75 页。

庄国土：《16—18 世纪白银流入中国数量估算》，《中国钱币》1995 年第 3 期，第 3～10 页。

庄国土：《茶叶、白银和鸦片：1750—1840 年中西贸易结构》，《中国经济史研究》1995 年第 3 期，第 66～78 页。

庄国土：《论 15—19 世纪初海外华商经贸网络的发展——海外华商网络系列研究之二》，《厦门大学学报》（哲学社会科学版）2000 年第 2 期，第 58～67 页。

庄国土：《论 17—19 世纪闽南海商主导海外华商网络的原因》，《东南学术》2001 年第 3 期，第 64～73 页。

庄国土：《论早期海外华商经贸网络的形成——海外华商网络系列研究之一》，《厦门大学学报》（哲学社会科学版）1999 年第 3 期，第 32～55 页。

庄国土：《论中国人移民东南亚的四次大潮》，《南洋问题研究》2008 年第 1 期，第 69～81 页。

庄国土：《略论朝贡制度的虚幻：以古代中国与东南亚的朝贡关系为例》，《南洋问题研究》2005 年第 3 期，第 1～8 页。

庄国土：《清初至鸦片战争前南洋华侨的人口结构》，《南洋问题研究》1992 年第 1 期，第 65～72 页。

塞拉芬·D. 基亚松著，黄滋生译《1570—1770 年中菲帆船贸易》，《东南亚研究》1987 年第 1 期，第 96～103 页。

E. 威克保著，蔡寿康译《菲律宾华人早期的经济势力（1850—1898）》，《南洋问题资料译丛》1963 年第 2 期，第 116～123 页。

H. A. 西莫尼亚著，林克明、王云翔、力践译《东南亚各国的中国居民》，《南洋资料译丛》1963 年第 1 期，第 1～80 页。

S. 阿普列顿著，蔡寿康译《菲律宾华侨与菲律宾经济民族化》，《南洋问题资料译丛》1960 年第 2 期，第 73～80 页。

菲律·乔治著，薛澄清译《西班牙与漳州之初期通商》，《南洋问题资料译丛》1957 年第 4 期，第 44～50 页。

松本国义著，郭梁译《从菲律宾华侨看同化——菲律宾华侨的现状与将来》，《南洋资料译丛》1978 年第 4 期，第 80～86 页。

岩崎育夫著，朱东芹、黄东海译《关于当代东南亚华人资本几个基本特征的思考》，《南洋资料译丛》2001 年第 1 期，第 59～68 页。

外文文献

A. V. H. Hartendorp, *History of Industry and Trade of the Philippines* (Manila: McCullough Printing Company, 1958).

Alfonso Felix Jr., *The Chinese in the Philippines* 1570 – 1770 (Manila: Solidariday Publishing House, 1966).

Amyot Jacques S. J., *The Manila Chinese: Familism in the Philippine Environment* (Quezon City: Ateneo de Manila University, 1973).

Anotorio M. Regidor, D. C. L. Jurado, and J. Warren T. Mason. *Commercial Progress in the Philippine Islands* (Manila: American Chamber of Commerce of the Philippine Islands, 1925).

Anthony Reid, *Southeast Asia in the Age of Commerce* 1450 – 1680 vol. 1, *The Lands below the Winds* (New Haven: Yale University Press, 1988).

Benito J. Legarda, *After the Galleon: Foreign Trade, Economic Change and Entrepreneurship in the Nineteenth Century Philippines* (Quezon City: Ateneo de Manila University Press, 1999).

Benjamin Videira Pires, S. J, *A Viagem de Comércio Macau-Manila nos Séculos*

XVi a Xix（Macau：Centro de Estudos Maritime de Macau，1987）.

Boxer，C. R，*The Portuguese Seaborne Empire*，1415 – 1825（London：Hutchinson，1969）.

Bruce Leonard Fenner，*Cebu under the Spanish Flag*，1521 – 1896：*A Economic-Social History*（Cebu City：San Carlos Publications，University of San Carlos，1985）.

Caoili M. A. ，*The Origins of Metropolitan Manila：A Social and Political Analysis*（Quezon City：University of the Philippines Press，1999）.

Chu Richard T. ，*The "Chinese" Entrepreneurs of Manila from 1875 – 1905：Aliases，Powers-of-Attorney，and other Border-Crossing Practices*（paper presented at the Proceedings of the forth international Chinese overseas conference，Vol. 3，Taipei，2002）.

Curtin，Philip D，*Cross-Cultural Trade in World History*（Cambridge：Cambridge University Press，1984）.

D. K. Basset，*British trade and policy in Indonesia and Malaysia in the Late eighteenth century*（London：Inter Documentation Company，1971）.

Deng Gang，*Chinese Maritime Activities and Socio-economic Development*，*c.* 2100 *B. C.* – 1900 *A. D.*（West Port，CT：Greenwood Press，1997）.

Dolors Folch eds. ，*Los Origens de la Globalizacion：El Galeon de Manila*（Shanghai：Biblioteca Miguel de Cervantes de Shanghai，2013）.

F. Landa Jocano，*Pre-History Philippines：An Anthropological Overview of the Beginning of Filipino Society and Culture*（Quezon City，1975）.

Frederick L. Wernstedt and J. E. Spencer，*The Philippine Island World：A Physical，Cultural，and Regional Geography*（Berkeley：University of California Press，1967）.

Garcia，Mauro，Carlos Quirino and Luis Ma. Araneta，*The Colonization and Conquest of the Philippines by Spain*（Manila：Filipiniana Book Guild，1965）.

Gerard Lico & Lorelei de Viana，*Regulating Colonial Space（1565 – 1944） – A Collection of Laws，Decrees，Proclamations，Ordinances，Orders and Directives on Architecture and the Build Environment during the Colonial Eras in the Philippines*（Manila：National Commission for Culture and the Arts，2016）.

Gipouloux & Francois，*The Asian Mediterranean，Port Cities and Trading Networks in China，Japan and Southeast Asia*，13*th* – 21*st Century*（New York：Edward Elgar，2011）.

Hans Bielenstein, *Diplomacy and Trade in the Chinese World*, 589 - 1276 (Leiden: Brill, 2005).

Hugh R. Clark, *Community, Trade and Network: Southern Fujian Province from the Third to the Thirteenth Century* (Cambridge: Cambridge University Press, 1991).

J. H. Parry, *The Spanish Seaborne Empire* (New York: Knopf, 1971).

John Foreman, *The Philippine Island* (New York: C. Scribner's sons, 1906).

Jomo K. S. & Brian Flok, *Ethnic Business: Chinese Capitalism in Southeast Aisa* (London: Routledge Curzon, 2003).

Max L. Tornow, *A Sketch of the Economic Condition of the Philippines* (Washington D. C.: Government Printing Office, 1899).

McVey Ruth, *Southeast Asian Capitalists* (Ithaca: Southeast Asia Program, 1992).

Michael D. Bordo, Alan M. Taylor & Jeffrey G. Williamson eds, *Globalization in Historical Perspective* (Chicago: The University of Chicago Press, 2003).

Milton M. Gordon, *Assimilation in American Life: The Role of Race, Regligion and National Origins* (New York: Oxford University Press, 1964).

Morga, A. D., *The Philippine islands, Moluccas, Siam, Cambodia, Japan, and China, at the Close of the Sixteenth Century* (Ashgate Publishing Group, 2010).

Pierre Chaunu, *Les Philippines et le Pacifique des Iberiques* (Paris: SEVPEN, 1960).

Purcell Victory, *The Chinese in Southeast Asia* (London: Oxford University Press, 1980).

R. M. Story, *Problem of the Chinese in the Philippines* (American Social & Politics Science, 1909).

Robert R. Reed, Colonial Manila, *The Context of Hispanic Urbanism and Process of Morphogenesis* (LA: University of California Press, 1978).

So Billy, *Prosperity, Region, and Institutions in Maritime China, The South Fukien Pattern*, 946 - 1368 (Cambridge: Harvard Asian Centre, 2000).

Tan, Antonio S., *The Chinese in the Philippine, 1898 - 1935: A Study of Their National Awakening* (Quezon City: Gracia Publishing Co., 1972).

Tan. Antonio S., *The Chinese Mestizos and the Formation of the Filipino Nationality* (Manila: Kaisa Para Sa Kaunlaran, 1994).

Wickberg Edgar, *The Chinese in Philippine Life, 1850 - 1898* (London: Yale

University Press, 1985).

William Lytle Schurz, *The Manila Gallon* (New York: E. P. Dutton & Co. , 1959).

William N. Dunn, *Public Policy Analysis An Introduction* 4th edition (Beijing: China Renmin University Press, 2011).

Wong Kwok-chu, *The Chinese in the Philippine Economy*, 1898 – 1941: *A Study of Their Business Achievements and Limitations* (Quezon City: Ateneo de Manila University Press, 1999).

Woodrow Borah, *Early Colonial Trade and Navigation between Mexico and Peru* (Berkeley: University of California Press, 1954).

Alejandro R. Roces. "The Chinese in Our Midst", *Manila Times*, October 20, 1959.

Alchain A. Uncertainty, "Evolution and Economic Theory", *Journal of Political Economy*, 58, 1950.

Bjork Katharine, "The Link That Kept the Philippines Spanish: Mexican Merchant Interests and the Manila Trade, 1571 – 1815", *Journal of World History*, 9 (1), 1998, pp. 25 – 50.

Chao Yu – Hsien, *A Study of the Morphogenesis and Metamorphosis of Manila*, MA Dissertation of Tunghai University, 2015.

D. A. Brading & Harry E. Cross, "Colonial Silver Mining: Mexico and Peru", *The Hispanic American Historical Review*, 52 (4), 1972.

Daniel F. Doeppers, "The Development of Philippine Cities Before 1900", *The Journal of Asian Studies*, 31 (4), 1972, pp. 769 – 792.

Douglass C. North, "Economic Performance though Time", *American Economic Review*, 84 (3), 1994.

Douglas S. Massey, Luin Goldring and Jorge Durand, "Continuities in Transnational Migration: An Analysis of Nineteen Mexican Communities", *American Journal of Sociology*, 99 (6), 1994.

Efren B. Isorena, "Maritime Disasters in Spanish Philippines: The Manila-Acapulco Galleon, 1565 – 1815", *International Journal of Asia-Pacific Studies*, 11 (1), 2015, pp. 53 – 83.

Elliott C. Arensmeyer, "Foreign Accounts of the Chinese in the Philippines: 18th – 19th Centuries", *Philippine Studies*, 18, 1970, pp. 89 – 90.

Eusebio Z. Dizon, "Underwater and Maritime Archaeology in the Philippines", *Philippine Quarterly of Culture and Society*, 31 (1), 2003, pp. 6 – 12.

Fahy Brian, "Cricket Run or Home Run? Can a Correlation between Emporia and Non-Emporia based Trade be Made Using the Wreck of the Lena Shoal?", *The 2011 Asia-Pacific Regional Conference on Underwater Cultural Heritage Proceedings*, 2011.

Flynn, Dennis O. , and A. Giráldez, "Born with a 'Silver Spoon' : The Origin of World Trade in 1571", *Journal of World History*, 6 (2), 1995, pp. 201 – 221.

Flynn D. O. and Giráldez Arturo, "Cycles of Silver: Global Economic Unity through the Mid-Eighteenth Century", *Journal of World History*, 2, 2002, pp. 391 – 427.

Hutter & Karl L. , "Philippine Archaeology: Status and Prospects", *Journal of Southeast Asian Studies*, 18 (2), 1987.

Iaccarino Ubaldo, "Manila as an international Entrepot: Chinese and Japanese trade with the Spanish Philippines at the close of the 16th century", *Bulletin of Portuguese-Japanese Studies*, 16, 2008, pp. 71 – 81.

John A. Larkin, "The International Face of The Philippine Sugar Industry, 1836 – 1920", *Philippine Review of Economics and Business*, 21 (1), 1984, pp. 39 – 58.

John E. Murray, "Chinese-Filipino Wage Differentials in Early-Twentieth-Century Manila", *The Journal of Economic History*, 62 (3), 2002.

Joseph Burzynski, "The Timber Trade and the Growth of Manila, 1864 – 1881", *Philippine Studies*, 50 (2), 2002, pp. 168 – 192.

Kwee Hui Kian, "Chinese Economic Dominance in Southeast Asia: A Longue Duree Perspective", *Comparative Studies in Society and History*, 55 (1), 2013, pp. 5 – 34.

Robert R. Reed, "Hispanic Urbanism in the Philippines: A Study of the Impact of Church and State", *University of Manila Journal of East Asiatic Studies*. 11, 1967.

Siu-lun Wong, "The Chinese Family Firm: A Model", *The British Journal of Sociology*, 36 (1), 1985, pp. 58 – 72.

Stephen A. Resnick, "The Decline of Rural Industry Under Export Expansion: A Comparison among Burma, Philippines, and Thailand, 1870 – 1938", *The Journal of Economic History*, 30 (1), 1970, pp. 51 – 73.

Tremml, Birgit M, "The Global and the Local: Problematic Dynamics of the Triangular Trade in Early Modern Manila", *Journal of World History*, 23 (3),

2012，pp. 555 – 586.

Victor S. Clark，"Labor Conditions in the Philippines"，*Bulletin of the Bureau of Labor*，（*U. S. Department of Commerce and Labor*）58（*May* 1905），pp. 862，858.

Wickberg Edgar，"The Chinese Mestizo in Philippine History"，*Journal of Southeast Asian History*，5（1），1964，pp. 62 – 100.

Wickberg Edgar："Early Chinese Economic Influence in the Philippines，1850 – 1898"，*Pacific Affairs*，35（2），1962，pp. 275 – 285.

Yoshihiro Chiba，"Cigar-Makers in American Colonial Manila：Survival during Structural Depression in the 1920s"，*Journal of Southeast Asian Studies*，36（3），2005，pp. 373 – 397.

学位论文

陈君：《19 世纪后期菲律宾华侨社会变化探索》，厦门大学硕士学位论文，2009。

蒋莉莉：《清代福建地区自然灾害研究》，福建师范大学硕士学位论文，2008。

李隆生：《明后期海外贸易的探讨》，复旦大学博士学位论文，2004。

李曰强：《明代中菲贸易研究》，山东大学硕士学位论文，2007。

刘冠楠：《美治时期〈排华法案〉在菲律宾的颁布及其实施》，厦门大学硕士学位论文，2009。

孙天竺：《美国对外贸易政策变迁轨迹研究（1776—1940）》，辽宁大学博士学位论文，2008。

杨宏云：《菲律宾初级产品的出口与美国对菲律宾贸易政策的演变：1898--1941》，厦门大学硕士学位论文，2001。

赵文红：《17 世纪上半叶欧洲殖民者与东南亚的海上贸易》，厦门大学博士学位论文，2009 年。

仲微：《东南亚华侨汇款与近代福建地区侨乡建设研究》，东北师范大学硕士学位论文，2007。

后　记

　　作为一个经济学背景的学生，成本和收益框架是刻在我的 DNA 里的，所以当我接触到华人华侨研究领域时，对于他们看似不计成本的经营和生存模式非常好奇，也很感兴趣，由此进入到华人华侨领域的研究中。学术研究要求理性，但在研究之余对于华侨群体既敬佩又有些许感伤。华侨始终有着双重身份，他们即是侨居地的一部分，又是侨乡的一部分，他们既关心侨居地的事业和发展，又始终惦念着他们的故乡。这种双重身份使得华侨始终不为殖民者以及当地民众所信任。以菲律宾华侨为例，不论是西班牙统治时期的野蛮屠杀和驱逐，还是美国统治时期的铺天盖地的"菲化"案和排华运动，在每一个历史转变期，华侨都是最先被攻击的对象，其所受的迫害也是最深的。然而他们还是源源不断的下南洋，乐善好施醉心于侨居地的慈善事业，也持续不断的将所存的积蓄一点一点汇回国内，绵延几个世纪的下南洋像一部悲壮史诗。因为查档案需要，我经常去厦门，也在漳州生活了一段时间，乘船往来漳州厦门成了我主要的交通方式，在等待船舶到来的时候，出生于平原的小孩望向那看不到尽头的大海，慢慢体会出他们的"海洋性格"和出国动机，"既然海的这边生活如此艰难，那么就到那边去吧！"我在文中提到的移民精神条件，由此得到了我自己的证实，于是风便有了形状。

　　就像华侨在南洋是边缘人一样，在华人华侨研究领域，我也是一个边缘人，相对于有华人华侨研究传统的闽粤地区，在南开大学的我不论在资料积累还是研究范式上都没有太多的借鉴，那么就先做着看吧！我尽量用我熟悉的经济学范式，构建华商之间的交易模式和华侨经济网络，以呈现出中菲之间在移民、贸易和资金上的互动往来关系。承蒙各位教授不弃，跌跌撞撞总算完成答辩，获得了博士学位。在清华大学做博士后研究期间，虽然一直埋头于其他项目，但总惦念着论文的完善，看到有与菲律宾主题相关的著作也会不自觉拜读抄录。博士论文与我就像初恋一般，虽不见，却时常想念。此后的工作忙忙碌碌又一事无成，渐有人到中年的疲惫感，论文的完善之路看似愈发遥远，在博士毕业七年后，我成功申请到《中国社会科学博士后文库》的资助，让我再次有动力完成这项工作。近年来，华人华侨领域无论在档案整理，还是在研究水平上都得到很大的发展，不论全球史视野下对大帆船贸易、白银流动的研究，还是对西班牙语文献、侨汇资料的整理出版以及民国档案图书的可视化，更加细琐的课题也得到充分研究，优秀成果不断涌现。我在汲取这些成果修改本书的过程中，偶尔觉得自己写的还不错，大多数时候因为自己写的太差而羞愧懊恼，那么就慢慢改着吧！

在本书的完善过程中，我得到很多师友的提点，厦门大学陈博翼教授和广东省社会科学院周鑫研究员在审稿过程中，提醒我关注水下考古成果和台湾学者的研究。中山大学滨下武志教授在得知我的研究涉及东亚海域全球化课题时，毫不吝啬地将他最新的研究成果分享给我，滨下先生的著作是我经济史研究的入门书籍，我论文的选题和写作过程也或多或少受到他的影响。中国华人华侨历史研究所的张春旺所长和张秀明主编，以及所里同仁对于我使用经济学方法研究华人华侨问题的尝试，给予了相当的包容和鼓励。此外，我受韩国仁川大学李正熙教授邀请，多次与韩国同仁交流学习，在仁川中华街穿梭时的所见所闻，成为我丰富本书商铺广告、华侨学校和华侨社团研究的契机。近年来我受复旦大学中国历史地理研究所王哲师兄的影响，试探着利用商业广告上的地址信息恢复了 20 世纪 30 年代马尼拉华侨商铺的分布情况，也算是在研究方法上做了一点新的尝试。在研究视角上，我更加坚定地抛弃"西方中心"和中国史延续的视角去看待东南亚史，而是以东南亚华侨本身为视角。应当承认，每个地区和每个国家有各自独特的历史传统、自然环境和发展规律，经济全球化应该是一个多元化的过程，而不应该是一个单一化的过程。或许是青春奋斗史的一些残影，或许是久违的南来自由之风带来的畅快，本书修改的过程总体是愉快的，收笔的那一刻我长长的舒了口气。虽然书稿完成了，但是很多问题还未来得及深入探讨，如侨汇、谱牒的研究、华侨商铺网络和华侨经济网络构建，以及东南亚国家之间的比较研究等问题都还处在初步的阶段，希望未来有机会能够继续完善。

感谢《中国社会科学博士后文库》评审专家给予我这次修改和完善

博士论文的机会，感谢社会科学文献出版社的陈凤玲老师和宋淑洁编辑的辛勤付出，感谢博士论文的外审专家和答辩委员，系山西大学刘建生教授、广东外语外贸大学刘巍教授、天津社会科学院张利民研究员；北京大学萧国亮教授、武汉大学任放教授和华中师范大学魏文享教授。感谢我的导师南开大学王玉茹教授、清华大学龙登高教授和伦敦政治经济学院邓刚教授，感谢你们的多年栽培和悉心指导。邓刚教授虽然在大洋彼岸的英国，却始终关注我的研究进展，在我初入门时就将经济史研究的特点和要求教授于我，和我分享最前沿的研究成果和研究方法，鼓励我多进行国际交流。龙登高老师广阔的学术视野和活跃的思维极大地拓宽了我的研究思路，在我人生低谷时期，他用李埏先生所赐墨宝上的两句话激励我，系"待文王而后兴者，凡民也。若夫豪杰之士，虽无文王犹兴"，人生每每陷入低谷时，我都会默念此两句自我激励。王玉茹老师在我的学术成长过程中一直教导我，她是一位前卫学者，也是吴承明先生"史无定法"的优秀继承人和践行者，她既给予学生选题相当的自由度和方法使用的灵活度，同时又强调对资料文献使用以及论证的严谨性，她乐观、理性和严谨的治学和生活态度潜移默化地影响着我，有师如此，弟子何幸。

　　谨以此书，献给我的父亲龚勇，母亲范卫萍。在校正书稿的过程中，我永远地失去了我的父亲，我和母亲怀念他，也希望他在冥冥中能分享我们的喜悦。勿自轻自贱，勿因噎而废食，自强不息吧，少年。

2022 年 12 月 5 日

于啸屋

第十批《中国社会科学博士后文库》专家推荐表 1

　　《中国社会科学博士后文库》由中国社会科学院与全国博士后管理委员会共同设立，旨在集中推出选题立意高、成果质量高、真正反映当前我国哲学社会科学领域博士后研究最高学术水准的创新成果，充分发挥哲学社会科学优秀博士后科研成果和优秀博士后人才的引领示范作用，让《文库》著作真正成为时代的符号、学术的示范。

推荐专家姓名	王玉茹	电　话	
专业技术职务	教授	研究专长	经济史
工作单位	南开大学	行政职务	
推荐成果名称	菲律宾华侨移民和华侨经济网络的构建（1571－1942 年）		
成果作者姓名	龚宁		

（对书稿的学术创新、理论价值、现实意义、政治理论倾向及是否具有出版价值等方面做出全面评价，并指出其不足之处）

　　华侨经济史应该是经济史研究的重要领域，也是经济史研究相对薄弱的领域，龚宁的博士学位论文《菲律宾华侨移民和华侨经济网络的构建（1571－1942 年）》选题具有重要的学术价值。文章选择研究比较薄弱的菲律宾华侨为研究对象，在对多种调查资料梳理和分析的基础上，综合运用多学科理论，分析了 16－20 世纪中叶菲律宾华侨经济发展变迁的历史过程，揭示了菲律宾华侨商业网络以及经济网络形成和发展的内在机制，颇具新意。论文不仅丰富了华侨史的研究，同时对经济全球化条件下中国经济如何更好的走出去，有效融入当地经济网络也具有启发意义。

　　论文也存在一些不足，文章重点关注了华侨商会和同业公会，而忽视了大量的同乡会和宗亲会等社团组织，应补充完善此方面资料；另外，在进一步修改过程中应适当增加比较研究，丰富论证视角。

　　总的来说，该论文选题新颖、正确，研究内容和手段系统，技术路线切实可行，具有明显的特色和创新性，具有出版价值。

签字：王玉茹

2021 年 3 月 31 日

说明：该推荐表须由具有正高级专业技术职务的同行专家填写，并由推荐人亲自签字，一旦推荐，须承担个人信誉责任。如推荐书稿入选《文库》，推荐专家姓名及推荐意见将印入著作。

第十批《中国社会科学博士后文库》专家推荐表 2

　　《中国社会科学博士后文库》由中国社会科学院与全国博士后管理委员会共同设立，旨在集中推出选题立意高、成果质量高、真正反映当前我国哲学社会科学领域博士后研究最高学术水准的创新成果，充分发挥哲学社会科学优秀博士后科研成果和优秀博士后人才的引领示范作用，让《文库》著作真正成为时代的符号、学术的示范。

推荐专家姓名	龙登高	电　　话	
专业技术职务	教授	研究专长	经济史
工作单位	清华大学	行政职务	
推荐成果名称	菲律宾华侨移民和华侨经济网络的构建（1571－1942 年）		
成果作者姓名	龚宁		

（对书稿的学术创新、理论价值、现实意义、政治理论倾向及是否具有出版价值等方面做出全面评价，并指出其不足之处）

　　龚宁的博士论文《菲律宾华侨移民和华侨经济网络的构建（1571－1942 年)》，基于丰富的档案资料，综合运用多学科理论，如人口学的推拉理论、社会学理论、以及国际贸易理论、博弈论、制度经济学等现代经济学理论等，从华侨移民、贸易路线、经营方式等方面，分析了 16－20 世纪中叶菲律宾华侨经济发展变迁的历史过程。论文从新的理论视角和新的研究方法探索菲律宾华商的代理制度关系，并揭示了菲律宾华侨商业网络以及经济网络形成和发展的内在机制，有一定创新意义。

　　论文结构合理，逻辑清晰，资料丰富，文字流畅，运用理论方法得当，具有出版价值。

签字：龙登高

2021 年 4 月 2 日

说明：该推荐表须由具有正高级专业技术职务的同行专家填写，并由推荐人亲自签字，一旦推荐，须承担个人信誉责任。如推荐书稿入选《文库》，推荐专家姓名及推荐意见将印入著作。